Otto Speck
Geistige Behinderung und Erziehung

Otto Speck

Geistige Behinderung und Erziehung

Vierte, völlig neubearbeitete Auflage
von „Der geistigbehinderte Mensch und seine Erziehung"

36 Abbildungen

Ernst Reinhardt Verlag München Basel

Prof. Dr. phil. Otto Speck, Institut für Sonderpädagogik der Universität München, Am Stadtpark 20, 8000 München 60

CIP-Kurztitelaufnahme der Deutschen Bibliothek

Speck, Otto:
Geistige Behinderung und Erziehung / Otto Speck.
— 4., völlig neubearb. Aufl. von „Der geistigbehinderte Mensch und seine Erziehung". — München, Basel : E. Reinhardt, 1980.
1.—3. Aufl. u. d. T.: Speck, Otto: Der geistigbehinderte Mensch und seine Erziehung.
ISBN 3-497-00935-0

ISBN: 3-497-00935-0
© by Ernst Reinhardt GmbH & Co, Verlag, München 1980
Alle Rechte vorbehalten. Ohne schriftliche Genehmigung der Ernst Reinhardt, GmbH & Co, München, ist es nicht gestattet, dieses Buch, ganz oder auszugsweise in irgendeiner Form zu vervielfältigen, zu speichern oder in andere Sprachen zu übersetzen.
Satz und Druck: Loibl, Neuburg a. d. Donau
Buchbinderei: Oldenbourg, München
Printed in Germany
Fotos: Gisela Peters, Scharam bei Siegsdorf/Obb.

Vorwort zur vierten Auflage

Die Entwicklung der Geistigbehindertenpädagogik ist in den zehn Jahren nach Erscheinen der 1. Auflage derart zügig vorangekommen — und zwar nicht nur hierzulande — daß bei der erneuten Auflage nun eine gründliche Überarbeitung und Erweiterung unumgänglich notwendig war. Einerseits ist die Phase des Aufbaues der nötigen Einrichtungen weitgehend abgeschlossen, andererseits haben sich die wissenschaftlichen Erkenntnisse wesentlich weiter entwickelt. Ursprüngliche bloße Annahmen konnten durch empirische Überprüfungen gestützt oder verworfen werden, so daß heute in Verbindung mit einer Fülle praktischer Erfahrungen, die inzwischen gemacht werden konnten, mehr gesichertes Wisses um die Verbesserung der Erziehungsbedingungen für geistigbehinderte Kinder vorliegt.

Dieser Fortschritt, der zu einem beachtlichen Teil auch den Erfahrungen und Forschungen in anderen Ländern zu verdanken ist, darf nicht darüber hinwegtäuschen, daß es vergleichsweise wenig ist, was wir über die komplexen Prozesse wissen, die sich im Falle einer geistigen Behinderung im Menschen und in seiner Umgebung abspielen, und wie sie sich beeinflussen ließen. Eine Fülle von Vorschlägen, Plänen, Programmen, verbunden mit erstaunlich großem Optimismus und Engagement, ist inzwischen vorgelegt worden. Die besondere Anziehungskraft der Geistigbehindertenarbeit auf Studierende hält offensichtlich weiter an. Es motiviert einerseits ein technologisches Interesse an der Verbesserung der Interventionsmethoden, andererseits aber ein humanes Interesse und Ethos, eine Aufgabe zu erfüllen, die Sinnfinden verspricht angesichts einer Welt, die in ihrer Entwicklung auf eine Krise zuzusteuern scheint. Es wird darauf ankommen, ob sich Technologie-Interesse und Ethos als notwendige Verbindung aufrecht erhalten lassen, auch wenn sich gewisse technologische und gesellschaftspolitische Erwartungen als Illusionen erweisen sollten.

In dieser Spannung steht inhaltlich die Neubearbeitung des Buches. Sie ist auf die Vermittlung der inzwischen angewachsenen Fülle von Informationen ausgerichtet, ohne die verschiedenen Details auch nur annähernd differenziert darstellen zu können. Die anthropologische Grundlegung und die pädagogische Zielsetzung haben sich nicht geändert. Der an der Realität orientierte theoretische Ansatz, der auf die Verwirklichung personaler und sozialer Integration des geistigbehinderten Menschen abgestellt ist, wird als konzeptual integrierter und strukturaler Ansatz deutlicher herausgearbeitet. Geistige Behinderung wird als realer und normaler Bestandteil menschlicher Existenz gesehen, deren Integration in das Humanum als allgemeine Verpflichtung zu gelten hat. Von daher zeigt sich die Notwendigkeit, die Aufgabe der Erziehung des geistigbehinderten Menschen im gesellschaftlichen Komplex der verschiedenen sozialen Systeme darzustellen und die interdisziplinäre Verflochtenheit der gemeinsamen Aufgabenstellung hervorzuheben.

Der Schwerpunkt liegt im pädagogischen Bereich, wo sich in der Zwischenzeit in didaktischer Hinsicht eine gewisse Abklärung vollzogen hat, die ihren Niederschlag beispielsweise in der Verabschiedung von Rahmenrichtlinien durch die Kultusminister-Konferenz der Länder der Bundesrepublik 1979 gefunden hat. Auf der anderen Seite kündigt sich — insbesondere unter dem Einfluß ausländischer, technologisch orientierter Entwicklungsmodelle — eine Spannung zwischen offenen und geschlossenen curricularen Ansätzen an. Primär verbindlicher Bezugspunkt bleibt das geistigbehinderte Kind in seiner menschlich offenen Kondition und die Verantwortbarkeit seiner Erziehung. Diese ist auf permanente Reflexion angewiesen, wenn empirische Fakten in ihre Planung eingehen sollen.

Daß diese Reflexivität nicht nur eine exklusive Angelegenheit für Experten ist sondern sich auch auf die Partnerschaft mit den Eltern als den Primärerziehern erstrecken sollte, ist einer der wesentlichen Bezugspunkte der hier vorgelegten Neubearbeitung.

München, Frühjahr 1980   Otto Speck

Vorwort zur ersten Auflage

Erziehung als Lebenshilfe für das geistigbehinderte Kind ist in Deutschland ein altes und ein neues Programm zugleich. Zwischen beiden liegt als Einschnitt die Katastrophe der Humanität von 1933 bis 1945. Ihr fielen nicht nur Tausende von Geistesschwachen zum Opfer, sondern auch höchst bedeutsame Ansätze im Bereich der Behindertenwissenschaften (Kinderforschung) und Einstellungen der helfenden Bereitschaft in weiten Kreisen der Öffentlichkeit. Es ist bezeichnend, daß erst ungefähr 15 Jahre nach Kriegsende die am schwersten und unmittelbar Betroffenen, nämlich die Eltern geistigbehinderter Kinder, es waren, die die entscheidenden Anstöße zur Auflösung des allgemeinen Desinteresses gaben und bei der Errichtung der ersten Tagesstätten und Schulklassen für Geistigbehinderte wesentlichen Anteil hatten.

Vorwort

In den letzten Jahren zeichnet sich in Ansätzen eine Integrierung der Geistigbehindertenhilfe in das öffentliche Bewußtsein ab. Presse und Fernsehen nehmen aktiv an den Bemühungen um eine Verbesserung der Lebens- und Lernbedingungen dieser schwer geschädigten Menschen teil. Staat, Gemeinden und Verbände sind bemüht, den enormen Nachholbedarf an Institutionen zu decken. Die Zahl der Einrichtungen für Geistigbehinderte ist sprunghaft angestiegen. Jedoch muß immer noch mehr als die Hälfte dieser Kinder auf ihr verfassungsmäßiges Recht des Besuchs von Bildungseinrichtungen verzichten, weil diese fehlen.

Vergleichsweise ebenso groß ist der Bedarf an fachlicher Information. Noch vor wenigen Jahren spielten Fragen der Geistesschwäche in Medizin und Psychologie eine ausgesprochene Stiefkindrolle. Für den Bereich der Sonderpädagogik war von den Geistesschwachen im wesentlichen nur das lernbehinderte Kind relevant. Schulen für Geistigbehinderte gab es nicht. Die Betroffenen galten als „bildungsunfähig".

Auf der Suche nach fachlicher Information und Arbeitsrichtlinien bedienten sich die relativ isoliert tätigen Erzieher und Lehrer geistigbehinderter Kinder zunächst älterer hilfsschulpädagogischer Literatur, der Erfahrungen des Auslandes und der eigenen Berufserfahrungen in anderen pädagogischen Bereichen (Kindergarten, Hilfsschule). Das Ergebnis war ein Probieren, ein Lernen und Lehren durch „Versuch und Irrtum".

Für eine wissenschaftliche Reflexion steht wegen der Begrenztheit des Erfahrungszeitraumes relativ wenig Material zur Verfügung. Wissenschaftliche Untersuchungen liegen erst in Ansätzen vor. Das Fehlen differenzierter und ausreichender Forschungsergebnisse auf dem Gebiete des Lernens Geistigbehinderter führt zu zahlreichen Hypothesen und Widersprüchlichkeiten.

Mit der vorgelegten Schrift soll ein Beitrag zur Geistigbehindertenpädagogik geleistet werden. Er fußt im speziellen auf Erfahrungen des Verfassers als Lehrer von Klassen für Geistigbehinderte und auf Arbeiten des Seminars für Geistigbehindertenpädagogik des Staatsinstituts für die Ausbildung der Lehrer an Sonderschulen in München. Ausgehend von der Tatsache des permanenten Infragestellens der Bildungsfähigkeit Geistigbehinderter wird der Komplex der Bildsamkeit und ihrer spezifischen Behinderungen in den verschiedenen Bezügen menschlichen Daseins untersucht, um die wirklichen Lern- und Lebensmöglichkeiten und deren Determinanten aufzudecken. Der Realisierung bildenden Lernens in Familie, Sonderkindergarten und Schule ist der nachfolgende Teil gewidmet. Bildendes Lernen wird als Lernen, um recht zu leben, und Erziehung und Bildung als behinderungsspezifische Lern- und Lebenshilfe bzw. als Weg zur Bestimmung und Erfüllung menschlichen Seins verstanden.

Inhalt

Geschichtliche Orientierungsdaten 13

Geistige Behinderungen 31
  Allgemeines Begriffsverständnis 31
  Fachspezifische Sichtweisen und Definitionsansätze 36
    Der medizinische Aspekt 36
    Der psychologische Aspekt 37
    Der soziologische Aspekt 41
    Weitere epidemiologische Befunde 44
    Der pädagogische Aspekt 47
      Geistige Behinderung und Lernbehinderung 48
    Geistige Behinderung als besondere pädagogische Aufgabe . 51

Entwicklung und Realisationsbedingungen für Erziehung 54
  Entwicklung als soziales Lernen — theoretische Grundlagen .. 54
    Der defekttheoretische Entwicklungsansatz 55
    Der interaktional-strukturale Entwicklungsansatz 57
  Relationen zur Entwicklung des nicht-behinderten Kleinkindes 63
    Analogie von Frühkindheitsstufen und geistiger Behinderung 65
    Unterschiedlichkeiten der Entwicklung geistigbehinderter und nicht-behinderter Kinder mit annähernd gleichem Intelligenz- oder Entwicklungsalter 65
  Mitmenschliches In-Beziehung-treten 70
    Soziale Interaktion 71
    Kommunikation 75
      Kommunikation durch Sprache 76
      Allgemeine Sprachfähigkeit und aktuale Sprechfertigkeit . 80
      Non-verbale Kommunikation 82
      Autistische Kommunikationssperren 84
      Erziehung und Kommunikation 85
    Rollenverhalten 88
  Entwicklung der Persönlichkeit 90
    Psychodynamischer Entwicklungsansatz 91
    Lewins dynamische Persönlichkeitstheorie 93
    Emotionale Störungen der Persönlichkeit 95

Entwicklung und Lernen 97
  Elementaristische Lerntheorien 97
  Komplexe Lerntheorien 98
  Erlernen von Motivationen 100
  Erlernen von Werthaltungen 104

*Erziehungsbedürftigkeit und Bildsamkeit
bei geistiger Behinderung* 108

Zur Stellung des geistigbehinderten Menschen in der Welt 115
  Extreme sozietäre Abhängigkeit 115
  Hervorrufen mitmenschlichen Helfens 117
  Soziale Integration und Eigenleben 121

Aufgaben und Richtziele für Erziehung und Unterricht 129
  Erschließen von Lebenszutrauen —
  Motivierung und Aktivierung 137
  Ausbilden von Lebensfertigkeiten —
  Sensomotorik und praktische Fertigkeiten 138
  Vermitteln von Lebensorientierung —
  Kommunikation und Information 140
  Bilden von Lebenshaltungen —
  Stabilisierung von Werten und Normen 143

Die individuelle pädagogisch-psychologische Beurteilung 145
  Aufgabe der pädagogischen Diagnostik 145
  Bereiche und Verfahren der diagnostischen Beurteilung 149
    Physische Bedingungen 149
    Die soziale Situation 150
    Die intellektuelle Kapazität 151
    Sozialentwicklung 153
    Spezielle Leistungsbereiche 157
    Persönlichkeitseigentümlichkeiten 160

Der pädagogische Handlungsansatz 162
  Personal-soziale Integration 164
    Personale Integration 164
    Soziale Integration 165
  Erziehung durch Erfahrung 166
    Ganzheitliches Lernen durch Handeln 167
    Lernen durch Üben 173

Verhaltensmodifikation — Spezielle Lehrtechniken 175
  Verhaltenstherapeutische Methoden 177
  Verhaltenspsychologische Lehrtechnologien 178

Das erzieherische Verhältnis 181
  Interpersonale Kommunikation 181
  Dialogische Beziehung 185
  Die Haltung des Erziehers 189

Die Erziehung in der Familie 192
  Determinanten der elterlichen Einstellung
  zum geistigbehinderten Kind 192
  Varianten der elterlichen Einstellung 196
  Erziehungshilfe für Eltern 199
    Das Gespräch mit den Eltern 199
    Partnerschaftliche Elternarbeit 202
    Häusliche Erziehungsgrundsätze 203

Die Erziehung im Heim 212

Erziehungssystem und Institutionen 216
  Die pädagogische Frühförderung 221
  Der Kindergarten 222
  Die Schule für Geistigbehinderte 226
    Schule für *alle* geistigbehinderten Kinder 229
    Geistigbehinderten- oder Lernbehindertenschule? ... 232
    Didaktische Niveaustufungen 234
    Die Schule für Geistigbehinderte als Erfahrungsschule 235

Unterricht mit geistigbehinderten Schülern 243
  Entwicklungsbezogener Unterricht 243
  Handlungsbezogener Unterricht 246
  Didaktische Konsequenzen 249
    Das Individualisierungsprinzip 250
    Das Aktivitätsprinzip 250
    Das Ganzheitsprinzip 252
    Lehrziel-Strukturierung 254
    Übertragung und Anwendung 255
    Entwicklungsgemäßheit 257
    Aktionsbegleitendes Sprechen 259
    Soziale Lernmotivationen 260
  Emotionalität im Unterricht 261
  Gliederung des Unterrichts 263

Basale Lernförderung intensivbehinderter Kinder
als Kommunikationshilfe 265
Nichtverbale Kommunikationstechniken 268
Zum Problem der sogenannten Kulturtechniken 271
Zur Lernorganisation der Schule 279

Pädagogische Aufgabe bei geistigbehinderten Heranwachsenden . 284

Literatur 289

Sachregister 315

> *„Wir werden zu keiner Gesellschaft Ja sagen dürfen, die nicht versteht, was ihr selbst die Schwachen in ihrer Mitte bedeuten."*
>
> C. F. v. Weizsäcker

Geschichtliche Orientierungsdaten

Menschen mit geistigen Behinderungen gab es zu allen Zeiten. Die Sozialgeschichte ist auch eine Geschichte der verschiedenen Positionen, die die jeweilige Gesellschaft diesen Menschen zuwies, die sie als wunderlich und verehrungswert oder als unbrauchbar und lebensunwert ansah. Die Fachtermini, mit denen eine relativ ratlose Wissenschaft sie zu klassifizieren suchte, waren u. a. „Blödsinn", „Idiotie", „Schwachsinn", „Geistesschwäche" (*Sengelmann* 1885).

Der heutige Begriff „geistigbehindert" (engl. mentally handicapped) ist im wesentlichen gleichbedeutend mit Bezeichnungen wie „lebenspraktisch bildbar", „motorisch bildbar" oder „bildungsschwach".

Die „Schule für geistig Behinderte" gibt es erst seit Beginn der sechziger Jahre. In der damals begonnenen Errichtung von Tagesstätten, Klassen und Schulen ist jedoch eigentlich eine Wiedereinrichtung, eine Wiederherstellung, quasi eine Rehabilitation zu sehen; denn Bildungseinrichtungen für diesen Personenkreis gab es schon vor etwa 150 Jahren.

Die Geschichte der Schule für Geistigbehinderte ist bis zum Zeitraum um den Erlaß des Reichsschulpflichtgesetzes von 1938 gleichzeitig die Geschichte der Hilfsschule. Die Schwachsinnigen, für die die ersten Bildungseinrichtungen — Anstalten und Schulen — gegründet wurden, waren Geistigbehinderte im heutigen Sinn. Sie waren die Schüler, für die die ersten Hilfsschulen geschaffen wurden (*Beschel* 1960).

Die Bemühungen um die Erziehung und Bildung des geistigbehinderten Kindes, die vor allem in der zweiten Hälfte des 19. Jahrhunderts Gestalt gewinnen, können erst auf dem zeitlichen Hintergrund der Einstellungen richtig gesehen und gewürdigt werden, mit denen man in früheren Zeiten der Geistesschwäche begegnete.

Seit je ist die Seelenhaftigkeit und Lebensberechtigung geistesschwacher Menschen in Frage gestellt worden. *Kobi* (1972) zitiert mehrere ältere Quellen: So findet sich in *Platons* „Staat" folgende Bestimmung für die Behörden, die sich der neugeborenen Kinder anzunehmen haben: „Die Kinder der Schwächeren oder irgendwie mißgestaltete verbergen sie an einem geheimen und unbekannten Ort, wie es sich gehört (Ausgabe 1958, S. 241).

Man hielt „Idioten" und „Blödsinnige" für Besessene und ging gegen sie mit Beschwörungen vor. Wie beispielsweise aus den „Tischreden" *M. Luthers* (1540, Nr. 5207) hervorgeht, glaubte man damals, daß der Teufel seine Hand im Spiele habe und das Kind auswechsle („Wechselbalg"), und daß solche Kinder eine „massa carnis", ein Klumpen Fleisch ohne Seele seien.

Comenius sträubte sich, die Gottähnlichkeit des Menschen auch für „solche, denen Gott den Verstand versagte", gelten zu lassen, und empfiehlt dem Erzieher, „das knorrige Holz liegen zu lassen" (magna didaktica 1627/28, 61). *Rousseau* bekannte sich in seinem „Emile", seinem „Evangelium der Natur" *(Goethe)*, zu seinen Problemen mit kränklichen und siechen Kindern. Die Sorge um sie sei zum Schaden der Sozietät verschwendet. „Mag ein anderer sich statt meiner dieses Schwachen annehmen. Ich billige es und seine Nächstenliebe. Ich kann nicht jemanden das Leben lehren, der nur darauf bedacht ist, sein Sterben zu verhindern" (1762, 265). — Probleme des einzelnen Menschen — Ausdruck seiner Zeit!

Auch für *Kant* bedeutete Blödsinn „Seelenlosigkeit". Selbst *H. E. Stötzner*, der sich als einer der ersten für die Errichtung von Schulen für Schwachbefähigte einsetzte (1864), hielt die „eigentlich Blödsinnigen" für „geistig tot".

Die Errichtung zahlreicher Anstalten für Schwachsinnige im vorigen Jahrhundert geht im wesentlichen auf dreierlei Beweggründe zurück: auf religiös-caritative, pädagogisch-soziale und medizinische. Das Vordringen des naturwissenschaftlichen, d. h. kausalen Denkens, gab starke Anstöße für eine systematische Entfaltung der Arbeit am geistesschwachen Menschen.

Das Ursprungsland der Erforschung des jugendlichen Schwachsinns ist die Schweiz. Diese Tatsache ist bedingt durch das gehäufte Vorkommen des Kretinismus in diesem Lande.

Bedeutsame und beispielhafte pädagogisch-soziale Anstöße waren von *Pestalozzi* ausgegangen, dem es um die „Errettung der im niedersten Stand der untersten Menschheit vergessenen Kinder" und um deren „Erziehung zu einem nützlichen und tätigen Leben" ging. Seine Berichte aus den Jahren 1777 und 1778 über 2 Kinder auf dem Neuhof dürften die einzigen über eine erfolgreiche Erziehung idiotischer Kinder im 18. Jahrhundert sein. Völlig unzeitgemäß war seine Überzeugung, „daß auch Kinder von äußerstem Blödsinn, die durch gewohnte Härte dem Tollhaus aufgeopfert werden, durch liebreiche Leitung zu einem ihrer Schwachheit angemessenen, einfachen Verdienst vom Elend eines eingesperrten Lebens errettet und zur Gewinnung ihres Unterhalts und zum Genuß eines freien und ungehemmten Lebens geführt werden können" (zit. *Beschel* 1960, 53).

Die ersten speziellen Gründungen von Schulen und Anstalten für Schwachsinnige fallen ins 19. Jahrhundert. Die erste Schule für Schwachsinnige gründete der Privatlehrer *Gotth. Guggenmoos* 1816 in Hallein, später in Salzburg, wo sie bis 1835 bestand. In Österreich hatte bereits 1779 der Wiener Krankenhausdirektor *Frank* die Erziehung und Bildung schwachsinniger Kinder für notwendig gehalten. 1820 rief *Traugott Weise* mit seiner „Betrachtung über geistesschwache Kinder" seine Zeitgenossen auf, sich der Geistesschwachen anzunehmen, „deren Menschheit oft mit Füßen getreten wird".

Bei *J. W. v. Goethe* findet sich eine interessante Eintragung in seinem Tagebuch aus dem Jahre 1810, wo von „Fexen im Salzburgischen" die Rede ist, was gleichbedeutend mit „Wechselkindern" ist: „Fexe werden im Salzburgischen mehr oder weniger imbezille Menschen genannt. Alle Wirtschaften an der Salzach haben deren mehr oder weniger ... Es gibt Stufen dieser Blödsinnigkeit und deswegen werden dreierlei Arten von Fexen gezählt: *Weltläufige,* welche allenfalls umher nach der Residenz gehen können, um irgendein Geschäft zu verrichten; *Revierige,* welche bloß in den Revieren des Dorfes können zu Hirten oder sonst gebraucht werden; *Unrevierige,* welche nicht aus dem Hause kommen und nicht die mindesten Fähigkeiten haben. Diese Menschen sind so häufig, daß gewisse Gewohnheitsrechte für die hergebracht sind." — Wir dürfen hierin wohl die erste integrationsbezogene Klassifizierung geistigbehinderter Personen sehen. *Probst* nannte seine 1852 in Ecksberg gegründete Anstalt eine „Weltläufigmachungsanstalt", deren Programme er auf der Weltausstellung 1872 in Wien vorstellte: soziale Integration würde man heute sagen.

Eine pädagogisch differenzierte, zum Teil modern anmutende Einrichtung schufen 1856 *J. D. Georgens* und *M. Deinhardt* mit ihrer „Heilpflege- und Erziehanstalt Levana" in Baden bei Wien (*R. v. Premerstein* 1965).

Den Kretinismus zu „heilen" versuchte der Arzt *Joh. Jak. Guggenbühl* in seiner 1841 auf dem Abendberg bei Interlaken gegründeten „Heilanstalt für Kretinen und blödsinnige Kinder" (*R. v. Premerstein* 1964).

In Frankreich gelang es 1798 dem Arzt *Dr. Itard,* einem verwilderten, geistigbehinderten Knaben durch sorgfältige pädagogische Maßnahmen zu einem erstaunlichen Grad von sozialer Anpassung zu verhelfen. Jäger hatten den etwa 10jährigen Jungen nackt in einem abgelegenen Wald gefunden, wo er offensichtlich schon längere Zeit vegetiert und sich von Eicheln ernährt hatte. Seine Lebensgeschichte bis zu seiner Auffindung, die Frage nach der Dominanz endogener oder exogener Faktoren mag ungeklärt bleiben; auf jeden Fall handelte es sich um eine geistige Behinderung. Systematische Sinnesschulung und gemüthafte

Bildung trugen zu dem Erziehungserfolg wesentlich bei. Der Junge konnte schließlich mit *Dr. Itard* in Pariser Restaurants speisen, nachdem oder obwohl er vorher sein Dasein nur in der Wildnis gefristet hatte (*J. Itard* 1965).

Für *Itard* selber war es offensichtlich ein Mißerfolg, denn *Victor, das „Wildkind"*, das er zunächst nicht als „Idioten" angesehen hatte, vermochte nicht, das Sprechen zu erlernen und sich in die Ordnung der Moral zu integrieren. Überzogene Zielsetzungen und Hoffnungen ließen den mit höchstem persönlichem Einsatz arbeitenden Arzt und Pädagogen schließlich resignieren. Seinen methodischen Ansatz einer *„physiologischen Erziehung"* aber führte ein anderer Pariser Arzt fort: *Edouard Seguin* (1812—1880). Sein Konzept richtete sich — im Gegensatz zu dem *Itards* — direkt auf die Erziehung idiotischer Kinder. Er hatte richtig die Bedeutung der sensualistischen Methode für die Bildung des Intellekts erkannt, zugleich aber auch die Bedeutung der affektiven und moralischen Erziehung. Sein Programm faßte er 1846 in seinem *Lehrbuch der Idiotenerziehung* zusammen, dem ersten systematischen Lehrbuch dieser Art (vgl. *Hänsel* 1974). Seine praktischen Versuche, die in der Betonung der sensorischen und motorischen Schulung auf den späteren *Piaget*'schen Ansatz hindeuten, führte er mit idiotischen Kindern zunächst an der Pariser Irrenanstalt *Bicêtre* und später an einer eigenen Privatschule durch (*Seguin* 1864). Wohl aus politischen Gründen emigrierte er 1850 in die Vereinigten Staaten, wo er dann noch maßgeblich am Aufbau der Schwachsinnigenerziehung beteiligt war (*Kanner* 1964, *Rosen et al.* 1976). Für die deutsche Heilpädagogik blieb *Seguin* und damit auch der „physiologische" Ansatz weithin unbeachtet. *M. Montessori* kommt das Verdienst zu, seine Methode wieder aufgegriffen zu haben und vor allem für die allgemeine Erziehung weiterentwickelt zu haben. In Paris selber bemühte sich der Psychiater *Bourneville* (1840—1909), *Seguins* Werk zu erhalten und fortzuführen.

1866 publizierte der englische Arzt *John Langdon Haydon Down* seine „Beobachtungen zu einer ethnischen Klassifizierung von Schwachsinnigen". Darin unternimmt er den Versuch, die ihm bekannten Gruppen von Schwachsinnigen bestimmten Rassen zuzuordnen, und beschreibt dabei erstmals den von ihm sogenannten „mongolischen Typ der Idiotie". Beachtlich ist hierbei, daß er nicht nur Symptomatologie und eine spekulative Ätiologie darstellt, sondern auch konkrete Möglichkeiten der Behandlung — „systematic training" (*Down* 1966, 6).

Die zahlreichen Gründungen von Schwachsinnigenanstalten durch *kirchlich-caritative Institutionen* waren sicherlich in erster Linie vom christlichen Ethos getragen. Man würde ihnen aber nicht gerecht, wollte man sie *nur* unter diesem Aspekt betrachten. Sie waren vielmehr, jedenfalls die neuen Anstalten im 19. Jahrhundert, mitgetragen von den pädagogischen und medizinischen Impulsen und Erkenntnissen, die sich in dieser Zeit allmählich verbreiteten. Als Beispiele genannt seien die süddeutschen Anstaltsgründungen von Wildberg b. Nagold durch Pfr. *Haldenwang* (1838, „Rettungsanstalt für schwachsinnige Kinder"), Stetten durch Dr. *Müller* (1848), die Kretinenanstalt Ecksberg durch Pfr. *Probst* (1852), die Blödenanstalt Neuendettelsau durch Pfr. *Löhe* (1854), die „Associationsanstalt Schönbrunn b. Dachau 1863, die Wagnerschen Anstalten in Dillingen durch Pfr. *Wagner* (1869) und die Ursberger Anstalten durch Pfr. *Ringeisen* (1884). Einen differenzierten Überblick über die Entwicklung der ersten Anstaltsgründungen gibt die Arbeit von *Meyer* (1973). Bezeichnend für den ursprünglich offenen Ansatz, der durchaus nicht nur auf Separierung abgestellt war, sind Aufzeichnungen in der Schulchronik von Schönbrunn, wonach unter den ersten Schülerinnen sich zu einem Drittel auch „normalbegabte" Kinder befanden, und stets auch Kinder aus der Umgebung — behinderte und nicht-behinderte — aufgenommen wurden (vgl. auch *Stockhausen* 1975).

Auch die *staatlichen „Idiotenanstalten"* dieser Zeit verstanden sich nicht als Bewahranstalten, sondern bemühten sich um die Erfüllung eines pädagogischen Auftrags, wie u. a. aus den Preußischen Bestimmungen, das Hilfsschulwesen betreffend, vom 24. 12. 1859 hervorgeht. Darin wird über „Erziehung und Unterricht der Blödsinnigen" festgestellt und bestätigt, daß es möglich sei, Kinder dieser Kategorie durch „sorgfältigste, physische und moralische Pflege, unter Anwendung geeigneter Hilfsmittel der Erziehung und des Unterrichts ... allmählich wieder zu einigermaßen brauchbaren Mitgliedern der menschlichen Gesellschaft heranzubilden" (b. *J. G. Klink* 1966, 106—107).

In der 2. Hälfte des 19. Jahrhunderts wurde das Ausmaß gewährter Bildungshilfe für geistigbehinderte Kinder durch die Gründungen der *öffentlichen Hilfsschulen* erheblich erweitert. Im Zuge ihres Ausbaues vollzog sich eine allmähliche Verdrängung der Imbezillen aus den Hilfsschulen („Strukturwandel"). Es mögen dafür mehrere Gründe maßgebend gewesen sein: das Leistungsprinzip, der Nachweis der sozialen Brauchbarkeit, das Fehlen einer tragfähigen Bildungskonzeption für die Schwächeren, der fehlende Rückhalt in der öffentlichen Meinung die durch die unterschiedliche Zusammensetzung der Schülerschaft in der Hilfsschule — Debile und Imbezille! — kaum zu überbrückende unterrichtliche Schwierigkeit.

Die um ihre Anerkennung ringende *Hilfsschule* sah sich genötigt, sich nach „unten" abzugrenzen. So plädierte *Egenberger* (1913) für die Praktizierung einer Grenze, an der das „Unternormale, welches wertlos ist", beginnt. „Wer nur Unterklassenziele zu erreichen vermag, also über die ersten Elemente nicht hinauszubringen ist, dessen Bildung bedeutet verlorene Mühe und verlorenes Geld" (S. 99). In späteren Jahren hat *Egenberger* die prinzipielle Bildbarkeit auch der Schwächsten durchaus verteidigt. Hier aber ging es offensichtlich um die Profilierung einer bestimmten Sonderschule, der Hilfsschule, die mit Nützlichkeitsbegründungen ihre Existenzberechtigung gegenüber einer uneinsichtigen Öffentlichkeit zu verteidigen hatte.

Wollte man die Schwächeren, also Geistigbehinderten, nicht gänzlich ausschulen, so überwies man sie in Anstaltshilfsschulen oder an manchen Orten in sogenannte Vorklassen oder Sammelklassen.

A. *Fuchs* (1917) berichtet von solchen *„Sammelklassen"* für schwer schwachsinnige Kinder an den Berliner Hilfsschulen, wo sie eine selbständige Stellung einnahmen. Ihnen war jeweils ein Hort angeschlossen, dessen Aufgabe die „Speisung, belehrende Beschäftigung und Übung der Kinder bis zu den Abendstunden" war. Es handelte sich also um Tageseinrichtungen. Die Eltern waren verpflichtet, ihr Kind dorthin zu schicken.

Die Sammelklasse (S-Klasse) stellte eine einklassige Schule dar. Wegen der nötigen Einzelbehandlung sollte sie nicht mehr als 15 Kinder umfassen. Auf die Fächer Deutsch und Rechnen wurde im Gegensatz zur Hifsschule ausdrücklich nicht mehr das Hauptgewicht gelegt. Neben der Pflege des Gemüts wurde die Entwicklung der körperlichen Geschicklichkeit als Hauptfach angesehen. Die Hälfte der täglichen Unterrichtszeit sollte auf den Handarbeitsunterricht verwendet werden. Dazu kamen in angemessenem Umfang Spielen und Turnen (*A. Fuchs* 1917). In anderen Orten versuchte man es mit Differenzierungen der Hilfsschüler in A- und B-Züge oder in A-, B- und C-Züge gemäß den unterschiedlichen Begabungen.

Im Gegensatz zu diesen lokalen Regelungen in Deutschland, welche die adäquate Förderung der schwerschwachsinnigen Kinder mehr zufälligen Bedingungen überließ, wurde in den *Niederlanden* die Schulpflicht für imbezille Kinder im Jahre 1910 durch Gesetz eigens geregelt. So kam es, daß dieses kleine Land bald das mit am besten ausgebaute Schulsystem für Geistigbehinderte aufwies.

Auf welch schwachem Fundament die allgemeine Bereitschaft zur Förderung der schwerschwachsinnigen Kinder schon vor 1933 stand, geht u. a. aus einem Vortrag hervor, den *G. Aschaffenburg*, Dekan der Medizinischen Fakultät der Universität Köln, 1930 auf dem 5. Kongreß für Heilpädagogik in Köln hielt. Unter dem Titel „Grenzen der Heilpädagogik" erhob er seine Stimme gegen „den auf heilpädagogischem Gebiet vielfach geübten Mißbrauch der Kräfte". So sollte man „davon abstand nehmen, hochgradig Schwachsinnige mit unendlicher Mühe zu fördern, mit dem Endergebnis, daß sie vielleicht etwas hinzugelernt haben, aber doch niemals sozial brauchbar werden ... Die Notwendigkeit, mit menschlicher Kraft und menschlicher Begeisterung sparsam umzugehen, verlangt gebieterisch eine sorgfältige Sichtung der Fälle, damit die Kraft, die, an anderer Stelle eingesetzt, Gutes wirken und Wertvolles erreichen könnte, nicht vergeudet wird in mühseliger, aber aussichtsloser Arbeit" (*G. Aschaffenburg* 1931, 709).

Verwirrung und Unheil hatten bereits seit Beginn dieses Jahrhunderts vererbungstheoretische und eugenische Tendenzen angerichtet. Man war der Annahme, daß der Schwachsinn — und damit war vor allem der schwerere Schwachsinn gemeint — meist erblich sei, zur Armut, Kriminalität und diversen Krankheiten führe und deshalb ausgemerzt werden müsse. Vor allem in *Nordamerika* bestimmte dieses Denken die Maßnahmen an Schwachsinnigen lange Zeit. Dazu hatte besonders ein Buch von *H. H. Goddard* beigetragen, das 1910 erschienen war und den Titel trug „Die Kalikak-Familie — Eine Studie über die Vererbung des Schwachsinns". (Ins Deutsche übersetzt 1914 durch *Karl Wilker*.) Die Folge dieser und ähnlicher wissenschaftlich unzulänglicher Behauptungen waren u. a. die gesetzlich bestimmte Sterilisation und die weitestgehende gesellschaftliche Isolation der Geistesschwachen, d. h. ihre lebenslängliche Internierung. (Näheres b. *Hanselmann* 1958, 127—131.)

In der Zeit des *Nationalsozialismus* kulminierten die Idee und der Grundsatz der Brauchbarkeit, und zwar hier im völkischen Sinne. So lesen wir bei *A. Krampf* (1936): „Brauchbarkeit ist ... das Urteil über den Wert einer Persönlichkeit in ihrem ganzen physischen und psychischen Sein für die Gemeinschaft" (19). Oder: „Wenn die Einzelpersönlichkeit im Sinne und zum Nutzen des Ganzen" am kulturellen Schaffen des Volkes „bewußt und teilzunehmen in der Lage ist, dann erweist sie sich als brauchbar" (16). Die Arbeit der Hilfsschule galt nicht dem Wohle des einzelnen Behinderten, sondern hatte da anzusetzen, „wo die Gefahr einer kulturellen, wirtschaftlichen und politischen Volksschädigung besteht", heißt es in einem Aufruf von *Ruckau* in der „Deutschen Sonderschule" (1936, 1—3). Das Brauchbarmachen als Aufgabe der Hilfsschule aber sollte „auf dem wirkungsvollsten und billigsten Wege" (*Ruckau*, ibid.) erfolgen. „Es darf im Dritten Reich keinen Erzieher auf sog. verlorenem Posten geben und keine Stunde umsonst vertaner Kraft oder unverhältnismäßig starken Ringens um einen ganz kleinen, für die Volksgemeinschaft nur unwesentlichen Erfolg" (*P. Bartsch*, „Meine Berufskameraden im Anstaltsdienst", in: Die Deutsche Sonderschule 1934, 48).

In der Konzeption der „Hilfsschule im neuen Staat" fehlen denn auch schulische Einrichtungen für schwerschwachsinnige Kinder. *Krampf* spricht von den „völlig Bildungsunfähigen", die durch Gesetz aus der allgemeinen Schulpflicht entlassen werden und der Wohlfahrt überantwortet werden sollten. Eine schulische Arbeit an ihnen sei aus wirtschaftlichen Gründen nicht mehr vertretbar. Horte, Kindergärten oder Anstalten sollten sich dieser Kinder annehmen. Um Kosten zu sparen, sollte man die Zöglinge „äußerst scharf in Schul- und Bildungsfähige und Schul- und Bildungsunfähige" teilen (*W. Voigt* 1934). Differenzierte Angaben über die Verdrängung der schwerer behinderten Kinder durch Anordnungen der Nazi-Dienststellen enthält u. a. die Untersuchung von *Höck* (1978).

Das als Lücke empfundene Gesetz, das den Ausschluß der sog. Bildungsunfähigen legalisierte, trat 1938 in Kraft. Dieses *Reichsschulpflichtgesetz* bestimmt in § 11: „Bildungsunfähige Kinder und Jugendliche sind von der Schulpflicht befreit. Als bildungsunfähig sind solche Kinder und Jugendliche anzusehen, die körperlich, geistig oder seelisch so beschaffen sind, daß sie auch mit den vorhandenen Sonderschuleinrichtungen nicht gefördert werden können." Diese Bestimmung ist wegen ihres relationalen Aussagegehalts im Reich unterschiedlich gehandhabt worden. So heißt es etwa in der „Allgemeinen Anordnung über die Hilfsschulen", erlassen 1941 vom Bayer. Staatsministerium für Unterricht und Kultus, in einer präzisierenden und zugleich abmildernden Formulierung, daß „Kinder, die auch in der Hilfsschule sofort als bildungsunfähig erkannt werden oder in zweijährigem Besuch der Hilfsschule auf keinem der für ihre Beurteilung besonders in Betracht kommenden Gebiete, zu denen auch der Unterricht in Handfertigkeit (Werken) gehört, wesentlich fortgeschritten sind", als bildungsunfähig aus der Hilfsschule zu entfernen und der öffentlichen Fürsorge oder privaten Betreuung zu überstellen sind.

Es wurden von einzelnen Vertretern der bisherigen Einrichtungen für die Schwerschwachsinnigen die verschiedensten Versuche unternommen, diese Einrichtungen und die bedrohten Kinder selber zu retten. So betonte u. a. *Tornow* (1941), daß diese Kinder eine gewisse Bildbarkeit durchaus besäßen und daher auch eine Teilbrauchbarkeit für das Volksganze erreichen könnten. „Wir müssen in voller Klarheit herausstellen: die als bildungsunfähig aus der Hilfsschule auszuschulenden Kinder sind in der Mehrzahl der Fälle keineswegs als völlig unbeeinflußbar, als völlig erziehungs- und bildungsunfähig, als völlig arbeitsunfähig oder gar als asozial hinzustellen" (27). „Diese Kinder könnten bei geeigneter Betreuung wenigstens einen Teil ihres Lebensunterhalts verdienen und zugleich vor dem völligen sozialen Absinken bewahrt werden" (33).

Die konsequente Auslegung der Begriffe „unwertes Leben" und „Bildungsunfähigkeit" führte allerdings unerbittlich — vor allem im Krieg — zur massenweisen systematischen Tötung dieser im völkischen Sinne unbrauchbaren Kinder und Jugendlichen (*Ehrhardt* 1965). *Krampf* beteuert zwar, daß „am allerwenigsten der Führer selbst" diese Menschen „auf dem Wege der Euthanasie beseitigt wissen will", muß jedoch eingestehen, daß „niemand mehr — wollen wir endlich aus dem Wohlfahrtsstaat herauskommen — die Verantwortung für die Erhaltung arbeitsunfähiger Volksgenossen übernehmen kann" (*Krampf* ibid., 83). — Allein diese geschichtliche Tatsache wäre Grund genug, den aufs äußerste belasteten Begriff der „Bildungsunfähigkeit" völlig auszumerzen, auch wenn schulrechtlich gesehen damit lediglich *Schul*bildungsunfähigkeit gemeint sein kann.

Nach 1945 änderte sich zunächst wenig. Man knüpfte im allgemeinen da an, wo man 1933 gestanden hatte. Der § 11 des Reichsschulpflichtgesetzes wurde in sämtliche Schulpflichtgesetze der Bundesländer übernommen. Die Hilfsschule etablierte sich wieder als Leistungsschule, die an einer Einbeziehung der Schwerschwachsinnigen kaum interessiert war. Man überließ sie — wie einst — den Anstalten, d. h. der „privaten Mildtätigkeit". Die Ausschulung der sog. Bildungsunfähigen, ihre „Schul*befreiung*" wurde vielfach bedenkenlos praktiziert. Die Hilfsschule registrierte diese „Befreiten" lediglich in ihren Akten. Auch für den Sozialbereich waren sie zunächst nicht existent. Es standen nur in den Anstalten Plätze in sehr begrenzter Zahl zur Verfügung.

Noch 1954 hieß es in einer Denkschrift des Verbandes Deutscher Hilfsschulen zum Ausbau des heilpädagogischen Sonderschulwesens (unter A 8): „Erweist sich ein Kind während seiner Hilfsschulzeit als bildungsunfähig, ist die Ausschulung zu veranlassen." Darüber, was mit den so Entfernten geschehen soll, wurde nichts vermerkt.

Eine Wendung bahnte sich erst an, als die Eltern zur Selbsthilfe griffen und sich zu Elternvereinigungen zusammenschlossen (*Dörrie* 1965). 1958 wurde die Bundesvereinigung „Lebenshilfe für das geistig behinderte Kind" in Marburg gegründet. Der allmählich wieder in Gang kommende Kontakt mit dem Ausland ließ die bisherige Mauer der Ignoranz auf sozialem und schulischem Sektor allmählich abbröckeln. Die Bundesvereinigung „Lebenshilfe für geistig Behinderte" zählte 1968 38 000 Mitglieder in 312 Ortsvereinigungen (*T. Mutters* 1968). Die von ihr erstmals geprägte Bezeichnung „geistig behindert" wurde in die sonderpädagogische Fachterminologie übernommen.

Wie stark und bedeutsam der Einfluß von Elternverbänden sein kann, zeigt die Geschichte der Geistigbehindertenarbeit in den Vereinigten Staaten. Hier war — nach *A. Levinson* 1967 — erst 1911 in New Jersey die erste öffentliche Schule für „Zurückgebliebene" errichtet worden. Aber erst von dem Zeitpunkt an, da sich die Eltern zu Interessenverbänden zusammengeschlossen hatten, erhielt der Gedanke der Hilfe für Geistigbehinderte seine entscheidende Stoßkraft. Das war um 1930. Von da ab schritt die Entwicklung rasch vorwärts. 1950 wurde die „National Association for Retarded Children (NARC)" als eine Dachorganisation gegründet, die 1960 über 100 000 Mitglieder zählte. Diesem Verband ist die Errichtung von Sonderschulklassen und Sonderschulen, die Ausarbeitung von Lehrprogrammen, die Schaffung von Elternberatungsstellen, Behandlungszentren und beschützenden Werkstätten zu verdanken. Gegenwärtig stehen in den USA in 47 Staaten insgesamt 129 Kliniken für geistigbehinderte Kinder und ihre Eltern zur Verfügung. Sie dienen der Forschung und der Beratung und moralischen Unterstützung der Eltern (*Levinson* 1967).

1959 greifen erstmals in der Zeitschrift für Heilpädagogik 2 Hilfsschulvertreter das Problem auf: *W. Hofmann,* Zum Problem der heilpädagogischen Betreuung schwachsinniger Kinder, 1959, und *Tekla Schmidt,* Betreuungsstätten für schwachsinnige Kinder in Berlin, 1959. *Hofmann* beruft sich insbesondere auf den sich seit Jahrzehnten vollziehenden „Strukturwandel" der Hilfsschule, der es nicht gestatte, imbezille und schwerschwachsinnige Kinder im Rahmen dieser Hilfsschule zu betreuen. Gleichzeitig wird anerkannt, daß diese Kinder in irgendeiner Weise noch bildungsfähig sind und daher einer entsprechenden heilpädagogischen Betreuung bedürfen. Diese wird als Fürsorge bezeichnet; sie obliege der Öffentlichkeit. Für diese Aufgabe seien die Anstalten direkt prädestiniert. Für die Kinder, deren Eltern sich zu einer Heimunterbringung nicht entschließen können, wird in Anlehnung an die Wiener S-Klassen die Schaffung mehr schulmäßiger Einrichtungen in Form einer Tagesheimschule und heilpädagogischer Schulkindergärten empfohlen. Auf das noch schwierigere Problem der nachschulischen Betreuung wird mit allem Nachdruck verwiesen.

Einen vornehmlich sozial und ethisch fundierten Bildungsauftrag verfaßte die Berliner Hilfsschulrektorin *Schmidt,* die sich dabei vor allem auf *A. Fuchs* beruft und vom Wiederaufbau der einst von ihm begründeten Sammelklassen ab 1949 berichtet. In Anknüpfung an die jahrzehntelange Tradition in Berlin hatte ein Arbeitskreis „Sammelklasse" der „Berliner Vereinigung für Heilpädagogik" Richtlinien für die Arbeit in Sammelklassen und S-Horten erarbeitet, die hier in ihren wichtigsten Punkte wiedergegeben werden. Für die ganztägige Betreuung der etwa 15—18 Kinder in einer solchen Tagesstätte werden eine Lehrkraft oder Jugendleiterin mit Lehrbefähigung und zwei Hortnerinnen mit heilpädagogischer Ausbildung als erforderlich angesehen. — Diese Sammelklassen, die es auch in anderen Orten gab, so z. B. in Nürnberg, und die unterschiedliche Organisationsformen aufwiesen, können als der *schulpädagogische* Ansatz der Geistigbehindertenarbeit angesehen werden.

Der andere Aspekt war der *sozialpädagogische.* Wo die Tradition von S-Klassen fehlte, entstanden selbständige Sozialeinrichtungen in Form reiner Horte oder Tagesstätten ohne eine Angliederung an eine Schule. Ihre Errichtung ließ sich auf Grund des Jugendwohlfahrtsgesetzes rechtlich leichter bewerkstelligen als die Schaffung schulischer Einrichtungen. Hier bestand rechtlich das Hindernis der „Schulbefreiung" der „bildungsunfähigen" Kinder.

Ein aufschlußreiches Dokument für diese Problematik stellt der 13. Abschnitt des „*Gutachtens der Ständigen Konferenz der Kultusminister der Länder zur Ordnung des Sonderschulwesens*" (1960) dar. Er ist betitelt „Heilpädagogischer Lebenskreis für pflegebedürftige Kinder". Es heißt darin im einzelnen: „Diejenigen Kinder, deren Erziehbarkeit und Bildbarkeit so gering sind, daß sie weder in Schulen noch in Heilpädagogischen Kindergärten gefördert werden können, haben auch ein Anrecht darauf, als Menschen beachtet und behandelt zu werden. — Der Staat darf sich der Verpflichtung nicht entziehen, auch diesen Kindern gerecht zu werden ... Diese Lebenskreise sind stationär in Heimen oder ... als Tagesheimstätten einzurichten. Wieweit die Jugendfürsorge oder die Schulbehörde oder beide gemeinsam solche Einrichtungen schaffen und beaufsichtigen, hängt von den jeweiligen örtlichen Gegebenheiten und dem jeweiligen Charakter dieser Einrichtung ab."

Dieser Text stellt offensichtlich eine Verlegenheitslösung dar. Dies geht schon aus dem schulorganisationsfremden Terminus „Lebenskreis" hervor, der in einem Gutachten verwendet wird, in welchem eindeutig nur von „Sonderschulen" die Rede ist. Man könnte einwenden, daß man sich damals — 1960 — in Anbetracht der gegebenen Verhältnisse und der noch nicht ausgereiften Konzeption für diese Bildungsarbeit alle Türen offen lassen wollte (Schulanhängsel oder Sozialeinrichtung); und doch wurde eine negative Fixierung vorgenommen: die geistigbehinderten Kinder wurden als „pflegebedürftig", d. h. nicht schulbildungsfähig deklariert. Die menschliche Aufgabe an ihnen wurde nicht als Bildungsaufgabe, sondern als „Pflege der körperlichen und seelischen Kräfte" definiert. Abgesehen von diesen vagen und die Bildungsaufgabe am geistigbehinderten Kind einengenden Formulierungen wurde immerhin die Aufmerksamkeit der Öffentlichkeit auf diese bedeutsame Aufgabe gerichtet.

Aufschlußreich für die spannungsgeladene und einer klaren Konzeption entbehrende Situation dieser Jahre ist u. a. die in der Zeitschrift für Heilpädagogik 1962 ausgetragene Kontroverse zwischen *E. Geisler* (Medizinische Erfahrungen an geistigbehinderten Kindern und ihre Anwendungen in der sozialen und pädagogischen Arbeit) und *H. Wegener* (Bildungsfähige in die Sonderschule?).

Während *Geisler* für das Bildungsrecht des geistigbehinderten Kindes im Rahmen der Sonderschule eintritt, ohne allerdings auf die nötigen schulpädagogischen Grenzziehungen zwischen Debilen und Imbezillen im einzelnen einzugehen, verwahrt sich *Wegener* dagegen, daß heilpädagogische Caritas dazu führe, daß „die in langjähriger harter Entwicklung erreichten heilpädagogischen Positionen, d. h. die verbesserten und differenzierten Förderungsmöglichkeiten für die weniger stark Gestörten — und das sei doch die weitaus größere Gruppe! — zugunsten der Schwächsten" aufgegeben werden (213). Die ausgeschulten Kinder gehörten nicht in die Sonder*schule*, sondern in Sonder*horte*. Das hier offenbar vorliegende Mißverständnis wird deutlich, wenn *Wegener* betont: „Fortschritte der Imbezillenbildung dürfen nicht erkauft werden mit Rückschritten für Unterricht und Erziehung der bildungsfähigen Kinder" (216). Es bestand darin, daß man annahm, die geistigbehinderten Kinder sollten in die bestehenden Hilfsschulklassen aufgenommen werden. Das hätte in der Tat einen Rückschritt bedeutet. Man war aber auch skeptisch gegenüber Sonderklassen für Geistigbehinderte innerhalb von Schulsystemen für Lernbehinderte, aber auffallenderweise mehr dort, wo es derartige Sonderklassen noch nicht gab.

In der weiteren Entwicklung zeichneten sich immer deutlicher 2 Bewegungsrichtungen ab: die organisatorisch leichter zu bewältigende Errichtung von *Sozialeinrichtungen,* für die sich auch mehr Personal zur Verfügung stellte (Jugendleiterinnen und Kindergärtnerinnen), und andererseits eine bildungsprinzipielle: die Durchsetzung des *allgemeinen Schulrechtes* auch für diese bisher ausgeschulten Kinder. Dieses Ziel erschien in der damaligen, aktuellen Notlage vielen Eltern geistigbehinderter Kinder als ein Umweg, als weniger aussichtsreich. Aber es war letztlich das wichtigere. Die spätere Entwicklung des Sonderschulwesens für Geistigbehinderte, wie sie sich in den Ländern der Bundesrepublik vollzog, hat dies bestätigt.

Die Verankerung des Schulrechtes der geistigbehinderten Kinder bedeutete:

a) die Bestätigung des allgemeinen, durch Verfassungen gesicherten Bildungsanspruches, damit

b) die Bestätigung der Zugehörigkeit zum Gesamt der Schulen besuchenden Kinder und Jugendlichen,

c) die Sicherung der Vermittlung aller dem Geistigbehinderten zugänglichen Bildungsgüter einschließlich derer, die zu den sogenannten Kulturtechniken gehören, und

d) den Einbau dieser Bildungsarbeit in die umfassende Organisation der Schule.

Der Weg zur ordentlichen Schule für Geistigbehinderte, wie er in *München* verlief, kann als Beispiel für ähnliche Vorgänge an anderen Orten dienen (*Speck* 1964). Er ist mit dem Namen der Münchner Oberschulrätin *M. Eller* eng verknüpft. — Schon als Hilfsschullehrerin hatte sie sich in den fünfziger Jahren aus eigenen Stücken außerhalb der Schule im Einzel- und Gruppenunterricht derjenigen Kinder angenommen, die von der Schule abgewiesen worden waren. Zusammen mit den Eltern, die jeweils an einem solchen Abendunterricht teilnahmen, hatte sich ein Arbeitskreis gebildet.

Im Jahre 1959 wurde dieser Abendkurs mit Genehmigung des Stadtschulamtes in eine Versuchsklasse der Hilfsschule umgewandelt. Sie mußte von *M. Eller* neben ihrer Hilfsschulklasse geführt werden. Der Erfolg dieser Arbeit führte 1960 zur ordentlichen Errichtung von 2 Sonderklassen für Geistigbehinderte an der Hilfsschule an der Klenzestraße. Es waren dies die ersten öffentlichen Sonderklassen für Geistigbehinderte in Bayern. Das Münchner Beispiel fand in anderen Städten, wo sich Lehrer dazu bereitfanden, Nachahmung, und zwar zunächst in der Führung einer Gruppe neben der eigenen Hilfsschulklasse mit Hilfe des Stundenausgleichs und später in eigenen Klassen. Um möglichst viele Kinder betreuen zu können, wurden einem Lehrer jeweils 2 Gruppen (Klassen) anvertraut, die sich in die gesamte Unterrichtszeit aufteilen mußten. Das bedeutete, daß jedes Kind nur die Hälfte der normalen Unterrichtszeit zur Verfügung hatte.

Da, wo sich kein *Lehrer* fand, entstanden — z. T. in Angliederung an die Hilfsschule, wie etwa in Würzburg — „Kindergärten" für Geistigbehinderte. Die Unzulänglichkeit lag darin, daß man die Kinder nicht gut auch im fortgeschrittenen Alter in einen „Kindergarten" schicken konnte, und daß sie einer Bildung bedurften, die über die — jedenfalls herkömmliche — Kindergartenpädagogik hinausreichte.

Das Kultusministerium bestätigte am 14. 10. 1963 durch eine Entschließung über die Errichtung von „Hilfsschulsonderklassen für geistigbehinderte Kinder" die bereits eingeleitete Entwicklung. Es hieß darin: „Es hat sich gezeigt, daß sich unter den als bildungsfähig erklärten Kindern, von denen also angenommen wurde, daß sie weder dem allgemeinen Bildungsweg der Volks- noch dem der Hilfsschule zu folgen vermögen, Kinder befinden,

> die über die Sprache Kontakt aufnehmen können, also Sprachverständnis, wenn auch nicht Sprachfähigkeit besitzen,
> die das unbedingt notwendige Mindestmaß sozialer Anpassung aufbringen, um erzieherischen und bildnerischen Einflüssen zugänglich zu sein,
> die manche beachtliche Anlagen lebenspraktischer Art besitzen, welche durch planvolle und sachkundige Übung zu echten Fähigkeiten entwickelt werden können,
> die in den Kulturtechniken des Lesens, Schreibens und Rechnens noch Leistungen, wenn auch nur in ganz bescheidenem Umfang hervorzubringen vermögen.

Planmäßig durchgeführte Schulversuche in den letzten Jahren haben ergeben, daß eine schulmäßige Betreuung dieser entwicklungsgehemmten, lebenspraktisch oder motorisch aber noch bildungsfähigen Kinder erfolgreich sein kann". Freilich wird auch eine Grenze nach „unten" gezogen, und zwar zu jenen geistigbehinderten Kindern, „die als absolut bildungsunfähig zu bezeichnen sind".

Die Bezirksregierungen wurden angewiesen, an den Hilfsschulen nach Bedarf „Hilfsschulsonderklassen für Geistigbehinderte" einzurichten. Der Schulbesuch wurde davon abhängig gemacht, daß die *Erziehungsberechtigten diesen ausdrücklich wünschen* und sich bereit erklären, die damit verbundenen Opfer, wie Begleitung von und zur Schule, rege häusliche Mithilfe usw. aufzubringen. Das Ministerium machte sich dabei die Erfahrung zunutze, daß „Eltern geistigbehinderter Kinder großen Wert darauf legen, daß ihre Kinder in eine Schulgemeinschaft aufgenommen werden".

Zu gleicher Zeit hatten im Bayerischen Landtag auch die Verhandlungen über ein eigenes Sonderschulgesetz begonnen. Sie führten auf Grund der nachweisbaren Erfolge der Arbeit in den „Hilfsschulsonderklassen" zur Bestätigung der „Schule für geistig Behinderte" als einer eigenen Sonderschulart neben der Schule für Lernbehinderte. Damit war das Schulrecht dieser Kinder wiederhergestellt (1965). Die ersten selbständigen Schulen für geistigbehinderte Kinder konnten geschaffen werden.

Auch in fast allen anderen Bundesländern vollzog sich zur gleichen Zeit dieser Vorgang; in die Schulgesetze wurden die Schulen für Geistigbehinderte — in Baden-Württemberg: für „Bildungsschwache" — aufgenommen.

Inzwischen ist die Schule für Geistigbehinderte (Sonderschule) ein festverankerter Bestandteil des Schulwesens. Ausgebaut wurden auch die Einrichtungen für die Frühförderung, der Kindergarten (als schulvorbereitende Einrichtung), die Tagesstätten, die Heime, die Werkstufe und die Werkstätten für Behinderte (vgl. auch *Speck* 1979, b).

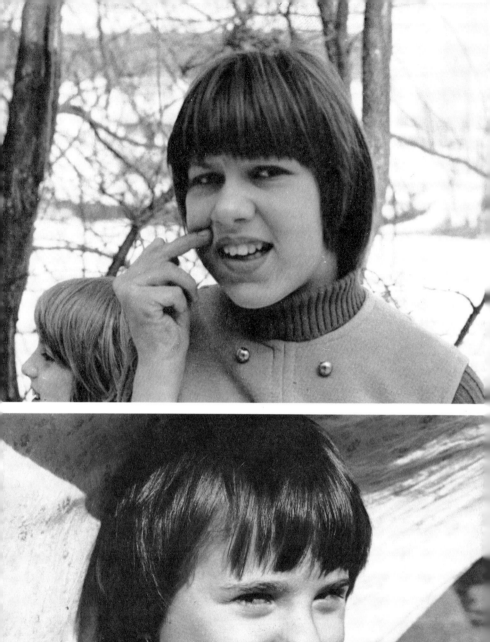

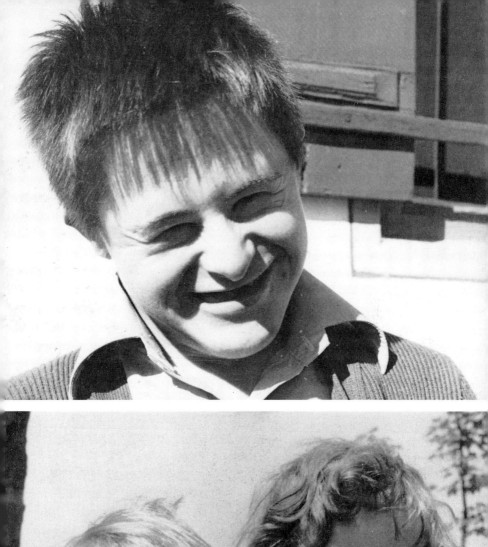

Geistige Behinderungen

Allgemeines Begriffsverständnis

„Geistige Behinderung" ist ein Attribut, das gegenwärtig verwendet wird, um Menschen zu kennzeichnen, die sich insbesondere wegen der extremen Schwäche ihrer intellektuellen und sozialen Handlungsfähigkeit von den üblichen Formen menschlichen Lebensvollzugs deutlich unterscheiden. In dieser recht allgemeinen Aussage stecken zahlreiche Details, die im einzelnen zu klären sind bzw. jederzeit problematisiert werden können. Allein schon der Akt der Unterscheidung, der Abhebung einer bestimmten Personengruppe kann unter dem Aspekt der damit verbundenen Stigmatisierung in Frage gestellt werden. Dabei kann auf die Geschichte verwiesen werden, die davon zeugt, daß jeder Name, wie z. B. „Schwachsinn", „Blödsinn" oder „Idiotie", bei aller guten Absicht immer wieder für die gemeinten Menschen zur Belastung, zum Dauerstigma, ja zur tödlichen Bedrohung wurde, und daß man deshalb immer wieder bemüht war, ihn auszuwechseln gegen eine weniger negativ oder gar eher positiv klingende Bezeichnung.

Der gegenwärtig verwendete Name „geistige Behinderung" dürfte sich insbesondere deshalb durchgesetzt haben, weil er nicht von Nichtbetroffenen, also bloßen Experten geprägt wurde, sondern von den Eltern solcher Kinder, also Mitbetroffenen. Hinter dieser Tatsache tritt die Frage nach der semantischen Adäquatheit von „geistig" und „Behinderung" zurück. Selbstverständlich eignet sich der Begriff „Geist", für den es mehrere hundert Interpretationen geben mag, nicht für eine wissenschaftliche Operationalisierung. Das ist auch gar nicht notwendig, denn nicht das Wort sondern sein Inhalt hätte sich einer Operationalisierung zu stellen. Im übrigen genügt für den allgemeinen Gebrauch eines Namens die allgemein vorhandene Verständigung über den damit verbundenen Inhalt, und dies ist bei geistigbehindert durchaus hinreichend gegeben, wenn man mit Behinderung die gravierende Beeinträchtigung des Vollzugs „geistiger", d. h. intellektueller (mentaler) Funktionen versteht. Selbstverständlich ist mit diesen beiden Wörtern keine semantische Klarheit geschaffen, denn Geist läßt sich eigentlich nicht behindern. Nur gibt es einen Punkt, von dem ab die Suche nach einem besseren Wort müßig wird. Es muß daher genügen, daß der — noch näher zu definierende — Begriff die sprachliche Verständigung nicht blockiert.

Die ursprünglich aufgeworfene Frage lautete: Könnte man nicht auf den Begriff der „geistigen Behinderung" und damit auf eine Klassifizierung überhaupt verzichten? Wem dient sie eigentlich? Ist ihr stigmatisierender Schaden nicht größer als ihr instrumenteller Nutzen? Zweifellos hat sich jede Einteilung von Menschen einer qualifizierten Begründung unter dem Aspekt des Dienstes am Menschen zu stellen. Sie muß verantwortet werden können.

Zunächst kann anthropologisch festgestellt werden, daß das spezifisch Menschliche als „Geist-in-Stoff-Sein" (*Buytendijk* 1967) nicht teilbar ist: Mensch ist Mensch. Im Wesen und in der Würde sind die Menschen gleich. Diese Gemeinsamkeit des Menschlichen beansprucht Priorität. Menschen mit und Menschen ohne zu definierende geistige Behinderung sind demnach im Wesentlichen ihres Menschseins nicht unterscheidbar. Wenn also unterschieden werden soll, so kann es sich nur um den individuellen, mehr instrumentellen Vollzug dieses Menschseins handeln, also um nachgeordnete, akzidentielle Abweichungen. Eine entsprechende Aufteilung (Klassifikation) kann im wesentlichen von administrativen und wissenschaftlichen Zwecken her begründet und gerechtfertigt werden:

- Verwaltung und Recht sind auf Einteilungen angewiesen, um adäquat für den einzelnen in Funktion treten zu können, z. B. im Bereich der Schulorganisation oder der Sozialhilfe.
- Die Wissenschaft wird unausweichlich vor Fragen gestellt, die sich auf die Differenz gegenüber dem üblichen beziehen, sei es in diagnostischer, prognostischer oder therapeutischer Hinsicht: Was ist bei einem bestimmten Kind mit einer geistigen Behinderung anders? Wie ist diese Abweichung zu erklären? Wie könnte sie sich weiter entwikkeln? Wie kann ihr pädagogisch begegnet werden? Wissenschaftler können ihre Untersuchungsergebnisse nur auswerten und vergleichen, wenn sie über angenäherte, d. h. vergleichbare Begriffe für ihre Teil-Populationen verfügen. Es gäbe keine spezifischen Aussagen über Down-Kinder, wenn es nicht den Begriff des Down-Syndroms gäbe.

Eine andere Sache ist der *Umgang* mit Einteilungsbegriffen. Das menschliche Problem der Stigmatisierung läßt sich sicherlich nicht dadurch lösen, daß man lediglich die Begriffe ausmerzt, die zu Diskriminierungen führen können. Stigma-Prozesse sind „ein allgemeiner Bestandteil von Gesellschaft" (*Goffman* 1974, 160). Sie treten da auf, wo Identitätsnormen wirksam sind. Dieser Vorgang stellt eine allgemeine soziale Funktion dar, so daß die Rolle „normal" und die Rolle „stigmatisiert" als Teile des gleichen Komplexes zu betrachten sind (*Goffman* a. a. O., 161). Nichtsdestoweniger ist der Inhalt, die Definition eines Einteilungs- und Abweichungsbegriffes maßgebend für das Ausmaß und die Schwere einer sozialen Stigmatisierung. „Schwachsinn" als „erbschädliche Volksbelastung" führte historisch gesehen zu Zwangssterilisationen, als „lebensunwertes Leben" zur Tötung, als „Bildungsunfähigkeit" zum Verlust des Bildungsrechtes, zur „Schulbefreiung". Hier werden zugleich die jeweiligen Definitoren sichtbar: die in der Gesellschaft geltenden Normen, die den sozialen Bestand, die soziale Identität, sichern sollen. Von ihnen aus erhält der Abweichende einen Stellenwert zugeschrieben.

Hier wird aber auch gleichzeitig die Unzulänglichkeit unserer Versuche deutlich, sogenannte klare, d. h. unmißverständliche Begriffe zu bilden und Definitionen zu setzen. Sie erweisen sich letztlich als Hilfsetikette für eine halbwegs praktikable Verständigung. Für eine lückenlose Begriffserklärung wäre ein unendlicher Regreß nötig. Daher befriedigen Definitionen auch so wenig. Für den Fortschritt der Wissenschaften sind sie offensichtlich nicht unbedingt nötig. „Alle Definitionen können ohne Verlust der gegebenen Information weggelassen werden." Daraus folgt für *K. Popper,* daß „in der Wissenschaft alle wirklichen notwendigen Begriffe undefinierte Begriffe sein müssen" (1975, S. 26). Wir belasten uns also nicht mit dem Vorhaben, „endlich" eine klare Definition für das abzugeben, was geistige Behinderung sei, also alle bisherige Vagheit durch ein sprachliches Konzentrat zu beseitigen, sondern versuchen, im Sinne einer möglichst sinngerechten praktischen Umsetzung möglichst komplexe und zugleich differenzierte Aussagen über das zu machen, was für diejenige Gruppe von Menschen in ihrer sozialen Situation und bei der pädagogischen Verwirklichung von Menschlichkeit Relevanz zu beanspruchen hat, für deren oberflächliche Kennzeichnung sich die Chiffre „geistigbehindert" eingebürgert hat. Dabei werden sich die Fakten- und Problembeschreibungen auf den individuellen und sozialen Inhalt des gemeinten Phänomens der geistigen Behinderung ebenso zu erstrecken wie auf die sozietäre Funktion der Chiffre „geistigbehindert".

Das Phänomen geistige Behinderung läßt sich von verschiedenen Aspekten her angehen, von wissenschaftlichen und von philosophisch-anthropologischen. Mehrere Wissenschaften versuchen, geistige Behinderung zu klären. Der medizinisch-biologische Ansatz gilt primär den physischen (organisch-genischen) Abweichungen und Besonderheiten, der verhaltenswissenschaftliche (psychologische) Ansatz der Eigenheit der beobachtbaren Verhaltensweisen, der sozialwissenschaftliche Ansatz im besonderen den gesellschaftlichen Bedingungssystemen, der pädagogische Ansatz den Möglichkeiten der Erziehung. Der letztere hat für unsere Erörterungen Leitfunktion. Er ist auf die anderen Aspekte angewiesen.

Jeder Versuch, das Phänomen geistige Behinderung wissenschaftlich zu klären, stößt auf das Problem, daß generell nur Aussagen *über* den geistigbehinderten Menschen möglich sind. Er läßt sich geradezu dadurch kennzeichnen, daß er Außenstehenden die Ergebnisse seiner Introspektion, seiner Selbstreflektion nicht vermitteln kann. *Daß* in ihm reflexive Prozesse ablaufen, kann nicht bezweifelt werden. Wer mit den individuellen Ausdrucksweisen vertraut ist, kann immer wieder Belege dafür beobachten, daß die eigene Situation auch im eigenen Bewußtsein verarbeitet wird. Dies alles aber ist — jedenfalls bislang — zu wenig, zu diffus, zu sehr individuell, als daß daraus ein introspektiver Erklärungsansatz ausreichend begründet werden könnte.

Die Tatsache, daß deshalb eigentlich nur Aussagen *über* den geistigbehinderten Menschen gemacht werden können, führt dazu, daß er — wie vergleichsweise das Lebewesen in der Biologie — zum bloßen Objekt von Erklärungen wird. Dem Subjekt des Beobachtenden fehlen die Erfahrungen als Subjekt mit einer geistigen Behinderung. Da aber jede Erkenntnis über ein Objekt nur mit Hilfe des Subjekts möglich ist, und da uns keine unmittelbare Erfahrung die Erkenntnis der Objekte liefert (*Piaget* 1975, Bd. 10, S. 265), ist stets mit der Gefahr der verfälschten Erkenntnis zu rechnen. Alle Aussagen nicht geistigbehinderter Personen über den geistigbehinderten Menschen sind daher nur mit Vorbehalt adäquate Aussagen.

Fragt man nach dem Wesentlichen des Andersseins, so wie es dem Außenstehenden erscheint, so läßt sich vom Aspekt der Erziehung her allgemein sagen, daß diese durch eine geistige Behinderung in spezifischer Weise behindert wird, und zwar derart, daß das Ziel der selbständigen Lebensführung, wie diese etwa durch juridische Normen definierbar ist — letztlich nicht erreicht werden kann. Diese negative Aussage ist selbstverständlich das Ergebnis eines Vergleiches mit einer zu definierenden Norm. Ebenso definitionsabhängig wären weitere behinderungsspezifische Aussagen zu bewerten, die sich etwa auf den behinderten Erziehungsprozeß, auf die typische Art der Interaktion zwischen Lehren und Lernen bezögen. *Bach,* der das *Lernverhalten* als zentrale pädagogische Kategorie seines Erklärungsansatzes benutzt, nennt u. a. ein wesentliches Zurückbleiben „hinter der am Lebensalter orientierten Erwartung", „ein Vorherrschen des anschauend-vollziehenden Aufnehmens, Verarbeitens und Speicherns von Lerninhalten und eine Konzentration der Lerninteressen auf direkter Bedürfnisbefriedigung Dienendes" (1979, S. 3). Eine Explikation dieser Lern-Begriffe würde sehr bald Operationalisierungsschwierigkeiten sichtbar machen, abgesehen davon, daß offen bleiben muß, ob die genannten Verhaltensweisen das gesamte Lernverhalten tatsächlich umfassen und kennzeichnend treffen. Man könnte z. B. nach dem Bereich des Sprachlichen fragen. Im übrigen reicht der pädagogische Aspekt der geistigen Behinderung über bloßes Lernverhalten sicherlich hinaus. Erziehung vollzieht sich als Interaktion zwischen Lehrenden und Lernenden (*Klauer* 1973), als kommunikative Vermittlung von Werten in einem gesellschaftlich definierten normativen

Rahmen. Für die edukative Situation einer Mutter beispielsweise ist nicht nur das Lernverhalten ihres Kindes von Bedeutung. Für sie hat sich gewissermaßen *die Welt* verändert.

Die menschlich-existentielle Komplexität des Begriffes geistige Behinderung versucht *Thalhammer* (1977) auszuloten. Er spricht unter entschiedener Zurückweisung aller negativen Definitionsversuche von „*kognitivem Anderssein*" als dem primären Konstitutivum dieser eigenen Seinsweise, die eine besondere „lebenslange mitmenschliche Hilfe zur Selbstverwirklichung in individuellen Dimensionen und kommunikativen Prozessen notwendig macht" (a. a. O. S. 39). Damit wird einerseits die üblicherweise ins Feld geführte Determinanz der psychometrisch fixierenden intellektuellen Rückständigkeit neutralisiert und andererseits eine existentiell positive Explikation des Anderssein durch die besondere Hilfebedürftigkeit markiert. Die Verkürzung auf bloßes „kognitives Anderssein" müßte den Erklärungswert wiederum herabsetzen. Der pädagogische Akzent liegt deshalb eigentlich auf der permanenten Hilfebedürftigkeit, die sich aus einer bestimmten Kognition (oder intellektuellen) Eigenart ergibt.

Die pädagogische Relevanz einer solchen aufgabenorientierten Definition ist evident. Sie konzentriert sich auf das erzieherisch Adäquate gegenüber einer vorgefundenen menschlichen Eigenart. Ihr besonderer Wert dürfte darin liegen, daß geistige Behinderung — im allgemeinen eine Chiffre für in Frage gestellte Existenz — in der Dimension der Mit-Existenz angesiedelt wird. Es stellen sich aber Fragen:

- Ist im Begriff des „*Andersseins*" nicht bereits *zu* viel vom üblichen abgehoben? Könnte nicht in der Verkürzung auf den „*ganz anderen*" sein Fremdbleiben induziert werden?
- Genügt die Erklärung des „*kognitiven Andersseins*" oder braucht der Pädagoge für sein Handeln eine differenzierende Bestimmungshandhabe, bei der er u. U. auch mit psychometrischen Daten impliziter negativer Wertigkeit konfrontiert wird?

Für eine nähere Abklärung der spezifisch veränderten Lebenssituation geistigbehinderter Menschen sollen realwissenschaftliche Befunde herangezogen werden. Dabei wird es notwendig sein, sich der Ergebnisse der verschiedenen Disziplinen zu bedienen, da angesichts der biosozialen Komplexität offensichtlich keine einzelne Disziplin für sich in der Lage ist, diese zu erschließen.

Ein *sozialhistorischer Rückblick* zeigt, daß unter geistiger Behinderung unter den verschiedenen gesellschaftlichen Bedingungen jeweils verschieden Akzentuiertes verstanden wurde. Der Wechsel der Termini deutet dies u. a. an: „Blödsinn", „Idiotie", „Schwachsinn", „Geistesschwäche". Der ursprünglich dominante christlich-caritative Akzent schlug sich im „Kretin" (franz. chrétien = christlich) nieder, genetischrassische Vorstellungen einer atavistischen Regression lagen dem Begriff des „Mongolismus" bei *J. L. Down* zugrunde. Unter dem Aspekt der organischen Schädigung bestimmte im 19. Jahrhundert die Medizin die Erforschung des Schwachsinns, wobei man sich zunächst nur auf die schwersten Formen dieser Schädigungen beschränkte. Später wurden unter dem Einfluß eines primitiven *Sozial-Darwinismus* im Zusammenhang mit wachsenden Problemen der Industrialisierung und Urbanisierung genetische Ansätze maßgebend (vgl. *Goddard*, Kallikak-Familie, 1912). Den katastrophalen Gipfel dieser Entwicklung bildete dann die nationalsozialistische Rassenlehre der „Ausmerze erbkranken Nachwuchses". Schwachsinnige wurden jeweils aus der Perspektive der Gesellschaft definiert: „als Kranke, als Abzusondernde, als Parasiten, als Gefahr für das Volkswohl, als moralische Krüppel, als Unzurechnungsfähige." Entsprechend fielen die juridischen und administrativen Regelungen für sie aus: Internierung, Sterilisierung, Verlust von Rechten, Vernichtung. Der inzwischen eingetretene Wandel macht eine Klassifizierung möglich, die sich primär an der Wahrung der menschlichen Grundrechte, an einer Verbesserung der individuellen und sozialen Situation dieser Menschen und an den Möglichkeiten der Vorbeugung orientiert. Klassifizierungen sind im wesentlichen begründbar durch die Notwendigkeit, entsprechende administrative Organisationsformen zu entwickeln und die wissenschaftlichen Bemühungen um Diagnostik, Prognostik und Forschung zu strukturieren und zu unterstützen.

Die verschiedenen Disziplinen setzen in ihrem Ansatz unterschiedliche Schwerpunkte entsprechend ihren spezifischen wissenschaftlichen Bezugssystemen:

Fachspezifische Sichtweisen und Definitionsansätze

Der medizinische Aspekt

Der medizinische Bestimmungsrahmen geht primär von der Ätiologie, insbesondere den organisch-genetischen Bedingungsfaktoren für geistige Behinderung („Oligophrenie") aus. Unter dem Aspekt des Pathologischen wird diese als Defekt, als „Minusvariante", als Subnormalität definiert. *Harbauer* (1971) beschreibt sie als „psychische Schwächezustände, die dadurch charakterisiert sind, daß sie erstens vererbt oder frühzeitig, d. h. in der Schwangerschaft, während der Geburt oder in früher Kindheit, erworben wurden und zweitens hauptsächlich die Intelligenz betreffen" (S. 167). Dementsprechend wird rein ätiologisch klassifiziert. Unterschieden werden:

- chromosomal bedingte Oligophrenien (z. B. Down-Syndrom, Ullrich-Turner-Syndrom, Klinefelter-Syndrom u. a.)
- metabolisch-genisch bedingte Oligophrenien (z. B. die Phenylketonurie, PKU)
- erbliche und ätiologisch unklare Oligophrenie (z. B. das Heller-Syndrom der Dementia infantilis), und
- „exogen" verursachte Oligophrenien, als pränatale, perinatale oder postnatale Hirnschädigungen mit den verschiedensten Ausprägungen.

Der Katalog der möglichen organisch-genischen Verursachungen wächst mit dem Fortschritt der medizinischen Forschung (*Benda* 1960, *Lutz* 1961, *Asperger* 1961, *Göllnitz* 1973, *Harbauer/Lempp/Nissen/ Strunk* 1976, *Harbauer/Schmidt* 1979, *Berg* 1974). Auf der anderen Seite bleibt in der Realität ein beachtlich großer Teil der als geistigbehindert diagnostizierten Personen ätiologisch ungeklärt. Eine epidemiologische Untersuchung von *Schmidt* u. a. (1974 b, *Spreen* 1978) in der Schweiz erbrachte bei insgesamt 53 % der Probanden kein klares medizinisches Krankheitsbild. Nach der jüngsten Erhebung von *Liepmann* (1979) in der Bundesrepublik Deutschland fanden sich bei 45,3 % der aktenmäßig Untersuchten keine kausalen Angaben (S. 101).

Erschwerend für eine klassifikatorische Klärung wirkt sich weiterhin der Umstand aus, daß die Menge der organisch-genischen Kausalfaktoren auch über das Zustandsbild einer geistigen Behinderung hinausreicht bis nahezu in den Normbereich, und daß deshalb eine Definition geistiger Behinderung über organisch-genische Schädigungen nicht möglich ist. Auch das Down-Syndrom ist nicht in jedem Fall mit geistiger Behinderung gekoppelt, wie u. a. das Beispiel des *Nigel Hunt* (1974) zeigt. Wenn sich das zentrale Kriterium auf die Intelligenzentwicklung bezieht, so ist das psychologische Kategoriensystem mitangesprochen.

Der psychologische Aspekt

Der psychologische Bestimmungsrahmen konzentriert sich traditionsgemäß auf die Entwicklung und Retardierung der Intelligenz, ist aber auch über diese ursprüngliche Verengung hinausgewachsen und erstreckt sich heute mindestens ebenso zentral in den Bereich sozialen Anpassungs- und Lernverhaltens.

Der Grad der gemessenen Intelligenz, ausgedrückt im Intelligenzquotienten (IQ) bildete jahrzehntelang das ausschlaggebende Kriterium für die Feststellung von Schwachsinn. Er galt als konstant für die gesamte Entwicklung und konnte daher auch prognostisch verwendet werden. *Binet* klassifizierte Kinder, die bei einem wesentlich höheren Lebensalter ein Intelligenzalter von nur 3 Jahren erreichten, als idiotisch, und wenn es unter 7 Jahren blieb, als imbezill. Für *W. Stern* bedeutete ein gemessener IQ zwischen 70 und 79 Debilität, zwischen 60 und 69 Imbezillität.

Inzwischen hat die psychologische Forschung den Charakter des hypothetischen Konstrukts und der Umweltabhängigkeit des Intelligenzbegriffs und damit seine Variabilität bloßgelegt. Intelligenz ist einerseits als Komplex bestimmter Fähigkeiten anzusehen, die sich in bestimmten Leistungen messen lassen. Die Bündelung in einer Querschnittsziffer stellt damit eine relativ grobe Verallgemeinerung dar. Die individuellen Unterschiedlichkeiten interessieren pädagogisch mehr als die zahlenmäßige Generalisierung. Andererseits erweist sich unter lernpsychologischem Aspekt „Intelligenz" als eine Potentialität, deren Realisierung von bestimmten Entwicklungsbedingungen abhängig ist (*Spreen* 1978, 18). Die Offenheit des Intelligenzmodells wird noch dadurch verstärkt, daß auch bioelektrische Messungen der Hirnfunktionen keine Beziehungen zur gemessenen Intelligenz erkennen lassen (a. a. O. 19.)

Eine weitere Schwierigkeit ergibt sich aus der weithin bestätigten Hypothese, daß sich die Intelligenz*strukturen* geistigbehinderter und nicht behinderter Personen unterscheiden. *Lewin* hatte u. a. die geringere Differenziertheit herausgearbeitet. Wenn dem so ist, so sind I-Testverfahren, die für Normalintelligenzen konstruiert worden sind, für geistigbehinderte Personen untauglich oder nur bedingt verwendbar. Das Dilemma wird vollständig, wenn man bei praktisch nüchternem Überlegen zur Einsicht kommt, daß man gleichwohl so etwas wie den IQ braucht, daß man auf Messungen bestimmter kognitiver Fähigkeiten angewiesen ist.

So bleibt es nicht aus, daß die markantesten Kriterien für das Vorliegen einer geistigen Behinderung nach wie vor mit IQ-Werten oder Standardabweichungen auf der statistischen Kurve der Normalverteilung angegeben werden. *Bach* (1979) nennt zur Kennzeichnung geistiger Behinderung einen IQ unterhalb 55/60, obwohl der praktizierte Grenzwert zwischen Lernbehinderung und geistiger Behinderung bei 60/65 liegt (vergl. *Liepmann* 1979). In den Empfehlungen des *Deutschen Bildungsrates* (1973) findet sich die Angabe von 3 Standardabweichungen unterhalb des Mittelwertes, was noch unter dem von *Bach* genannten Wert liegt (vgl. Tabelle 2). Es fehlen bislang empirische Ableitungen und Begründungen dafür, warum und ob gerade diese beiden Grenzwerte reale Gültigkeit zu beanspruchen hätten. Das Klassifikationsschema der Standardabweichungen ist ganz offensichtlich ein rein statistisches, also willkürliches.

Dieses wird auch im Ausland weithin praktiziert, soweit es sich an der *American Association on Mental Deficiency (AAMD)* orientiert. Deren

Definition der mental retardation geht auf *R. Heber* (1967) zurück. Sie umfaßte ursprünglich 5 Stufen und reichte damit bis zu 1 Standardabweichung. Die jetzige Definition erstreckt sich nur noch bis zur 2. Standardabweichung, schließt also nicht mehr die Borderline-Stufe mit ein (vgl. *Grossmann* 1973). Sie lautet: „Geistige Retardierung bezieht sich auf signifikant unterdurchschnittliche Allgemeinintelligenz, die fortlaufend mit Defiziten im adaptiven Verhalten vorkommt und während der Entwicklungsperiode bestehen bleibt" (a. a. O. S. 11). Als eindeutig unterdurchschnittlich werden solche Intelligenzleistungen angesehen, die 2 Standardabweichungen unterhalb des Mittelwertes liegen, was beim Stanfort-Binet-Test einem IQ von 67 und beim Wechsler-Test einem IQ von 69 entspricht. Es wird ausdrücklich betont, daß das bloße Ermitteln eines niedrigen IQ in keinem Fall genügt, um eine geistige Retardierung zu diagnostizieren. Mitmaßgebend sind das Andauern bis zum vollendeten 18. Lebensjahr, insbesondere aber Ausfälle im Bereich des adaptiven Verhaltens, das sich in Standards persönlicher Unabhängigkeit und sozialer Verantwortlichkeit niederschlägt, soweit diese vom Alter und der kulturellen Gruppe her erwartet werden. Gestuft nach dem Lebensalter werden folgende Bereiche genannt:

Im Frühkindheits- und Vorschulalter:

1. Sensomotorische Fertigkeiten,
2. Kommunikative Fertigkeiten (einschl. Sprechen und Sprache),
3. Fertigkeiten der Selbstversorgung und
4. Sozialverhalten (Interaktion mit anderen).

In der Schul- und frühen Jugendzeit:

5. Anwendung grundlegender Kulturtechniken im Alltag,
6. Anwendung angemessener Begründungen und Urteile in der Bewältigung der Umwelt,
7. Sozialfertigkeiten (Teilnahme an Gruppenfertigkeiten und interpersonale Beziehungen).

Als Heranwachsender und Erwachsener:

8. Berufliche und soziale Verantwortlichkeiten und Leistungen (S. 12).

Eine entsprechende Adaptive Behavior Scale ist von *Nihira/Foster/ Shellhaas/Leland* entwickelt und von der *AAMD* herausgegeben worden (1969, Revision 1975).

Diese Subklassifikation in Stufen nach rein statistischen Intelligenz-Testwerten — sie ist auch in das Multiaxiale Klassifikationsschema für psychiatrische Erkrankungen im Kindes- und Jugendalter nach *Rutter/*

Shaffer/Sturge übernommen worden (*Remschmidt/Schmidt* 1977) — provoziert geradezu die Frage, welcher Realität sie dienen soll. Man vermißt eine Zuordnung zu adäquaten Institutionen der Förderung und Hilfe. Ohne einen derartigen pädagogisch-sozialen Bezugsrahmen bleiben die errechneten Stufen real bedeutungslos. Die institutionelle Wirklichkeit zeigt auch, daß ihre Maßgaben sich nicht mit dieser nominalistischen Aufteilung decken (vgl. *Kushlick* in *Clarke/Clarke* 1974, S. 22). Sie kann demnach nur Orientierungsfunktion haben und zwar ausdrücklich — nach der AAMD-Definition — nur im Zusammenhang mit Angaben zum adaptiven Verhalten. Dies bedeutet, daß eine bloße Klassifizierung nach IQ-Werten psychologisch unzulässig ist. Kein Kind kann ausschließlich über eine Intelligenz-Testung als geistigbehindert diagnostiziert werden. Das gleiche gilt für schwerste geistige Behinderungen, bei denen im übrigen ein weiteres Problem besonders deutlich wird: die Testbarkeit geistigbehinderter, mehrfachbehinderter Personen. In Großbritannien gab es bislang eine Zweier-Einteilung: Unterhalb von IQ 50 spricht man von schwerer Subnormalität (severe subnormality), darüber bis IQ 70 von subnormal (Tabelle 2).

Tabelle 1: AAMD — Klassifikation nach IQ-Werten

Stufe der geistigen Behinderung	Standardabweichungen	Stanford-Binet-IQ	Hamburg-Wechsler-IQ
leicht (mild)	−2 bis −3	67—52	69—55
mäßig (moderate)	−3 bis −4	51—36	54—40
schwer (severe)	−4 bis −5	35—20	—
schwerst (profound)	−5 und darunter	< 20	—

Tabelle 2: Einteilungen der geistigen Behinderungen nach Intelligenz-Meßwerten

IQ	0	20	50	75
Alte psychiatrische Einteilung	*Idiotie*	Schwachsinn/Geistesschwäche *Imbezillität*		*Debilität*
Großbritannien 1959	*severely subnormal*	Subnormality		*subnormal*
AAMD	*profound*	*severe*	Mental Retardation *moderate*	*mild*
Bach 1979	Geistige Behinderung			Lernbehinderung
Deutscher Bildungsrat 1973	Geistige Behinderung			Lernbehinderung

Der soziologische Aspekt

Der geistigbehinderte Mensch ist Teil und Ergebnis der Gesellschaft, die er vorfindet. Reale geistige Behinderung ist letztlich bei aller neurophysiologischen und genischen Bedingtheit stets auch Ausprägungsform der Sozialisation. Dies wurde bereits deutlich bei der definitorischen Verklammerung von Intelligenz mit adaptivem Verhalten sowie bei der Betonung der Sozialabhängigkeit (Potentialität) der Intelligenzentwicklung. Darüber hinaus gibt es auch eine primäre soziale Kausalität für die Entstehung einer geistigen Behinderung. Dies kann der Fall sein bei schweren sozialen (sensomotorischen) Deprivationen, bei denen die neurale Entwicklung massiv behindert wird und deshalb zurückbleibt (*„Kaspar-Hauser-Syndrom"*). Weithin bekannt sind die retardierenden Bedingungen einer sozial anregungsarmen Umwelt für die Entstehung leichterer Formen geistiger Behinderungen (Lernbehinderung). *Lewis* (1933) hatte vom „subkulturellen Typ" der Geistesschwäche gesprochen und diesen vom „pathologischen Typ" abgehoben. Wegen der genetischen Unterschiedlichkeiten, die u. a. von *Penrose* (1962) untersucht worden waren, hat *Clarke* die Aufteilung des „subkulturellen Typs", der vielfach auch mit „familiärem Schwachsinn" gleichgesetzt worden ist, in „subcultural" und „normal genetic variation" im Bereich der Intelligenz (*Clarke/Clarke* 1974, 28) vorgeschlagen.

Die Bedeutung des soziologischen Aspektes läßt sich insbesondere am Verhältnis von *Sozialschicht und geistiger Behinderung* explizieren. Die Diskussion um dieses Thema ist teilweise belastet durch empirische Unstimmigkeiten und ideologische Unterstellungen (*Balzer/Rolli* 1975, S. 10).

In einer deutschen Untersuchung hatte *Eggert* (1969) erstmals eine relativ hohe Quote geistigbehinderter Kinder, die aus der sozialen Schicht der „sozial Verachteten" stammten, nämlich 22,4 % gegenüber 2 % repräsentativ erwarteten. *Eggert* vermerkte ausdrücklich, daß es sich um eine „relativ zufällige" Population, um eine nicht repräsentative Stichprobe gehandelt habe, und schränkte damit die Gültigkeit der gefundenen Werte ein. „Der Unterschied zwischen den Lernbehinderten und den Geistigbehinderten liegt also darin, daß die Lernbehinderten massiert aus den unteren sozialen Schichten stammen, während die Geistigbehinderten aus allen sozialen Schichten stammen" (S. 35). Untersuchungsbefunde anderer Forscher, z. B. von *R. Heber* (1969/70), über die *Begemann* (1973) berichtete, bezogen sich i. a. auf die Gesamtpopulation der mentally retarded, unter denen der „subkulturelle Typ" nach der damaligen Definition am stärksten vertreten war, so daß für den hier angesprochenen Personenkreis der Geistigbehinderten noch keine bündigen Aussagen abzuleiten waren bzw. zur Verfügung standen.

Differenziertere Daten wurden von *Kushlick* und *Blunden* 1974 bekannt, die epidemiologische Erhebungen in England *(Wessex)* durchgeführt hatten. Ihre Feststellungen lauten: In Industriegesellschaften verteilen sich die Eltern geistigbehinderter (severely subnormal) Kinder gleichmäßig über alle sozialen Schichten der Gesellschaft, während Eltern leichter behinderter (mildly subnormal), also lernbehinderter Kinder, vorherrschend aus den unteren sozialen Schichten stammen (S. 50). Zum gleichen Befund kommt *J. Carr* (1974). Sie unterschied dabei Down-Kinder von anderweitig geistigbehinderten Kindern. Das Ergebnis ihrer Studien: „Im Gegensatz zu Familien der leicht Retardierten, die vorwiegend in Arbeiter-Klassen-Populationen gefunden worden sind, sind Familien der Geistigbehinderten gleichmäßig verteilt über alle Sozialschichten der Gesellschaft." Darüber hinaus fand *Carr* Hinweise für eine Bestätigung der Annahme von *Penrose* (1938), daß Kinder mit einem Down-Syndrom häufiger in Familien der beiden oberen Sozialschichten anzutreffen sind. Geistigbehinderte Kinder ohne Down-Syndrom fanden sich dagegen häufiger in der untersten sozialen Schicht (a. a. O. S. 808, vgl. Tabelle 3).

Tabelle 3: Sozialschichtzugehörigkeit von Familien mit geistigbehinderten Kindern mit und ohne Down-Syndrom *(Carr* 1974, 809).

Sozialschicht	Geistigbeh. Kinder mit Down-Syndrom		Geistigbeh. Kinder ohne Down-Syndrom		Population des Untersuchungsgebietes (Camberwell) %
	n	%	n	%	
I und II	4	9	12	8	10
III	24	53	82	52	59,7
IV	10	22	29	18	17,3
V	7	16	34	22	13
	45	100	157	100	100

Tabelle 3 zeigt neben der o. g. gleichmäßigen Verteilung doch eine bemerkenswerte Auffälligkeit, die an das Untersuchungsergebnis von *Eggert* (1969) erinnert: Die vergleichsweise hohe Quote geistigbehinderter Kinder ohne Down-Syndrom, also zumeist neurologisch geschädigter Kinder, in der untersten Sozialschicht: 22 % gegenüber 13 % in der Gesamtpopulation. *Carr* spricht selber von einer „möglichen Annahme", die sie aber nicht näher interpretiert.

Deutlichere Hinweise für eine stärkere Belastung der Unterschichtfamilien mit geistigbehinderten Kindern brachte die epidemiologische Studie von *Liepmann* (1979), die im Bereich Mannheim durchgeführt worden ist. Sie ergab, daß „geistigbehinderte Kinder überzufällig häufiger der unteren Sozialschicht bzw. der Arbeiterklasse" angehören (S. 71). Die Verteilung im einzelnen geht aus Tabelle 4 hervor:

Tabelle 4: Sozial-Schichtverteilung geistigbehinderter Kinder nach *Liepmann* (1979, S. 72).

Soziale Schicht		Bevölkerung der BRD %	Stichprobe Gb Mannheim	
			n	%
I	(Oberschicht, obere u. mittl. Mittelschicht)	19,5	10	3,3
II	(untere Mittelschicht)	40,3	58	19,0
III	(Unterschicht)	40,2	238	77,7
		100,0	306	100,0

Liepmann betrachtet diese Ergebnisse als unerwartet und sieht sie im Widerspruch zu den meisten Befunden dieser Art. Sie versucht selber keine schlüssige Erklärung zu finden, verweist auf übliche Schwächen bei der Bestimmung des Personenkreises für derartige Untersuchungen und empfiehlt weitere Überprüfungen. Eine gewisse Unterstützung der eigenen Ergebnisse sieht die Autorin in Arbeiten von *Drillien et al.* (1966) und *Bayley* (1973), die ebenfalls überrepräsentativ hohe Quoten schwerer geistiger Behinderung in der sozialen Unterschicht ermittelt hatten. Immerhin sehen es *Kushlick* und *Blunden* (1974) selber als wahrscheinlich an, daß das Eintreten (incidence) schwerer geistiger Behinderungen in den unteren sozialen Schichten häufiger sei als in den oberen Schichten, wenn auch die Differenz nicht so groß angesetzt wird wie für die leichte geistige Behinderung (mildly subnormal). Der Unterschied zwischen einer höheren Quote für das Eintreten (incidence) einer Behinderung und einer niedrigeren für die Verbreitung (prevalence) wird mit einer höheren Frühsterblichkeit in den unteren Schichten begründet; die Autoren bestätigen ansonsten höhere Prävalenzraten bei Unterschichtfamilien und zwar in Verbindung mit häufigeren Geburtskomplikationen (ärztliche Versorgung, niedrigeres Geburtsgewicht) und resümieren, daß zwar die Kondition für schwere geistige Behinderungen über alle sozialen Schichten verteilt sei, daß aber alle Studien eine größere Verbreitung unter den unteren Schichten zeigten (S. 58). —

Man kann nicht umhin, hierin einen gewissen Widerspruch zur gleichzeitigen Behauptung zu sehen, daß die Verteilung über die sozialen Schichten eine gleichmäßige sei („evenly distributed", a. a. O. S. 50).

Wir fanden in einer im eigenen Lehrstuhlbereich durchgeführten Erhebung in einem bayerischen Landkreis eine deutliche Bestätigung für die Hypothese, daß geistige Behinderungen in der unteren Sozialschicht wesentlich häufiger auftreten. Die Untersuchung bezog sich auf sämtliche Kinder der zuständigen Sonderschule für Geistigbehinderte (n = 133) und erbrachte, daß 75 % von ihnen aus Familien stammten, die der Unterschicht zuzurechnen sind. Im Vergleich dazu ist die Unterschicht in der Population des betreffenden Landkreises (vor der Gebietsreform) mit 58,4 % vertreten (*Fäth* 1979).

Die hier referierten soziologischen Befunde zeigen die hohe Bedeutung sozialer Komponenten beim Zustandekommen einer geistigen Behinderung bzw. für die Erklärung dessen, was komplex darunter zu verstehen ist. Hinzugefügt werden könnten noch Daten zur sozialen Versorgung geistigbehinderter Personen. Die soziale Situation prägt maßgeblich das Bild dieser Behinderung: das System und die Qualität sozialer Hilfen, die Einstellungen der Umwelt, die familiäre Situation (vgl. v. *Bracken* 1976, *Carr* 1974, 1978, *Liepmann* 1979, *Thomas* 1978, *Gastager* 1973, *Boswell/Wingrove* 1974).

Weitere epidemiologische Befunde

Die Kenntnis der Zahl geistigbehinderter Personen innerhalb einer Gesellschaft ist von Bedeutung für den Ansatz sozialer Maßnahmen. Sie erlaubt auch gewisse Rückschlüsse auf die Wirksamkeit von Prävention und Förderung oder negativer Einflußfaktoren. Die Epidemiologie untersucht die Verbreitung und Aufteilung von Schädigungen und ihren Bedingungen. Dabei werden vor allem zwei Grundbegriffe verwendet, die im Englischen incidence und prevalence lauten und übersetzt werden können mit Auftretens- und Verbreitungshäufigkeit. Beide sind in hohem Maß von sozialen Bedingungen abhängig.

Es gibt gegenwärtig keine Methoden, um die Auftretenshäufigkeit von geistiger Behinderung genau zu bestimmen. Dies hängt u. a. mit den definitorischen Schwierigkeiten, aber auch mit der faktischen Erkennbarkeit zusammen. Ähnliches gilt für die Feststellung der Verbreitungshäufigkeit.

Für die Bundesrepublik wird übereinstimmend ein Anteil von 0,6 % der Kinder im schulpflichtigen Alter als geistigbehindert eingeschätzt (*Sander* 1973, *Liepmann* 1979). In Bayern besuchten 1977/78 insgesamt 8133 Kinder und Jugendliche die Schulen für Geistigbehinderte.

Die geschätzte Prävalenzrate von 0,6 % liegt höher als die für andere Länder angegebene Verbreitungshäufigkeit, mit Ausnahme Hollands mit über 0,7 %. Die Tabelle 5 gibt einen Überblick:

Tabelle 5: Prävalenzraten verschiedener epidemiologischer Untersuchungen zur schweren geistigen Behinderung (IQ < 50), entnommen *Liepmann* 1979, S. 35/36

Untersuchungsgebiet Autor und Jahr der Untersuchung	untersuchte Altersgruppe	Prävalenzrate pro 1000
England u. Wales: *Lewis* (1926—1929)		
städtische Gebiete	7—14	3.71
ländliche Gebiete	7—14	5.61
USA: Baltimore: *Lemkau* et al. (1936—1943)	10—14	3.3
USA: Onandaga County, New York, State Department of Mental Hygiene, Mental Health Reserach Unit (1953)	5—17	3.6
+ Schweden: „Southern Swedish Survey"; ländliche Gebiete; *Åkesson* (1959)	alle Altersgruppen	5.8
England: Middlesex: *Goodmann & Tizard* (1960)	7—14	3.45
	10—14	3.61
	5—14	3.34
England: Salford: *Susser & Kushlick* (1961)	15—19	3.62
Schottland: Aberdeen: *Birch* et al. (1962)	8—10	3.7
Nord-Irland: städtische und ländliche Gebiete: *Scally & Mackay* (1962)	15—19	4.7
England: Wessex: *Kushlick* (1963)		
a) County Boroughs	15—19	3.54
b) Counties	15—19	3.84
England: Isle of Wight: *Rutter, Graham & Yule* (1970)	5—14	3.4
Schottland: Edinburgh: *Drillien* et al. (1962—1964)	7,5—14,5	5.0
+ Schweden: „Western Swedish Survey"; (2 Inseln, ländliche Gebiete an der Westküste); *Åkesson* (1964)	alle Altersgruppen	6.1
Polen: *Wald* (1964—1967)	5—14	3.06
Holland: Amsterdam: *Sorel* (1966—1967)	10	7.25
	13	7.34
England: Camberwell: *Wing* (1967)	5—9	4.09
	10—14	3.66
	5—14	3.89
England: Camberwell: *Wing* (1970)	5—9	4.41
	10—14	3.94
	5—14	4.19
+ Schweden: „Urban Swedish Survey": Mölndal: *Wallen* (1974)	alle Altersgruppen	2.5

Bei den mit + gekennzeichneten Studien wurde IQ < 52 als Kriterium verwendet.

Der Unterschied zur deutschen Prävalenzrate ist im wesentlichen darauf zurückzuführen, daß geistige Behinderung nach hiesiger Klassifikation über den IQ 50 hinausreicht bis in den Bereich von 60/65. Dies zeigt sich deutlich in den Ergebnissen von *Liepmann* (1979), wonach der Anteil der geistigbehinderten Kinder in Mannheim mit IQ-Werten < 50 bei 4,2 und mit IQ-Werten ≤ 60 bei 7,6 pro 1000 liegt (a. a. O. S. 66).

Die Geschlechtsverteilung unter den geistigbehinderten Schülern in der Untersuchung von *Liepmann* (1979) verhielt sich bei Mädchen und

Jungen wie 1,5 : 1 (S. 69). Zu übereinstimmenden Ergebnissen war *Eggert* (1969) gekommen. Im gleichen Sample fanden sich 16.4 % unehelich geborene Kinder gegenüber der Gesamtquote von 8,7 % für Mannheim.

Über das Anwachsen und Abnehmen der Verbreitungshäufigkeit finden sich bei *Kushlick* und *Blunden* (1974) divergierende Angaben. Unter Zugrundelegung einer Untersuchung von *Lewis* (1929) ließ sich in einer Erhebung von *Thus, Goodmann* und *Tizard* (1962) eine Abnahme der Häufigkeit schwerer Abnormalitäten, aber eine Zunahme der Zahl der Down-Kinder im Schulalter feststellen. Andererseits ergab eine Untersuchung von *Kushlick* (1961) eine Zunahme der totalen Verbreitungshäufigkeit und zwar für die Gruppe „Idiotie" von 83 % und für „Imbezille" mit 38 % im Vergleich zur Erhebung von *Lewis* (1929). Nach einer Untersuchung von *Stein* und *Susser* (1971) sei eine Abnahme der Auftretenshäufigkeit und ein Anwachsen der Verbreitungshäufigkeit auf Grund gestiegener Überlebenschancen und verlängerter Lebensspannen festzustellen. Die Zunahme der Zahl der Down-Kinder wird ebenfalls bestätigt. *Kushlick* und *Blunden* folgern für die nächsten Jahre eine Zunahme der Zahl der geistigbehinderten Personen, insbesondere der Erwachsenen, die kontinent (toilettenfähig) und gehfähig sind, und die keine schweren Verhaltensstörungen aufweisen. Die Zahl der schwerer Behinderten und nicht gehfähigen dürfte dagegen konstant bleiben (a. a. O. S. 62).

Die Sterblichkeitsraten bei geistigbehinderten Personen liegen höher als bei nicht-behinderten. Sie steigen mit dem Schweregrad der Behinderung und liegen nach *Eyman* und *Miller* (1978) in den USA bei schwerstbehinderten um 50 % höher als bei schwerbehinderten Personen.

Aufschlußreich sind auch Daten zur Unterbringung in Familie oder Heim. In dem Sample von *Liepmann* befanden sich von insgesamt 323 geistigbehinderten Schulkindern 71 in Heimen, d. s. nahezu 25 %. In den von *Eyman* und *Miller* (1978) berichteten Untersuchungen in den USA liegt diese Quote wesentlich höher. Sie steigt wiederum mit der Zunahme des Schweregrades. Die höchstgenannte Quote liegt bei 92 % (76 % in Anstalten, 16 % in Kliniken). Resümierend wird festgestellt, daß beim Ausbau sozialer Dienste die Mehrheit der geistigbehinderten (nicht-schwerstbehinderten) Personen fähig wäre, gesellschaftlich integriert zu leben (S. X).

Über zusätzliche psycho-physische Schädigungen bei geistigbehinderten Kindern liegen u. a. Untersuchungen von *Sondersorge/Barth* (1963) und *Hill* (1971) vor. Die Ergebnisse lassen den Schluß zu, daß geistige Behinderung in der Regel als Mehrfachbehinderung zu gelten hat. Die Ergebnisse von *Liepmann* (1979) bestätigen die bisherigen Befunde.

Danach fanden sich
zusätzlich 1 Behinderung   bei 26,11 %
zusätzlich 2 Behinderungen bei 39,3 %
zusätzlich 3 Behinderungen bei 19,8 %
zusätzlich 4 Behinderungen bei 2,6 %.
keine zusätzlichen Behinderungen bei 11,9 % (S. 100).

Am häufigsten wurden Sprachauffälligkeiten (77,3 %) registriert, an 2. Stelle Sehschädigungen (49,5 %) und an 3. Stelle Verhaltensstörungen (29,1 %). Zusätzliche motorische Störungen waren bei 16,9 %, Anfälle bei 14,2 % und Hörschädigungen bei 7,5 % diagnostiziert (a. a. O. S. 99).

Interessant ist in diesem Zusammenhang die erhöhte Quote von Kindern mit mehreren zusätzlichen Behinderungen, insbesondere Anfallsleiden und Verhaltensstörungen in Heimen (S. 118). Bei den Heimkindern überwiegen auch die Kinder aus „auffälligen" Familien mit 66,7 % gegenüber 28,9 % bei den zu Hause wohnenden geistigbehinderten Kindern (S. 120). — Für die USA fanden *Eyman* und *Miller* (1978) ebenfalls eine wesentlich höhere Quote geistigbehinderter Personen mit fehlangepaßtem Verhalten in den Anstalten im Gegensatz zu Personen, die gesellschaftlich integriert leben (a. a. O. S. X). Ähnliche Untersuchungsergebnisse (*Tizard* u. *Grad* 1961) referiert für England *Carr* (1974, 811 f.). Sozial störendes und moralisch abgewertetes Verhalten differenziert am deutlichsten Heimbewohner von solchen geistigbehinderten, die offen in der Gesellschaft wohnen.

Die meisten dieser Untersuchungsergebnisse sind relativ älteren Datums. Es kann angenommen werden, daß mit dem Ausbau der sozialen Dienste außerhalb der Anstalten und einer Zunahme der sozialen Toleranz in der Bevölkerung sich das Bild verändert und sozialbegründete Heim-Einweisungen abnehmen.

Der pädagogische Aspekt

Die pädagogische Förderung (Erziehung, Unterricht, Therapie) stellt den real wichtigsten Bezugsrahmen für die Bestimmung dessen dar, was unter geistiger Behinderung zu verstehen ist. Er bezieht sich schwerpunktmäßig auf die wichtigsten Entwicklungsstufen des Kindes und Jugendlichen und beansprucht ein Höchstmaß an konzentriert organisierter Hilfe. Von daher gesehen erklärt sich die Verdichtung der definitorischen Bemühungen auf pädagogischem Sektor. Insbesondere die Eingebundenheit der speziellen pädagogischen Erfordernisse in das Schulsystem macht deutlich, daß geistige Behinderung im besonderen ein *administrativer Begriff* ist. Seine Bedeutung reicht freilich über den engeren pädagogischen Bereich hinaus auch in das relativ offene Feld der verschiedensten sozialen Dienste und arbeitsrechtlichen Regelungen. Der primäre Bezugsrahmen des Pädagogischen für die Klassifikation geht u. a. auch aus der englischen Sprachregelung hervor, wonach gegenwärtig geistigbehindert als *„educationally subnormal"*, abgekürzt ESN, bezeichnet wird. Mit diesem Terminus wird übrigens der Gesamtpersonenkreis mit intellektuellen Subnormalitäten (< IQ 75) gemeint. Die Unterscheidung zwischen leichteren (mild) und schwereren (severe) Formen wird mit Abkürzungen kenntlich gemacht: ESN (S) und ESN (M).

Geistige Behinderung und Lernbehinderung

In diesem Zusammenhang drängt sich eine gewisse Parallelisierung für deutsche Verhältnisse auf. Bei Übersetzungen aus dem englisch-amerikanischen Raum treten immer wieder Verständigungsschwierigkeiten auf, weil hier jeweils Oberbegriffe für die schwereren und leichteren Formen geistiger Behinderungen benutzt werden, in den USA z. B. der Begriff „mental retardation". Mißverständnisse und Fehlinterpretationen dürfte etwa die Arbeit von *Spreen* (1978) hier hervorrufen, da sie einen Begriff von geistiger Behinderung verwendet, der im amerikanischen Original als mental retardation gefaßt ist, aber über den hier üblichen Begriff hinausreicht. Krasses Beispiel ist die Angabe von 3 % Geistigbehinderten in der Bundesrepublik! Hier sind selbstverständlich, aber nicht erkennbar, Lernbehinderte mitgemeint. Auf der anderen Seite wird der deutsche Begriff der Lernbehinderung im Englischen mit „learning disability" übersetzt. Angesichts der zunehmenden Bedeutung internationaler Verständigung erscheint es geboten, eine terminologische Entsprechung anzustreben.

Diese wäre eigentlich bereits in den Empfehlungen des Deutschen Bildungsrates (1973) impliziert, wo Lernbehinderung bezüglich der Intelligenzleistungen „im Bereich zwischen der negativen ersten und dritten Standardabweichung eines validen standardisierten Intelligenzmeßverfahrens" angesiedelt wird — selbstverständlich bei Vorliegen von zusätzlichem erheblichem Schulversagen und belastenden Abweichungen im sozialen Verhalten (S. 38). Die geschätzte Häufigkeit wird mit 2,5 % angegeben. Hinzu kämen dann noch „Lernstörungen" — *Kanter* (1974) spricht von „generalisierten Lernstörungen".

Faßt man die erstgenannte Gruppe näher ins Auge, so fragt sich, ob die lernbehindertenpädagogische Diskussion der letzten 10 Jahre diesen am stärksten beeinträchtigten Lernbehinderten wirklich gerecht geworden ist, ob sich nicht unter dem Einfluß der sozio-kulturellen Kausaldominanz und der Intention einer Integration in das Regelschulsystem eine Schwerpunktverschiebung im didaktischen Ansatz in Richtung Lernstörungen (= learning disabilities) vollzogen hat. Diese Verlagerung „nach oben" kommt z. B. in der immer häufiger anzutreffenden Behauptung zum Ausdruck, „Lernbehinderung" sei keine „Behinderung".

Kanter hatte bereits in seinem Gutachten für den Deutschen Bildungsrat (1974) eine Gruppe von „Lernbehinderten im engeren Sinn" deutlich abgehoben und diese — in internationaler Analogie — als durch deutliche Intelligenzausfälle (2 bis 3 Standardabweichungen, was dem IQ-Bereich 55/60—70/75 entspricht) gekennzeichnet angesehen, neben schwerwiegendem, andauerndem und umfänglichem Schulversagen und deutlich verminderter sozialer Kompetenz (S. 163). Diese Gruppe von lernbehinderten Kindern könnte im wissenschaftlichen Sprachgebrauch auch als leicht geistigbehindert (mildly mentally retarded) bezeichnet werden, zumal *Kanter* selber hier die Gruppe der „Geistigbehinderten" als „geistig schwerer behinderte Kinder und Jugendliche" abhebt (S. 175).

Für die administrative Terminologie werden die eingefahrenen Begriffe „geistige Behinderung" und „Lernbehinderung" wohl beibehalten werden müssen, wenn auch die Trennklassifizierung nach wie vor nicht klar objektivierbar ist. Was als „geistige Behinderung" schulorganisatorisch zu gelten hat, ist weithin abhängig von der Definition von oben. Es ist durchaus denkbar, daß sich die Lernbehindertenschule in einem 3. Strukturwandel — in Verbindung mit dem Schülerschwund auf Grund des Geburtenrückgangs und des Ausbaues integrativer Maßnahmen an den Regelschulen wieder stärker „nach unten" orientiert.

Für die Praxis empfiehlt es sich, angesichts der effektiven Schwierigkeiten und der eigentlichen Unmöglichkeit einer „klaren" Unterscheidung im Grenz- und Übergangsbereich flexibel zu verfahren, und auf Grund intensiver Beobachtungen des Lernverhaltens, der psycho-physischen Belastbarkeit und Störanfälligkeit, des inhaltlichen Lerninteresses u. ä. für die Schullaufbahn relevanter Fakten einen Entscheid zu treffen, nicht nur über eine Intelligenztestung. Im Zweifelsfall wird man die Aufnahme in die Lernbehindertenschule bevorzugen (*Bach* 1979, 6).

Die Diskussion um die Lernbehindertenschule der letzten zehn Jahre, die einseitig kausal an der Herausarbeitung der sozio-kulturellen Benachteiligung der überwiegenden Mehrzahl ihrer Schüler orientiert war, hat eine offensichtliche Vernachlässigung jener Minderheit von Schülern hervorgerufen, die im Grenz- und Übergangsbereich zwischen Lernbehinderung und geistiger Behinderung liegen und deren Behinderungen mit größerer Wahrscheinlichkeit mit organisch-genischen Kausalitäten in Zusammenhang stehen, bzw. als faktisch irreversibel anzusehen sind. Solche Schüler besuchen in größeren Städten die Geistigbehindertenschulen — wo sie didaktisch gesehen ein gewisses Sonderdasein führen

— oder Lernbehindertenschulen, wo sie in entgegengesetzter Richtung das gleiche schulische Schicksal erleiden, nämlich nicht direkt den Intentionen dieser Schule zu entsprechen. In den USA hat sich eine ähnliche Entwicklung vollzogen. Nachdem das pädagogische-psychologische Interesse in den sechziger Jahren fast ausschließlich den leichteren Graden von mental retardation (mild, moderate) und den sozio-kulturellen Einflüssen gegolten hatte, verlagerte sich der Forschungsschwerpunkt in den siebziger Jahren auf die schweren Grade (severe, profound), und zwar offensichtlich deutlicher und umfassender als hierzulande. „What happened to mild and moderate mental retardation?" fragt *Haywood* (1979). Einer der bekanntesten Vertreter der „kulturell-familiären Retardierung", *E. Zigler*, spricht gar von einer „nationalen Krise der Mental-Retardation-Forschung (1978).

Es ist dies sicherlich nur eine teilweise und bedingte Analogie zu Bewegungen hierzulande. Übereinstimmend aber läßt sich feststellen, daß der hier angesprochene Zwischenbereich in einem Maße ignoriert wird, der pädagogisch nicht verantwortbar ist. Wenn diese Schüler nicht in das Konzept einer Schule für Lernbehinderte hineinpassen sollten, müßten sie als geistigbehindert gelten. In diesem Sinne läge es nahe, statt in der engerfassenden Einzahl treffender von „geistigen Behinderungen" zu sprechen, damit auch für diese Schüler mit besonderen Erziehungsbedürfnissen ein pädagogischer Bezugsrahmen zur Verfügung steht.

Geistige Behinderung bezieht sich pädagogisch gesehen auf eine spezifische Aufgabe: Adäquate, d. h. die besten Möglichkeiten der Erziehung zu finden, wo diese durch elementare Blockierungen des Handelns und Denkens erheblich erschwert oder in Frage gestellt ist. Das Wesentliche dieser Aufgabe sehen wir im unteilbaren Begriff der Erziehung, die für alle Edukanden gilt, also im Gemeinsamen aller Erziehung unter dem Anspruch der Menschlichkeit, der conditio humana, gleichgültig, ob diese auf Hindernisse stößt oder nicht. Geistige Behinderung erhält in diesem Sinne lediglich die Funktion einer spezifizierenden Komponente — *Bleidick* spricht von „intervenierender Variable des Erziehungsvorganges" (1978, S. 196). In diesem Sinne humaner Integrativität wird nicht das Anderssein in den Vordergrund gestellt und als Leitprinzip gesehen, sondern das human und deshalb edukativ Gemeinsame. Das Behinderungsspezifische ist das Sekundäre. Darin liegt in gar keiner Weise eine Zweitrangigkeit, eine geringere Wertigkeit des Sonderpädagogischen, im Gegenteil: Das Sonderpädagogische als das erzieherisch Adäquate erhält hier erst seinen Ort im Bestimmungsrahmen alles Edukativen. Je absondernder sich Sonderpädagogik versteht, desto mehr löst sie sich aus dem normativen Orientierungs- und Begründungsrahmen jeglicher Erziehung.

So gesehen erscheint es treffender, von Kindern *mit* einer geistigen

Behinderung zu sprechen — statt von „den Geistigbehinderten". Und diese Kinder gelten dann pädagogisch als Kinder mit speziellen Erziehungsbedürfnissen (Speck 1978) im Anschluß an den amerikanischen Begriff der Children with *Exceptional Educational Needs (EEN-Children)*.

Geistige Behinderung als besondere pädagogische Aufgabe

Aus diesem pädagogisch integralen Ansatz lassen sich folgende pädagogische *Ordnungsprinzipien* ableiten:
- Geistige Behinderung gilt als normale Variante menschlicher Daseinsformen.
- Die Erziehung geistigbehinderter Kinder und Jugendlicher orientiert sich primär an den allgemeinen edukativen Bedürfnissen, Werten und Normen.
- die Spezifizierung des Pädagogischen orientiert sich an den besonderen individuellen Bedürfnissen und Möglichkeiten ebenso wie an den sozialen Bedingungen und Erfordernissen im Sinne einer wirksamen Verbesserung der gemeinsamen Lebenssituation.

Eine Verklammerung dieser umfassenden und zugleich spezifischen Aufgabenstellung sehen wir im Doppelbegriff der personalen und sozialen Integration (*Speck* 1975). Der gleiche Inhalt wird in abgewandelter Form in den Rahmenrichtlinien angesprochen, die von den Bundesländern für die Schule für Geistigbehinderte 1979 verabschiedet worden sind, und wo „Selbstverwirklichung in sozialer Integration" als Leitziel gesetzt worden ist.

Der pädagogisch-integrative Erklärungsansatz ist zugleich ein interaktionaler und damit prozeßorientierter Ansatz im Gegensatz zu einem statisch bestimmten Modell, bei dem der geistigbehinderte Mensch zum bloßen, fixierten Objekt von Maßnahmen und Systemen wird. Geistige Behinderung vollzieht und verändert sich vielmehr in ständiger Wechselwirkung mit der Sozial- und Sachwelt. Man kann es auch umgekehrt formulieren: Die gesellschaftliche Realität einschließlich der Erziehung steht unter dem wechselwirkenden Einfluß der Realität geistiger Behinderung. Sie steht deshalb unter dem verbindenden humanen Anspruch, ihre Normen- und Handlungssysteme nicht am geistigbehinderten Menschen vorbei zu konstituieren.

Dieser umfassende Prozeß- und Wechselwirkungscharakter geistiger Behinderung läßt sich an folgendem interaktionalen Modell verdeutlichen (Abb. 1). Er faßt gleichzeitig die verschiedenen Bestimmungsgrößen zusammen, die oben von den verschiedenen wissenschaftlichen Befunden her dargestellt worden sind:

52 Geistige Behinderungen

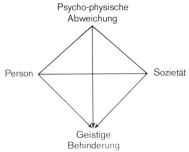

Abb. 1: Interaktionales Modell der Genese und des Prozesses geistiger Behinderung

Die *psycho-physische Abweichung* ist in der Regel eine schwere neurale Schädigung, die sehr verschieden verursacht sein kann. Sie bezieht sich einerseits mit permanenter Wirkung auf die Funktionabilität des Organismus und führt so zu unmittelbaren Lebenserschwerungen. Andererseits aber gilt sie auch als soziale Abweichung von den Normen der Sozietät her gesehen. Gerade die geistige Behinderung ist angesichts ihrer besonderen „*Visibilität*" (*Goffman* 1974) spezifischen sozialen Abwehrmechanismen in Form von Stigmatisierungen und Sanktionen ausgesetzt. Umgekehrt können diese ausbleiben, wenn die Erkennbarkeit einer tatsächlichen neuralen Schädigung nicht gegeben ist. Die Erziehung zu und das Interesse an Unauffälligkeit resultiert aus diesem Mechanismus. Das Kind-Schema des kleinen geistigbehinderten Kindes gewährt z. B. einen vielfach deutlichen Schutz vor sozialer Ablehnung.

Wichtig erscheint uns auch die Einsicht, daß nicht die organisch-genische Schädigung selber bereits die geistige Behinderung darstellt, sondern daß diese Schädigung als psycho-physische Abweichung lediglich den Auslöser eines personal-sozialen Prozesses darstellt, der zur geistigen Behinderung in ihrer Komplexität führt.

Die *Sozietät* ist bereits angesprochen worden. Die Gesellschaft mit ihren Normen- und Sanktionssystemen hat eine unübersehbare und gravierende Bedeutsamkeit für Menschen, die im o. g. Sinn psychophysisch vom Üblichen abweichen. Historisch gesehen reichen die Reaktionsweisen von integrierender Toleranz bis zu physischer Vernichtung. Dazwischen liegt eine ganze Skala der verschiedensten Einstellungen, wie z. B. degradierendes Mitleid, Achtlosigkeit, soziale Distanz, Vernachlässigung, Selektion, Feindseligkeit. Sie finden ihren objektiven Ausdruck in den institutionellen Systemen, mit denen eine Gesellschaft auf das Faktum einer so elementaren Beeinträchtigung und Abweichung reagiert. Das Schulsystem spiegelt in seiner Geschichte deutlich die verschiedenen Positionen wieder: vom karitativen Appendix über die „Schulbefreiung" und „Bildungsunfähigkeit" zur Schulpflicht.

Geistige Behinderung als besondere pädagogische Aufgabe

Der geistigbehinderte Mensch ist aber auch *Person*, d. h. Eigeninstanz für Wertungen und Handlungen. Er ist Selbst und erfährt sich damit auch in Abgehobenheit von seiner sozialen Umwelt. Ansonsten wäre „Selbstverwirklichung" eine bloße Illusion. Als Person erlebt er sich mit eigenen (persönlichen) Bedürfnissen, ist er in der Lage, seine Beeinträchtigung zu erkennen und zu bewerten, auf die Einstellungen und Handlungen der anderen vom Selbstkonzept seiner Persönlichkeit her zu antworten. Wir können die Realität dieser personalen Position lediglich von außen intuitiv erschließen. Die Belege aus interpersonalen Begegnungen erscheinen jedoch eindeutig, im übrigen wäre das Postulat unaufhebbar, da sonst die conditio humana verlassen würde. — Das Selbst konstituiert sich in der sozialen Interaktion. Dies bedeutet, daß die Ausprägung des Selbstkonzeptes abhängig ist vom Selbst-Spielraum, von den Aktionsmöglichkeiten, die die soziale Umwelt einem geistigbehinderten Menschen einräumt. Es wird umso stärker, je mehr es gestützt, geachtet und aktiviert wird. Sein Selbstkonzept finden heißt zugleich personale und soziale Identität (*Krappmann* 1978) finden. Sie wird gefährdet, Selbstentfremdung und unbegrenzte Manipulierbarkeit sind die Folge, wenn die anderen ihn letztlich nicht erreichen, sich nicht auf ihn, seine Bedürfnisse, seine Subjektivität einstellen und einrichten.

Erst aus der (permanenten) Wechselwirkung der genannten Faktorenbündel ergibt sich der volle Umfang, die ganze Komplexität dessen, was unter *geistiger Behinderung* im Sinne einer pädagogisch-sozialen Aufgabe zu verstehen ist. Sie ist interaktionales Ergebnis und interaktionaler Prozeß zugleich. Die pädagogische Aufgabenstellung kann sich so gesehen nicht nur auf das einzelne geistigbehinderte Kind und sein Lernen einstellen, sondern muß als dreidimensioniert gesehen werden: sie ist bezogen auf das zu erziehende Subjekt, auf die zu berücksichtigende physische (materiale) Schädigung und auf die integrierende Sozietät zugleich.

Entwicklung und Realisationsbedingungen für Erziehung

Die Erziehung des geistigbehinderten Kindes stellt eine spezielle pädagogische Aufgabe dar. Ihre Lösung ist u. a. abhängig von der Kenntnis der Bedingungen, unter denen sie erschwert oder bewältigt werden kann. Was durch Erziehung ermöglicht werden soll, nannten wir personale und soziale Integration. Es geht nun darum, deutlich zu machen, wie diese Aufgabe von den individualen und sozialen Bedingungen her zu verstehen und zu lösen ist.

Dabei begegnet man der Schwierigkeit, etwas ausmachen zu wollen, was man aus eigenem Erleben nicht kennt. Was weiß schon ein Nichtbehinderter davon, wie ein Geistigbehinderter Sachen und Menschen sieht und denkend und fühlend verarbeitet! Die Gefahr ist groß, daß in ihn von außen her Vorstellungen hineinprojiziert werden, die ihm völlig fremd sind, und mit denen ihm Gewalt angetan wird. Diese Gefahr kann man am ehesten bannen, wenn man sich eingehender Beobachtungen und Erfahrungen im Erziehungsversuch bei Geistigbehinderten bedient und diese in Beziehung zu wissenschaftlichen Erkenntnissen bringt, wie sie u. a. die Entwicklungs-, Sozial- und Lernpsychologie und die Psychiatrie und Pädiatrie anbieten.

Entwicklung als soziales Lernen — theoretische Grundlagen

Im Gegensatz zur allgemeinen Entwicklungspsychologie, die über eine außergewöhnliche Fülle von Einzelbeobachtungen und Untersuchungsergebnissen verfügt, liegen über die *seelische Entwicklung des geistigbehinderten Kindes* und *Jugendlichen* nur wenige zuverlässige Fakten vor.

Das hängt wahrscheinlich wesentlich damit zusammen, daß die ganz verschiedenen Schädigungen pro Kind sich nur schwer verallgemeinern lassen. Man zieht daher auch Einzelbeobachtungen vor. Vorschnelle Verallgemeinerungen über „typische" Entwicklungsverläufe, z. B. an Down-Kindern, werden mehr und mehr vermieden (*Spreen* 1978, 52). Bisherige empirische Untersuchungen erstreckten sich auch eher auf Kinder mit geringeren Graden der geistigen Retardierung, z. B. die Forschungen von *Zigler* (USA) am *„familiären Schwachsinn"* (vgl. *Wendeler* 1976, 30). Zudem führten unterschiedliche theoretische Ansätze des Verständnisses von Entwicklung zu z. T. verschiedenen Entwicklungs-

konzeptionen und damit zu divergenten Aussagen über die Eigenart oder Nicht-Eigenart der Entwicklung beim Vorliegen einer geistigen Behinderung. Es lassen sich im wesentlichen 2 Ansätze unterscheiden:
- der defektorientierte und
- der interaktional-strukturale Entwicklungsansatz.

Der defektorientierte Entwicklungsansatz

Defektorientierte Erklärungsmodelle stellen die physiologische Schädigung determinierend in den Vordergrund. Der gegebene genische oder neurale Defekt wird als ausschlaggebend für eine eigene, im wesentlichen andersartige Entwicklung angesehen. Dabei wird unter dem Aspekt der aktualen Entwicklung vor allem das „Disharmonische", unter finalem Aspekt die fixierte Begrenzung der Entwicklung betont.

Seit *Hanselmann* (1930) pflegte man beim Geistesschwachen von „Entwicklungshemmung" zu sprechen. *Lutz* (1961) sprach als Kinderpsychiater vom Vorliegen „einer bestimmt gearteten, pathologischen Persönlichkeitsentwicklung", von „einer im einzelnen beeinflußbaren, im ganzen endgültigen Entwicklungsbeschränkung" (156). Sie verunmögliche u. a. das Erreichen des normalen Zieles der Persönlichkeitsentwicklung, womit *Lutz* „das abstrakte Denken in der Welt der Ideen, die entfaltete sichere und adäquate Selbstempfindung, die Selbstbestimmung, Selbstbeherrschung und Selbstverantwortung und die freie Entscheidungsfreiheit" meinte (157). — Zweifellos ein hohes Ziel; denn nicht nur Geistesschwache erreichen es nicht. —

Die *Begrenzung* der Entwicklung wird umschrieben als „Gesamteindruck eines unfertig modellierten Wesens" *(H. Schlack)*, als „bis ans Lebensende unvollkommenes Geschöpf" *(R. Gloria)*, als „unfertig und unpersönlich" *(F. Dubitscher*, sämtl. zit. b. *Reichenbach* 1961, 10) als „unfinished children".

Insbesondere im Langdon-Down-Syndrom wird ein Nicht-fertigwerden der Entwicklung gesehen. *König* (1959) bezeichnet den Mongolismus biologisch als eine Form der „Neotenie". Dieser zoologische Begriff beinhaltet ein „Stehenbleiben der Entwicklung bestimmter Organe und Gewebe auf einer embryonalen Entwicklungsstufe" (58).

Wunderlich (1970) korrigiert die Neotonie-Auffassung *Königs* (1959) und versteht unter Mongolismus eine genetisch bedingte, regressive, auf einer Fetalisationstendenz beruhende Neotenie, durch die bestimmte fötale Merkmale stabilisiert und fixiert werden. Gestaltpsychologisch gesehen bleibe als Folge dessen die Gestaltwerdung auf der Stufe der „Vorgestalt" stehen. Alle Mongoloiden trügen daher den „Stempel des Nicht-Voll-Mensch-Gewordenseins" (55).

Gegen eine solche Interpretation wären anthropologische Bedenken anzubringen, wenn damit das Mensch-sein im Vollsinne des Wortes angezweifelt werden sollte. *Wunderlich* (1970) spricht von einer „neuen Art Mensch-Sein", aber auch davon, daß die „so entscheidende psychisch-geistige Ausdifferenzierung" nicht erreicht werde, und daß diese „das eigentliche ‚Mensch-Sein' im anthropologischen Sinne" ausmache (56).

Die Entwicklungsbegrenzung habe nach *Lutz* (1961) die immer wieder zitierte frühe Vergreisung vor allem der Mongoloiden zur Folge, und zwar in körperlicher und seelischer Hinsicht. So erlahme relativ frühzeitig die „psychische Aktivität, das Interesse am Lernen, an der Begegnung mit neuen Menschen und an Unterbrechungen des gewohnten Tageslaufs" (*Lutz* ibid. 124). — Eine heute widerlegte Annahme!

Auch frühkindliche Hirnschädigungen führen zu Entwicklungsretardierungen. So konnte *Göllnitz* feststellen, daß „Störungen oder Schäden der kindlichen Hirnentwicklung, gleich welcher Genese, die in einem bestimmten Zeitraum und von bestimmter Stärke das noch nicht ausdifferenzierte Gehirn treffen, eine Verlangsamung, Störung oder gar Verbiegung der psychischen und somatischen Reifungserscheinungen beim Kinde verursachen, die sich neben anderen Symptomen *immer* in einer nicht altersentsprechend differenzierten Motorik oder wenigstens in einer durchgehenden Behinderung einzelner motorischer Koordinationsleistungen bemerkbar machen" (*Göllnitz/Lenz/Winterling* 1957, 11).

Zu den defektorientierten Ansätzen rechnet *Zigler* (1975) alle theoretischen Konzepte geistiger Behinderung, die deren wesentliche Merkmale nicht nur in der unterschiedlichen Allgemeinintelligenz sondern in spezifischen kognitiven Eigenarten sehen, die für unveränderlich gehalten werden und deshalb als typische interpretiert werden können. *Zigler* spricht von Defekt- bzw. Differenztheorien und rechnet zu ihnen insbesondere die Theorie einer Schwerbeweglichkeit der seelischen Systeme von *Lewin* (1936, 1967), die Theorie einer durch subcortical-corticale Fehlbildungen bedingten Rigidität (*Goldstein* 1943), geschädigter Mechanismen zur Richtung der Aufmerksamkeit (*Zeaman*), die Theorie von der Fehlentwicklung der verbalen Systeme als Folge einer Dissoziation zwischen verbalen und motorischen Systemen (*Luria* 1956) und andere (vgl. *Zigler* 1975, 372). Referierungen dieser Theorien finden sich bei *Meyer* 1977 und *Wendeler* 1976.

Ziglers pointierte Kritik an den Defekt- und Differenztheorien zur geistigen Behinderung hat in den USA und England zahlreiche Diskussionen und Mißverständnisse ausgelöst, u. a. wohl auch deshalb, weil sie sich primär auf den interpretativen Umgang mit Differenzbegriffen bezieht und in dieser Richtung wiederholt Pauschalierungen als Unterstellungen enthält. Unterschiede im Verhaltensschema von geistigbehinderten und nicht-geistigbehinderten Personen können an sich nicht absolut in Frage gestellt werden. Es kann sich also nur um die Auswirkungen impliziter Begriffsinhalte einer dominanten Betonung der kognitiven Differenzen handeln, z. B. um den Einschluß von belastenden Vorurteilen. In der Tat waren frühere Darstellungen der Merkmale geistiger Behinderung im wesentlichen darauf beschränkt, die negativ abweichenden Unterschiedlichkeiten verallgemeinernd herauszustellen. Die Gemeinsamkeiten im Entwicklungsprozeß mit nichtbehinderten Kindern dagegen fielen aus dem Blickfeld. *Zigler* wehrt sich auch zu Recht gegen mehr oder weniger deutliche Implikationen einer Unveränderlichkeit der vorfindbaren Differenzen.

In diesem Punkt aber liegt zugleich auch eine mögliche Fehlinterpretation der *Zigler*'schen Hypothesen, und zwar dann, wenn man sich auf die eigentliche geistige Behinderung bezieht, die in der Regel auf organisch-genischen Schädigungen beruht. Diese hat *Zigler* nicht im Auge, sondern die leichteren Formen der familial-kulturellen Retardierung, wenn auch diese als eigene und geschlossene Kategorie nicht mehr einheitlich definiert werden kann (vgl. *Clarke/Clarke* 1974). Jedenfalls gibt es Retardierungen, die im Sinne *Ziglers* im wesentlichen durch ein langsameres Tempo der geistigen Entwicklung gekennzeichnet sind. Diese Auffassung ist insofern irreführend, als sie suggerieren könnte, man brauche sich pädagogisch unabhängig vom Lebensalter nur auf das Intelligenzalter einzustellen und könnte sogar — wenn man genügend lange wartet — ein Einholen des normalen Entwicklungsniveaus erhoffen. Davon kann in der Regel nicht die Rede sein.

Ziglers Verdienst liegt ohne Zweifel darin, Theorien zurückgewiesen zu haben, die die kognitiven Entwicklungsdifferenzen derart deterministisch und gravierend in den Vordergrund gestellt haben, daß sonstige Persönlichkeitsvariablen, z. B. motivationale und emotionale Faktoren, geradezu ignoriert werden, und daß entsprechend eindimensionale Etikettierungen sich festsetzen können.

Der interaktional-strukturale Entwicklungsansatz

Mit einem deterministischen Defekt- oder Differenzansatz ist offensichtlich eine hinreichende Erklärung der Entwicklung des geistigbehinderten Kindes nicht möglich. Die Festschreibung relativ unveränderlicher Retardierungsmerkmale verstellt den Blick für interaktionale (dynamische) Entwicklungsbedingungen, die auch die Gemeinsamkeiten mit üblichen Entwicklungsverläufen erkennen lassen könnten. Unser Erklärungsansatz einer instrumentellen, akzidentiellen Abweichung menschlicher Lebensweise im Falle einer geistigen Behinderung legt es nahe, vom Übereinstimmungen im Prozeß menschlicher Entwicklung auszugehen, und das im Detail Abweichende individuell zu bestimmen.

Dabei dürften auch Unterschiedlichkeiten zutagetreten, wie sie sich auch als Entwicklungs- und Persönlichkeitsunterschiede unter nicht-geistigbehinderten Kindern beobachten lassen.

Für einen solchen, auf den Gesamtkomplex menschlicher Entwicklung bezogenen Ansatz gibt die von *J. Piaget* konzipierte *strukturale Entwicklungstheorie* die wohl geeignetste Bezugsbasis ab (*Piaget* 1975, Bd. 2). Sie ermöglicht eine Sichtweise von Entwicklung, die auf durchgängige Interaktion (Wechselwirkung) zwischen Organismus und Umwelt beruht, die von biotisch funktionellen Gegebenheiten ausgeht, zugleich aber auf dem Wege über Handeln und Erfahrung sich permanent neue Strukturen ausbildet, und bei der der Aufbau der Wirklichkeit, die „Elaboration der Außenwelt", Hand in Hand geht mit der Entfaltung der Subjektivität, des subjektiven Pols dieses Doppelprozesses (a. a. O., 12).

Von dieser Sichtweise eines nicht aufspaltbaren Wechselwirkungsprozesses aus läßt sich ein organischer Defekt im neuralen System nicht mehr über isolierbare spezifische Auswirkungen für Entwicklung und Verhalten herausfiltern. Immer ist zugleich die Außenwelt, die Erfahrung beteiligt. Sie wird es in dem Maße, in dem der Organismus Gelegenheit erhält, aktiv zu werden, sich mit der Umwelt auseinanderzusetzen. Das, was die Neurologie als Kompensationsfähigkeit des frühkindlichen Gehirns im Falle einer Hirnschädigung unter der Einwirkung von äußeren Lern- und Anregungsbedingungen beschreibt, belegt diesen interaktionalen Prozeß. In ihn gehen auch die individuellen Erbfaktoren (persönliches Tempo, Temperament, Introversion/Extraversion) mit ein. Nur auf dem Wege über „operative Konstruktion" der Wirklichkeit (Handeln und Denken) setzen sich die von der Erbausstattung und vom Nervensystem angebotenen Möglichkeiten in geistige Strukturen um. Alles Verhalten ist auch physiologisch begründet (*Karrer* 1976).

Für das geistigbehinderte Kind kann gefolgert werden, daß seine Entwicklung vor allem durch eine Behinderung der Aktivität beeinträchtigt wird, wie sie sich aus physischen und sozialen Blockierungen ableiten läßt. Es verbleibt deshalb offensichtlich länger im Zustand „chaotischer Undifferenziertheit" (*Piaget*). In dem Maße, in dem das geistigbehinderte Kind in bloße und primitive Assimilation der Umwelt gegenüber gebannt bleibt, entwickelt es weniger Akkomodationstechniken zur Veränderung und Neuentdeckung seiner Umwelt, bleibt es an Neuem uninteressiert, differenziert es weniger neue Verhaltensschemata aus (vgl. *Piaget* 1975, Bd. 2, 340). Damit wird gleichzeitig das „Bekanntwerden mit sich selbst", die Abhebung des Subjekts von der Objektwelt behindert, zugleich aber auch das Ausdifferenzieren neuer Assimilationen. Das Kind wird in einen zirkulären Hemmungsprozeß gebannt, durch den ihm Chancen seiner Entwicklung verlorengehen können.

Dieser komplexe Prozeß ist insbesondere an einer Verlangsamung bestimmter Entwicklungsabläufe beobachtbar, aber auch an geringer differenzierten Verhaltensschemata, an einem einfacher strukturierten Bild von der Welt und von sich selbst. Begriffe wie geringer differenziert oder einfacher strukturiert bedeuten in diesem Zusammenhang nicht primär menschlich Qualitatives, sondern primär Quantitatives, was man sich etwa mit Verzweigtheit der funktionalen Systeme verdeutlichen könnte. Man könnte auch sagen: das menschlich (existentiell) Wesentliche wird internalisiert, soweit es sich in weniger komplizierten Strukturen erkennen und abbilden läßt. Die Vergleichbarkeit der Entwicklung ist vor allem darin gegeben, daß die Abfolge der einzelnen Entwicklungsschritte, wie sie *Piaget* beschrieben hat, im wesentlichen die gleiche bei geistigbehinderten und nicht-behinderten Kindern ist. Unterschiedlichkeiten sind primär solche der individuellen Genese und Interaktion, nicht dagegen fixierbare Auswirkungen spezifischer Defekte.

Auch *Robinson/Robinson* (1976), die sich ausführlich mit Implikationen der *Piaget*'schen Theorie für die Erklärung geistiger Behinderungen befassen, müssen feststellen, daß es keine realen Hinweise dafür gibt, daß solche Defizite in irgendeinem bemerkenswerten Verhältnis zu geistigen Behinderungen existieren. Sie seien nach *Piagets* Theorie auch nicht zu erwarten (S. 258).

Was im Sinne *Piagets* bei einer geistigen Behinderung passiert, ist ein Hängenbleiben auf einer früheren Entwicklungsstufe. Geistige Behinderung ist demnach das Ergebnis des Unvermögens des Kindes, über die unteren Stufen seiner psychischen Integration hinauszugelangen. Je schwerer der Grad der Retardation, desto niedriger liegt das Niveau der kognitiven Organisation, an die das Individuum fixiert sei (*Robinson/Robinson*, a. a. O., 255).

Von *B. Inhelder*, einer engen Mitarbeiterin von *Piaget*, liegt ein Zuordnungsschema von Entwicklungs- und Retardierungsstufen vor (1968), das sie aufgrund von Untersuchungen an geistigbehinderten Erwachsenen entworfen hat. Demnach können geistig schwer und schwerst behinderte (severely and profoundly mentally retarded) Personen als auf die Stufe der sensomotorischen Intelligenz fixiert gesehen werden, mäßig (moderately) geistigbehinderte als unfähig, die präoperational intuitive Stufe zu übersteigen, während leicht geistigbehinderte (mildly retarded) Erwachsene die Stufe der konkreten Operationen nicht überschreiten können (*b. Robinson/Robinson*, a. a. O.).

Neben der *Verlangsamung* des Entwicklungsfortschritts nennt *Inhelder* als weitere Auffälligkeit die Zähflüssigkeit des Fortschreitens (viscosity). Sie verursache ein Verhaftetbleiben in alten Schemata, die eigentlich zugunsten neuer Koordinationen hätten abgelegt sein sollen. Sie zeigen sich z. B. in einem längeren Verharren im Zustand des Übergangs von einer Stufe zur nächsten (b. *Robinson/Robinson,* a. a. O., 256).

Von weiteren Fortschritten in der Erforschung der psycho-physiologischen Entwicklung bei geistiger Behinderung ist eine nähere Klärung der Wechselwirkungsprozesse zu erwarten, die gegenwärtig mehr von der Erfahrungsinteraktion her untersucht werden. „Verhalten (einschließlich Erfahrung) hat physiologische Wirkungen, und der physiologische Prozeß bewirkt Verhalten (und Erfahrung)" (*Karrer* 1976, 456). Die bisher vorliegenden Ergebnisse zur physiologischen Entwicklung geistigbehinderter Individuen, wie sie u. a. von *Karrer* (USA) in einem umfangreichen Sammelband zusammengestellt worden sind, haben bislang wenig Resonanz in der gemeinsamen Diskussion um geistige Behinderungen gefunden. An sich kann angenommen werden, daß differenzierte Kenntnis der neuralen Prozesse auch die Chancen für deren psycho-physische Beeinflussung gerade im Falle der geistigen Behinderung verbessern müßten.

Wenn von Verlangsamung der Entwicklung des geistigbehinderten Kindes gesprochen wird, so ist dabei folgendes zu beachten: Es handelt sich nicht um eine bloße Verlangsamung einer ansonsten harmonisch ablaufenden Entwicklung. Das geistigbehinderte Kind ist kein Spätentwickler, bei dem man nur länger zu warten braucht, bis sich alle Einzelfunktionen entwickeln. Vielmehr löst die mehr Zeit beanspruchende Funktionsreifung gewissermaßen eine Kettenreaktion aus, die im Endeffekt zu einer quantitativen und qualitativen Veränderung der Gesamtentwicklung führt. Hieran sind somatische und sozietäre Komponenten beteiligt. Sie bedingen einander in ständiger Wechselwirkung, so daß es schwierig ist, Ursache und Wirkung zu unterscheiden. Offenbar aber ist die Abhängigkeit der Entwicklung von neuralen, also biotischen Prozessen umso größer, je *jünger* das Kind ist. Dadurch, daß die ersten Verhaltensschemata länger beibehalten werden, tritt eine relativ frühe Verfestigung und Kanalisierung des Verhaltens ein. Damit wird die weitere Differenzierung der Entwicklung behindert und eingeschränkt. Wenn ein geistigbehinderter Säugling verspätet das Stehen und Gehen erlernt, also länger im bloßen Liegen oder Sitzen verharren muß, so gehen ihm bestimmte angelegte Reifungsmöglichkeiten verloren.

König (1959) gebraucht zur Veranschaulichung dieser verpaßten Möglichkeiten einen Vergleich mit dem verspäteten Erreichen eines Bahnhofs. Man hat zwar räumlich sein Ziel erreicht, aber der Zug ist eben abgefahren. Das will sagen, daß der geistigbehinderte Säugling zwar an einem bestimmten Entwicklungsziel angekommen ist, etwa beim Sitzen oder Gehen, jedoch die Ausschöpfung aller Entfaltungsmöglichkeiten dieses Lebensabschnittes versäumt hat.

Zudem ist die Verschränkung der biotischen Vorgänge mit *sozietären*

Einflüssen, die Verflechtung des Reifens und Lernens in der Entwicklung zu beachten. Die Reifungsverzögerung bedingt einen Ausfall wirksamer Umweltreize. Dem geistigbehinderten Säugling, der erst mit 12 Monaten sitzen kann, sind viele elementare Erfahrungen mit der Umwelt entgangen. Er hat weniger gelernt, und dieses Weniger bedingt ein fortwirkendes Einschränken der (angelegten) Lernmöglichkeiten. So gesehen läßt sich zusammenfassend sagen, daß die Verlangsamung der Entwicklung des geistigbehinderten Kindes eine Begrenzung seiner Entwicklungsmöglichkeiten nach sich zieht. „Da er zu spät gehen lernt, ist die Sprachentstehung so verzögert, daß die Zeit vom Ende des dritten Jahres bis zum Eintritt des ersten Gestaltwandels ungenützt verstreicht. In diesen drei Jahren lernen die anderen Kinder, die erworbene Denkfähigkeit zu praktizieren" (*König* ibid. 180). *König* bezeichnet deshalb die Entwicklung des mongoloiden Menschen als eine „Folge von versäumten Gelegenheiten" (180).

Einige Vergleichsdaten können die wachsende Diskrepanz der Entwicklungsverläufe bereits in den ersten Lebensjahren verdeutlichen: So zeigen die von *Carr* (1975, 1978) an Down-Kindern in den ersten zwei Lebensjahren ermittelten Werte (Entwicklungs-Intelligenz-Quotienten DIQ) im Vergleich mit einer Kontrollgruppe nicht-behinderter Kinder gleichen Alters ein frühes Absinken (Abb. 2 aus *Carr* 1978, 30).

Die Aufspaltung der Gruppe der Down-Kinder läßt überdies noch ein stärkeres Abfallen der Entwicklungskurve bei jenen Kindern erkennen, die nicht zu Hause sondern auswärts (in Pflegefamilien oder Hospitälern) aufwachsen. Das Absinken der Intelligenzwerte mit zunehmendem Alter ist bereits in mehreren Untersuchungen bestätigt worden.

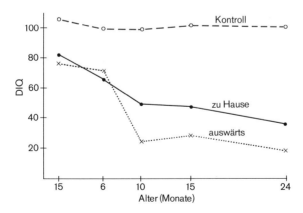

Abb. 2: DIQs der zu Hause und auswärts aufgewachsenen Kinder mit Down-Syndrom und der Kontrollkinder von 1,5 bis 24 Monaten (nach *Carr* 1978).

Auch die Untersuchung von *Schamberger* (1978) an Down-Kindern im frühen Lebensalter ergab eine Vergrößerung des Entwicklungsrückstandes mit wachsendem Alter gegenüber der Norm (S. 119). Nach *Zeaman* und *House* (1962, b. *Spreen* 1978, 51) stabilisieren sich die intellektuellen Entwicklungswerte erst ab der Pubertät.

Eine weitere Eigentümlichkeit der Entwicklung geistigbehinderter Kinder und Jugendlicher ist die „*Unregelhaftigkeit*" *(Bach* 1969). Während die moderne Psychologie die normale Entwicklung als einen natürlicherweise kontinuierlichen Prozeß beschreibt (*Oerter* 1968), beobachten wir beim geistigbehinderten Kinde auffallende Abweichungen hiervon, so etwa ein längeres Verharren auf einem bestimmten Entwicklungsstand, geradezu ein Stillstehen der Entwicklung, dann wiederum deutliche Entwicklungsschübe, wenn nicht sogar -sprünge. So berichtet *König* (ibid.), daß aus einem mongoloiden Rutschling meist geradezu plötzlich ein Gehling werden kann (172). Auch *Carr* (1978) beschreibt das Phänomen, daß Kinder mit dem Down-Syndrom sich länger auf einem bestimmten Leistungsplateau aufhalten, um dann plötzlich einen deutlichen Fortschritt zu machen. Eine Mutter drückte es so aus, daß man zunächst meint, das Kind werde eine bestimmte Sache nie schaffen. „Dann plötzlich tut er es, und zwar überraschend schnell" (S. 32).

Eine weitere Unregelhaftigkeit kann darin gesehen werden, daß häufig nur partielle Stagnationen oder Fortschritte der Entwicklung registriert werden. Bestimmte Funktionen, wie z. B. das Sprechen oder die Körpermotorik, können sich besser ausprägen als andere. Bekannt ist u. a. die außerordentliche Ausbildung der Gestik der Mongoloiden, deren Ausdruckssicherheit von der übrigen Motorik deutlich abweicht und eine Geschicklichkeitsspitze darstellt (*Lutz* ibid., 203).

Eine auffallende Variationsbreite der Entwicklungsdaten bei einzelnen Down-Kindern bis in den Normbereich zeigte sich u. a. bei der von *Carr* (1978) untersuchten Population. Gegenüber der Kontrollgruppe, deren Werte gleichmäßig um 100 Punkte lagen, wiesen im Alter von 1,5 Monaten 68 % der Down-Kinder Werte von 80 und mehr Punkten auf; im Alter von 6 Monaten waren es noch 34 % und nach 10 Monaten nur mehr 4 % (S. 30). *Carr* vermerkt, daß diese Kinder auf Grund dieser Testwerte allein wohl nie als geistigbehinderte eingeschätzt worden wären. Ähnliche partielle Annäherungswerte an die Altersnorm erbrachte auch die Untersuchung von *Schamberger* (1978) an Down-Kindern im frühen Lebensalter. So waren nach der Messung durch die „*Münchner Funktionelle Entwicklungsdiagnostik*" 11 von 105 Down-Kindern im Krabbelalter altersentsprechend entwickelt, im Sitzalter waren es 10 von 105, im Laufalter 11 von 181, im Greifalter 12 von 182, im Sprechalter 21 von 184 Kindern.

Auf eine weitere Diskontinuität ist bereits hingewiesen worden, nämlich auf die zunehmende Diskrepanz zwischen körperlicher und seelischer Entwicklung, die wohl in eklatantester Weise in der Pubertät zum Ausdruck kommt: Der geschlechtlichen Reifung seines Körpers steht der Geistigbehinderte geistig völlig hilflos gegenüber.

Überblickt man die Besonderheiten der Entwicklung Geistigbehinderter, die hier nur angedeutet werden sollten, und stellt man sich die Frage nach der menschlichen Eigentümlichkeit dieser Entwicklung, so läßt sich folgendes feststellen:

Die Lebensentfaltung des Geistigbehinderten ist bei aller Abweichung von der „Normalentwicklung" eine spezifisch menschliche. Sie verläuft zwar im Vergleich mit der Entwicklung der überwiegenden Mehrzahl der Menschen langsamer und unregelhaft und weist eingeschränktere Möglichkeiten auf; sie läßt aber auch zentrale Gemeinsamkeiten erkennen: Die anthropologisch konstitutive Armut an Instinkten im Vergleich zum Tier, die offene Verhaltensstruktur, d. h. die geringere Abhängigkeit von neural vorgeformten Verhaltensmustern anstelle einer größeren Beeinflußbarkeit durch die Umwelt. Für das behinderte wie für das nicht behinderte Kind gilt, daß die meisten entwicklungspsychologischen Veränderungen auf Lernvorgängen beruhen (*Oerter* 1968). Hierin liegt die Chance der Erziehung Geistigbehinderter. Es wird noch aufzuzeigen sein, daß infolge der geringeren spontanen Lernaktivität die Abhängigkeit von äußeren Lernreizen eine größere ist.

Relationen zur Entwicklung des nicht-behinderten Kleinkindes

Wenn von Möglichkeiten der Erziehung beim geistigbehinderten Kinde die Rede ist, so wird damit bewußt vermieden, von sogenannten Begabungsresten zu sprechen, die man gewissermaßen in den Ecken einer im allgemeinen kümmerlichen Existenz noch ausmachen kann. Negativ relational war die frühere medizinisch-klinische Sicht bestimmt. So definierte u. a. *F. Siegert* (zit. b. *Reichenbach* 1961) 1910 „mongoloide Idiotie" als eine „Rückständigkeit in der Entwicklung" mit „vorzeitigem Abschluß" und „minderwertigem Gesamtresultat". *Homburger* (1925) spricht von einer „Verkümmerungsform, die zum Aussterben bestimmt ist" (118—123). *Reichenbach* führt noch weitere derart negative Definitionen an.

Aus den oben genannten anthropologischen Gründen soll hier von den *spezifischen Gegebenheiten* selber ausgegangen werden. Wir messen den Geistigbehinderten nicht einfach mittels eines Vergleichs mit dem Begabteren; es wird analog auch das Volksschulkind nicht als eine Minusvariante oder Restausgabe der Gymnasialbegabung verstanden. Pädagogisch-anthropologisch gesehen ist der Geistigbehinderte keine

Resterscheinung menschlicher Existenz. Sein Wesen und seine Möglichkeiten sind auch noch nicht dadurch ausgewiesen, daß er als nicht fähig befunden wird, dem Bildungsweg der Volksschule und der Schule für Lernbehinderte zu folgen. Es ist pädagogisch vielmehr zu fragen, worin die wesentlichen Lebensmöglichkeiten des Geistigbehinderten liegen, welche Lebensformen für ihn typisch sind, wie er sein Leben als ein rechtes führen kann, und was ihm als Lebenserfüllung zugänglich ist.

Beim Versuch, die positiven Möglichkeiten des Geistigbehinderten nicht auf Grund eines Vergleichs mit dem Nicht-behinderten zu ermitteln, um ihn nicht als eine bloße Minusvariante kennzeichnen zu müssen, muß auf eine Gefahr hingewiesen werden, die *Bach* (1969) nennt. Die bloße Konstatierung des Andersseins, so schreibt *Bach*, verführe zu der Auffassung, daß es sich beim Behinderten quasi um eine „andere Rasse" handle. Der erforderliche menschliche Kontakt werde dadurch unterbunden. Man könne dann ein solches Kind vielleicht „handhaben", mit ihm technisch umgehen, es aber nicht erziehen, betreuen, weil man es eben als ein so *anderes* Wesen nicht recht verstehen könne.

Es sei zunächst eigens betont, daß es *Bach* nicht darum geht, den Geistigbehinderten primär als Minusvariante zu sehen. Dies geht u. a. daraus hervor, daß er entschieden für die Bezeichnung „lebenspraktisch bildbar", also für einen positiven Terminus eingetreten war, und daß er u. a. die vereinfachende Redeweise vom „Behinderten" für nicht ganz zutreffend hält, da „der Behinderte nie nur Behinderter ist" (ibid. 9). Für *Bach* ist im Gegensatz zum Negativ der defektologisch bestimmten Sichtweise der Medizin die heilpädagogische das Positiv.

Und trotzdem hält *Bach* (1969) einen Vergleich mit dem nichtbehinderten Kinde für notwendig, wenn man es sinnvoll erfassen wolle. Hinter einer nur beschreibenden Feststellung des Andersseins könne sich die distanzierende Konstatierung des Fremdseins verbergen.

Der Vergleich ergibt, daß die Lebensformen und Verhaltensweisen des geistigbehinderten Kindes nach *Bach* in Bezug zu setzen sind zu denen der nicht-behinderten Anderthalb-, Zwei- oder Dreijährigen. Der pädagogische Wert einer solchen Inbezugsetzung liege darin, daß insbesondere Eltern und noch nicht genügend erfahrene Erzieher durch die Erinnerung und die Kenntnis frühkindlicher Erlebnisweisen einen besseren Zugang zum behinderten Kinde finden und damit auch zu seinen positiven Möglichkeiten. Vor allem für die Beratung der Eltern sei dieser Vergleich sehr dienlich. Er erleichtere ihnen das Finden des angemessenen erzieherischen Verhaltens. Im übrigen ermögliche der Vergleich einen Rückgriff auf einen wohlausgebauten pädagogischen Bereich, der auch für den Geistigbehinderten erzieherisch nutzbar gemacht werden könne, nämlich die Kleinkinder- und Kindergartenpädagogik.

Analogie von Frühkindheitsstufen und geistiger Behinderung

Zur seelischen Entwicklung: Bei der Durchführung von Intelligenz- und Entwicklungstests wie bei der bloßen Verhaltensbeobachtung kann man ohne weiteres feststellen, daß das geistigbehinderte Kind Leistungen und Verhaltensformen aufweist, die denen nicht behinderter, jedoch wesentlich jüngerer Kinder gleichen oder ähneln. Das errechnete Intelligenz- und Entwicklungsalter liegt bei den meisten Geistigbehinderten jedes Alters innerhalb der ersten sechs Lebensjahre. So kommen etwa die Schwerstbehinderten im allgemeinen über Verhaltensformen des Säuglingsalters als des „Schlaf"- und des „Zuwendungsalters" *(Remplein)* kaum hinaus. Die meisten Geistigbehinderten erreichen Verhaltensformen, die man als typisch für das Kleinkinderalter bezeichnen kann: sie erlernen das Gehen und Sprechen, die Gewöhnung an Sauberkeit, das Spielen mit Spieldingen, wie z. B. mit Bausteinen, Spielautos, Puppen und dergleichen. Es bilden sich — immer unter der Bedingung angemessener Erziehung — bestimmte soziale Anpassungshaltungen neben typischen Abwehrreaktionen aus. Im Sozialverhalten sind die typisch kleinkindhafte starke Bindung an die Mutter und der Egozentrismus auffallend. Letzterer zeigt sich u. a. in der Unberührtheit des Verhaltens von sozial-kulturellen Konventionen. Er bestimmt auch das kognitive Leistungsverhalten: die Umwelt wird einzig in ihrer aktuellen Bedeutung für die eigenen Bedürfnisse wahrgenommen und beurteilt. Das Konzentrierthalten der Aufmerksamkeit gelingt nur für relativ kurze Zeit. Die Art der Tätigkeit, das Spielverhalten, wird immer wieder gewechselt.

Diese und ähnliche Verhaltensweisen, die kennzeichnend sind für das Kleinkindverhalten, finden wir auch als typische bei Geistigbehinderten jeden Alters. A. Busemann (1959) spricht von den Kindgebliebenen, von den auf dem Wege Stehengebliebenen. Und dennoch nötigt uns die Erfahrung zu der Frage, ob damit das Wesentliche, das menschlich und damit pädagogisch Bedeutsame der Lebensmöglichkeiten des Geistigbehinderten getroffen und ausgesagt wird, d. h. ob also ein 18jähriger Geistigbehinderter einem 3jährigen Normalkind gleichgesetzt werden kann.

Unterschiedlichkeiten der Entwicklung geistigbehinderter und nicht-geistigbehinderter Kinder mit annähernd gleichem Intelligenz- oder Entwicklungsalter

Zur körperlichen Entwicklung: „Das körperliche Aussehen kann völlig normal sein" (*Lutz* 1961, 119). Wohl die meisten Geistigbehinderten entwickeln sich körperlich im ganzen gesehen nicht anders als ihre nicht-behinderten Altersgenossen. Vielfach vermag der Nichteingeweihte auf den ersten Blick nicht zu erkennen, daß es sich um eine geistige Behinderung handelt. *Lutz* (ibid., 119) weist darauf hin, daß z. B. Kinder mit schweren geistigen Schädigungen „hübsche, normalwirkende ‚Prinzengesichter'" aufweisen können. Die altersgemäße Körpergröße — darauf weist auch *Bach* (1969) hin — verleitet dazu, von einem solchen Kinde oder Jugendlichen ein Intelligenz- und Anpassungsverhalten zu erwarten, das seinem Lebensalter entspricht, d. h. dem Normverhalten Gleichaltriger. —

Daß es unter den Geistigbehinderten relativ häufig auch auffallende Abweichungen der körperlichen Entwicklung von der sogenannten Normalentwicklung gibt, sei ausdrücklich hervorgehoben. Wir beobachten extreme Entwicklungsverzögerungen, wie auffallende infantile Körperformen einschließlich eines geringen Längenwachstums, also etwa Kinder, die wie 5 Jahre jünger aussehen; es sind aber auch Entwicklungsbeschleunigungen festzustellen, wie sie unter dem Begriff der Akzeleration bekannt sind. Daneben zeigen sich die verschiedensten *partiellen* Körperfunktions- und Wachstumsabweichungen, und zwar jeweils auf Grund der vorliegenden organischen Schädigung. Wir denken etwa an Hormonstörungen, die sich im Genitalbereich auswirken können, oder etwa an die typischen rundlichen Körperformen der Kinder und Jugendlichen des Down'schen Syndroms (Mongolismus).

Von besonderer psychologischer und pädagogischer Bedeutung dürfte die Genitalentwicklung sein. Auch die Geistigbehinderten durchleben eine Pubertät, wenn auch vielen deren seelische Problematik nicht zum Bewußtsein kommt. Sie verändert den Jugendlichen eigentlich so sehr, daß man nicht mehr von Kindern sprechen kann, auch wenn er ansonsten viele Verhaltensweisen zeigt, die an Kinder erinnern. „Auch ein hochgradig geschädigter Mensch ist ein anderer, ob er 10 oder ob er 20 Jahre alt ist" (*Günther* 1964, 117). Nach *Günther* kann man bei denjenigen Geistigbehinderten, die sich körperlich unauffällig entwickeln, erwarten, daß die Pubertät altersentsprechend eintreten und ablaufen wird. „Abweichungen im Sinne einer Verzögerung sind jedoch häufiger als solche einer Vorverlagerung." Bei Kindern, die sich körperlich langsam entwickeln, komme es fast immer zu einer Verspätung des Pubertätseintritts.

Die Verschiedenheit im seelisch-geistigen Bereich bei geistiger Behinderung: Wir haben es beim Geistigbehinderten mit einer erheblichen Unterschiedlichkeit der psychischen Entwicklung und der Verhaltensformen zu tun, je nach Art und Grad der Schädigung. Auch *Bach* (1969) weist auf die *große Streubreite* hin, die *von der Anderthalbjährigkeit* bis zur *Achtjährigkeit* reicht. Man kann also nicht einfach von der Kleinkindhaftigkeit des Geistigbehinderten reden. Der Unterschied zwischen den beiden genannten Entwicklungsstufen ist immerhin ein beachtlicher. Die Unterschiedlichkeit wird weiterhin geprägt durch individuelle *Entwicklungsdiskrepanzen.* So kann das gleiche Kind teils frühkindliche und teils großkindliche Funktionsfertigkeiten aufweisen. Besonders bei Hirnschädigungen kann man derartige auffallende Kombinationen von partiellen Rückständen und partiellen Begabungsspitzen antreffen. So konnten zum Beispiel bei einem 12jährigen Kind, das eine Meningitis überstanden hatte, eine schwere Schädigung des Leistungsverhaltens, so der Auffassungs- und Merkfähigkeit, des Sprechens und der Sprache, dagegen eine altersgemäße Ausprägung der affektiven Haltungskomponenten beobachtet werden: ein zurückhaltend heiterer, freundlicher, im Sozialverhalten aufmerksamer, gut angepaßter Schüler, der durchaus nicht kleinkindhaft wirkte.

Weiterhin wäre die *temporäre* Verschiedenheit des Verhaltens zu nennen, die durch organische Funktionsunregelmäßigkeiten bedingt ist. Ein Kind, das sich in der einen Stunde oder an einem Tag lebendig, konzentriert und angepaßt verhält, kann in der darauffolgenden Stunde, am folgenden Tag so apathisch oder so unruhig und unkonzentriert sein, daß man den Eindruck eines wesentlich jüngeren Kindes haben könnte. Insgesamt gesehen weisen Geistigbehinderte recht unterschiedliche Verhaltensformen auf, so daß ein Vergleich mit frühkindlichen Verhaltensformen vielfach nur partielle oder temporäre Übereinstimmungen ergibt.

Die Verschiedenheit der Dynamik und Struktur geistigbehinderter und nicht-behinderter Kleinkinder: K. Lewin weist in seiner „dynamischen Theorie des Schwachsinnigen" (1967)* darauf hin, daß der Schwachsinnige zwar seinem Differenzierungsgrade nach einem jüngeren normalen Kinde entsprechen kann, daß aber ein dynamischer Unterschied zwischen beiden zu beachten ist. Er sieht diesen in der „geringen dynamischen Verschiebbarkeit der seelischen Systeme des Schwachsinnigen" (391). Von dieser Grundannahme aus leitet *Lewin* dann „die wesentlichsten Charakteristika der Schwachsinnigen" ab.

Die Grundannahme einer größeren Sprödigkeit, Starrheit und Schwerbeweglichkeit des Schwachsinnigen belegt *Lewin* mit einer Reihe von Beobachtungen.

So finden wir die genannte Starrheit oder „Pedanterie und Fixiertheit" der Zielsetzungen im Verhalten auch beim Geistigbehinderten. Er pflegt an bestimmten Gewohnheiten mit besonderer „Ausdauer" festzuhalten. Man kann diese Beobachtung mit *Lewin* u. a. als einen Ausdruck der Hilflosigkeit und der Schwierigkeit oder Unmöglichkeit erklären, die Ge-

---

* Die Ausführungen *Lewins* sind nicht unmittelbar auf den Bereich der geistigen Behinderung übertragbar. Die Arbeit ist 1933 erschienen und bezieht sich offensichtlich auf den Hilfsschüler ohne nähere Angabe eines Intelligenzgrades. Einige der beschriebenen Charakteristika des Schwachsinnigen sehen wir jedoch auch bzw. in besonderem Maße beim Geistigbehinderten als gegeben an.

samtheit der gegebenen Situation zu überblicken und zu durchschauen, und als eine Folge der Intelligenzminderung, die eine geringere Beherrschung der Welt bedingt. „Die allgemeine Sprödigkeit des seelischen Materials" *(Lewin)* führt in komplexen dynamischen Situationen dazu, daß eine „Entweder-oder-Struktur" sichtbar wird. Das bedeutet, daß der Geistigbehinderte Teilsysteme einer dynamisch zusammenhängenden Einheit nicht in Zusammenhang bringen kann, daß er entweder in der einen oder der anderen Situation verharrt, daß er in der Regel unfähig ist, eine Situation, die für ihn etwa bedrohlich sein kann, umzustrukturieren. Er ist an die jeweilige Situation ausgeliefert, was u. a. seine leichte Verführbarkeit, aber auch seine hohe Empfindlichkeit gegenüber Störungen, d. h. Veränderungen seiner gewohnten Situation, erklärt.

Dafür ein Beispiel: Die gewohnte Ganzheit „Lehrer" geht verloren, d. h. zerfällt in Teilsysteme, wenn dieser plötzlich sein Aussehen durch eine Augenklappe verändert. Mehrere Kinder reagierten mit gesteigerter Unruhe und auffallender Distanzierung. Sie waren offensichtlich nicht in der Lage, beides dynamisch in Einklang zu bringen. Ein anderes Beispiel: ein neunjähriges Mädchen mit dem Down-Syndrom erlebt den Abschied von einer vertrauten Person, einer langjährigen Hausgehilfin, die nun heiratet und Bäuerin wird. Das Mädchen sieht die geliebte „Leni" im Hochzeitsschmuck und hat deren Bauernhof in Augenschein genommen. Am nächsten Tag konstatiert sie: „Die *andere* Leni hat eine Haube aufgesetzt und hat einen Stadel, und *meine* Leni kommt morgen." — Schwierigkeiten beim Rollenspiel sind ebenfalls Ausdruck der „Entweder-oder-Struktur". Dem Geistigbehinderten fällt es schwer oder ist es unmöglich, sich zugleich eine andere Rolle zuzulegen. Er spielt eigentlich immer nur seine gewohnte Rolle und benutzt die eingeübten Verhaltensmuster. Er kann sich i. a. nicht verstellen, was dem normalen Kleinkind durchaus möglich ist.

Als weitere Eigentümlichkeit in der Aufbaustruktur des Schwachsinnigen nennt *Lewin* die „Konkretheit" des Denkens und damit zusammenhängend die „Phantasielosigkeit" im Gesamtverhalten. Besagte „Konkretheit" ist sicherlich auch auf den geringeren Differenzierungsgrad zurückzuführen. Wir finden sie auch beim Kleinkind. Da aber der Geistigbehinderte diese Schwäche des abstrakten Denkens auch in einem Alter behält, in welchem ein nicht-behindertes Kind mit gleichem Intelligenzalter diese Primitivität des Denkens nicht mehr aufweist, sieht *Lewin* in dieser Eigentümlichkeit ein Spezifikum des Schwachsinnigen. Sie komme dadurch zum Ausdruck, daß „jedes Ding und Ereignis seine Bedeutung in besonders hohem Grade aus der jeweiligen Situation heraus empfängt, daß es nicht herauslösbarer Bestandteil dieser Situation ist" (399). Damit wird ein Abstrahieren von dieser jeweiligen Einzelsituation erschwert und zwar dann, wenn es um Systeme begrifflicher, irrealer oder phantasiehafter Art geht. Die Phantasieschwäche wird besonders beim Spiel des Geistigbehinderten deutlich.

Auf *die Unterschiedlichkeit im Spielverhalten* zwischen geistigbehinderten und normalen Kleinkindern weist auch *H. Hetzer* hin (1967). Der Mangel an gestaltenden Kräften, an Spontanität im Spiel zeige sich bei Geistigbehinderten in der „Einförmigkeit ihrer einfallsarmen Spiele". Sie können einfache Spielabläufe lange Zeit unverändert wiederholen, z. B. „wochen- und monatelang jeden Tag einige Stunden mit der Puppenwiege" spielen, wobei nichts anderes geschieht, als daß die Puppe aus der Wiege herausgenommen und wieder in sie hineingelegt wird (ibid., 4). Als weitere Unterschiedlichkeiten im Spiel nennt *Hetzer* das allgemein geringere Bedürfnis des geistigbehinderten Kindes, überhaupt zu spielen, sein passives Spielverhalten oder die völlige Uninteressiertheit an einem Spiel, das sich etwa in unmittelbarer Nähe vollzieht, sein dranghaftes Abreagieren innerer Spannungen. In diesem Zusammenhang berichtet *Hetzer* von einem erethischen Schwachsinnigen, der fünf Stunden in dranghafter Unruhe zubrachte, aber nur zwölf Minuten, „in denen man vielleicht von Spiel reden konnte" (ibid., 2). Es fehlt dem geistigbehinderten Kind an steuernder Aktivität.

Es bevorzugt auch andere Spiele als das gesunde Kleinkind. Da die Form der Spiele, die ein Kind bevorzugt, von seinem Entwicklungsstand abhängt, und da Komplexität der Spiele mit dem Intelligenzniveau nach *Hetzer* eindeutig korrelieren, wählen geistigbehinderte Kinder einfachere Spiele als gesunde Kinder mit gleichem Entwicklungsniveau. Auf die besonderen Schwierigkeiten beim Rollenspiel ist bereits hingewiesen worden. „Die Phantasie reicht oft nicht aus, um Dinge dem Spielinhalt entsprechend umzuschaffen oder sich selbst der geforderten Rolle gemäß zu benehmen" (ibid., 3).

Wir können zusammenfassend den Vergleich des Verhaltens geistigbehinderter Kinder mit normalen Kleinkindern mit einer Feststellung *H. Hetzers* abschließen: „Es ist daher nicht zulässig, wenn ein geistigbehindertes Kind so behandelt wird wie ein bedeutend jüngeres Kind mit annähernd gleichem intellektuellem Niveau. Es handelt sich um zwei Persönlichkeiten, die sehr verschieden strukturiert sind" (ibid., 1).

Diese Verschiedenheit ist nicht so zu verstehen, als weise das Leben des Geistigbehinderten nicht gewisse Ähnlichkeiten mit der Kleinkindhaftigkeit auf. Seine lebenslange „Kindlichkeit" aber ist eine anders strukturierte. Sie ist einerseits weniger differenziert als die des normalen Kleinkindes, andererseits weist sie qualitative Eigenheiten auf, die über die Entwicklungsstufe des Kindseins hinausreichen, die den Geistigbehinderten nicht als einen bloßen Steckengebliebenen, Unfertigen kennzeichnen, sondern als einen, der auch seine Bestimmung erreichen, „komplett" werden kann, wie es *Goethe* nannte, wenn er schreibt, daß auch der geringste Mensch komplett sein könne, wenn er sich innerhalb seiner Fähigkeiten bewege (zit. b. *Kerschensteiner*, Grundfragen der Schulorganisation). Es sind Züge einer gewissen Erwachsenheit, wenn auch nicht die einer selbstverantwortlichen Lebensführung, aber die eines Nähergekommenseins an das Ziel, wie es vielleicht im Bibelwort „Wenn ihr nicht werdet wie diese Kinder" gemeint ist.

Sicherlich trifft auch *Hermann Hesse* in einem seiner Briefe über die Frankfurter Familie *Brentano* diese menschliche Reifungsqualität des Geistigbehinderten, wenn er über eines der sonst hochbegabten Kinder dieser Familie schreibt: „Nur der Älteste war und blieb einfältig, er lebte sein ganzes Leben lang wie ein stiller Hausgeist im Vaterhaus, zu nichts zu gebrauchen. Er war fromm als Katholik, geduldig und gutmütig als Bruder und Sohn und wurde inmitten der witzigen und lustigen Geschwisterschar, bei der es oft exzentrisch zuging, immer mehr zu einem schweigenden Mittel- und Ruhepunkt, einem wunderlichen Hauskleinod, von dem Frieden und Güte ausstrahlte. Von diesem Einfältigen, diesem Kindgebliebenen sprechen die Geschwister mit einer Ehrfurcht und Liebe wie von keinem anderen Menschen. So war also auch ihm, dem Trottel, dem Blöden, sein Sinn und sein Auftrag mitgegeben, und er hat ihn vollkommener erfüllt als alle die glänzenden Geschwister" (Briefe von *H. Hesse* 1951, 281).

Hesse bringt damit zum Ausdruck, daß es bei der „Geformtheit des Menschen als Mensch" (*Hillebrand* 1958, 13), und das ist Bildung als Zustand, daß es beim Finden seiner Bestimmung als Mensch nicht auf einen bestimmten Grad und Umfang der Leistungen ankomme, sondern darauf, daß der Mensch „sein Wesen, das ihm mitgegeben, so völlig und rein wie möglich in seinem Leben und Tun zur Darstellung bringe" (*Hesse*, ibid.). — *Hermann Hesse* waren geistigbehinderte Menschen auf Grund seines Aufenthalts in einer Anstalt für Geistigbehinderte unmittelbar vertraut.

Mitmenschliches In-Beziehung-treten

Erziehung beginnt mit dem Ansprechen, mit der mitmenschlichen Zuwendung. Sie weckt und erschließt in einem immer differenzierter werdenden Wechselspiel die Aktivität und das Mitsein des Kindes und bringt es damit auf den Weg zu seiner Selbstverwirklichung in sozialer Kommunikation und Integration.

Wie das soziale In-Beziehung-treten des geistigbehinderten Menschen zu verstehen ist, soll mit Hilfe grundlegender sozialpsychologischer Einsichten zu klären versucht werden (*Argyle* 1972, *Thomas* 1980). Dabei sollen insbesondere die beiden Phänomene der zwischenmenschlichen Interaktion und Kommunikation untersucht werden.

Soziale Interaktion

Mitmenschliches Leben ist immer auch Zusammenleben mit anderen. „Die soziale Verflochtenheit ist ein konstitutives Merkmal menschlicher Existenz" (*Lersch* 1965). Die leibliche Geburt entläßt den menschlichen Säugling in seiner Hilflosigkeit in den „Mutterschoß der Sozietät" (*Portmann*), sein Leben beginnt mit der völligen Angewiesenheit auf seine Mitmenschen. Die Art und Dauer ihrer Hilfe paßt sich der jeweiligen Art und Dauer der Hilfebedürftigkeit an. Zu den Menschen, die einer besonders intensiven und langen, ja lebenslangen sozialen Eingliederungshilfe bedürfen, gehört der geistigbehinderte.

Die Erforschung der sozialen Entwicklung und des sozialen Verhaltens einschließlich spezifischer Probleme geistigbehinderter Menschen steht erst am Anfang. Die bisher vorliegenden sozialpsychologischen Forschungsergebnisse beziehen sich insbesondere auf mehr makrosoziale Phänomene, wie etwa Einstellungen in der Gesellschaft (*v. Bracken*, 1976, *Gastager* 1973, *v. Ferber* 1972, *Thomas* 1980) und soziale Organisationen (Institutionalisierung), wie z. B. Unterschiede zwischen Kindern, die in Heimen und in der Familie aufwachsen (vgl. *Spreen* 1978, 108 ff., *Kugel/Wolfensberger* 1974, *Carr* 1974). Von unmittelbar pädagogischem Interesse wären Forschungsarbeiten über den Verlauf und die Bedingungen interpersonaler (Zweier-)Beziehungen und mikrosozialer Gruppenprozesse.

Eine psychoanalytische Studie über die Beziehungen der Mutter zum geistig zurückgebliebenen Kind liegt von *Mannoni* (1972) vor. Als sehr aufschlußreiche Pionierarbeit gilt der frühe Versuch von *Skeels/Dye* (1939), als geistig retardiert diagnostizierte Kleinkinder einer Anstalt in die persönliche Obhut und Pflege mütterlicher (ebenfalls retardierter, im Heim wohnender) Personen gegeben zu haben, was einen wesentlichen Anstieg der Testwerte der intellektuellen Leistungsfähigkeit gegenüber einer Kontrollgruppe zur Folge hatte. Noch überzeugender fiel die Nachuntersuchung von *Skodak* (1967) aus: Es wurde ermittelt, daß von den 13 Kindern der Experimentalgruppe 11 die High-School absolviert hatten, während die Überlebenden der Kontrollgruppe nach wie vor retardiert in Anstalten lebten.

Wenn es sich auch bei diesen Kindern offensichtlich nicht um neurophysiologisch geschädigte Kinder im Sinne einer irreversiblen Behinderung gehandelt haben mag, so zeigt sie doch die elementare Bedeutung früher interpersonaler Beziehungen für die Entwicklung der Lernmotivation auf. Gravierende negative Belege für gegenteilige Entwicklungen liegen aus dem Bereich der Deprivationsforschung vor (*Spitz* 1957, *Bowlby* 1975, *Rutter* 1978), für die der Begriff „Hospitalismus" lange Zeit bestimmend war. R. *Spitz* sprach von „Gefühlsmangelkrankheit", die einst für die hohe Sterblichkeit in den Säuglingsheimen maßgebend war. *Pechstein* (1974) konnte nachweisen, daß die „zentralnervöse Entwicklung" von Kindern, die vom 1. Lebensjahr an in Heimen der Massenpflege aufwachsen, Schaden nimmt, daß also soziale Bedingungen zu erkennbaren physischen, neuralen Beeinträchtigungen führen.

Die Qualität der interpersonalen Bezüge ist ganz offensichtlich von einer grundlegenden Bedeutung für die Entwicklung von Kindern, die eine geistige Behinderung aufweisen. Pädagogisch-therapeutisch gesehen muß das Schwergewicht der Überlegungen und Forschungen im Bereich der sozialen Interaktionen liegen, zumal im neurophysiologischen Bereich in der Regel irreparable Schädigungen vorliegen. Soziale Probleme des geistigbehinderten Menschen sind Entwicklungsprobleme unter dem Aspekt des „sozialen Lernens" (*Oerter* 1968). Sie laufen letztlich auf einen Verlust von Interaktion und Kommunikation und damit auf die soziale Isolierung hinaus. Diese Gefahr wurde lange Zeit durch die irrige, aus einer sich betont distanzierenden Gesellschaft stammende Auffassung verstärkt, der „Schwachsinnige" sei im wesentlichen „pflegebedürftig". Aus dieser verhängnisvollen historischen Belastung heraus ist am Postulat festzuhalten, daß kein Mensch nur pflegebedürftig sein kann. Jeder schaut — erkannt oder nicht — „heimlich und scheu nach einem Ja des Seindürfens aus, das ihm nur von menschlicher Person zu menschlicher Person werden kann" (*M. Buber* 1951, 44). Auch heute steht der geistigbehinderte Mensch in Gefahr, sozial an den Rand gedrückt zu werden, oder am Rande stehen zu bleiben, wie u. a. die Untersuchungen von *v. Bracken* (1976) ergeben haben. Das für den einzelnen Menschen mit einer geistigen Behinderung schwerer wiegende Defizit oder Problem ist sicherlich nicht seine neural-physische, sondern seine sozial-psychische Befindlichkeit und Situation.

Die erste und elementare interaktionale Erfahrung macht das Kind mit Mutter und Vater als den primären Bezugspersonen. Deren Zuwendung und Agieren ist in geradezu dramatischer Weise von den Gefühlen und Einstellungen bestimmt, die durch die Entdeckung der geistigen Behinderung hervorgerufen werden (*Tizard/Grad* 1962, *Vliegenthart/v. d. Dunk* 1968, *Ross* 1967, *Clemens* 1979, *Carr* 1978). Der beginnende soziale Wechselwirkungsprozeß wird durch den *Schock*, den die Eltern erleben, zunächst schwer belastet: In emotionaler Hinsicht wird die spontane affektive Zuwendung blockiert oder erschwert und damit Kommunikation verdünnt, bezieht sich doch die frühe Kommunikation im wesentlichen auf Gefühltes und Erlebtes. Eine weitere (zirkuläre) kommunikative Hemmung tritt dadurch ein, daß das Kind nicht in der erwarteten Lebendigkeit reagiert, mit der die Mutter normalerweise in ihrer Zuwendung verstärkt wird. Umgekehrt kann sich durch eine verdünnte Zuwendung für das Kind keine hinreichende Motivation zum

Kommunizieren ausbilden. Das Erlernen der Sprache wird fundamental behindert (*Michaelis* 1978, 348).

Das Ausbleiben der erwarteten kindlichen Aktivierung, das Zurückbleiben der Entwicklung, die vermeintliche totale Schwäche des Kindes können auch dazu führen, daß es übermäßig umsorgt und damit in seinem Selbständigwerden behindert wird. Es erhält dadurch weniger Gelegenheiten, in seiner Umwelt aktivierende Erfahrungen zu sammeln, mit ihr in Interaktion zu treten.

In jedem Falle wäre das geistigbehinderte Kind auf mindestens das gleiche Maß an sozial-warmer Zuwendung und Lernanregung angewiesen wie das nicht-behinderte Kind, um seine behinderten kommunikativen Fähigkeiten ausbilden zu können.

Das wichtigste Feld sozialer Interaktion ist für das geistigbehinderte Kind die „*face-to-face-Gruppe*", die Kleingruppe im Sinne einer *Primärgruppe*. Im sozialen *System der Familie* erfährt es die Grundmuster sozialen Verhaltens, wird es vertraut mit emotionalen Beziehungen, mit Abhängigkeiten und Möglichkeiten eigenen Agierens, findet es Identifikationsmuster, lernt es Normen, Werte und Regeln in permanenter Unmittelbarkeit.

Von wesentlicher sozialer Bedeutung ist über die eigene Familiengruppe hinaus das Einbezogensein in eine Gruppe mit Altersgenossen: Kleinst-Spielgruppe, Kindergartengruppe, Schulklasse. Dabei handelt es sich nicht nur um die Erweiterung seines sozialen Aktionsradius' und seines Orientierungsfeldes, sondern auch um die Möglichkeit, sich im Umgang mit anderen und deren Reaktion selbst zu erfahren und damit das eigene *Selbst* zu profilieren. Als akzeptiertem Mitglied einer Gruppe wird es ihm eher möglich, sein Selbstwertgefühl zu stabilisieren, und nach außen hin aktiv zu werden, sich mehr zuzutrauen. Gerade das geistigbehinderte Kind in der Gefährdung seines Angenommenseins braucht die Sicherheit einer Bezugsgruppe, in der seine sozialen Bedürfnisse nicht täglich auf Unverständnis und Ablehnung stoßen, sondern erwidert werden. Die spezifischen individuellen Erschwerungen der kommunikativen Verständigung machen erzieherische Hilfen notwendig.

Das Bedürfnis nach sozialer Teilhabe reicht mit fortschreitendem Alter vielfach über die täglich vertraute Gruppe hinaus in die verschiedensten Sozialbereiche hinein, die ihm im Schutze vertrauter Institutionen und Gewohnheiten zugänglich werden. Dazu kann der öffentliche Spielplatz, das Restaurant oder der Urlaubsort ebenso gehören wie die sonntägliche Kirchengemeinde. Derartige Erweiterungen der sozialen Integration sind im wesentlichen von der sozialen Toleranz und Eingliederungsbereitschaft der anderen abhängig (*Speck* 1977), aber auch von einer bereits in der Frühphase der Entwicklung beginnenden Förderung der Selbständigkeit und des Sozialverhaltens.

Das zwischenmenschlich agierende Verhalten des Geistigbehinderten ist biogen und soziogen geprägt. In der Praxis werden im allgemeinen die sozietären Bedingtheiten und Möglichkeiten unterschätzt. Man hält ein beziehungslos anmutendes Kind allzu leicht „von Natur aus", d. h. irreversibel, beeinträchtigt.

Je nach der Individualgenese fallen im aktiv-reaktiven Verhalten mehr oder weniger große Unterschiede auf. Es gibt geistigbehinderte Kinder mit einem unermüdlichen und wahllosen Gesellungsdrang und solche, die in die Isoliertheit des Für-sich-seins versunken scheinen. Entsprechend mannigfaltig sind die Gesellungsformen. Aus dem anfänglichen Nebeneinander etwa in einer Schulklasse vermag ein Miteinander zu werden, unter Umständen auch ansatzweise ein Füreinander, aber auch ein Gegeneinander. Durch vermehrtes Zusammensein und Miteinandertun läßt sich das Zueinander, das gegenseitige Sich-mögen, steigern, was für die Erziehung von großer Bedeutung ist.

Als Voraussetzung jeglichen Miteinanders verfügt der Mensch wie jeder Organismus über die Tendenz zur Anpassung an die gegebenen Lebensbedingungen. Sie vollzieht sich beim Geistigbehinderten zunächst in der elementaren Form der „Angleichung" an die soziale Umwelt, soweit seine Kommunikationsfähigkeit dies zuläßt. Die anspruchsvollere Form der „komplementären Anpassung" (*Lersch* 1965) ist ihm nur bedingt zugänglich. Sie erfordert die Abstimmung des eigenen Verhaltens im Sinne einer adäquaten Ergänzung anderen Verhaltens, also einen höheren Grad sozialer Plastizität. Das generelle Angewiesensein auf Angleichung macht die Ausgeliefertheit des geistigbehinderten Menschen an seine Mitmenschen deutlich.

Der Vorgang der Angleichung kommt im wesentlichen durch Nachahmung und Gewöhnung zustande. Dabei handelt es sich zunächst um reflektorische Wiederholungen konkret wahrgenommener Verhaltensweisen, weniger um kognitive Leistungen. Welche Verhaltensweisen nachgeahmt werden, hängt einerseits von der Häufigkeit, Realität, Anschaulichkeit und dem Imponiergrad einer wahrgenommenen Verhaltensweise ab, andererseits von bestimmten individuellen Bedürfnissen. Diese aber lassen sich nicht ausschließlich im Sinne von Bedeutsamkeiten für den eigenen Lebenszusammenhang verstehen. Am extremen Beispiel der Echolalie und Echopraxie läßt sich aufzeigen, daß auch rein echoartig Verhaltensweisen wiederholt werden, bei denen ein Sinn für den Nachahmer nicht ausgemacht werden kann, es sei denn der biogene Selbstzweck des Nachahmens selber. Man hat bei solchen Kindern den Eindruck, als ob an ihnen ein zwanghafter Mechanismus abrollt, dem sie wehrlos ausgeliefert sind. Beispiel: Ein zwölfjähriges geistig schwer behindertes, leicht spastisch gelähmtes Mädchen, ahmte, während es zu einem Zielpunkt durch die Turnhalle lief, die ausgelassenen Bewegungen einer seitlich sitzenden Mitschülerin nach, obwohl diese Bewegungen sich nicht in Einklang mit der eigenen Laufbewegung bringen und das Mädchen fast stürzen ließen: rasch aufeinanderfolgendes bzw. gleichzeitiges Händeklatschen, Bücken und Strecken, Wackeln mit dem Kopf.

Das Zusammenleben der Individuen wird von bestimmten überindividuellen Normen, Ordnungen und Institutionen getragen. Dieser als Kultur bezeichnete, vom Menschen gestaltete Wirkbereich dient der Entlastung und Sicherung der Lebensführung und setzt der instinktverarmten Natur des Menschen Maß und Grenze.

Nach *R. Linton* (1945) ist Kultur „die Gesamtheit der erlernten Verhaltensweisen und der übernommenen Einstellungen, Wertsysteme und Kenntnisse, die von den Mitgliedern einer Großgruppe geteilt ... werden" (b. *Hofstätter* 1957, 318). Teilhaben an bestimmten kulturellen Verbindlichkeiten können Geistigbehinderte zweifellos. Als Beispiel sei noch einmal *H. Hesse* zitiert, der über den ältesten Sohn der Familie Brentano schrieb, daß er „sein ganzes Leben lang wie ein stiller Hausgeist im Vaterhaus" unter seinen Familienmitgliedern lebte, „geduldig und gutmütig als Bruder und Sohn ... zu einem schweigenden Ruhe- und Mittelpunkt" wurde, „von dem Frieden und Güte ausstrahlte". Er habe seinen Sinn und Auftrag vollkommener erfüllt als seine glänzenden Geschwister. Somit war auch er wirkendes Glied dieser Kulturgemeinschaft. Er hatte darin einen stillen Platz, aber keine bedeutungslose Position. Er spielte wirklich eine „Rolle" im sozialpsychologischen Sinn. Sicherlich war seine Teilhabe an diesem kulturellen Milieu primär eine passive; zu aktiven, schöpferischen „Kulturleistungen" war er im engeren Sinn kaum fähig; aber er vermochte, sich einzugliedern in die vermittelten Ordnungen, und sein Anteil und sein Beitrag reichten aus, um auch von den anderen angenommen und eingeordnet zu werden. Der geistigbehinderte Mensch ist generell sozialisationsfähig.

Kommunikation

Unter Kommunikation wollen wir den wechselseitigen Prozeß des In-Beziehung-tretens verstehen, bei dem es über den Austausch von Informationen über Zeichen um Verständigung über Bedeutungen, Erwartungen, Intentionen, Normen etc. geht. Durch Kommunikation wird der umfassendere Prozeß der sozialen Interaktion, das wechselseitig aufeinander bezogene Handeln von Individuen ermöglicht, in Gang gesetzt und beeinflußt. Existenz ist fundamental an Kommunikation gebunden. „Man kann nicht nicht kommunizieren", lautet das bekannte Axiom *Watzlawicks* (1974), der den Begriff übergreifend versteht und Kommunikation und Verhalten gleichsetzt. Kommunikation ermöglicht Teilhabe an anderen und ist auf bessere Verständigung untereinander gerichtet. Umgekehrt führt eine Verdünnung und Komplizierung der kommunikativen Verständigung, z. B. im Falle einer sozial-kognitiven Behinderung, zu psychischen Störungen und Kümmerformen des Daseins.

Der kommunikative Austausch von Informationen, seien sie mehr emotionaler oder kognitiver Art, erfolgt über Zeichen (Symbole). Das wichtigste Zeichensystem des Menschen ist seine Sprache. Der größte Teil der interpersonalen Kommunikation aber dürfte über nichtverbale Kommunikationssysteme und -mittel ablaufen. Der Mensch tritt allein schon durch das in Beziehung zum anderen, was er ist, d. h. was er darstellt, ohne sich bewußter Akte des Redens und sozialen Agierens zu bedienen.

Kommunikation durch Sprache*

Als einziges Lebewesen besitzt der Mensch die Fähigkeit, mit Hilfe der Sprache zu kommunizieren. *Pawlow* nennt sie das „zweite Signalsystem". Es ermöglicht eine symbolische Bedeutung von Reizen. Für das menschliche Sozialverhalten spielt der sprachliche Informationsaustausch eine entscheidende Rolle. Mit eingeschlossen sind hier die begleitenden nicht-verbalen Signale.

Die Fähigkeit, Sprache zu erwerben, ist in neurophysiologischen Eigenheiten der inneren Organisation des Menschen begründet. Die Sprechfähigkeit hängt von der Ausbildung der anatomischen und physiologischen Voraussetzungen des Sprechens und des Hörens, z. T. von der allgemeinen Intelligenz und von den Lernbedingungen in der Umwelt ab, z. B. von der Art und dem Ausmaß des Kontaktes mit Erwachsenen.

Sprache läßt sich als ein System von Rollen und Prinzipien verstehen, durch das die symbolischen Repräsentationen und Bedeutungen von Dingen, Beziehungen, Ereignissen etc. in Beziehung gebracht werden. Das System der Sprache läßt sich im Anschluß an *Carroll* (1967) unter 4 linguistischen Teilsystem beschreiben. Es sind dies:
- das Phonologische, bei dem es um die Spezifizierung von Phonemen (Lauten) in Verbindung mit Wörtern oder Zeichen geht (r und l),
- das Morphologische, das sich auf die Verwendung von Wörtern und andere basale Bedeutungsformen bezieht sowie auf die Art und Weise, wie diese in einem bestimmten Kontext modifiziert werden („Ball"),

---
* In Teilen entnommen dem Aufsatz d. Verf. „Geistige Behinderung und Kommunikation", erschienen in der Zeitschr. Sonderpädagogik (8) 1978, 99—111.

- das Syntaktische, bei dem es um die Spezifizierung der Sprachmuster (Grammatik, Satzbau) geht („Der Ball rollt") und
- das Semantische, das sich auf die jeweilige Bedeutung der Zeichen (der Sprache) in einem bestimmten Kontext bezieht.

Auf Grund verschiedener Untersuchungen an geistigbehinderten Kindern und Jugendlichen wissen wir, daß sie praktisch alle in einem oder in mehreren der genannten Bereiche z. T. erhebliche Störungen und Abweichungen aufweisen (*Atzesberger* [3]1975, *Fawcus/Fawcus* 1974, *Wilken* 1979).

Eine Anmerkung sei hier in bezug auf das sprachlich-kommunikative Verhalten von *Down-Kindern* angebracht. Sie weisen bekanntlich in ihrem Entwicklungsprofil eine besonders auffallende Retardierung im sprachlichen Bereich auf. *Fawcus/Fawcus* (1974, S. 594) referieren eine Untersuchung von *Schlanger* und *Gottsleben* (1957), in deren Population geistigretardierter Heimbewohner die Gruppe der Down-Geschädigten die höchsten Quoten an Sprachstörungen aufwiesen: 95 % Artikulationsstörungen, 72 % Stimmstörungen und 45 % Stottern. In einer anderen Untersuchung (*Lyle* 1960) konnte nachgewiesen werden, daß Down-Kinder, die in Anstalten aufwachsen, für sprachliche Verzögerungen besonders anfällig sind. Diese Feststellung ist allerdings nicht unbezweifelbar (*Carr*, 26). *Carr* konnte andererseits in ihrer Längsschnittuntersuchung an Down-Kindern, die zu Hause aufwuchsen, nachweisen, daß deren „motorische" Entwicklung im Profil der „mentalen" Entwicklung am besten ausgebildet war. Bekanntlich imponieren Down-Kinder immer wieder mit ihrer relativ differenzierten Gestik. Ihre Kommunikationsleistungen sind in auditiv-vokaler Hinsicht dürftig, dagegen relativ besser auf dem visuell-motorischen Kommunikationskanal. Im ganzen gesehen verläuft ihre Sprachentwicklung deutlich verlangsamt im Vergleich zu anderen Entwicklungsbereichen. Wieweit eine planmäßige frühe Sprachförderung bei den an sich kommunikationsfreudigen Down-Kindern eine Steigerung der sprachlichen Leistungen bewirken kann, müssen Versuche in der Frühförderung zeigen.

Die Wissenschaft und die sonderpädagogische Praxis hatten sich lange Zeit im wesentlichen mit dem Sprechen und den Sprechanomalien Geistigbehinderter befaßt. Erst in den letzten Jahren ist der kommunikative Aspekt der Sprache in den Vordergrund getreten.

Bedingungen für das Funktionieren der sprachlichen Kommunikation sind nach *Eisenson* (1966, b. *Mittler* 1974):
- die Fähigkeit, Reize aufzunehmen, und zwar jeweils in der Abfolgeordnung, in der sie auftreten,
- einen Abfolgeeindruck der Information so zu behalten, daß seine Komponenten in ein Muster integriert werden können,

das Muster von innen rasch zu überblicken, um die Daten zu kategorisieren und sie mit bereits vorhandenen zu vergleichen und
- differenziert auf den aufgenommenen Eindruck einzugehen.

Man ist einigermaßen beeindruckt, wenn man gewahr wird, welch differenzierte Leistungen unser Nervensystem wie selbstverständlich in unübersehbarer Zahl ständig vollbringt. Es wird aber auch gleichzeitig deutlich, wie vielfältig die Probleme sind, die Geistigbehinderte bei der adäquaten Aufnahme und Verarbeitung einer Information haben können. Diese beginnen bereits damit, daß es an der nötigen Aufmerksamkeit fehlt, um kommunikative Reize und ihre jeweilige Anordnung genau auszumachen. Hinzu kommen Perzeptionsstörungen hinsichtlich auditiver ebenso wie visueller Eindrücke.

Es ist schwierig, die verschiedenen Defizite, die in großer Zahl die Aufnahme von sprachlicher Information erschweren, im einzelnen zu unterscheiden; dazu reicht das gegenwärtig zur Verfügung stehende diagnostische Instrumentarium nicht immer aus (*Mittler* 1974, 528). Oft wird bei geistigbehinderten Kindern ein Seh- oder ein Hörschaden oder eine hirnorganisch bedingte Perzeptionsstörung übersehen.

In *kognitiver* Hinsicht sind die für eine kompetente sprachliche Kommunikation entscheidenden *Diskriminationsleistungen* zu sehen. Das Kind muß (im Anschluß an *Premack* 1976, b. *Haring* und *Schiefelbusch* 1976, S. 271) vier wichtige Unterscheidungen erlernen und vornehmen können:
- Erfassen, daß ein Symbol (Wort) überhaupt für ein bestimmtes Objekt steht bzw. dieses repräsentiert, z. B. einen Gegenstand oder eine Handlung,
- Unterscheiden zwischen verschiedenen Gegebenheiten in der jeweiligen Umwelt, die voneinander abgehoben und durch das eigene Sprachsystem identifiziert und kategorisiert werden, zwischen Dingen und Vorgängen, zwischen Akteuren und Empfängern;
- Unterscheiden zwischen verschiedenen Sprachsymbolen; gemeint ist z. B. die feine Unterscheidung ähnlich klingender Symbole, wie „Stift" oder „Schiff", aber auch ein grober Unterschied, wie zwischen „Kuh" und „Scheren";
- Unterschiede ausmachen zwischen verschiedenen Abfolgen von Symbolen, also in der Wortfolge im Satz; es ist schließlich nicht gleichgültig, ob ich sage „Die Tür ist zu" oder „Ist die Tür zu", oder „Hans führt Mariechen" oder „Mariechen führt Hans".

Es ist einleuchtend, wie leicht Geistigbehinderte bei diesen differenzierten Diskriminationserfordernissen Schwierigkeiten bekommen und in Verwirrung geraten können, vor allem wenn ihre Umwelt zu komplex, zu unübersichtlich und allzu veränderlich ist. Ihr Kommunikationsverhalten wird deshalb im allgemeinen dürftig, sie können nicht effektiv handeln, wenn sie sprechen oder verstehen sollen. Die Folge können sekundäre sprachliche Retardierungen einerseits und Kommunikationsstörungen andererseits sein, die sich in Ängstlichkeit, Scheu, Motivationsschwäche, Aggressivität und Isolierungsbedürfnissen äußern können.

Schließlich sind dem Kind sprachliche *Generalisationsleistungen* abverlangt: Es muß den Transfer erlernen, daß alle verschiedenen Katzen eben doch Katzen sind, daß hochdeutsche und mundartliche Formen wie z. B. „spielen" und „spuin" (bayerisch) das gleiche bedeuten. Gleichzeitig muß es falsche Generalisierungen überwinden lernen: Nicht alle Männer sind „Papa", nicht alles, was Räder hat, ist „Auto", nicht jede Kopfbedeckung ist „Hut". Das Kind muß auch lernen, daß Generalisierungen nicht einfach aus oberflächlichen Merkmalen ableitbar sind: Ein Fünfmark-Stück gehört nicht zur Kategorie der „Vögel", nur weil auf einer Seite ein Adler abgebildet ist. Hier wird deutlich, daß es sich um Diskriminationsleistungen handelt.

Beim *entwicklungsmäßigen Erwerb von Sprache* sind unter kommunikativem Aspekt (im Anschluß an *Herriot*, 1970 b. *Mittler* 1974, 529) folgende Komponenten wirksam bzw. bei Geistigbehinderten weniger ausgebildet:
1. Die *hierarchische* Organisation der Sprache: Sprache ist hierarchisch organisiert und zwar in sich und innerhalb der einzelnen Fertigkeiten. So sind einige davon Voraussetzungen für die Entwicklung und für den Gebrauch anderer, z. B. sind gewisse minimale Artikulationsfähigkeiten Voraussetzungen für syntaktische und grammatikalische Fertigkeiten. Freilich gibt es gerade bei der Entwicklung Geistigbehinderter mehr oder weniger deutliche individuelle Unterschiede. Es geht zwar im allgemeinen das Sprachverständnis dem aktiven Sprechen voraus, es kann aber auch gelegentlich umgekehrt sein. Diese Hierarchie des Sprachaufbaues ist in mehrfacher Weise pädagogisch zu beachten und zwar unter Berücksichtigung individueller Sprechanomalien.
2. Der *Rückkoppelungseffekt:* Sprache wird durch Rückkoppelung gesichert. Der Sprechende ist genötigt und muß fähig sein, sein Sprechen in Relation zu seiner Sprechabsicht zu überprüfen, um es gegebenenfalls zu modifizieren. Selbst ein normalintelligenter Mensch, der plötzlich ertaubt, kommt in Schwierigkeiten, weil er sich selbst nicht mehr hört, d. h. nicht mehr rückkoppeln kann. Der Geistigbehinderte erlebt u. U., daß infolge seiner Artikulationsschwäche und seiner mangelnden Syntax oder seiner semantischen Schwäche seine Sprachleistung nicht seinem Gedanken und seinen kommunikativen Absichten entspricht. Er kann aber auch unfähig sein, seine Sprachleistung zu beurteilen. Andererseits muß er erfahren, daß er von anderen keine adäquate Rückkoppelung erhält. Er muß vielmehr oft Verständnislosigkeit, Uninteressiertheit, Verle-

genheit oder Spott hinnehmen. Derartige Ausdrucksformen kann ein intelligenter Zuhörer geschickt oder gut gemeint gegenüber dem Geistigbehinderten unterdrücken und um höfliches Interesse für ihn bemüht sein, um ihn nicht zu entmutigen. Wenn aber auf diese Weise die korrektive Rückkoppelung ausbleibt, so gehen den Geistigbehinderten wichtige Hinweise und Hilfen für eine bessere sprachliche Anpassung verloren. Problematisch ist in diesem Zusammenhang für jeden neuen Erzieher die Anfangsphase in einer Gruppe, in der er manche Kinder mit ihrer „Privatsprache" noch nicht verstehen kann.

3. Die *Automatisation*: Die beim normalen Spracherwerb nötige Automatisation bei der Abfolge der einzelnen Sprach- und Sprechelemente beruht auf einem raschen Erlernen dieser Sequenzen mit Hilfe des Kurzzeitgedächtnisses. Dieses aber ist beim Geistigbehinderten ebenso wie seine Fähigkeit, Input und Output miteinander zu verbinden, schwächer ausgebildet. Er lernt in viel langsamerem Tempo. Es bereitet ihm viel länger Mühe, die richtigen Wortfolgen sich anzueignen.

4. Die *Antizipation*: Normalerweise nimmt ein Empfänger einen Teil dessen, was der Sprechende ausdrücken will (verbal oder nichtverbal) durch kognitive Kombinationen *vorweg*. Dabei benutzt er die verschiedenen Begleiterscheinungen der Äußerung seines Gesprächspartners. Auf diese Weise ist ihm ein differenzierteres Aufnehmen möglich, gleichzeitig unterstützt dieses erkennbare Vorausverstehen die Äußerungsabsicht des Sprechenden. Hier sind Geistigbehinderte sicherlich sehr benachteiligt, da ihrem Partner diese Antizipation erschwert ist, und das gibt er auch zu verstehen. Nur lange erzieherische Erfahrung im unmittelbaren vertrauten Umgang macht sie möglich und damit eine bessere Kommunikation. Vor allem aber fällt die mangelnde Antizipationsfähigkeit des Geistigbehinderten selbst ins Gewicht. Sie ist von der generellen Intelligenz abhängig und steht ihm deshalb für das kommunikative Verstehen nur unzulänglich zur Verfügung.

Allgemeine Sprachfähigkeit und aktuale Sprechfertigkeit

Die moderne Linguistik sieht eine wesentliche Unterscheidung in den beiden Begriffen „Kompetenz" und „Performanz", die ich hier mit „Fähigkeit" und „Fertigkeit" verdeutlichen möchte. „Kompetenz" bezieht sich auf das Wissen in sprachlicher Hinsicht, welches das Kind befähigt, Sprache zu verstehen und sich Urteile zu bilden. „Performanz" dagegen beinhaltet den aktualen Gebrauch von Sprache, der aus dem Wissen hervorgeht. Diese Unterscheidung, die insbesondere von *Chomsky* entwickelt worden ist, hat für die Sprache Geistigbehinderter erhebliche Bedeutung, zumal in kommunikativer Hinsicht. Was ein geistigbehindertes Kind an Sprache tatsächlich besitzt, ist nicht völlig erfaßbar und kann auch nicht hinlänglich aus den Sprachäußerungen erschlossen werden. Auffallend ist für uns im wesentlichen seine mangelnde aktuale Sprechfertigkeit. Diese aber ist wiederum für die Ausbildung der Sprache als „Kompetenz" sehr wichtig.

Sucht man nach Gründen für die geringe Sprechfertigkeit, so muß man sicherlich zunächst die grundlegende intellektuelle Retardierung, die Schwäche des geistigen Repräsentationssystems in Betracht ziehen. Dieses aber steht in unauflöslicher Abhängigkeit von Lernbedingungen und Situationsvariablen. Entwicklungshemmend wirkt sich für den Geistigbehinderten die vielfach belastende Beziehung zu seinen Kommunikationspartnern aus. Gerade für ihn in seiner Unsicherheit ist der kommunikative Bezug, in welchem sich sein Sprechen vollziehen soll, wichtig. Umgekehrt ist es angesichts der Dürftigkeit seiner sprachlichen Äußerungen notwendig, über deren nähere Begleitumstände Bescheid zu wissen, um das Gemeinte richtig interpretieren zu können. Bekanntlich versteht ein vertrauter Erzieher seine geistigbehinderten Kinder sehr viel besser, als es ein Außenstehender für möglich hält. Andererseits ist es notwendig, Reizbedingungen zu schaffen, die geeignet sind, bestimmte Äußerungen, Verbalisierungen in bestimmten Formen, hervorzulocken. Dazu gehörten z. B. geeignete Lernmaterialien (konkrete, motivational stark ansprechbare Gegenstände), ebenso wie ein ansprechendes Gruppenklima.

Die Unterscheidung von *Sprachverständnis* und *Sprechfähigkeit* ist in der Geistigbehindertenarbeit geläufiger. So ist in den Aufnahmebedingungen unter anderem davon die Rede, daß ein Kind wenigstens über die Sprache Kontakt aufnehmen könne, also über Sprachverständnis verfügen müsse, wenn es auch nicht selbst sprechen kann. Bekanntermaßen verstehen unsere geistigbehinderten Kinder wesentlich mehr, als sie selbst sprechen können. Manche äußern sich überhaupt nicht. Die dafür maßgebenden Gründe sind organische aber auch vermutlich solche der mangelnden Sprachanregung in den ersten Lebensjahren. Das Sprachverständnis ist dagegen im wesentlichen von kognitiven Komponenten abhängig. Es geht in der kindlichen Entwicklung dem Sprechenkönnen voraus und beruht — das wird oft weniger beachtet — mehr oder weniger stark auf nonverbalen, also mimischen und gestischen Bedeutungsstützen.

Es ist für den Außenstehenden oft überraschend, wieviel ein geistigbehindertes Kind, auch ein schwerstbehindertes, „versteht". Dies ist allerdings kein Grund, die Schwierigkeiten des Sprachverständnisses dieser Kinder gering einzuschätzen. Vorsichtig sollte man mit Aussagen wie: „Es versteht alles, was man sagt" umgehen. Es ist vielmehr zu beachten, daß das Verstehen u. a. vom Gebrauch zahlreicher nicht verbaler, situativer Signale mitabhängig ist, und daß deshalb das Verstehen in gewohnter Umgebung, beim gewohnten Erzieher, besser gelingt, als wenn etwa eine fremde Person das gleiche sagte.

Nach *Friedlander* (1970, bei *Mittler*, 535) ist grundsätzlich festzustellen, daß es schwieriger ist, Gesprochenes zu verstehen, als Sprachliches zu formulieren und zwar insofern, als das Verstehen eines anderen *rekonstruktiv* erfolgt und den Hörenden zwingt, sich an das Sprechen des anderen anzupassen, es genau zu beachten. Der Sprechende dagegen ist in seinen Möglichkeiten offener und freier. Er kann u. U. drauflosreden, ohne sich um das Verstehen durch den anderen zu kümmern. Die Benachteiligung des geistigbehinderten Kindes liegt auch darin, daß es vielfach nicht über die nötigen Verhaltensweisen verfügt, um dem Sprechenden anzuzeigen, daß es etwas nicht verstanden hat. Das normale Kind erlernt üblicherweise solche Gewohnheiten mehr oder weniger von selber, vor allem dann, wenn es sie nicht häufig benutzen muß, weil es sich sonst dem Verdacht aussetzt, „schwer von Begriff zu sein". Geistigbehinderte dagegen, die vom sogenannten Nebenbei-Lernen (incidental learning) wenig profitieren können, müßten durch systematische Anleitung solche Fertigkeiten erlernen und dazu ermutigt werden, sie auch zu benützen. Freilich sollten auch sie diese nicht zu häufig gebrauchen müssen, z. B. aus dem Grund, weil sie immer wieder neuen Situationen ausgesetzt werden. Auch sie können es leid werden, immer wieder die Rolle des Nichtverstehenden zu spielen.

Es wurde bereits ausgeführt, daß das Sprachverständnis durch verschiedene nichtverbale Bedeutungsstützen erleichtert wird. Es ist für unsere Kinder schwieriger, Gesprochenes ohne situativen Kontext zu verstehen, etwa die reine Sprechstimme vom Tonband her. Eine kommunikativ orientierte Sprachbildung wird deshalb darauf Wert legen, daß das Kind mit einer ausreichenden Zahl nichtverbaler Bedeutungsstützen (bestimmten Gesten, Zäsuren, Augen-Kontakt und anderen redundanten Begleitinformationen) vertraut gemacht wird. Ähnlich wie bei den gehörlosen Kindern sollte die sprachliche Kommunikation soweit als nötig auch durch Gebärden unterstützt werden. Die Verwendung von Lautmerkzeichen beim Sprechen- und Lesenlernen ist durchaus sinnvoll (*Minski/Shepperd* 1970, 95).

Nonverbale Kommunikation

Der größte Teil unseres kommunikativen Verhaltens verläuft nichtverbal. Nach einer Untersuchung von *Mehrebian* (1968, b. *Heinemann* 1976, 39) wurden innerhalb eines Kommunikationsabschnittes insgesamt 7 % der beobachteten Mitteilungen verbal, 38 % vokal und 55 % durch den Gesichtsausdruck übermittelt. Auch im Bereich der Erziehung spielt sich viel mehr Kommunikation nonverbal ab, als man oft

meint. Die Kommunikationswissenschaft unterscheidet sechs verschiedene Kommunikationskanäle,
- den auditiven,
- den visuellen,
- den taktilen,
- den olfaktorischen (Geruchssinn) und
- den thermalen.

Wir wollen auf die ersten drei näher eingehen, da sie für unsere Überlegungen im Vordergrund stehen.

Mit dem *auditiven Kanal* wird in erster Linie die gesprochene Sprache wahrgenommen. In nonverbaler Hinsicht sind für uns die *Stimmqualität* und die *Sprechweise* wichtig. Es handelt sich um Qualitäten, die bestimmten Persönlichkeitsmerkmalen zugeordnet werden können. Das Kind, auch das geistigbehinderte, ist in der Lage, aus der lauten, durchdringenden, schrillen Stimme auf persönliche Dominanz oder aus der warmen, weichen Stimme auf Freundlichkeit des Lehrers zu schließen. Ebenso werden durch die Sprechweise (die Varianz der Stimmhöhe, der Geschwindigkeit und der Kontinuität) Emotionen ausgedrückt, so etwa Unsicherheit, Angst u. a. Emotionen und Stimmungen; aber auch Einstellungen wie Zuneigung oder Ablehnung, Hohn und Spott, können mitklingen, vielfach unentdeckt vom Sprecher.

Der *visuelle* Kommunikationskanal wird eigentlich permanent benutzt. Er läßt sich in fünf Bereiche aufgliedern:
- Gesichtsausdruck (Mimik), durch welchen Einstellungen ausgedrückt, Kommentare, Illustrationen und Modifikationen des Gesprochenen mitgeliefert werden, und der eine kontinuierliche Rückkopplung für den Gesprächspartner ermöglicht;
- der Blickaustausch, der einen spezifischen Bezug zur Intensität, Intimität und Affektivität der Beziehungen hat,
- die Gestik und Körperbewegung, vor allem Hand- und Kopfbewegungen, die das Gesprochene kommentieren wie auch Affektzustände ausdrücken können,
- die interpersonale (räumliche) Distanz und
- die äußere Erscheinung (Körperformen, Kosmetik, Haar etc.) (*Argyle* 1972).

Im *taktilen* Kommunikationskanal werden Körperberührungen wahrgenommen. Ihre besondere Bedeutung ist u. a. in der kompensatorischen Unterweisung gehörloser und blinder Kinder bekannt. Es lassen sich im Anschluß an *Argyle* unterscheiden:
- das Berühren als Ritual, z. B. beim Begrüßen,
- das Streicheln, Liebkosen oder Festhalten als Ausdruck von Emotionen,
- das Schlagen, Zwicken, Kneifen oder Beißen als aggressive Akte,

- das umfangende Festhalten, etwa als Ausdruck von Angst oder von Zuneigungsbedürfnissen,
- das motorisch unterstützende Berühren, z. B. das Mitführen der Hand beim Schreiben.

Man könnte auch das Berühren als Aufmerksammachen hinzufügen.

Ganz allgemein läßt sich sagen, daß die nichtverbale Kommunikation eine besondere Bedeutung für den emotionalen Bereich der Sozialisation hat. Sie vollzieht sich weithin unbewußt und vermittelt vornehmlich die Gefühlsqualitäten der interpersonalen Beziehungen. Ihre Bedeutung für die Erziehung ist evident. Sie wird spürbar z. B., wenn ein Erzieher — wie es heißt — „rasch Kontakt mit den Kindern bekommt" oder ohne viel zu reden, eine Gruppe pädagogisch angemessen steuern und beleben kann, während andere sich vergeblich abmühen, die Reserviertheit, Unbeteiligtheit oder Ablehnung ihrer Kinder zu überwinden. Da der Erzieher im einzelnen seine nichtverbalen Kommunikationsweisen nur ungenügend selbst kennt, wäre es für ihn zu empfehlen, sich gelegentlich über Video-Recorder zu beobachten und zu kontrollieren. Auch das sogenannte Team-Teaching kann hier gute Dienste leisten. Andererseits braucht auch das geistigbehinderte Kind Hilfen, um das nichtverbale Verhalten anderer adäquat zu interpretieren, z. B. über Bilder oder Rollenspiele.

Autistische Kommunikationssperren

Die wohl augenfälligste Kommunikationsstörung bei geistigbehinderten Kindern ist das Autismus-Syndrom. Autistische Kinder sind „noncommunicating children" (*Minski* und *Sheppard*, 1970), Kinder, die keinen oder keinen adäquaten Zugang zur Realität finden und an Kommunikation mit anderen, selbst mit ihren Eltern, nicht interessiert bzw. blockiert erscheinen. Sie sind nicht bereit oder in der Lage, Sprache als Kommunikationsmittel zu verwenden, selbst wenn sie sprechen können. Sie fallen vielmehr dadurch auf, daß sie ihr Sprechen ziellos, nicht-kommunikativ verwenden, so etwa mit einzelnen Wörtern oder Sätzen sinnlos manipulieren (sprachliche Stereotypien, Echolalien). Typisch ist u. a. das deutlich zu beobachtende Vermeiden des Blickkontaktes. Autistische Kinder haben Schwierigkeiten, bei der minimalen Verwendung von Sprache die richtige Reihenfolge einzuhalten und die verschiedenen Bedeutungsgehalte einzelner Wörter zu unterscheiden, so daß es häufig zu Verwechslungen kommt, z. B. von „Schuh" und „Bürste", zwei semantisch benachbarten Bezeichnungen.

Auch im Sprachverständnis sind Probleme zu beobachten, die bereits damit beginnen, daß diese Kinder kaum Aufmerksamkeit für Gesprochenes zeigen, dieses ignorieren, selbst ihren Namen. Sie scheinen Sprache nicht als Vehikel von Bedeutung zu erkennen (*L. Wing* 1973, 24), reagieren auch auf Warnungen und Schelten nicht. Ihre kommunikativen Störungen beziehen sich auch auf das adäquate Verstehen von nonverbalen Äußerungen, so etwa von Gesten und Körperbewegungen. Selbst der traurige Gesichtsausdruck der Mutter „läßt sie kalt".

Man geht heute vielfach davon aus, daß dem Autismus, der bekanntlich nicht immer mit einer geistigen Behinderung einhergehen muß, eine elementare endogene komplexe Wahrnehmungsstörung zu Grunde liegt. Diese Kinder sind offensichtlich deshalb in ihrer Kommunikation blokkiert, weil sie ihren Kommunikationspartner als solchen gar nicht entsprechend wahrnehmen können. Bezeichnenderweise steigern sich ihre Schwierigkeiten, wenn sich ihre Umgebung ändert, oder wenn diese zu komplex und damit für die sensorische Aufnahme und Verarbeitung zu kompliziert wird.

Es wird pädagogisch u. a. darauf ankommen, daß ihre Umwelt relativ übersichtlich, vertraut und strukturiert gestaltet wird einschließlich der Förderungsprogramme, daß situative Komplikationen vermieden werden, daß sie möglichst frühzeitig zum Sprechen ermutigt werden und auch mit anderen Kindern — die nicht autistisch sind — in motivierenden Kontakt treten können. Ein autistisches Kind zum Reden zu bringen, ist eine sehr schwierige Aufgabe. Die Prognose für die spätere Entwicklung ist um so günstiger, je mehr das Kind in den ersten vier bis fünf Jahren zu sprechen gelernt hat (Möglichkeiten der Verhaltenstherapie).

Erziehung und Kommunikation

Das Verhältnis von Erziehung und Kommunikation ist einerseits so zu sehen, daß Erziehung einen kommunikativen Prozeß darstellt; andererseits hat Erziehung die Aufgabe, kommunikative Fähigkeiten zu vermitteln. Die erzieherische Arbeit wird demnach dann erfolgreich sein, wenn sie sich an den Gesetzmäßigkeiten kommunikativer Prozesse orientiert, und wenn sie zu einer höchstmöglichen kommunikativen Verständigung führt. Dabei geht es um die Bereicherung des gemeinsamen Besitzes und Verfügenkönnens von Zeichen für Begriffe und identische Bedeutungen und damit um die Erschließung von Sinnverständnis für die gemeinsame Realität mit ihren Gegenständen, Beziehungen, Ereignissen, Problemen, Normen und Werten.

Der geistigbehinderte Mensch befindet sich in einer spezifischen Angewiesenheit auf kommunikative Hilfe und Stütze. Er hat Schwierigkeiten, das zu verstehen, was ihn umgibt, und zwar vielfach deshalb, weil wir Nicht-Geistigbehinderten Schwierigkeiten haben, ihn zu verstehen. Weil er der schwächere Kommunikationspartner ist, liegt seine existentielle Gefährdung darin, daß er sich entweder aus jeglichem Kontakt zurückzieht, in einen kommunikativen Negativismus verfällt, dessen äußersten Ausdruck man in der Autoaggression sehen könnte, oder daß er in seinen Verhaltensproblemen in einer Mischung von Angst, Unruhe und Aggression verhaftet bleibt; in Verkennung dieser Prozesse ist dann allzu leicht die Rede davon, Geistigbehinderte seien nicht kommunikationsfähig.

Erziehung als Kommunikationsprozeß bedeutet beim Geistigbehinderten im besonderen auch, daß alles, was um ihn und mit ihm durch andere geschieht, in seiner interaktionalen Wertigkeit gesehen wird. Es ist nicht gleichgültig, ob mit ihm und was über ihn gesprochen wird, ob und wie man sich ihm zuwendet, ob und wie man sich daran macht, ihn zu verstehen, ob man meint, ihn lediglich als unbelehrbares und lernunfähiges Objekt versorgen und manipulieren zu können, oder ob er als Interaktionspartner trotz aller Kommunikationsschwierigkeiten ernst genommen und geachtet wird, und in welchem emotionalen Klima sich die gegenseitige Annäherung, Teilhabe und Wertung abspielen.

Er kann die Äußerungen anderer über Sachen und innere Vorgänge nur so weit entschlüsseln und erkennen, als ihm die dahinterstehenden Inhalte durch Erfahrung bekannt sind. Je gegliederter und differenzierter die eigene Erfahrung ist, um so klarer und reicher wird die Verständigung mit anderen. Anleitung und Hilfe zu geben bei der Gestaltgliederung des eigenen Erlebens, und damit die Begriffsbildung zu fördern, stellt sich so gesehen als eine zentrale Aufgabe der Erziehung neben der gleichzeitig erforderlichen Sprachbildung in operationaler Hinsicht. Ihre Bedeutung liegt u. a. darin, daß „der Mensch mit der Verfügbarkeit des Wortes im Ansprechen der Welt und ihrer Erscheinungen in gewissem Sinne die Verfügungsmacht über die Dinge erhält, sie in den Griff bekommt" (*Lersch* 1965, 58).

Der Erziehung obliegt es weiterhin, für gleiche Bedeutsamkeiten und Wertigkeiten semantischer Äußerungen und Zeichen zu sorgen. Infolge der ungeheuren Differenziertheit, Nuanciertheit und Vieldeutigkeit der Äußerungsformen unseres hochkultivierten Lebens besteht für den in einschichtigen Strukturen denkenden Geistigbehinderten die Gefahr des Mißverstehens und des Nicht-verstehens. Er muß die Zuordnung von Zeichen und Bedeutungsinhalt je und je durch Anleitung erlernen. Das gemeinsame Bezugssystem für die sprachliche Verständigung läßt sich nur auf dem Boden des gemeinsamen Erfahrungszusammenhanges gewinnen. Die Verständigung gelingt demnach am besten innerhalb des gewohnten, vertrauten Lebensbereiches. Das trifft insbesondere für die

Primärgruppe der Familie zu, aber auch für die Schulklasse oder die Arbeitsplatzgruppe. Das jeweils nötige Umlernen und Dazulernen von Zeichen und dazugehörigen Bedeutungsinhalten erfordert viel Mühe und konkret bezogene Anleitung, da dem Geistigbehinderten hinsichtlich der Übertragung von Lerninhalten enge Grenzen gesetzt sind.

Unüberwindbar wird die Verständnislosigkeit, wenn die Äußerungen des anderen Erfahrungsinhalte meinen, die dem eigenen Erleben stets unzugänglich sind und bleiben werden, weil er sich in die Andersartigkeit des Erlebens anderer Personen nicht einfühlen kann. Dazu müßte er sich von den gewohnten eigenen Erlebnismustern ablösen können, müßte er über die Fähigkeit verfügen, „sich auch in andere Erlebnisse als die im eigenen Erleben schon realisierten einzufühlen" (*Lersch* ibid., 70).

Während das Erlernen des Verstehens semantischer Äußerungen im wesentlichen rationales Vermögen erfordert, verläuft das Verstehen spontanen Ausdrucksverhaltens weitgehend subrational. Zustände der Freude oder der Traurigkeit, die sich in körperlichen Phänomenen äußern, sind offenbar auch dem Geistigbehinderten unmittelbar, d. h. „von Natur aus" verständlich. Sie werden nicht eigentlich erkannt oder erschlossen, sondern gemerkt, gespürt, gefühlt. So kommt es, daß das Kleinkind wie auch der Geistigbehinderte, ohne daß sie über die Wortbedeutungen der Sprache verfügen, bestimmte Ausdrucksformen der Erwachsenen adäquat beantworten können. Als Beispiel sei ein taubblindes hydrocephales Mädchen genannt, das auf das zärtliche Streicheln seiner Betreuerin deutlich erkennbar freundlich reagiert.

Das Ausdrucksverhalten Geistigbehinderter wiederum gibt vielfach Anlaß zu Fehldeutungen durch den Nicht-behinderten. Einerseits ist es beiden nie möglich, sich ganz in das Anderssein einzufühlen, andererseits gelingt dem Geistigbehinderten vielfach der adäquate Ausdruck für einen bestimmten inneren Zustand nicht. Furcht oder Abneigung gegenüber einer bestimmten Person kann zu einer solchen Verwirrung führen, daß sich das Kind gerade dieser Person in die Arme wirft. Daß somatisch entstellte Gesichtszüge insbesondere bei hirngelähmten Kindern den Ausdruck verformen und das Verstehen blockieren können, sei abschließend bemerkt.

Eine umfassende monographische Untersuchung zur Kommunikation geistigbehinderter Schüler unter primär didaktischem Aspekt legte *Klöpfer* (1978) vor. Im Unterschied zu den meisten Forschungsarbeiten, die jeweils Kommunikationsweisen des einzelnen geistigbehinderten Kindes zum Gegenstand haben, wurde hier die Kommunikationssituation in der Gruppe (Schulklasse) beobachtet. Dabei fiel u. a. in der Unterstufe deutlich auf, wie wenig die Schüler kommunizieren, und wie gering die kommunikative Kompetenz noch für den Jugendlichen der Werkstufe einzuschätzen ist, wie sehr aber auch das Erlernen kommunikativen Verhaltens vom didaktischen Ansatz abhängig ist (S. 297). Es konnte gleichzeitig auch die hohe Bedeutung non-verbaler Kommunikation für den Unterricht bei geistigbehinderten Schülern bestätigt werden (S. 379). Was die Art der kommunikativen Beziehungen betrifft, so ergab sich ein Vorherrschen komplementärer Beziehungen zum dominanten Lehrer auf Kosten mehr symmetrischer Kommunikationsweisen, was *Klöpfer* wohl zurecht darauf zurückführt, daß die Kinder bei Schulbeginn noch nicht genügend Gelegenheit hatten, derart reversibles kommunikatives Verhalten zu erlernen. Die Bedeutung entsprechender Unterrichtsformen zur Ausbildung kommunikativer Kompetenz liegt auf der Hand.

Rollenverhalten und Identität

Der Prozeß der Eingliederung vollzieht sich über das soziale „Rollenspiel". Welche Rolle einer spielt, hängt wesentlich ab von der Position oder dem Status, den er in einer Gruppe einnimmt, und von den Rollenerwartungen, die von den anderen an ihn gerichtet werden. Auch der Geistigbehinderte ist in der Lage, sich rollenkonform zu verhalten, sich bestimmten Rollenerwartungen zu fügen und Rollen zu übernehmen. Wie situationsspezifisch und variabel er unter Umständen Rollen zu spielen vermag, geht etwa aus der häufig zu beobachtenden Rollenverschiedenheit hervor, bei der sich die Schulrolle deutlich unterscheiden kann von der Familienrolle. Eltern, die am Unterricht ihrer Kinder regelmäßig teilnehmen, berichten immer wieder ganz überrascht, wie anders sich ihr Kind in der Schule verhalte.

Wir können hierin einen Beleg für die „Ich-Identität" (*E. Erikson*) des Geistigbehinderten sehen. Wir sind auf Grund von Beobachtungen der Auffassung, daß auch er sich selbst abzuheben vermag von dem Geschehen und den Einflüssen um ihn herum. Daß sein Verhalten quasi mechanisch sozialisierbar erscheint, sollte nicht zu dem voreiligen Schluß verleiten, er vermöge nicht seine Rolle und den von den anderen ihm zudiktierten Status als solchen, d. h. in Abgehobenheit von seinem Ich zu erleben. Was wissen wir schon von dem, was in der Seele dieser Menschen eigentlich vor sich geht! Wir können jedenfalls immer wieder auch eine gewisse Resistenz gegenüber bestimmten Rollenerwartungen beobachten, und vermuten können wir, daß die ebenfalls zu beobachtende Schwäche der „sozialen Resistenz", seine „Ich-Schwäche" (*Busemann* 1959, 482) im Grunde — oder auch — eine Machtlosigkeit des Ichs darstellt und Ausdruck der Wehrlosigkeit und des Gefesseltseins ist.

Die bei Geistigbehinderten eindeutig zu beobachtenden, sogar schweren neurotischen Symptome (*Lempp* 1964) könnten nicht anders erklärt werden als durch die Annahme eines — sicherlich mehr unbewußt und diffus — wirkenden Ichs. Nach *Dreitzel* (1968) ist die Ich-Identität die notwendige Basis jedes Rollenverhaltens. Sie leiste die „vorgängige Vermittlung zwischen Individuum und Gesellschaft, die es dem Menschen ermöglicht, sich mit seinen gesellschaftlichen Rollen zu identifizieren, ... ja selbst unter ihnen zu leiden" (124). Ein solches Leiden-können an den eigenen, zu spielenden Rollen, am eigenen Dasein, kann dem Geistigbehinderten nicht einfach abgesprochen werden. Freilich ist es auch schwer, es zwingend nachzuweisen.

Alles Rollenverhalten wird gelernt, erfordert also ein bestimmtes Lernmilieu. Es bildet sich zunächst vor allem am Spiel des Kindes, und zwar bei geistigbehinderten im besonderen ohne ein Bewußtwerden der Rollenhaftigkeit des Verhaltens. Es werden aber auch Rollen aus bewußter Furcht vor Sanktionen, vor Strafe übernommen. Das Erlernen einer Rolle, z. B. des freundlich unauffälligen Kindes im Verkehr mit anderen, des vorsichtigen Verkehrsteilnehmers, des hilfsbereiten Mitschülers, wird von der Konkretheit der Rollenerwartungen wesentlich abhängen. Diese müssen gerade dem geistigbehinderten Kinde so klar erkennbar sein, daß es genau weiß, was es tun darf, und was es zu lassen hat. Vage oder verschwommen dargestellte und formulierte Normen können das Kind ebenso überfordern wie ein engmaschiges Netz von Normen. Die Rollenorientierung wird beim Geistigbehinderten im besonderen beeinträchtigt durch die Enge und Einschichtigkeit seines Wahrnehmungsfeldes.

Die Entwicklung des Rollenverhaltens wird nach *Dreitzel* (1968) von der Entwicklung der *Ich-Identität* einerseits und der *Affektkontrolle* andererseits determiniert. Die *Identitätsbildung* wird fundiert durch den Vorgang der Triebregulierung, den man auch als primäre Sozialisationsphase bezeichnen kann. Auf dem Wege der Erziehung zum Triebverzicht erlernt das Kind Ego und Alter unterscheiden. Zusammen mit einer maßvollen Triebbefriedigung strukturiert sich allmählich ein Bedürfnisfeld, das von den Rollenerwartungen der Bezugsperson begrenzt und mitbestimmt wird. Die weitere Entwicklung führt zur Identifikation mit diesen und durch diese zur „Internalisierung allgemeiner kultureller Normen und Werte" (*Dreitzel* ibid., 258). Die auf diese Weise erworbenen Rollenidentifikationen behält der Geistigbehinderte i. a. sein Leben lang bei. Wir beobachten an ihm keine „normative Krise" im Sinne der Ablösung eigener Normierungen von den bisherigen Identifikationspersonen.

Als zweite Determinante des Rollenspiels nannten wir die *Affektkontrolle*. Alles Rollenverhalten hängt einerseits von einem gewissen Gehalt an Affektivität ab; das Kind muß sich von seiner Rolle angesprochen und angeregt fühlen. Andererseits bedarf es der Affektbindung. Im Sinne eines Gleichgewichts im Rollenhaushalt muß dafür gesorgt sein, daß ein ausgewogenes Verhältnis besteht zwischen normierten und affektbindenden Rollen, die als Erwartungen von der Gruppe an das Kind herangetragen werden, einerseits, und person- oder affektfreimachenden Rollen, die dem Kind unmittelbare Bedürfnisbefriedigung bedeuten, andererseits. So muß beispielsweise ein 18jähriger Geistigbehinderter auch noch mit kleinen Autos spielen dürfen. Infolge der unaufhebbaren Gebundenheit an die Identifikationspersonen wird die Affektkontrolle im wesentlichen von diesen Bezugspersonen ausgeübt werden müssen. Es besteht heute angesichts der ungeheuren Vervielfältigung und Differenzierung der sozialen Rollen und damit der gesteigerten gesellschaftlichen Anforderungen an den einzelnen die Gefahr, daß dem Geistigbehinderten zu viele und zu schwierige Rollen auferlegt werden. Wenn es Zeiten gegeben hat, in denen es kein öffentliches Problem der geistigen Behinderung gegeben hat, so hat dies sicherlich seinen Grund auch in der Tatsache, daß die damaligen Lebensbedingungen in gewisser Hinsicht, z. B. auf dem Dorfe, für diesen Personenkreis angemessener, d. h. weniger anspruchsvoll waren. Der Grad der Abweichung vom „Normalverhalten" wurde offenbar nicht als so gravierend empfunden.

Entwicklung der Persönlichkeit

Es liegt bisher relativ wenig gesichertes Wissen über die Besonderheiten der Persönlichkeitsentwicklung bei geistiger Behinderung vor (*Hutt/Gibby* 1976, 125). Grundsätzlich lassen sich die allgemeinen persönlichkeitspsychologischen Einsichten auch auf den geistigbehinderten Menschen anwenden, individuell aber sind spezifische Abweichungen, Erschwerungen und Eigenheiten zu beoabachten. Sie ergeben sich insbesondere aus der starken Abhängigkeit und den damit verbundenen Beanspruchungen von außen. Sie führen beim einzelnen zu der — wenn auch diffusen — Einsicht und Erfahrung, daß er in mancher Beziehung anders ist als die anderen: Daß er langsamer versteht und lernt, daß man mehr bemitleidet und distanziert und weniger verstärkt (belohnt) wird. Derartige Erfahrungen macht das geistigbehinderte Kind u. a. schon in seiner Familie, wenn es Geschwister hat, mögen die Vergleiche vor dem Kind ausgesprochen werden oder nicht. Mögen die Eltern sich auch bemühen, es so zu akzeptieren, wie es ist, es spürt doch auch immer wieder, daß es auch zurückgesetzt wird.

Diese und ähnliche Erfahrungen des einzelnen geistigbehinderten Menschen mit seiner Umwelt bestimmen das individuelle Verhalten stärker als der intellektuelle Status. Die vorliegenden Untersuchungsergebnisse zeigen übereinstimmend, daß für die Sozialisation Persönlichkeitsfaktoren (emotionale und motivationale Faktoren) offensichtlich einen stärkeren Einfluß haben als das, was man als Intelligenz mißt (siehe *Zigler* 1975, 381). Die Sozialisationsprobleme sind demnach eher Persönlichkeitsprobleme als solche einer niedrigeren kognitiven Kapazität. Dies geht u. a. aus der Tatsache hervor, daß emotionale Störungen bei Geistigbehinderten wesentlich häufiger auftreten als bei normalen Kindern. Die geschätzten Anteile reichen, wie *Robinson/Robinson* 1976 berichten, von 100 % bis 25 %. Die Isle of Wight-Studie (*Rutter/Tizard/Whitmore* 1970) hatte bei 30,4 % (nach dem Urteil der Eltern) bzw. bei 41,8 % (nach dem Urteil der Lehrer) der geistig retardierten Kinder psychiatrische Störungen ermittelt.

Es ist sicherlich letztlich unmöglich, soziale und kognitive Determinanzen auseinanderzuhalten. Es kann aber auch kein Zweifel bestehen, daß gerade unter pädagogischem Aspekt die Abklärung der emotionalen und motivationalen Faktoren und ihre soziale Beeinflussung von mindestens ebenso großer Bedeutung sind wie die der kognitiven Funktionen. Dies bedeutet, daß der geistigbehinderte Mensch primär als ganze Person zu sehen ist (vgl. *Hutt/Gibby* 1976, 126 ff. u. *Zigler* 1975), nicht aber als eine aufteilbare Summe von Einzelfunktionen, und daß beispielsweise bei jeglicher Testung einer Einzelfunktion immer die ganze Persönlichkeit mitbeteiligt ist. Einzelaussagen werden demnach erst dann psychologisch-pädagogisch relevant, wenn die Gesamtperson miteinbezogen wird. Die intellektuelle Retardierung kann daher auch nicht für das Ganze der Persönlichkeit gelten. Geistigbehinderte Menschen können auch noch wertvolle Begabungen aufweisen. Sie sind letztlich als Personen ebenso verschieden wie nicht-geistigbehinderte auch. „Die Persönlichkeit *des* Geistigbehinderten" wäre demnach ein Mythos.

Psychodynamischer Entwicklungsansatz

Die Entwicklung der Persönlichkeit, des Charakters beim geistigbehinderten Kind ist grundsätzlich von den gleichen bio-sozialen Faktoren abhängig wie jegliche menschliche Entwicklung. Nach *Allport* (1961) ist Persönlichkeit „die dynamische Organisation derjenigen psychophysischen Systeme im Individuum, die sein charakteristisches Verhalten und Denken bestimmen" (b. *Hutt/Gibby*, S. 129). Von maßgebendem Einfluß sind alle psycho-physischen Reifungsprozesse in Interaktion mit den gegebenen psycho-physischen Einwirkungen von außen. Die frühe Phase der ersten Lebensjahre ist dabei von besonderer Bedeutung. *Hutt und Gibby* (1976), die eine psychodynamische Entwicklungstheorie im Anschluß an *Freud* zugrundelegen, zeigen die außergewöhnlichen Komplikationen und Probleme auf, die ein geistigbehindertes Kind erlebt, mit denen es aufgrund seiner Schädigung weitaus weniger fertig werden kann wie ein normales Kind. Besonders die Mutter-Kind-Beziehung kann empfindlich gestört werden. Geistigbehinderte Kinder brauchten eigentlich mindestens die gleiche warme Zuwendung wie andere Kinder und mehr Zeit und Hilfe, sich auf ihre soziale Umwelt und ihre Anforderungen einzustellen, seien diese auch ganz simple Anpassungsleistungen. Andernfalls bilden sich hemmende initiale Tendenzen aus, z. B. sich wegen fortgesetzter Frustrationen zurückzuziehen, und sich auf einem primitiven Entwicklungsplateau festzuklammern, Anforderungen auszuweichen, passiv zu werden, soziale Kontakte zu meiden. Dabei werden sicherlich auch ererbte Dispositionen eine allgemein mitbestimmende Rolle spielen, z. B. das individuelle Tempo. Entscheidend dürften in diesem interaktionalen Prozeß vor allem die Erfolge oder Mißerfolge sein, die das Kind bei der Bewältigung seiner Probleme erfährt. Generell führt der frühzeitige Ausfall von Verstärkungen zu einer Belastung des gesamten Sozialisationsprozesses.

Hutt und Gibby (1976) arbeiten aus ihrer psychodynamischen Sicht heraus vor allem die persönlichkeitsbestimmende Rolle der *Angst* bei geistigbehinderten Kindern heraus, die sich als Folge fortgesetzter Konflikte einstellt und verfestigt. Es sei anzunehmen, daß sie im allgemeinen mehr dazu neigen, intensive Ängste zu entwickeln, wenn diese auch nicht immer deutlich erkennbar seien. Sie sind jedoch aus gewissen typischen Verhaltensweisen zu schließen, die man gerade bei diesen Kindern vorfinden kann: aus einer auffallenden Einbuße an Aufmerksamkeit und Interesse für kognitives Geschehen, aus geringem Interesse für viele Formen der sozialen Interaktion, aus dem schwindenen Gebrauch intellektueller Fähigkeiten für abstraktes Denken und Kreativität, aus der abnehmenden Bereitschaft, verbale Mittel zur interpersonalen Kommunikation zu verwenden, aber auch aus dem häufigen Gebrauch motorischer Fertigkeiten und einer mehr passiv-oppositionellen Orientierung an der Welt (a. a. O., S. 173).

Im Gegensatz zu normalen Kindern, die sich auch aktiv (kämpfend) mit einem Konflikt auseinandersetzen können, neigen geistigbehinderte Kinder mehr dazu, mit defensiven Mechanismen zu reagieren. Der Konflikt wird dadurch nicht gelöst, sondern nur gemildert. Die *Defensivität* äußert sich u. a. darin, daß Bedürfnisse (Wünsche) unterdrückt, jedenfalls nicht direkt oder der Situation angemessen zum Ausdruck gebracht werden. Wenn defensive Mechanismen gebraucht werden, so fallen sie vielfach eher primitiv und als Sofort- oder Kurzschlußreaktionen aus. Sie gleichen den Reaktionen eines wesentlich jüngeren Kindes, werden aber von den anderen nicht so toleriert, wie dies etwa bei einem normalen Kind in den ersten Lebensjahren der Fall ist. Weiterhin fällt die minimale *Variabilität* des Defensivverhaltens auf, seine Rigidität, die geringe Angepaßtheit an die jeweilige Situation. Derartiges Defensivverhalten erweist sich letztlich als nicht erfolgreich. Es verfestigen sich deshalb Neigungen zur Regression, zur Verneinung, zur Unterdrückung, zur Isolation, zum Rückzug von der Welt. Die Orientierung wird zunehmend von Vermeidungstendenzen bestimmt. Ein weiteres Ergebnis der eigenen Unsicherheit und der Erfahrung der Inadäquatheit des eigenen Verhaltens ist die stärkere Identifikation mit anderen. Es besteht kein Zweifel, daß geistigbehinderte Menschen aus diesen Gründen, d. h. als Folge ihres Angewiesenseins auf Defensivreaktionen, stärker dazu tendieren, von außen gesteuert zu werden (outer-directed) als von inneren Werten oder eigenen Motivationen (*Hutt/Gibby*, a. a. O., S. 185).

Daß sich die dominante Angst auf das *Lernen* hemmend auswirkt, liegt auf der Hand: Beobachten lassen sich eine herabgesetzte Fähigkeit zu Konzentration und zur Diskrimination in der Wahrnehmung. Weil sie außerdem wesentlich mehr Zeit und Übung brauchen, verzögert sich bereits der Beginn von Lernprozessen. Auf diese Weise wird das Kind letztlich daran gehindert, das Lernen zu erlernen. Durch den Ausfall dieser grundlegenden Erfahrungen differenziert sich das Zentralnervensystem weniger aus. Es bilden sich keine neuen *Schemata (Piaget)* oder „*funktionalen Hirnsysteme*" (Leontjew) aus, so daß auch für eine Weiterentwicklung nicht die nötige neurale Voraussetzung vorhanden ist. Das betrifft vor allem die frühe Entwicklungsphase.

Wieweit und in welcher Weise durch all diese Vermeidungs-, Mißerfolgs- und Ausfallprozesse das Selbstkonzept des einzelnen Menschen verändert und beeinträchtigt wird, ist kaum von außen her zu beurteilen. Es konnte jedenfalls allgemein ermittelt werden, daß, je niedriger der kognitive Entwicklungsstand des Kindes ist, desto geringer seine Akzeptanz durch andere und desto niedriger die Stufe seines Selbstkonzeptes, das sich etwa in einem niedrigeren Anspruchsniveau niederschlägt (*Hutt/Gibby*, a. a. O., S. 222).

Lewins dynamische Persönlichkeitstheorie

Älteren Datums ist die „dynamische Theorie des Schwachsinnigen, wie sie *K. Lewin* aus gestaltpsychologischer Sicht bereits 1933 (deutsch 1967) vorgelegt hatte. Sie ist auch als „*Rigiditätstheorie*" bekannt geworden und vor allem von *Zigler* als *Defizit-Theorie* kritisiert worden. Es bleibt aber fraglich, ob diese Kritik, die auf die Ätiologie abgestellt ist, *Lewins* deskriptiven Ansatz wirklich trifft. Von einem ätiologisch offenen Aspekt her gesehen hat seine „dynamische" Persönlichkeitstheorie nach wie vor heuristische Gültigkeit.

Lewin geht von der Grundannahme einer geringeren Differenziertheit und einer „geringeren dynamischen Verschiebbarkeit der seelischen Systeme" des Schwachsinnigen aus. Daraus lassen sich wesentliche Eigentümlichkeiten des Schwachsinnigen ableiten, so seine auffallende *Starrheit*, mit der er an einer bestimmten Gewohnheit oder an einem einmal gewählten Ziel festhält. Aus der „Schwerbeweglichkeit der seelischen Systeme" und ihrer „dynamischen Sprödigkeit" folgt auch die „Entweder-Oder-Struktur": Die entstehenden Systemganzheiten weisen keine oder nur grobe Differenziertheit auf; Teilsysteme werden entweder gar nicht unterschieden oder bleiben vollständig getrennt. Es bestehen demnach keine oder nur schwache dynamische Beziehungen (Spannungen) innerhalb der Systeme. „Der Schwachsinnige ist in höherem Grade als der Normale in der einen oder aber in der anderen Situation."

Ein Beispiel aus dem Unterricht. Thema: Wir kochen ein Ei. Der elektrische Kocher steht in der Mitte des Schulzimmers, das Kabel erweist sich als zu kurz. Auf die Frage des Lehrers „Was machen wir nun?" kommt zunächst lange Zeit keine Antwort. Dann meint ein achtjähriges Mädchen: „Singen wir halt!" — nur mit Mühe können die Kinder dazu gebracht werden, sich an einer Lösung des differenzierten technischen Kleinproblems zu beteiligen.

Ein anderes Beispiel für das Verhaftetbleiben: Es war anläßlich eines Märchens vom „König" die Rede. Kurz darauf wurde ein Lehrer-Praktikant mit Namen „König" angekündigt, der am nächsten Tag eine Unterrichtsstunde halten sollte. Die Kinder waren fasziniert und warteten in großer Spannung auf den König. Sie waren dann sehr enttäuscht, weil er gar nicht königlich aussah.

Der hohe Grad der Abgeschlossenheit der jeweiligen seelischen Ganzheit bedingt ein Handeln gemäß den darin wirksamen „Feldkräften" und damit willenspsychologisch ein „Ausgeliefertsein an die momentane Situation, die je nach den Umständen einen äußerlich verschiedenen Effekt haben kann" (395). Die Unfähigkeit, in komplexen Situationen einen Ausweg zu finden, führt zur leichten Verführbarkeit, aber auch zur bekannten imponierenden moralischen Gradlinigkeit des Geistesschwachen.

M. Egg (1966) berichtet von einer jungen geistigbehinderten Erwachsenen, einer Bauerstochter, der ein Knecht nachschlich. Zunächst fühlte sie sich geschmeichelt und ließ sich die anfänglichen Zärtlichkeiten gefallen. Als er jedoch handgreiflich wurde, reagierte sie abwehrend und energisch, wobei sie die lapidaren Anweisungen der Mutter zitierte: „Nein, das macht man nicht. Das Röcklein hebt man nicht auf, nur auf der Toilette!" (S. 29). Die Frau hätte eine feste Gewohnheit durchbrechen müssen, was ihr nicht möglich war.

Andere Folgeerscheinungen sind die Unfähigkeit, sich zu verstellen, oder Witz zu verstehen. Alles wird „als bare Münze genommen". Da der geistigbehinderte Mensch aus Konflikten nur schwer einen Ausweg findet, belasten sie ihn momentan stärker; er reagiert mit starken Affekten oder Unterdrückungen. Die geringere Differenziertheit zusammen mit der Schwerbeweglichkeit der Systeme führt schließlich zur Phantasie- und Einfallslosigkeit des Denkens und des Spielens.

Neben der dargestellten Sprödigkeit und Zähflüssigkeit der Systeme kann geistige Behinderung auch durch die Form allzu großer „Leichtflüssigkeit der Systeme" gekennzeichnet sein, nämlich beim sogenannten Erethismus. Sie verhindert ebenso die Differenzierung im Sinne einer stabilen Struktur wie die dynamische Kommunikation von Teilsystemen.

Aus der „geringen dynamischen Verschiebbarkeit der Systeme" nach *Lewin* lassen sich dann auch weitere pädagogisch relevante Eigentümlichkeiten des Geistigbehinderten erklären, wie u. a. die geringe oder schwere Anregbarkeit, die Schwäche der Umstellfähigkeit und der willkürlichen Aufmerksamkeit.

Bei der Frage, welche Komponenten die genannte Schwerbeweglichkeit bestimmen, sind innere und äußere Dynamismen zu unterscheiden. Zu den psychophysischen Gegebenheiten oder „Materialeigenschaften" *(Lewin)* einer Person wird u. a. das gerechnet, was man als „psychische Energie" bezeichnet. *Lewin* versteht sie als „seelische Spannungen" oder „gespannte seelische Systeme". Sie haben die Tendenz zum Spannungsausgleich. Die sehr leichte Ermüdbarkeit geistigbehinderter Kinder gibt Anlaß zu der Annahme, daß deren psychische Energie als schwach anzusehen ist. Sie kann in der Tat so gering sein, daß die Wachheit des Bewußtseins, die Stabilität der Aufmerksamkeit nur für Minuten möglich ist.

Fehlbeurteilungen der Leistungsfähigkeit, insbesondere ein Unterschätzen der psychischen Energie, kommen vielfach dadurch zustande, daß die am Kinde wahrgenommene Aktivität bzw. Apathie als einzig mögliches und unüberschreitbares, biogenetisch gegebenes Faktum angesehen wird. Dabei wird offensichtlich übersehen, daß an der Entfaltung und am Aufbau von psychischer Energie zweifellos soziokulturelle Determinanten maßgeblich mitbeteiligt sind. Die Aktivität geistigbehinderter Kinder hängt entscheidend von der Aktivierung durch die Umwelt ab. Erst nach einem mehrjährigen Erziehungsversuch ist eine begründete Aussage über die tatsächliche Anregbarkeit eines Kindes möglich.

Emotionale Störungen der Persönlichkeit

Geistige Behinderung ist in einigen Fällen assoziiert mit schweren emotionalen (psychiatrischen) Störungen. Wie hoch deren Häufigkeit angesetzt wird, geht u. a. aus einer Untersuchung von *Webster* (1970, b. *Robinson/Robinson* 1976, S. 197) hervor, der in einer Population von 159 Vorschulkindern 35 % als leicht gestört, 48 % als mäßig gestört und 17 % als schwer gestört bezeichnete. Unter letzteren befanden sich zur Hälfte Kinder mit Psychosen ohne neurologische Befunde.

Unter *Kindheits-Schizophrenie* (Psychose) wird eine schwere Anomalie verstanden, die sich vor allem in bizarren Bewegungen, Gesten und Haltungen, in einem nicht-kommunikativen Sprachgebrauch, in einer geringen oder fehlenden Unterscheidung von belebten und unbelebten Objekten und in einem negativistischen Beziehungsverhalten gegenüber Altersgenossen äußert (Speck 1979 a). Dabei lassen sich verschiedene Formen psychotischen Verhaltens unterscheiden. Als bekannteste gilt der frühe *infantile Autismus*. Er ist insbesondere gekennzeichnet durch eine extreme Selbstisolierung, vermutlich auf der Basis einer elementaren Wahrnehmungsstörung, durch den Ausfall von sozialen Beziehungen, etwa zu den Eltern, durch sprachliche Auffälligkeiten vor allem in kommunikativer Hinsicht und durch krampfhaftes Beharren auf der Nichtveränderung der Umwelt (*Feuser* 1979, *Klein* 1979). Andere Formen schwerer Verhaltensstörungen äußern sich u. a. in zwanghaften Stereotypien oder Auto-Aggressionen (Selbstverletzungen). Eine klare Unterscheidung der verschiedenen Formen ist nur schwer möglich. Psychotische Abweichungen werden bei institutionalisierten geistigbehinderten Kindern häufiger angetroffen als bei solchen, die zu Hause aufwachsen (*Robinson/Robinson*, a. a. O., S. 202).

In diesem Zusammenhang stellt sich die Frage des Verhältnisses zwischen geistiger Behinderung und Psychosen, die allerdings sehr schwierig zu beantworten ist, da beide Phänomene so eng miteinander verflochten sind, daß es geradezu unmöglich ist, sie dignostisch klar zu unterscheiden (*Speck* 1979 a). Auch die Versuche, die „primäre" Schädigung von einer sekundären abzuheben, sind letztlich unergiebig. *Robinson/Robinson* empfehlen deshalb, eher das Ausmaß und das Wesen sowohl des intellektuellen Defizits als auch der emotionalen Störungen näher zu bestimmen. Es erscheint sinnvoller, sich nicht mit der Entwirrung der zwei unterscheidbaren Phänomene zu befassen als vielmehr damit, daß man in Erfahrung bringt, wie es um das einzelne Kind steht, wie sich seine Genese vollzogen hat, und wie ihm am besten geholfen werden kann.

Generell kann auf Grund vorliegender Untersuchungen gesagt werden, daß der frühe infantile Autismus und andere Formen psychotischer Störungen mit großer Wahrscheinlichkeit auf die gleichen Ursachen zurückzuführen sind wie die intellektuellen Defizite, die diese Störungen gewöhnlich begleiten (*Robinson/Robinson*, a. a. O., S. 208). So gilt als sicher, daß Hirnanomalien, die für intellektuelle Retardierung maßgeblich sind, auch für schwere Verhaltensstörungen als Entstehungsgründe in Betracht kommen. Auch zwischen Kindheitspsychosen und organischen Faktoren konnten Zusammenhänge ermittelt werden. Als Beleg führen *Robinson/Robinson* vor allem die Befunde über Kinder mit dem *Rubella-Syndrom* an, welches auf eine pränatale Infektion zurückgeht und extrem hohe Raten an autistischen Reaktionen aufweist. In einer Population von 243 Post-Rubella-Kindern fanden *Chess* u. Mitarbeiter (1971) bei annähernd 80 % von ihnen neurologische und/oder verhaltensmäßige Störungen einschließlich geistiger Retardierung (b. *Robinson/Robinson* ibid.).

Derartige neurologisch-psychiatrische Befunde können freilich nicht insgesamt die verschiedenen Formen von Persönlichkeitsstörungen erklären, wie sie in Verbindung mit geistiger Behinderung angetroffen werden. Immer wirkt auch die Entwicklungsgeschichte und soziale Umwelt eines Kindes mit.

Entwicklung und Lernen

Entwicklung des Menschen vollzieht sich nicht nur als biotisch angelegter Reifungsprozeß (Maturation), sondern zugleich auch als Lernvorgang. Lernen heißt auch Erfahrungen machen. Erst durch den interaktionalen Prozeß des senso-motorischen In-Verbindungtretens mit der Außenwelt, der Assimilation und Akkomodation im Sinne *Piagets*, bilden sich im Organismus Abbilder der Wirklichkeit und Verhaltensschemata aus. Als Lernen ließen sich also jene Akte verstehen, durch die das Individuum die Welt in sich aufbaut, und durch die es sich handelnd auf die Welt und die eigene Situation einstellt.

Die Lernpsychologie untersucht die Lernprozesse im einzelnen. Überblickt man ihre Forschungsansätze, so lassen sich insbesondere zwei unterscheiden:
- elementaristische Lerntheorien und
- komplexe Lerntheorien (vgl. *Rauh* 1979).

Elementaristische Lerntheorien

Lineare bzw. eindimensionale Ansätze hat insbesondere der Behaviorismus *(Watson, Skinner, Hebb)* entwickelt. In Anschluß an Tierversuche wurden elementare Lernprinzipien ermittelt, die im wesentlichen auf linearen Reiz-Reaktionsfolgen beruhen. So erklärt sich das klassische Konditionieren *(Pawlow)* als eine autonome Reflexkette (Fleisch-Speichelfluß beim Hund), die zur Ausbildung „bedingter Reflexe" führt, während beim „operanten" oder „instrumentellen Konditionieren" *(Thorndike, Skinner, Correll)* der Lernerfolg, die Konsequenzen einer Verhaltensweise, auch Verstärker (Belohnungen, Bestrafungen) genannt, maßgebend werden *(Gottwald/Redlin* 1972).

Elementaristische Lerntheorien sind insbesondere in der *Verhaltenstherapie* nutzbar geworden *(Kuhlen* 1974), und diese wiederum insbesondere bei schweren Verhaltensstörungen in Verbindung mit geistiger Behinderung *(Adriaans/Duker* 1975, *Huber/Striebel* 1978). Die mit dem Begriff „*Verstärkung"* verbundenen Inhalte sind im übrigen dem Erzieher durchaus vertraut. Geht man von der Annahme einer Lernhierarchie *(Gagne* 1969) aus, so lassen sich bestimmte einfache Lernarten ausmachen, die offensichtlich und vornehmlich über klassisches und instrumentelles Konditionieren ablaufen. Jeder Lehrer weiß, daß er nur einen Teil seiner Lehrziele über Verstärkungssysteme erreichen kann. Die Begrenztheit dieses Ansatzes liegt auch in der Schwierigkeit, die notwendige Isolierung einzelner Lernziele durchzuhalten. Die generelle Komplexität jeglicher Lernsituation steht dem im Wege. Theoretisch aber ist zu fragen, ob Lernen tatsächlich nur durch äußere Einflüsse und nur durch elementenhafte Additionen im Sinne von Reiz-Reaktionsketten (linear) zustandekommt.

Komplexe Lerntheorien

Zu den schärfsten Kritikern jeglicher elementaristischer Lerntheorien gehören u. a. *Piaget* und *Bandura. Piaget* vertritt eine strukturalistische Entwicklungstheorie, nach der die Genese der Intelligenz (im weitesten Sinn) über Erfahrungen von Struktur zu neuer Struktur fortschreitet. Entwicklung als interaktionaler Lernprozeß durchläuft bestimmte Stufen, die aufeinander aufbauen. Lernen ist demnach ein Integrationsvorgang, bei dem durch tätiges Umgehen mit den Objekten sich im Kinde „Schemata" als Verhaltensmuster per Assimilation und Akkomodation ausbilden, jedoch nur so weit, als ihnen bereits vorhandene Schemata entsprechen. *Piaget* betont ausdrücklich, daß die sich vollziehenden psychischen (kognitiven) Verbindungen „keine einfachen mechanischen Assoziationen zwischen Wahrnehmungen oder Bildern und keine Stimulus-Response-Assoziationen" darstellen, sondern „Integrationen der äußeren Gegebenheiten in Strukturen, die vom Subjekt ausgebildet werden" (1974, S. 4). Ein rein instrumentelles Antrainieren müßte demnach scheitern, wenn für die zu erwerbenden Verhaltensweisen im Kind noch keine entsprechenden Schemata vorhanden wären, z. B. im Bereich der Sprache, deren Erlernen sich bekanntlich einem verhaltensmodifikatorischen Antrainieren weithin entzieht.

Lernen als Stufenfolge beinhaltet die Bildung immer komplexerer

Strukturen, wobei die symbolische Repräsentierung der Wirklichkeit durch Vorstellungen, abstrahierende Begriffe und Sprache eine zunehmende Rolle spielt.

Bandura (1979) stellt in seiner *„sozial-kognitiven Lerntheorie"* insbesondere die Funktion der Motivationen und der Kognition heraus, d. h. innerpsychischer Prozesse als *innerer* Determinanten des Lernprozesses gegenüber einem Behaviorismus, der Lernen lediglich als Resultat *äußerer* Einwirkungen (operanter Konditionierung) ansieht. Der Mensch sei keine „Lernmarionette" im Sinne eines bloßen Reiz-Reaktionslernens. „Menschen reagieren nicht einfach auf äußere Einflüsse", vielmehr werde menschliches Verhalten und Lernen erst als „ständige Wechselwirkung zwischen kognitiven Determinanten, Verhaltensdeterminanten und Umweltdeterminanten" sinnvoll erklärbar (a. a. O., S. 10). Neue Verhaltensmuster als Lernergebnisse kommen entweder durch unmittelbare Erfahrung oder durch Beobachtung, wenn nötig unterstützt durch Modellierung und Übung, zustande; Nachahmungen sind — wie im Sinne *Piagets* — erst möglich, wenn ihnen bereits vorhandene kognitive Schemata entsprechen. Der Mensch ist nicht einfach den Stimuli ausgeliefert, sondern er kann sie auch interpretieren, d. h. gedanklich verarbeiten, bevor er reagiert.

Banduras komplexer Ansatz ist insofern ein integraler, als er auch Begriffe der behavioristischen Theorien aufnimmt, z. B. den der Verstärkung. Sie erhalten freilich einen anderen Stellenwert. So wird „Bekräftigung" nicht als mechanische Reaktionsstärkung verstanden, sondern als durchaus „wirksames Mittel zur Regulierung von Verhaltensweisen und zwar von solchen, die bereits erlernt wurden (a. a. O., S. 31). Jeder Lehrer weiß, daß er mit Verstärkung allein nicht lehren kann.

Wenn auch die genannten komplexen Lerntheorien nicht für geistigbehinderte Kinder expliziert geworden sind, so besteht doch aus ihrem Ansatz heraus kein hinreichender Grund, sie hier nicht anzuwenden. Wir machten sonst den geistigbehinderten Menschen zur *„Lernmarionette"*. Die Erfahrung lehrt vielmehr, daß sein Lernen durchaus nicht nur als einfache Reaktion auf äußere Einflüsse (Dressur) erfolgt, sondern auch über intrapsychische Prozesse. Freilich bedingt die Verlangsamung ein vorzeitiges Beenden der Entwicklung auf einem niedrigeren Plateau, z. B. bei den schwerer Geschädigten auf der Stufe der sensomotorischen Operationen. *Rauh* (1979, S. 369) spricht von einer *„Entwicklungs-Sackgasse"*. Zentral wichtig erscheint die Einsicht, daß das Lernen geistigbehinderter Kinder nicht einfach durch das intellektuelle Defizit oder den neuropathologischen Defekt determiniert wird, sondern als Funktion der verschiedensten Bedingungen verstanden werden muß, die auch sonst für einen menschlichen Organismus wirksam werden: Anregungen, Erziehung, Milieu, organisch-genische Faktoren, Selbstkonzept.

Sie sind bei der Vielfalt der möglichen Konstellationen jeweils individuell abzuklären. Pauschalierende Aussagen über „das Lernverhalten Geistigbehinderter" erweisen sich daher als konkret wenig hilfreich. Sie können höchstens allgemein Orientierungsgrößen im Sinne von abstrakten Mittelwerten abgeben.

Es ist bereits davon die Rede gewesen, daß bei geistigbehinderten Kindern schon der *Beginn* des Lernens gefährdet ist, und zwar einerseits bedingt durch physiologische Hemmungen und andererseits durch den Ausfall von Lernanregungen und Lernhilfen. Die Effektivität der ersten Lernansätze und damit der weiteren Lernfortschritte wird dadurch in wachsendem Maße herabgesetzt. Lernen ist ein fundamental wichtiger Wirkfaktor für weiteres Lernen und kann als Aktivierungsvorgang angesehen werden gemäß einem Aphorismus von *Piaget:* Je mehr ein Kind gesehen und gehört hat, desto mehr will es sehen und hören. Erfolgreiche Lernaktivität löst neue Lernaktivität aus.

Erlernen von Motivationen

Bei der Frage, wie und wodurch das Menschwerden in Gang kommt, auf welche Weise die Bewegung „nach vorn" lebendig bleibt, stoßen wir zunächst auf den Wirkzusammenhang der Motive. Sie werden auch als Bedürfnisse und Antriebe bezeichnet, von denen die Aktivität eines Organismus abhängt. Es läßt sich ein primäres Motivationssystem, d. s. die angeborenen oder organischen Bedürfnisse (Tätigkeits-, Wissens-, Erlebnisdrang), und ein sekundäres Motivationssystem, d. s. die erworbenen Motive (Streben nach Geltung, Belohnung) unterscheiden. Beide Systeme verändern sich unter dem Einfluß des Person-Umwelt-Bezugs und sind auf Einordnung in die Sozietät gerichtet.

Die Psychologie kennt verschiedene Motivationstheorien, auf die hier nicht näher eingegangen werden kann. Nur so viel sei vermerkt, daß vom Aspekt der organisch bedingten geistigen Behinderung aus die sogenannte Triebreduktionstheorie *(Hull, Mowrer)* naheliegende Deutungen anbietet. Danach entsteht die Triebwirkung und damit die Aktivität durch einen unangenehmen Spannungszustand, den der Organismus herabzumindern sucht. Die Reduktion der Triebspannung, etwa des Nahrungstriebs, wird als Befriedigung erlebt.

Auch bei einer Deutung der Motivation als eines Erwartungserlebens geht es um Reduktionen, und zwar jeweils um die Verminderung oder Aufhebung eines „Erwartungsgefälles" (*Heckhausen* 1963) zwischen gegenwärtiger und gewünschter bzw. geforderter Lage. Je nachdem, ob es sich um positive oder negative Gefälle handelt, lassen sich Hoffnungs- und Furchterwartungen unterscheiden. Sie weisen eine bestimmte Gefühlsvalenz auf, sind aber von kognitivem Verhalten stark mitbestimmt. Damit sind bereits die Schwierigkeiten angedeutet, denen der Geistigbehinderte bei der Steuerung seines Verhaltens ausgesetzt ist. Die kognitive Selbstkontrolle ist sein Problem. — Was ist über die Antriebe und Motive des Geistigbehinderten bekannt? Man hat den Geistigbehinderten als „reines Triebwesen", aber auch als nahezu antriebslos bezeichnet. Man unterschied früher den Schwachsinn sogar nach dem Grad der Aktivität des Organismus und hob den erethischen vom torpiden Schwachsinnstyp ab. Letzterer sei nach *Lutz* (1961) häufiger anzutreffen. Das bedeutet, daß im Bild des Geistesschwachen die Schwäche und „Mattigkeit" der Antriebe und damit verbunden die geringe affektive Ansprechbarkeit überwiegen. Die Tätigkeitsbereitschaft, unter Umständen auch die organische Reaktionsfähigkeit, wie z. B. die Schmerzreaktion, können bis nahezu auf den Nullpunkt herabsinken.

Von diesem Extrem psychischer Spannungslosigkeit reicht die Skala des Bewegtheitsgrades bis zum anderen Extrem des rastlosen Angetriebenseins, d. h. bis zur Unsinnigkeit eines Bewegungschaos.

Die genannten Extreme kommen relativ selten vor. Im allgemeinen trifft man abgeschwächte Grade und Formen an, mitunter auch den phasischen Wechsel beider Tendenzen. Berichtet sei von einem hirngeschädigten Mädchen, das während des Unterrichts zumeist teilnahmlos dasaß und kaum ansprechbar im wörtlichen Sinne erschien. Hatte aber der Reiz der Aktivierung einen bestimmten Grad erreicht, so ging die Spannungslosigkeit relativ rasch in ein Übermaß an Bewegtheit über: das Kind plapperte mit erhobener, freudig bewegter, geradezu jauchzender Stimme drauflos, gestikulierte lebhaft, sprang und hüpfte, um schon nach wenigen Sekunden wieder in die Ohnmacht der Apathie zurückzusinken. Seine von außen angeregte Aktivität reichte in der Regel nicht einmal für die Zeit des Weges von seinem Sitzplatz bis zur Tafel, wo es etwas zeigen sollte.

Aus diesem Beispiel wird u. a. deutlich, wie stark das geistigbehinderte Kind psychophysisch-energetischen Prozessen ausgeliefert ist. Es stellt sich aber auch gleichzeitig die Frage nach den Möglichkeiten der Aktivierung durch äußere Reize und damit nach Möglichkeiten des Erlernens von Motiven und Einstellungen.

Einen entscheidenden Anteil an dieser Aktivierung hat das Vermitteln und Erleben von *Freude*. In ihr kommt die Lebenserfülltheit in ihrer energetischen Bedeutung zum Ausdruck. Die Freude ist es, die den Geistigbehinderten über das bloße Vegetieren hinaushebt. „Freude, die zur Teilnahme am menschlichen Tun führt, und durch die in unserem tiefsten Inneren ohne große Anstrengung eine Fülle von Kraft aufbricht. Wer sich der Freude hingibt, fühlt, wie sein Leben eine Ausrichtung und eine Ausweitung erfährt. Niemals kann man ihre antreibende Kraft genug loben, die so unendlich entfaltungsfähig ist ... und fähig, uns zu jeder Art von Erfolgen zu führen ... Physisch gesehen, erleuchtet und erwärmt die Freude. Metaphysisch gesehen, macht sie mit der Wirklichkeit vertraut, die sich mit einmal in einer wesentlich faßbareren Form um uns schließt" (*Teilhard de Chardin*, zit. b. *Magloire/Cuypers*, Leben und Denken *Pierre Teilhard de Chardins*, 1957, 55).

Von besonderer pädagogischer Bedeutsamkeit ist nun der Vorgang des *Erlernens* von Motiven. Wenn Motive als Beweggründe für das menschliche Verhalten verstanden werden, so geht es der Erziehung um die Gewinnung und den Aufbau von Bedürfnissen und Aktivitäten, die für die Lebensführung, für das Sich-Zurechtfinden des Geistigbehinderten bedeutsam sind. Es gilt, ihn vor der geistigen Erstarrung und Verirrung zu bewahren, ihn, der völlig auf Hilfe angewiesen ist.

Für die Tatsache des Erlernens von Motiven gibt es verschiedene Erklärungsversuche. Beim Geistigbehinderten dürfte es im wesentlichen auf dem Wege der Nachahmung und der Verstärkung erfolgen, aber auch durch Neugier oder exploratives Verhalten. Reizmonotonie lähmt, Reizveränderung aktiviert. Ein Wechsel der Umweltbedingungen, z. B. neues Spiel- und Arbeitsmaterial, bewirkt „Interesse", d. h. Neugierverhalten, und dieses regt vielfach zur Nachahmung an. Nachgeahmt werden Bewegungen und Lautbildungen; es werden Verhaltensmuster und Gewohnheiten erworben. Das geistigbehinderte Kind vermag offensichtlich auch den Ausdruck nachzuahmen, den es an der handelnden Person konkret wahrnimmt, z. B. den Ausdruck der Freude oder der Furcht. So imitiert es den zornig schimpfenden Vater, oder die zärtlich helfende Mutter. Es ist jedoch wahrscheinlich kaum in der Lage, die Beweggründe in ihrer Differenziertheit wahrzunehmen, die zu dem Verhalten des anderen geführt haben. Dazu reicht offenbar seine kognitive Leistungsfähigkeit nicht aus. Es vermag nicht, die Motive vom Handeln selbst abzuheben, zu abstrahieren zu Normen an sich. Es erlernt also nicht „Ordnungsliebe" an sich, sondern konkretes ordentliches Verhalten, z. B. das Aufräumen von Spielzeug oder das Sauberhalten der Kleidung.

Die nachahmende Aktivität wird angeregt und gesteigert durch „Verstärkungen" in Form von Belohnung, Erfolgsbestätigung, Zärtlichkeit, und auch durch materielle Verstärker, wie Süßigkeiten, Obst usw. Es entsteht dadurch eine sekundäre Motivation: Das Lob für eine gelungene Leistung, z. B. für einen gemalten Reifen, erregt und erhält das Bedürfnis, diese Leistung noch einmal zu wiederholen. Aus der Praxis ist bekannt, wie oft und unermüdlich sich das geistigbehinderte Kind der Bestätigung seiner kleinen Leistungen durch den Erzieher zu vergewissern sucht.

Es ist auf Fremdverstärkung oder soziale Verstärker außerordentlich angewiesen. Bei besserer kognitiver Ausstattung sind Geistigbehinderte auch zur Eigenverstärkung fähig: Sie können ihren Erfolg als solchen selbst wahrnehmen und erfahren dadurch eine Aktivierung.

Die Leistungsmotivation im besonderen steht in sehr engem Zusammenhang mit der Erziehung zur Selbständigkeit. *Gordon* (1959, zit. b. *Oerter* 1968, 134) stellte durch Beobachtungen bei schwachsinnigen Kindern fest, daß die soziale Reife bei denjenigen wesentlich höher war, deren Eltern sich von früh an um eine möglichste Unabhängigkeit des Kindes bemüht hatten. Frühes und intensives Selbständigkeitstraining beeinflußt demnach sehr stark die Leistungsmotivation. Es ist bereits darauf hingewiesen worden, daß auch beim Geistigbehinderten Veränderungen der Umwelt motivierend wirken, und daß auch bei ihnen — jedenfalls bei den Leistungsfähigeren — Reizmonotonie zur Lähmung der Bedürfnisse führt. Es wäre also verfehlt zu meinen, der Geistigbehinderte brauche keine Abwechslung im Alltag von Familie und Schule.

Nachdem bisher die Möglichkeiten der Aktivierung und Motivierung aufgezeigt wurden, stellt sich des weiteren die Frage nach der *Kontrolle und Steuerung der Bedürfnisse* beim Geistigbehinderten. Sie ist z. T. schon beantwortet worden, als die Rede war von der Starrheit und Fixiertheit der Willensziele, von der „moralischen Gradlinigkeit". Sie bedeutet, daß im allgemeinen der Geistigbehinderte in unbelasteten vertrauten Situationen in seinem Handeln durch seine Gewohnheiten stabilisiert wird. Er kennt keinen eigentlichen Kampf der Motive. Diese Fixiertheit aber bedeutet gleichzeitig seine Ausgeliefertheit. Treten ungewohnte Reizveränderungen in Form von Bedrohungen, Verfügungen, Konflikten und sonstigen Störungen ein, so wird seine Hilflosigkeit deutlich. Ihren Grundzug sieht *Lutz* (1961) in der reduzierten Hemmung, in der ungenügenden Beherrschung der Antriebe, im fehlenden Durchdringen mit korrigierenden Impulsen, in der nicht genügenden Anpassung an die Situation, insbesondere in der Unfähigkeit zur angemessenen Dosierung der Antriebe (135). Viele Geistigbehinderte, vor allem die, welche nicht über die nötigen Gewohnheiten verfügen oder von jener erethischen Überangetriebenheit und Unstetheit beherrscht sind, bieten dieses Bild nahezu völliger Steuerungsunfähigkeit.

Diese Menschen können sicherlich ihr Leben nicht selbstverantwortlich führen, aber in einem abgesteckten Rahmen können sie es doch steuern. Sie brauchen gewissermaßen *Leitplanken* für ihr Verhalten und adäquate Bedingungen. Dazu gehört insbesondere der Mitmensch, der sie zu schützen und zu führen weiß. Wir sehen darin wiederum nur eine Parabel menschlicher Lebensführung, menschlichen Seins; denn nicht nur der Geistigbehinderte bedarf der Führung und des Schutzes durch einen anderen.

Erlernen von Werthaltungen

Ein geordnetes oder „gebildetes" Verhalten beruht auf stabilisierenden Einstellungen, Haltungen und Verhaltensstilen. Es stellt sich die Frage, wie bei einer geistigen Behinderung Werte erfaßt und verwirklicht werden können, wie Werthaltungen zustandekommen. *L. Bopp* (1930) prägte den Begriff der „Wertsinnsminderung" zur Charakterisierung des Wesens jeglicher Behinderung. In der Weckung und Kultivierung von Wertfähigkeit und Wertwilligkeit sah die Pädagogik seit Beginn dieses Jahrhunderts ihre zentrale Aufgabe. „Wertempfänglichkeit und Wertgestaltungsfähigkeit" *(Spranger)* galten als Fundament aller Bildung.

Zweifellos ist das Werten, d. h. das Unterscheiden von Qualitäten im Sinne der Gewinnung von Maßstäben für die Lebensführung, von entscheidender Bedeutung für den Menschen. Bevor wir der Frage nachgehen, ob und auf welche Weise der Geistigbehinderte wertempfänglich und wertwillig sein kann, soll versucht werden, den Begriff der Haltung zu klären.

Unter *Haltung* oder *Einstellung*, engl. „attitude" oder „habit", wird in der Psychologie ein „seelisch-geistiger und neurologischer Zustand der Bereitschaft" verstanden, „der aus der Erfahrung erwachsen ist und einen steuernden oder dynamischen Einfluß auf die individuellen Reaktionen gegenüber allen Objekten und Situationen ausübt, mit denen er in Zusammenhang steht" (*Allport*, b. *Hartley und Hartley* 1955, 438). Wir haben es demnach mit einer *erlernten* Verhaltensdisposition zu tun, die in relativ konsistenten Reaktions- und Handlungsweisen gegenüber lebensbedeutsamen Reizen und Umständen sichtbar wird. Man kann diese auch als Gewohnheiten und auf einer höheren, d. h. differenzierteren Stufe als Überzeugungen und Gesinnungen bezeichnen. Letztere Begriffe beinhalten insbesondere das Vermögen, das eigene Handeln rechtfertigen zu können. In der Haltung wird das „Wertkonzept" des Menschen wirksam, das das Aufnehmen und Realisieren von Werten bestimmt.

Für die Klärung der Frage nach dem Phänomen der Haltung bei Geistigbehinderten ist es angebracht, die verschiedenen Komponenten zu unterscheiden, die am Zustandekommen der Haltung beteiligt sind. Es sind dies eine motorische, eine affektive und eine kognitive (*Oerter* 1968).

Die *motorische* wird auch als Handlungs- oder Verhaltenskomponente bezeichnet. Mit „motorisch" meinen wir, *das* schärfer profilieren zu können, was als Bewegungsreaktion des Organismus auf eine bestimmte Reizsituation zu beobachten ist. Das Motorische spielt gerade beim Geistigbehinderten eine größere Rolle. Das wird im Begriff „moto-

risch bildbar" sichtbar, der geradezu als Charakteristikum für geistige Behinderung verstanden wurde.
Bei der Entstehung von Haltungen, d. h. von relativ stabilen Verhaltensdispositionen, bildet sich offenbar zuerst die motorische Komponente aus. Das Kind lernt sauber essen, ohne daß man dabei eine bestimmte affektive Beteiligung zu beobachten vermöchte. Sie fehlt auch vielfach bei Schwerstbehinderten, wenn sie z. B. „rein mechanisch" auf eine Aufforderung hin gehorchen. Man hat den Eindruck, daß sie sich dabei lediglich „in Bewegung setzen".

In der Regel aber bildet sich aus der motorischen Verhaltenstendenz oder Gewohnheit auch eine bestimmte *affektive* Neigung, Einstellung und Bewertung. So empfindet und bewertet das Kind z. B. „ordentliches" Verhalten bei Tisch oder in der Schule als „lieb" und lobenswert und das Gegenteil als „bös" und tadelnswert. Das trifft für eigenes und fremdes Verhalten zu. Das geistigbehinderte Kind kann Sauberkeit so sehr schätzen, daß es sich geradezu erregt, wenn es bei sich oder einem anderen Kind einen Schmutzfleck entdeckt. Diese affektiven Neigungen, das Gewünschte zu tun, und das Unerwünschte zu meiden, bilden sich nicht „von Natur" aus, sondern werden erlernt. Man kann es recht deutlich daran feststellen, daß das Kind genau diejenigen Verhaltensnormen schätzt oder verabscheut, die auch in seiner unmittelbaren Umgebung in dieser Weise besonders bewertet werden im Sinne des Modell-Lernens (*Bandura* 1979).

Wieweit ein geistigbehindertes Kind in der Lage ist, Gewohnheiten oder Einstellungen, z. B. der Rücksichtnahme, der Hilfsbereitschaft, der Ausdauer, des Fleißes, der Sorgfalt, der Vorsicht, des „gesitteten Benehmens" zu erwerben, hängt von der Art seiner Erziehung, d. h. dem Grad ihrer Kontinuität und Konsequenz, von der individuellen Lernfähigkeit und von sonstigen Persönlichkeitsdeterminanten ab. Hierzu gehört u. a. auch das kognitive Potential.

Die *kognitive* Komponente war als dritte beim Zustandekommen einer Haltung genannt worden. Sie erstreckt sich auf das Beurteilen, Begründen und Rechtfertigen einer Einstellung und erfordert eine gewisse intellektuelle Reife. Man könnte nun geneigt sein, das Wirksamwerden einer solchen Komponente beim Geistigbehinderten zu verneinen, und ihm damit das Vermögen abzusprechen, Lebenshaltungen auszubilden.

Ein Beispiel soll das Gegenteil belegen: Ein geistigbehindertes Mädchen aus einer bäuerlichen Familie, das nur wenig sprechen kann, überrascht eines Tages durch ein verändertes Verhalten: Der Vater hatte ins Krankenhaus gebracht werden müssen; die Mutter mußte allein den Hof versorgen. Das Mädchen stand — ohne Aufforderung, also spontan (?) — eine Stunde früher auf, um noch vor Schulbeginn der Mutter helfen zu können.

Zweifellos sind die Haltungen und Einstellungen, die der Geistigbehinderte auszubilden vermag, anders strukturiert, nämlich einfacher, weniger differenziert, weniger durch Einsicht fundiert und schon gar nicht „autonom" gerechtfertigt. Es ist aber ebenso zutreffend, daß auch das nicht-behinderte Kind und vielfach auch der Erwachsene ihre Haltungen und Überzeugungen nicht immer rational zu begründen vermögen oder belieben. Für das Entstehen sozial bedeutsamer Einstellungen ist die kognitive Komponente offenbar weniger einflußreich. Es ist auch bekannt, wie wenig moralisches Wissen und moralisches Tun miteinander korrelieren (*Eysenck* 1960, zit. b. *Oerter* ibid., 175).

Wir beobachten jedoch durchaus auch eine kognitive Beteiligung des Geistigbehinderten an seinen Verhaltenstendenzen. Sie ist bereits darin als vorhanden anzusehen, daß er erkennt, „daß das betreffende Objekt mit einem bestimmten Wertkonzept zu tun hat' (*Oerter* ibid., 166). Das kann dadurch zum Ausdruck kommen, daß er durch sein Verhalten, durch Mimik, Gesten, Zeichen oder durch die Sprache sein Wissen um richtig oder falsch, gut oder schlecht, zuträglich oder bedrohlich zum Ausdruck bringt. „Ich helf' dir."

Am Beispiel eines schwerbehinderten Kindes soll die Beteiligung der kognitiven Komponente aufgezeigt werden. Es handelte sich um einen zehnjährigen Buben; er hatte in regelmäßigen Partnerübungen das „Führen und Folgen" im Sinne der rhythmischen Erziehung gelernt. Eines Tages trug ich — als sein Lehrer — infolge einer Verletzung eine schwarze Augenklappe. Es fiel den Kindern schwer, sich an den ungewohnten Anblick zu gewöhnen. Als wir uns zur Pause an der Tür aufstellten, stand der genannte Bub, einen unsicheren, fragenden Blick auf mich gerichtet, neben mir, ergriff plötzlich meine Hand und rief: „Ich führ'!"

Man kann in diesem Beispiel die Generalisierung einer erlernten Verhaltenstendenz erkennen, d. h. das zweifellos kognitive Vermögen, eine bestimmte Verhaltensbereitschaft auf eine der bisherigen Situation ähnliche zu übertragen. Situativ angebrachtes Verhalten setzt das „Erkennen" von Zusammenhängen voraus. Das Kind hat zunächst ein bestimmtes erwünschtes Handeln in einer bestimmten Situation erworben und lernt allmählich, und zwar durch Übung und Verstärkung, dieses, z. B. sittliches Verhalten in gleichen oder ähnlichen Situationen zu wiederholen. Durch „Einübung in das Gute" ist auch beim geistigbehinderten Kinde Gewissensbildung möglich. Es vermag auch ein „schlechtes Gewissen" als unbehaglich und ängstigend zu empfinden. Aber sein Wertkonzept, an dem es sein Handeln ausrichtet, bleibt ein einfältiges. Der Spielraum für Generalisation bleibt eng. Die wertende Unterscheidung von gut und böse erfolgt nur vergröbert. Infolge der Schwäche der kognitiven Komponente, der „inneren Erfahrung" (*Moor* 1958), wird eine differenzierte und hierarchisch strukturierte Haltung beim Geistigbehinderten behindert.

Dies bedeutet insbesondere, daß sein „Gewissen", seine Einstellung heteronom, d. h. von einer äußeren Autorität abhängig bleibt. Es bleibt gebunden an Belohnung und Entzug, an die Bestätigung durch die ihm nahestehenden Erwachsenen und durch die Angst vor Liebesentzug. Das in ihm ausgebildete „Gewissen" ist und bleibt also im wesentlichen die Stimme seiner Autoritätspersonen, soweit es diese vernehmen und sich mit ihnen identifizieren konnte.

Wieweit eine solche Identifikation dem Geistigbehinderten möglich ist, hängt von zahlreichen individualen und sozialen Determinanten ab. Die Unterschiede sind sehr groß. So stellt *König* (1959) fest, daß das mongoloide Kind keine Möglichkeit habe, Fundamente eines Gewissens auszubilden. „Es bleibt gewissenlos" (213). Wir meinen, daß König den Begriff „Gewissen" hier in einem sehr anspruchsvollen Sinne verwendet hat. Dies geht u. a. aus dem Nachsatz hervor: Es ist „daher verantwortungslos. Kaum jemals ist ein solches Kind fähig zu begreifen, *warum* es notwendig ist, etwas zu lernen, etwas zu erwerben, etwas zu tun". *König* betont eigens, daß dies keineswegs allein mit der fehlenden rationalen Einsicht zusammenhängen könne; vielmehr seien auch die emotionalen Voraussetzungen nicht vorhanden. Damit ist offenbar vor allem jene „Seelenfähigkeit" gemeint, „die das Erfaßte im Inneren verankert und alle weiteren Eindrücke damit verknüpft" (212). Daß auch mit diesem Begriff *König* eine differenziertere Form der Haltung meint, geht daraus hervor, daß recht extreme Ausfälle als Folge der fehlenden „Einsicht" angegeben werden: keine „moralischen Pfeiler", keine „eindeutige Richtung", „weder Selbstsicherheit noch Entscheidungsfähigkeit" (212).

Sicherlich gelangen diese Menschen wie auch die anderen Geistigbehinderten, aber auch viele Nicht-behinderte, nicht zu einer solchen Ausdifferenzierung moralischer Gesinnung, zu einem selbstverantwortlichen Gewissen. Aber auch Down-Kinder können einfache moralische Wertungen und die Bereitschaft erlernen, ihr Verhalten entsprechend sozial bedeutsamen Normen — seien es auch noch so wenige — zu steuern. Es würde ansonsten das Bild vom relativ angepaßten Down-Kind, wie es die Schule kennt, ad absurdum geführt. Allerdings scheint sein Wertkonzept wesentlich unkomplizierter zu sein.

Erziehungsbedürftigkeit und Bildsamkeit bei geistiger Behinderung

Die Anerkennung der Erziehungsbedürftigkeit und Bildsamkeit des Geistigbehinderten ist kein gesichertes Kulturgut. Es gab Zeiten und Kulturen, die dem Geistesschwachen einen Wert und Sinn seiner Bildung, seines Lebens absprachen. Im vorigen Jahrhundert entstand der Begriff der sogenannten *Bildungsunfähigkeit*. Er diente — und dient auch heute noch — dazu, die Notwendigkeit von Bildung und Erziehung für diese Gruppe von Menschen zu eliminieren, ihnen das Recht auf Schule streitig zu machen. *Mühl* (1969) weist in seiner Untersuchung nach, daß es im wesentlichen drei Gründe gewesen sind, die seit Beginn des 19. Jahrhunderts eine Erziehung geistigbehinderter Kinder als unmöglich erscheinen ließen: der vermeintliche Mangel an seelischem Vermögen der Geistesschwachen, ihre anthropologische Sonderstellung und der traditionelle Schulaufbau.

Aus der Geschichte und der Gegenwart sind aber auch ebenso Beispiele und Bemühungen um die Verteidigung des Lebensrechtes und der Erziehungsbedürftigkeit der Geistesschwachen bekannt. Sie sind Ausdruck eines Geistes, der über vordergründige Nützlichkeits- und Rentabilitätserwägungen hinaus den Menschen unabhängig von der jeweiligen Begrenztheit seiner Daseinsmöglichkeiten in seiner unaufhebbaren Personwürde und seiner prinzipiellen Zugehörigkeit zur Gesamtheit der Menschen erkennt. So stellte u. a. *J. Jensen* (o. J.) folgende Thesen zum „Lebensrecht und Lebenssinn der Schwachen" auf:
1. Die Schwachen gehören zu uns und wir zu ihnen; sie sind lebendige Glieder der menschlichen Gemeinschaft, in die hinein sie geboren wurden: Familie, Volk, Staat, Gesellschaft, Kirche und Gemeinde.
2. Als Illusion erkennen wir das Bild und Ziel einer je auf Erden zu verwirklichenden vollkommenen Daseinsform der Menschheit, in der es nur Gesunde, Starke und Tüchtige geben soll.
3. Die Schwachen haben wichtige und notwendige Teilfunktionen im Gefüge und Zusammenwirken des Ganzen zu erfüllen.
4. Wir schließen aber auch die zu keiner Leistung Fähigen mit in unsere Lebensgemeinschaft ein; auch sie gehören zu uns und wir zu ihnen. Die damit gestellten Aufgaben der Pflege und Fürsorge nehmen wir bewußt auf uns (9).

Solche und ähnliche Thesen sind letztlich Bekenntnisse, die auf einem bestimmten Menschen- und Weltverständnis beruhen. Aus christlicher Sicht ist der Mensch von der Zeugung her ins Leben gerufenes Geschöpf, dem Gottebenbildlichkeit zukommt, er ist Kind Gottes, dem sich der Vater liebend zuwendet, um es durch seinen Sohn aus seiner Gebrechlichkeit zu erlösen. Menschsein, d. h. Personsein in diesem Sinne, ist unabhängig von physisch-psychischen Bedingungen und vom Grad der erschlossenen Geistigkeit. „Unterschiede in der Höhe der geistigen Begabung ändern grundsätzlich nichts an Wert und Würde der menschlichen Person. Die Geistesschwachen sind vollwertige Glieder der Gemeinschaft. Sie sind dem anderen Menschen gleichberechtigt. Sie gehören nicht nur zu den Empfangenden." (Aus den Schlußfolgerungen einer Expertenkonferenz über die soziale, berufliche und religiöse Eingliederung des Geistesschwachen anläßlich einer Tagung des Internationalen Kath. Instituts für Jugendkunde, Rom 1965, Heilpäd. Werkblätter, Luzern 1966, 143—155).

Philosophisch-anthropologisch gesehen ist das eine, allen Menschen Gemeinsame, Zentrale und Unverlierbare die *Personalität*. Sie verleiht den Menschen gleichen Wert. Dieser ist ein prinzipieller. Er kann empirisch nicht aufgehoben werden. Personhaftigkeit ist etwas Qualitatives, das sich jeglicher Messung entzieht. Als geistbegabtes Wesen, d. h. als Sonderwesen im Kosmos, ist der Mensch Person. Dadurch, daß er Mensch ist, ist er Person (*Luyten* 1959, *Guardini* 1955, *Hengstenberg* 1966). Das Personsein verleiht ihm seine besondere Würde als Mensch.

Bei aller Unterschiedlichkeit der angelegten und ausgeprägten Fähigkeiten des Individuums „bleibt die Würde der menschlichen Person in jedem Falle bestehen, auch dann, wenn das Leid die volle Auszeugung zur Persönlichkeit behindert oder sogar bis auf einen ganz kleinen, fast unsichtbar bleibenden Rest einschränkt" (*Montalta* 1967, 14).

Der Mensch ist ein „Wesen der Gefährdung und des Risikos, des Leides und der Angst" (*Roth* 1966). Das Leid, das Unvollkommen- und Begrenztsein gehört zur Existenz des Menschen. Jeder Mensch erlebt sich auch als homo patiens. Durch seinen Körper ist er den begrenzenden, lähmenden und zerstörenden Kräften der Natur ausgeliefert, als soziales Wesen ist er dem „Leidensdruck" der sozialen Mächte ausgesetzt. Als geistigbegabtes Wesen erfährt er alle diese Beeinträchtigungen als Leiden.

Für den behinderten Menschen wird sein Leiden zur „spezifischen Begrenzung" seiner Daseinsweise (*Montalta* 1967). Seine Selbstverwirklichung, seine Erziehung, sein Mensch-werden und Lebenlernen werden in spezifischer Weise behindert und durch Konflikte (*Lückert* 1964) bedroht, wenn auch viele Behinderte diese Gefährdung nicht selbst erkennen. Da sich die eigentliche Existenz des Menschen nach *Bollnow* (1966) nur in der Krise und durch die Krise — man könnte ergänzen: in Leid und durch Leid — verwirklichen läßt, ist in jeglichem Leiden, auch dem schwersten und extrem begrenzenden, nichts anderes als eine bestimmte „exemplarische Erscheinungsform des menschlichen Seins" (*Schlaich* 1966) zu sehen.

Im Anschluß an *Froese* und *Ballauf* begründete *Mühl* (1969) die Menschenwürde rein pädagogisch. Dazu sei eine Erklärung des Menschseins als Personsein nicht notwendig. Menschenwürde ergebe sich „einzig und allein aus der möglichen Teilhabe an der Menschlichkeit" (112), der zu entsprechen das geistigbehinderte Kind aufgerufen sei. Wenn jedoch gesagt wird, daß Menschenwürde auf dem Wege über die Menschlichkeit erst zu *erreichen* sei, so wird damit ein mögliches Nicht-würdig-sein als Mensch impliziert.

In jedem Falle leitet sich aus dem Menschsein die Notwendigkeit von Erziehung und Bildung ab. Die Anerkennung der Angewiesenheit jedes Menschen auf „personale Erziehung", auf „Hinführung zur Menschlichkeit" ist die reale Voraussetzung für die Erziehung des geistigbehinderten Kindes. Diese muß eine dem Kind angemessene, also besondere Erziehung sein, wenn sie das Menschliche im Behinderten wecken, fördern und bewahren soll, wenn der Geistigbehinderte zu seiner Bestimmung als Mensch gelangen soll (*Bleidick* 1968).

Die These, daß „alle, die als Menschen geboren sind, der Erziehung bedürfen, weil sie wirklich Mensch sein sollen" — *Comenius* (Große Didaktik) meinte dabei bewußt auch die „Stumpfsinnigen" — wird pädagogischerseits nicht unwidersprochen hingenommen, und zwar dann, wenn man in der Erziehungswirklichkeit bei Schwerstgeschädigten meint, an die Grenzen des pädagogisch Möglichen gelangt zu sein, wenn man den Eindruck gewinnt, als habe man es bei einem solchen geistig kaum anregbaren Menschen nicht mit einem begegnenden Du, sondern mit einem kommunikationslos vegetierenden Es zu tun, dem jegliche Bildbarkeit ermangele. So sieht u. a. *Derbolav* den „homo patiens" als einen erst auf dem Wege zu seiner Bildsamkeit befindlichen Menschen an. Ihm sei die den „homo educandus" konstituierende Bildsamkeit abzusprechen (*J. Derbolaw* 1959).

Derartigen selektiven Spekulationen konnten vielfach auch medizinische Aussagen zugrundegelegt werden. So behauptete etwa der Psychiater *Villinger* (1928), daß die pädagogische Beeinflussung „von vornherein ausgeschlossen" sei überall da, „wo das Gehirn in seiner Anlage so schwere Mißbildungen aufweist, und wo es durch frühe intra- oder extrauterine krankhafte Störungen so tiefgreifende Schädigungen erlitten hat, daß jener Zustand entsteht, den der klinische Sprachgebrauch als Idiotie bezeichnet" (S. 242). Daß es sich durchaus nicht um eine rein organisch gesetzte Begrenzung handelt sondern um implizite sozietäre Setzungen, geht aus folgendem Satz hervor: Erziehbar ist ein Individuum, „dessen Fähigkeiten unter durchschnittlichen äußeren Bedingungen hinreichen, um ihm den ungestörten Verbleib im freien Gemeinschaftsleben zu ermöglichen, d. h. um es nicht dauernd verwahrungs- oder anstaltsbedürftig im weitesten Sinn zu machen" (S. 243) aber schließlich muß der Psychiater doch einräumen: „Nirgends meßbare Verhältnisse" (a. a. O.)! Offensichtlich auf der Basis solcher medizinischer Einlassungen glaubte der Heilpädagoge *Egenberger* (1926), die Bildungsfähigkeit abnormer Kinder sei von einem „inneren geistigen Organ" abhängig. Erziehbar und bildbar seien nur „jene Abnormen, deren Gebrechen, Krankheiten, Störungen und Hemmungen das geistige Individuum an sich nicht zerstört haben" (S. 39). Darüber aber, was darunter zu verstehen sei, seien wissenschaftlich bestimmte Antworten nicht möglich. Sie seien auch nicht in Definitionen zu fassen.

Derartige Aussagen lassen sicherlich auch sozietär bestimmte Einstellungen und Ratlosigkeit erkennen. Sie implizieren aber auch eine existentielle Gefährdung der hier gemeinten Menschen. Wenn es keine Meßbarkeit für Nicht-Bildsamkeit gibt, kann auch nicht objektiviert werden, wann jemand als „homo educandus" zu werten sei, und wann ihm als lediglich „homo patiens" Bildsamkeit abzusprechen sei.

Liefe ein solches Unterfangen nicht konsequenterweise darauf hinaus, darüber befinden zu müssen, wer als Mensch im Vollsinne des Wortes anzusehen sei und wer nicht? Das Absprechen von Bildsamkeit käme dem Negieren von Personalität gleich. Damit allerdings könnte letztlich der Begriff des „lebensunwerten Lebens" und der „Euthanasie" eine Rechtfertigung erfahren. *Löwisch* sieht „massive Inhumanität" als Folgen eines Absprechens von Bildsamkeit an (*Löwisch* 1969, 153).

Die Zitierung dieser Gefahr erscheint durchaus nicht weithergeholt oder rein spekulativ. Inhumanität in verschleierter Form läßt sich dem kritischen Auge erkennbar etwa in jenen Schwachsinnigenanstalten oder in jenen Fällen nicht gewährter öffentlicher Bildungshilfe beobachten, wo die von irgendeinem „Fachmann" gestellte Diagnose „Bildungsunfähigkeit" als Alibi für den Verzicht auf gezielte Bildungsversuche und für das Einverstandensein mit einem stumpfen Dahinvegetieren der betroffenen Menschen dient.

In seiner „erziehungsphilosophischen Grundlegung der Heilpädagogik" geht *Löwisch* hinsichtlich der Frage der Bildsamkeit davon aus, daß Geistigkeit, Aktivität und Psyche unabdingbare Konstituenten des Menschseins darstellten, die also prinzipiell nicht geleugnet werden könnten, und daß die Notwendigkeit pädagogischer Mühewaltung nicht aufhebbar sei. Vielmehr erweise sich bei „Zugrundelegung des Prinzips der Aktivität des Subjekts" auch noch die schwerste geistige Behinderung als pädagogische Aufgabe (ibid. 156). „Die prinzipielle Bildsamkeit des behinderten Menschen" aber lasse sich — wie jedes Prinzip —

„durch Erfahrungsbeweise nicht widerlegen oder aus der Welt schaffen" (ibid.).

Die empirische, pädagogisch pragmatische Frage nach dem *Grad* der individuellen Bildsamkeit ist damit nicht abgewiesen. Zweifellos gibt es bildsamere und weniger bildsame Menschen. Wie *Eigler* (1967) ausführt, muß Bildsamkeit im Zusammenhang mit Lernen gesehen werden. Sie ist keine vorgegebene Größe etwa für Intelligenz und Begabung, sondern wird vielmehr erst durch Erziehung und Lernen erschlossen und aufgebaut. *Mühl* (1969) definiert Bildsamkeit als „Ansprechbarkeit auf Dinge und Menschen". Kausalitäten seien nicht genau festlegbar. Bildsamkeit gebe es jedoch nur da, wo erzogen wird, wo der Erzieher das Kind anspricht. Besonders bedeutsam für die spätere Erziehung ist das Wecken und Bewahren der Ansprechbarkeit in der frühen Kindheit.

Negativ gesehen kann Bildsamkeit durch unzulängliche Erziehung, durch soziokulturelle Benachteiligung wie durch organische Defekte derart behindert sein, daß es gemeinhin schwerfällt, Ansätze für eine sinnvolle pädagogische Mühewaltung ausfindig zu machen. In solchen Fällen wird offenbar generell Bildsamkeit als Voraussetzung für Erziehung angesehen, nicht jedoch als ein Phänomen, das sich erst durch Erziehung einstellt. Ansätze von Bildsamkeit wurden und werden vor allem dann in Frage gestellt, wenn Erziehung auf bestimmte Ziele fixiert wird und sich dann eine unüberbrückbare Diskrepanz ergibt.

In diesem Sinne dürfte die pädagogische Reflexion über Erziehungsziele und Bildungsideale indirekt dazu beigetragen haben, den Abstand zwischen Ideal und behinderter Wirklichkeit so sehr zu erweitern, daß der extrem bildungsschwache Zögling fast völlig aus dem Gesichtsfeld der Pädagogik entrückt und als nicht bildbar gekennzeichnet wurde. Gar zu lange ging die pädagogische Theorie von einem Einheitstyp des Züglings aus, für den höchste Ziele als allgemeinverbindlich und realisierbar gedacht wurden, wie z. B. die Ausprägung des Bildes „edler menschlicher Vollkommenheit" *(F. Sawicki),* „die Charakterstärke der Sittlichkeit" *(Rein),* das „autonome Glied der historischen Kulturgemeinschaft" *(J. Cohn),* „die machtvolle und liebevolle Persönlichkeit" *(E. Otto,* sämtlich zit. b. *Erlinghagen* 1960), „der Fähigkeit, im Gespräch der Gesellschaft mündig mitzusprechen" *(J. Dietz)* oder die „geistige Auseinandersetzung des Menschen mit der Welt, das wesentliche und willentliche Selbst- und Weltverhältnis des menschlichen Daseins" *(E. Fink).*

An solchen generalisierenden Hochzielen und Menschenbildern gemessen bleibt der geistigbehinderte Mensch so weit zurück, daß ein Erziehungsversuch von vornherein als hoffnungslos erklärt werden muß. Die Vielfalt der Erscheinungs- und Verwirklichungsweisen des Menschlichen läßt es vielmehr als unmöglich erscheinen, „ein geschlossenes und verbindliches Menschenbild zu liefern". Es wäre dazu angetan, „die dem Wesen des Behinderten entsprechenden andersartigen menschlichen Möglichkeiten zu verstellen". *Bleidick* (1967, 10) weist in diesem Zusammenhang auf die conditio humana hin, zu der es gehöre, daß „der Mensch sich im Prinzip als offene Frage versteht".

Was die sogenannten oder vermeintlichen hoffnungslosen Fälle betrifft, so gebietet es die Objektivität, nicht nur das Kind selber, sondern auch die Unzulänglichkeit der gewährten Hilfe in Rechnung zu ziehen. Manches Kind, das einst oder dort als „hoffnungslos" aufgegeben worden ist, kann heute oder hier Hilfe finden, damit auch es ein Lernender wird (*E. Bauer* 1969). Angesichts der Relativität der Hilfe einerseits und der prinzipiellen Bildbarkeit des Menschen andererseits empfiehlt es sich, in den Bereichen extrem verminderter bzw. kaum wahrnehmbarer Bildsamkeit nicht von „Bildungsunfähigkeit" sondern von *spurenhafter Bildbarkeit* zu reden (*O. Speck* 1964).

Der Begriff der „Bildungsunfähigkeit" ist sowohl theoretisch falsch — schon *Hanselmann* hatte darauf hingewiesen (^{5}1958) — als auch praktisch nicht objektivierbar. Es gibt keine allgemein verbindlichen Maßstäbe und exakten Methoden, um das Fehlen jeglicher Bildbarkeit auszumachen. Die moderne Entwicklungsforschung lehrt, daß keine deutlich voneinander abgrenzbaren Stufungen auszumachen sind, daß alle Ansätze von Entwicklungen verborgen bleiben. Selbst die eigens für geistigbehinderte Kinder entwickelte Testbatterie TBGB (*Bondy, Cohen, Eggert, Lüer* 1969) läßt ausdrücklich keine Aussage über Bildungsfähigkeit oder Bildungsunfähigkeit zu.

Wenn von Bildbarkeit bei schwerstgeschädigten Menschen die Rede ist, so kann es sich nicht um eine materiell zu messende Größe, also auch nicht um ein „gewisses Minimum" handeln, sondern um ein Postulat der conditio humana, das man mit der gebotenen prinzipiellen Offenheit so fassen könnte: Bildbarkeit ist die Verwirklichungspotentialität für Menschlichkeit unter der Voraussetzung von Erziehung und Bildung, wobei man Menschlichkeit als Menschsein unter Menschen begreift.

Der Begriff der „*Bildungsunfähigkeit*" ist zwar inzwischen aus den Schulgesetzen getilgt worden, aber durch einen schulorganisatorischen ersetzt worden, der wiederum den Ausschluß aus dem Schulsystem beinhaltet: schulische Bildbarkeit oder Schulfähigkeit; negativ formuliert: schulisch nicht bildbar oder schulunfähig. Das ursprüngliche Problem ist damit für die Schule verlagert worden. Es gilt nun zwar jedes geistigbehinderte Kind als bildungsfähig, aber die Schule praktiziert doch einen Mindestaufnahmekanon. Damit bleibt die Frage nach der schulischen Integration der schwerstbehinderten Kinder ein Schulproblem (*Spreng* 1979).

Nicht nur das Leiden, die Krise und der Konflikt sind konstituierende

Bestandteile der menschlichen Existenz, sondern auch die *Hilfe* zur Milderung oder Überwindung der Not. Die immanente menschliche Bereitschaft, auch dem Schwerstbehinderten Lebenshilfe zu gewähren, kann mit als Beleg dafür angesehen werden, daß auch schwerste Lebensbeeinträchtigungen, die den Menschen an den Rand der Existenz drängen, nicht außerhalb, sondern innerhalb des Menschlichen anzusiedeln sind. Im übrigen ist auch dieses extrem hohe Maß an not-wendender Hilfe nichts anderes als eine exemplarische Weise menschlichen Miteinanders, menschlicher Aufeinanderbezogenheit von Starken und Schwachen, von Verantwortung und Vertrauen.

Zusammenfassend läßt sich feststellen:

Das behinderte Kind ist als Mensch unter Menschen der Erziehung bedürftig, ist animal educandum. Es geht von ihm — für den Menschen erkennbar — „der Appell (aus), erzogen zu werden" (*Vliegenthart* 1968). Wir können ihn allgemein als den „Wunsch, mitmachen zu dürfen in den Dingen der Menschen", sich zugehörig zu erleben, definieren. Er bedarf dazu einer seiner Besonderung entsprechenden Hilfe. Sie ist darauf gerichtet, „diejenige Form des Menschseins in seinem Leben zu verwirklichen, die ihm möglich ist" (*Vliegenthart* ibid., 33).

Der Bildungsanspruch des geistigbehinderten Kindes (*Schomburg* 1968) ist eine pädagogisch-anthropologische These, der widersprochen wird. Sie ist nicht etwas naturhaft Selbstverständliches, sondern ein kulturelles Phänomen. Wie jedes Kulturgut muß es immer wieder verteidigt werden (*Vliegenthart* 1968). Die Aufgabe der Verteidigung der Rechte der Schwachen wird immer nur von einer kleinen Gruppe oder einzelnen als Anruf vernommen. Wohl kaum wird die große Menge der Gesunden und Tüchtigen jemals diese Aufgabe verstehen (*Moor* 1964).

Der Geistigbehinderte ist wie jeder Mensch prinzipiell bildbar. Der Begriff „Bildungsunfähigkeit" ist pädagogisch-anthropologisch untragbar. Er ist in sich gleichbedeutend mit dem Absprechen des Wertes als Mensch, ist historisch außerordentlich belastet und als anzuwendende Bestimmung praktisch nicht vollziehbar.

Auch der Begriff der schulischen Bildbarkeit als Abgrenzungskriterium löst nicht das pädagogische Problem der schwerstbehinderten Kinder und Jugendlichen. Da er nicht operationabel und von der jeweiligen Definition von Schule abhängig ist, ist er eher dazu angetan, das Unrecht der amtlichen pädagogischen (schulischen) Vernachlässigung zu perpetuieren. Die Schule kann sich von ihrem gesellschaftlichen Auftrag als Bildungsorganisation *für alle* hier nicht von ihrer Verpflichtung für *alle* geistigbehinderten Kinder entbinden.

Zur Stellung des geistigbehinderten Menschen in der Welt

Die bisherige Darstellung der psychischen Realisierungsbedingungen für Erziehung und Bildung trotz geistiger Behinderung läßt folgende Merkmale der Stellung des Geistigbehinderten in der Welt erkennen:
1. Das Leben des Geistigbehinderten wird durch ein Extremum an unmittelbarer und permanenter sozietärer Abhängigkeit bestimmt.
2. Der Geistigbehinderte ruft mitmenschliches Helfen hervor.
3. Lebenshilfe für Geistigbehinderte ist auf die Erschließung und Wahrung ihres Eigenlebens im Schutze sozialer Integration gerichtet.

Extreme sozietäre Abhängigkeit

Jedes Menschenkind wird in einem Zustand völliger Abhängigkeit geboren. Mit fortschreitender Erziehung und Bildung löst es sich allmählich von seinen sozialen Stützen und Trägern und wird zunehmend selbständig. Der Spielraum für ein Selbst-stehen und -gehen, für eine Individuation, ist beim Geistigbehinderten so klein, daß eine soziale Abhängigkeit immer extrem wirksam bleibt. Sein Verhalten bleibt weitestgehend geprägt durch die Verhaltensmuster, die er in seiner unmittelbaren Umwelt erlebt, und gesteuert durch die Einstellungen und Maßnahmen der Personen, denen er anvertraut ist. Die Handlungen und Aussagen der anderen vermag er nur in einem minimalen Grad in Frage zu stellen. Er ist ihnen nahezu wehrlos ausgeliefert. Sein Leben bleibt extrem heteronom, außengesteuert, „totally dependent" (*Williams* u. a. 1966).

Die außergewöhnliche Angewiesenheit der Geistes-schwachen auf die „Starken" bringt *Moor* (1958) mit dem Begriff des „äußeren Halts" zum Ausdruck: Da sich beim Geistesschwachen „innerer Halt" nicht ausbilden könne, er also der Unmündige bleibt, bedarf er äußerer Stützen und Haltgebungen, eines „Vormundes", wie man auch sagen könnte.

Die Last solcher lebenslanger Vormundschaft tragen und spüren vor allem die Eltern. An ihre Stelle tritt vielfach das Heim als institutionelle Form umfassender Vor-sorge.

Benda (1960) definiert Geistesschwäche von dieser sozietären Notwendigkeit her: „Geistesschwach ist, wer nicht imstande ist, sich und seine Angelegenheiten zu besorgen, dies auch nicht lernen kann, sondern der Überwachung und Fürsorge bedarf."

Die Geschichte der Geistigbehinderten in der Gesellschaft zeugt von ihrer totalen Ausgeliefertheit an die Macht der anderen. Sie können ihr Leben nur leben, wenn es von den anderen mitgetragen wird. Sie selber können zur Sicherung ihres Lebensrechtes von sich aus nicht beitragen. In ihrer Machtlosigkeit und Isoliertheit sind sie gegebenenfalls der *„sozialen Vereitelung"* ihres Lebens ausgesetzt. Dieses Gehindertsein an der Verwirklichung der elementaren Lebensbedürfnisse kann in ihnen zerstörerische Tendenzen auslösen (Aggressionen, Auto-Aggressionen). Zerstörung ist die Folge ungelebten Lebens, nach *E. Fromm* (1968) ein Versuch, über das vorgegebene Leben hinauszukommen, eine Art Antwort auf das menschliche Bedürfnis nach Transzendenz.

Das Ausgeliefertsein an die Mitmenschlichkeit der anderen ist an sich kein Spezifikum der Stellung des geistigbehinderten Menschen in der Welt. Jeder Mensch ist auf den anderen angewiesen. Allerdings erreicht dieses Angewiesensein beim Geistigbehinderten ein extremes Ausmaß.

Hahn (1978) hat das interaktionale Phänomen der *Abhängigkeit* geistigbehinderter und körperbehinderter Menschen näher untersucht und dessen pädagogische Bedeutsamkeit herausgearbeitet. Seine Analyse erbrachte u. a. ein quantitatives und qualitatives „Mehr" an behinderungsbedingter Abhängigkeit, das die Identität dieser Menschen gefährdet. Diese Abhängigkeit rührt nur zum Teil von der vorliegenden Schädigung her, während ein anderer Teil durch die soziale Umwelt oder durch den einzelnen selber verursacht sei. Die Motivation des Helfers und des Wie der Hilfe spiele im Erleben der Abhängigkeit eine entscheidende Rolle.

Der Autor zeigt im einzelnen auf, daß durch Abhängigkeit sowohl Störungen als auch Befriedigungen der sozialen Umwelt hervorgerufen werden können. Umgekehrt wirkt Abhängigkeit stigmatisierend und etikettierend, z. B. durch den Begriff der *„Pflegebedürftigkeit"*. Gleichzeitig verstärkt dieser Begriff Abhängigkeit, wie er auch Förderung als Notwendigkeit reduziert. Schließlich droht Abhängigkeit, das Selbstvertrauen zu zerstören. Ein weiterer Zusammenhang besteht zwischen Abhängigkeit und *Isolierung* mit all ihren psychischen und physischen Implikationen und zwischen Abhängigkeit und Überfürsorge (Infantilisierung).

Die empirische Untersuchung erbrachte u. a. das höchste Abhängigkeitsniveau bei Probanden, die nicht eingeschult und nicht beschäftigt waren, und zeigte, daß bei den geistigbehinderten Probanden diejenigen mit einem Down-Syndrom sich durch relativ kleine Abhängigkeitswerte auszeichneten.

Abhängigkeit wird zu einer Erfahrung, die den ganzen Alltag ein Leben lang bestimmt, ob es sich um tägliche Verrichtungen zur Versorgung der eigenen Person (Kleider, Toilette, Ernährung, Körperpflege), zur Gestaltung des engeren, privaten Interessenfeldes, um die Kommunikation nach außen, die Beweglichkeit im Außenbereich einschließlich des Angewiesenseins auf andere bei möglichen Gefährdungen oder in geistiger Hinsicht um die Vermittlung von Lebensinhalten und akzeptierenden Bestätigungen des eigenen Daseins handelt. Selbstverständlich sind ganz erhebliche individuelle Unterschiedlichkeiten auszumachen, insgesamt aber stellt sich die Existenz dieser Menschen als eine im Wesen und in der täglichen Erfahrung extrem auf andere angewiesene, u. U. als Sekundär-Existenz dar.

Hervorrufen mitmenschlichen Helfens

Not ruft Hilfe hervor. Auf die Hilflosigkeit des Neugeborenen antwortet der Mensch mit Mitmenschlichkeit. Der ausgelieferte Mensch, der Mensch in Not, ist der hilfebedürftige Mensch. Hilfe kann seinen Zustand total verändern; aber er kann sie nicht zwingen, behauptete er auch sein Recht auf Hilfe. Er bleibt dem andern, seiner Bereitschaft oder Nicht-bereitschaft zur Hilfe ausgeliefert.

Man kann die Geschichte der Menschen als eine Geschichte des Helfenwollens, aber auch der nicht gewährten Hilfe betrachten. Jahrtausendelang nahm man die Schwächen und Gebrechen der Natur des Menschen, die Schrecken seiner körperlichen und seelischen Leiden, das massenweise Dahinsterben der kleinen Kinder, die Verbreitung geistiger Stumpfheit als bloße Gegebenheit, unter Umständen sogar als „gottgewollt" hin. Man machte sich daran, sich dieser Leiden zu erwehren, sie aus der Welt zu schaffen, z. B. durch Kindsaussetzungen, Kindstötungen, durch Internierung — im „Tollhaus" — oder durch „Euthanasie lebensunwerten Lebens".

Inzwischen ist zweifellos ein Wandel eingetreten. Mit den Möglichkeiten wirksamer Hilfe ist auch die Bereitschaft zur Hilfe offenbar gewachsen. Wir können hierin ein evolutives Phänomen der fortschreitenden „Soziogenese" der Menschheit sehen (*Teilhard de Chardin* 1959).

Das zentrierende Selbstbewußtsein des Menschen kann an sich selbst nicht Genüge finden. Der Mensch für sich ist nur eine Hälfte. „Menschsein bedeutet nicht das Für-sich-sein von Individuen, sondern ist ursprüngliche Verbundenheit des Menschen mit dem Menschen", formuliert *W. Faber* 1962, 57) im Anschluß an *M. Buber*.

Die Energie, welche das In-Beziehung-treten, die Konvergenz, in Gang hält, ist eine Anziehungskraft, die im ganzen Kosmos waltet. Als *Liebe* bezeichnet, findet sie im Menschen ihre differenzierteste und höchste Verwirklichungsstufe. Als Mitmenschlichkeit und Brüderlichkeit ist sie zum Programm der Völker geworden und hat in der Charta der Vereinten Nationen einen konkreten Niederschlag gefunden. Es zeichnet sich heute eine Synthese der bisher verstreuten Elemente ab und zwar im Sinne einer Soziogenese. Wellen der Hilfsbereitschaft z. B. können heute, ausgelöst durch Not an irgendeiner Stelle der Erde, den ganzen Erdball umspannen. Riesen-Hilfswerke sind entstanden. Die Europäische Sozial-Charta, die vom Europarat angenommen wurde, hat im § 15 das „Recht der körperlich oder geistig Behinderten auf Berufsausbildung, Rehabilitation und gesellschaftliche Wiedereingliederung" zum Ausdruck gebracht. Da heißt es:

„Um die wirksame Ausübung des Rechtes der körperlich oder geistig Behinderten auf Berufsausübung, Eingliederung und Wiedereingliederung zu gewährleisten, verpflichten sich die Vertragsparteien", u. a. geeignete Maßnahmen für die Bereitstellung von Ausbildungsmöglichkeiten, erforderlichenfalls einschließlich von öffentlichen oder privaten Sondereinrichtungen zu ergreifen."

Die Generalversammlung der Vereinten Nationen nahm 1959 eine Erklärung über die Rechte des Kindes an, deren Grundsatz 5 den behinderten Kindern gilt: „Das Kind, das körperlich, geistig und sozial behindert ist, erhält diejenige besondere Behandlung, Erziehung und Fürsorge, die sein Zustand und seine Lage erfordern."

Der 4. Internationale Kongreß der Internationalen Liga der Elternvereine, der 1968 in Jerusalem stattfand, verabschiedete eine Deklaration der allgemeinen und besonderen Rechte der Geistigbehinderten:

Art. I: „Der Geistigbehinderte hat die gleichen Grundrechte wie jeder andere Bürger seines Landes und seines Alters."

Art. II: „Der Geistigbehinderte hat ein Recht auf angemessene ärztliche Hilfe und körperliche Behandlung und auf Erziehung, Schulung, Eingliederung und Anleitung, die es ihm ermöglichen, seine Fähigkeiten und Gaben so weit wie möglich zu entwickeln — ohne Berücksichtigung, wie schwer der Grad seiner Behinderung ist. Kein Geistigbehinderter sollte von solchen Möglichkeiten wegen der entstehenden Kosten ausgeschlossen werden."

In den weiteren Artikeln werden das Recht auf wirtschaftliche Sicherheit und einen angemessenen Lebensstandard, das Recht darauf, in seiner eigenen Familie oder bei Pflegeeltern zu leben und in jeder Hinsicht am Leben der Gemeinschaft teilzunehmen, das Recht auf einen geeigneten Pfleger oder Vormund und das Recht darauf, vor Ausnutzung, Mißhandlung und entwürdigender Behandlung geschützt zu werden, proklamiert (*S. Hegi* 1969).

Menschliche Hilfe ist ein Teilphänomen der evolutiven Synthese des Menschlichen. Die Geschichte der Menschen ist ein Weg durch Not und Elend, durch Kümmerformen und Mißerfolge, durch Angst und Schuld, und zugleich ein Weg des Aufstiegs durch Einsatz, Kampf, Opfer und gegenseitige Hilfe. Am Ende seines Buches „Der Mensch im Kosmos" schreibt *Teilhard,* daß nichts so sehr einem Passionsweg gleiche wie der abenteuerliche Weg der Menschheit. Die Evolution schließt das Phänomen des Elends und der Gefährdung mit ein, aber auch gleichzeitig die permanente Kraft zur Veränderung und Wendung. Neues Leben löst Geburtswehen aus. Not erzeugt Hilfe. Durch Hilfe, durch Überwindung von Not, aber wird eine Steigerung des Lebens möglich.

Not und Hilfe sind einander zugeordnet, aufeinander bezogen. Der Mensch in Not und der Mensch als Helfer bilden ein Ganzes. *F. v. Gebsattel* (Not und Hilfe, o. J.) sieht in dieser Einheit von Leiden und Wirken eine „Grundgestalt des mitmenschlichen Daseins" (7). Not und Hilfe sind spezifisch menschliche Phänomene. Die Befähigung zur Hilfsbereitschaft, die durch ein Leiden ausgelöst wird, darf zur natürlichen Ausstattung des Menschen gerechnet werden; sie hat seit je das Werden der Menschen mitgestaltet.

Das Gewähren von Hilfe aber ist keine Selbstverständlichkeit. In ihr bekundet sich vielmehr die Bindung an ein Leitbild, an den Sinn des Helfens und Leidminderns, die Gesinnung des Helfenden. Sie erwächst aus einem Wissen um den hilfebedürftigen Zustand und aus dem unmittelbaren Mitgefühl für den Hilfebedürftigen hier und jetzt. „Im Helfen wird der Zustand eines selbstwertigen Lebewesens intendiert, der ein Behindert- und Gehemmtsein der Lebensentfaltung und Lebensbestätigung darstellt, und in den eingegriffen wird, um den Zustand des Unbehindert- und Ungehemmtseins wieder herzustellen. Die Ursprungsstelle liegt in der emotionalen Sphäre, Helfen bricht ursprünglich aus dem Mitleid hervor" (*F. Rössel* 1927, 103). Hinzuzufügen wäre, daß hier Helfen in dem Sinne verstanden wird, daß ein Unbehindertsein von vornherein nicht wiederhergestellt werden kann, und daß es auch die *Organisation* der Hilfe gibt, freilich immer aufbauend auf dem spontanen, unmittelbaren, personalen Akt. In den ersten Jahrhunderten und Jahrzehnten der Hilfe für behinderte Menschen waren es stets einzelne Personen, die das Betroffensein vom Leid zum Akt und zur Aktion der Hilfe bewegte.

Geistige Behinderung als hilfebedürftiger Zustand ist von den Menschen im allgemeinen erst relativ spät erkannt und gewürdigt worden. Er liegt weitab vom Vitalbereich ihrer unmittelbaren Interessen. Die Totalität dieser Hilfebedürftigkeit stellt überdies an den Helfer relativ hohe Ansprüche, verlangt einen Sprung über den eigenen Schatten.

F. Heer vergleicht die Menschheit mit einem Großkörper, in dem jeder Mensch mitwirkt, dessen Leben zu bereichern oder zu verderben, zu vergiften. „Ich kann nichts tun, denken, leiden, machen, was nicht den Energiehaushalt aller angeht und beeinflußt" (*Heer,* Sprung über den Schatten, 1959, 36). Schon der Säugling wird, wie der Hospitalismus zeigt, zutiefst von den Kraftfeldern in seinen Eltern beeinflußt. Es ist also vom Ganzen her gesehen nicht gleichgültig, von welcher Dynamik und Struktur die Kommunikation zwischen starken und schwachen Kraftfeldern oder Einzelzellen ist, um beim Vergleich mit einem Großorganismus zu bleiben. Die Initiative zur Kommunikation und Belebung, zur Lebenshilfe, muß vom Starken ausgehen. Aus seiner Macht leitet sich die Verantwortung für den Hilfebedürftigen ab. Diese aber ist zugleich eine Verantwortung für das Ganze einer Sozietät, die immer nur aus relativ starken und relativ schwachen Mitgliedern besteht, deren Wertigkeiten sich zudem leicht verändern oder gar ins Gegenteil umschlagen können. „Schließlich kann eine Gesellschaft durch die Existenz ihrer Schwachen auch zur Entwicklung und Befolgung sozialethischer Tugenden und Pflichten im Sinne der selbstverständlichen Caritas gelangen" (*Wegener* 1968, 527). *C. F. v. Weizsäcker* stellte die Doppelthese auf: Der Behinderte braucht die Gesellschaft, und die Gesellschaft braucht den Behinderten (1977, 107).

Die Stärke erhält offenbar ihren Sinn erst aus dem Tragen der Schwachen. „Keine Gemeinschaft, keine Familie, keine Dorfgemeinschaft und so auch keine Staatsgemeinschaft — ist wirklich stark, die ihre schwachen, auch ihre schwächsten Angehörigen nicht tragen will ... Gerade das unscheinbare, für oberflächliche Betrachtung zwecklose Werk ihrer Erhaltung und Pflege dürfte ... das sein, was sie am Intimsten und Sichersten zusammenhält" (*K. Barth,* Kirchliche Dogmatik, 483, zit. Lebenshilfe 1966).

Das *System der Hilfe* für den Menschen ist heute weitestgehend organisiert und professionalisiert. Die *„helfenden Berufe"* sind von der Grundmotivation bestimmt, dem Menschen auf der Basis der Vertrauenswürdigkeit und der Solidarität zu dienen, d. h. seine Weiterentwicklung zu fördern und zu „erleichtern", „Bedingungen für Freiheit zu schaffen", den „jeweils möglichen Grad der Selbsterfüllung" zu erreichen versuchen (*Combs* et al. 1975, S. 94). Helfen ist ein Arbeiten *mit* dem Menschen und *für* den Menschen. Es geht nicht darum, Menschen zu manipulieren, sondern darum, ihnen zum Besseren zu verhelfen, Beistand zu leisten, zu erleichtern, zu ermutigen und zu unterstützen (S. 97).

Helfen in diesem Sinne setzt eine positive Beziehung zwischen Helfer und dem, dem geholfen werden soll, voraus. Sie wird vor allem davon bestimmt sein müssen, daß beide letztlich das Gleiche wollen. Helfen ist im übrigen ein *gemeinsamer Lernprozeß,* der aus dem Erleben gelöster Probleme und aus dem Entdecken von Bedeutsamkeiten und Sinninhalten seine wichtigsten Verstärkungen erhält. Letztlich aber ist Hilfe keine bloße Technik. „Man kann den Menschen nicht helfen, wenn man sie

nicht liebt" (*C. F. v. Weizsäcker*, 1977, 111). Oder: „Keine Kompetenz ohne Liebe!" (*Dennison*)
Jeder der vielen heute entstandenen Helferberufe unterliegt den *gleichen* Bedingungen für dienendes Helfen. Es hat weder ein Beruf ein Exklusivrecht für professionelles Helfen, noch kann sich einer aus der Gemeinsamkeit der Helfer-Intentionen herauslösen zugunsten seiner Spezialtherapie oder Lehraufgabe. Der Mensch, dem geholfen werden soll, ist ein Ganzes. Hilfe — ob professionell oder nicht professionell erteilt — ist auf gegenseitige Abstimmung und Ergänzung, auf die Solidarität der Helfer, angewiesen.

Die Realität des Helfens bleibt nicht ohne Probleme. Helfen kann zu einer Institution und zu einem Mechanismus werden, der den abhängigen Menschen noch stärker bindet und seine Identität bedroht. Eine *Dienstleistungsgesellschaft*, deren System in der möglichst „reibungslosen", d. h. objektivierten, versachlichten Organisation von Hilfe besteht, damit sie auch verwaltet werden kann, ist zugleich dazu angetan, den „Hilfenehmer" (analog zum „Arbeitnehmer") vollends zu entmündigen. Verwaltete Institutionen tendieren dazu, sich zu verselbständigen, um Selbstzweck zu werden, und kehren damit das Verhältnis um, aus dem sie ursprünglich hervorgegangen sind: dem einzelnen Menschen zu dienen (vgl. *McKnight* 1979, *Keupp* 1978).

Der Helfer selber gerät dabei in eigene Probleme. *Schmidbauer* (1977) hat in seiner Untersuchung über das *Helfer-Syndrom* („Die hilflosen Helfer") charakteristische Merkmale herausgestellt, die sich beim Helfer ausprägen und damit das Hilfe-Verhältnis belasten können. Dazu gehören etwa die fehlende Gegenseitigkeit in den Beziehungen, eine latente narzißtische Bedürftigkeit und indirekte Aggressionen. Es stellt sich die Frage, ob eine Massen-Organisation sozialer Hilfe, wie sie heute praktiziert werden muß, derartige „Nebenerscheinungen" überhaupt vermeiden kann, ob es nicht u. U. Mechanismen sind, ohne die das System der sozialen Hilfe nicht mehr funktionieren könnte.

Soziale Integration und Eigenleben

Soziale Verantwortung für den Geistigbehinderten wird dadurch realisiert, daß er in das soziale Ganze aufgenommen und eingegliedert wird. Er, der sein Selbst nicht behaupten kann, ist besonders in Gefahr, übersehen, vergessen, an den Rand geschoben zu werden, „draußen vor der Tür" zu bleiben (*Speck* 1969, 1974).

Soziale Eingliederung wird hier verstanden im Sinne von „sozialindividualer Integration" (*W. Beck* ^{3}1960, 117) unter Berücksichtigung der Besonderung, die durch die geistige Behinderung gegeben und aufgegeben ist. Integration wird strukturiert durch die Grundverhältnisse der Geborgenheit und Zugehörigkeit.

Angepaßtheit: Der Begriff der Anpassung, aus der Naturwissenschaft stammend, hat in der modernen Psychologie und Soziologie eine weite Verbreitung gefunden. Dabei sind unterschiedliche Interpretationen festzustellen. Bei einer *engeren* oder *einseitigen* Auslegung wird Anpassung im Sinne von „Angleichung des äußeren und inneren Verhaltens eines Individuums an die soziale Umwelt" (*Lersch* 1965, 81) verstanden. Eine solche Deutung wird dem Sozialisationsvorgang bei Geistigbehinderten gemeinhin zugrunde gelegt. Man erwartet von ihm, daß er lernt, sich an die wichtigsten Lebensverrichtungen, die Sprache, die Wertordnungen und Normen, wie er sie in seiner Sozietät vorfindet, anzupassen, damit sein Verhalten möglichst unauffällig, d. h. der Abweichungsgrad nicht zu groß wird. Die Zielvorstellung für die Angleichung ist die Spiegelbildlichkeit des Verhaltens, soweit es vom Kind nachvollziehbar ist.

Anpassung wird erreicht durch mehr oder weniger Ausnutzung der kindlichen Bedürfnisse oder durch mehr oder weniger Zwang von außen. Die Andersartigkeit des Anpassungsverhaltens geistigbehinderter Kinder führt zu einer Verstärkung des Sozialisationsdrucks. Das Ziel und Ergebnis der beständigen, nach einfachen Lohn-Strafe-Schemata ausgeübten sozialen Kontrolle sind Gewohnheiten oder Dressate, die den Erwartungen der Umwelt mehr oder weniger entsprechen. Sie sind gleichzeitig Ausdruck der schon genannten Ausgeliefertheit des Geistigbehinderten an die Majorität der Stärkeren. Sie sind es, die in einem solchen einseitigen Bezug das Maß der Angepaßtheit und „sozialen Brauchbarkeit" setzen. So gesehen entspricht das Ausgangsverhältnis zwischen dem Geistigbehinderten und seiner nicht-behinderten Umwelt dem von Draußen und Drinnen. Eine Kommunikation kommt erst dann zustande, wenn der Außen-seiter den Maßstäben, die drinnen gelten, entspricht, d. h. wenn er für gesellschaftsfähig und brauchbar befunden wird.

Man kann nicht umhin, hierin unter gewissen Umständen die makabre Tradition eines Clans auszumachen, der nach den alten, immer wieder modifizierten, aber meist ungeschriebenen Gesetzen festlegt, wem Menschenwürde zugesprochen werden soll und wem nicht.

Eine *weite Auslegung* des Anpassungsbegriffes schließt neben der Angleichung des Individuums an die soziale Umwelt auch den Vorgang der Anpassung des *anderen,* der Gruppe an das Individuum ein. Der stets *wechselseitige* interindividuale Bezug soll damit zum Ausdruck kommen, in unserem Falle die sich allmählich immer mehr aufeinander abstimmenden Verhaltensveränderungen im geistigbehinderten Kind *und* in seinen Bezugspersonen.

Angesichts der außerordentlichen Bedeutung dieses Bezugs der Gegenseitigkeit einerseits und der durch den Sprachgebrauch fixierten Einengung, Einseitigkeit und Belastung des Anpassungsbegriffes andererseits erscheint uns dieser *ungeeignet,* und das *Ganze* der sozialen Eingliederung des Behinderten wesenhaft zu kennzeichnen.

Unleugbar ist zwar Angepaßtheit des Geistigbehinderten an die geltenden Normen, an die umgebende Kultur notwendig, aber sie ist nicht alles, wessen er bedarf, um sein Leben seiner Bestimmung näherzubringen. So sehr sein Verhalten auch unter günstigen Bedingungen dem seiner Bezugspersonen gleichen mag, so wenig er auch über sein Verhalten zu reflektieren vermag, es wäre ein Vorbeigehen, ein Vergehen an seiner Bestimmung als Mensch, wenn man ihn nur „*abrichten*" wollte, wenn man ihn nur als Objekt verstünde.

Zugehörigkeit: Die Angepaßtheit erhält ihren Stellenwert erst auf der emotionalen Basis des vorbehaltlosen Angenommenseins, des apriorischen gleichwertigen Zugehörens. Es kommt darin die unaufhebbare Personhaftigkeit und Selbheit des Geistigbehinderten zum Ausdruck. Weil sie durch Beobachtung nur schwer auszumachen ist, wird sie immer wieder in Frage gestellt.

Es mag vom Aspekt der empirischen Soziologie und Sozialpsychologie durchaus naheliegend erscheinen, dem Geistesschwachen die Fähigkeit zur „Enkulturation" und „Personalisation" (*Wurzbacher* [2]1968), zur „Internalisation" und „Introjektion" (*T. Parsons,* zit. *Lersch* 1965, 130) im Sinne der Verinnerung oder des Zu-eigen-machens von zunächst äußerlich nachvollzogenen Normen abzusprechen. Man wird aber den Verdacht nicht los, daß man sich hier von einem relativ starren Schema abgrenzbarer Stufungen leiten läßt und zwar derart, daß man ganz bestimmten Intelligenz- oder Entwicklungsstufen ganz bestimmte Vermögen und Funktionen zuordnet und damit Stufentypen schafft.

Unberücksichtigt bleibt hierbei, wieweit ganz bestimmte Grundvermögen in *allen* Menschen irgendwie lebendig sind, sich aber lediglich durch den Grad der Verfügbarkeit und Differenziertheit unterscheiden.

Auf Grund unserer anthropologischen Prämissen wie auch unmittelbarer Beobachtungen im erzieherischen Verhältnis gehen wir davon aus, daß auch der Geistigbehinderte über einen bestimmten Grad von Selbheit oder Ich-Identität verfügt, die bei der Verinnerung von normgerechtem Verhalten mehr oder weniger wirksam wird. Mögen sich manche Erscheinungsweisen geistiger Behinderung auch noch so sehr gleichen, wie z. B. beim Mongolismus, so gleicht doch ein Geistigbehinderter dem anderen genauso wenig, wie er sich zum bloßen Abziehbild geforderter Normen — seien sie auch noch so primitiv — abrichten läßt.

Wir haben es vielmehr mit „eigenen" Ausprägungen normgerechten Verhaltens bei Geistigbehinderten zu tun, die einen solchen Grad von Verinnerung erreichen können, daß man in gewissem Sinne auch von einer Art innerem Engagement des ganzen Menschen sprechen kann. Geistigbehinderte können genauso „echt" und gänzlich erschüttert und betroffen sein über ein Unrecht wie Nichtbehinderte; sie können sich ebenso „echt" und mit ihrer ganzen Person freuen über ein Gutes wie Nicht-behinderte. Hierin lediglich ein attrappenhaftes, das hieße wirklich geistloses Nachvollziehen zu sehen, müßte das Menschsein als Personsein ernstlich in Frage stellen. Daß der Geistigbehinderte allerdings das Gute als Gutes und das Böse als Böses nicht in Frage stellen kann, das dürfte ihm wohl kaum als ein Seins-manko angelastet werden.

Eine kleine Beobachtung sei hier wiedergegeben: Anläßlich eines Gottesdienstes für Geistigbehinderte mit ihren Angehörigen sprach in der kurzen Predigt der den Kindern und Jugendlichen vertraute Priester mit einfachen Worten von der Liebe Gottes und vom Gutsein. Sie „verstanden" sicherlich wenig — vielleicht nicht viel weniger als die Hirten auf dem Felde — von dem, was da zu ihnen geredet wurde. Aber ihre Reaktion — worauf? auf das, was der Priester „ausstrahlte"? — ihre psychodynamische Bewegtheit, war menschlich wesentlich: Es war ein unablässiges, gestammeltes, gemurmeltes, durch Kopf-nicken begleitetes „Ja"-sagen. Es kommt doch sicherlich auf das „Ja" an sich an und nicht so sehr auf den Grad seiner Geprüftheit.

Der Geistigbehinderte *ist* jemand und gehört deshalb zum anderen, der auch jemand ist. Ohne sein Zugehörigsein ist seine Lebenseingliederung nicht vollständig. Er müßte sonst sein Leben mit den anderen als einen permanenten Probezustand erleben. Wir können annehmen, daß er durchaus — wenn auch mehr diffus und unbewußt — zu unterscheiden vermag, ob er dazugehört oder nicht, ob er „zählt" oder nicht, ob er sich draußen oder drinnen befindet. „Das Drin ist das soziale Sein, das Draußen ist das soziale Nichtsein", schreibt *Beck* (1960, 89).

Zugehörigkeit manifestiert sich dadurch, daß durch den einen Menschen die Gruppe wesenhaft, d. h. strukturell, zustandekommt als „Gestalt von eigentümlicher Prägnanz und Qualität" (*Beck* ibid., 123). Alle Glieder gehören einander zu, sind psychodynamisch aufeinander bezogen. *Beck* bezeichnet dieses Zugehören als einen „Zustand der vollkommenen gegenseitigen sozial-individualen Integriertheit" (123). Dieses Grundverhältnis muß nicht ein seelisch ausgeglichenes sein; es bleibt auch trotz oder gerade wegen mancher oft schwerer Spannungen erhalten, wie sie z. B. in der Familiengruppe eines Geistigbehinderten vielfach gegeben sind. Indem man sich gegenseitig und eben auch den Geistigbehinderten als Strukturelement ernst nimmt und achtet, wird es möglich, die Überlastung durch die Besonderheit aufzuheben und erträglich zu machen.

Zugehörigkeit ausschließende Grundverhältnisse wären nach *Beck* die Indifferenz, der Gegensatz und der Instrumentalismus. *Indifferenz* bedeutet für den Geistigbehinderten, daß man sich ihm gegenüber gleichgültig verhält, von seinem Dasein und Sosein unberührt bleibt. Dies dürfte vor allem für Großgruppen zutreffen.

Im „*Gegensatz*" aber kann sich der Geistigbehinderte in seinem engsten Familienkreis vorfinden. Man empfindet, er passe nicht hinein, erfülle nicht die Erwartungen, die man an ihn gestellt hatte. Die Reaktion — auf beiden Seiten — kann eine passive sein in Form bloßen Duldens oder Sich-abschließens oder eine aktive Form von Trotz, Widerstand und Aggression.

Ein Grundverhältnis, das man bisweilen auch in Hilfsorganisationen für Geistesschwache antreffen kann, ist der „*Instrumentalismus*". Hier wird der Hilflose Mittel zum Zweck, wobei man sich der passendsten oder unpassendsten Tarnungen und Verkleidungen bedient. *Beck* meint, daß solcher Instrumentalismus häufiger bestehe als man annehme. Er „vermag aufzutreten im Kleide der Caritas und im Mantel des Barmherzigen Samariters, mit der Maske des pädagogischen Eros, mit der Miene des Dienenden, Duldenden, Sorgenden, Schützenden, Schenkenden und Liebenden. Er nistet sich ein in Familien und Bünden, in klangvollen Parolen und verheißungsvollen Programmen, die Menschlichkeit sagen und Macht meinen" (*Beck* ibid., 121). Ein heute aktueller Begriff wäre das sich selbst erhaltende „Dienstleistungssystem" (*McKnight* 1979).

Zugehörigkeit bedeutet für den Geistigbehinderten, daß zu ihm „ja" gesagt wird, daß er Mensch sein darf unter Menschen, daß er eine sinnvolle Lebensrolle spielen kann, sei der Spielraum auch noch so klein und das Spiel auch noch so einfältig.

Zugehörigkeit schließt für den Geistigbehinderten auch *Geborgenheit* ein. Sie bedeutet das „einfache, frag- und absichtslose Hin- und Angenommensein" durch die Gruppe. Dieses besteht wesentlich darin, „daß der Mensch von der Gruppe geliebt, geehrt, geachtet, gepflegt, umhüllt, umsorgt und getragen wird als das, was er ist, und weil er so ist, wie er ist" (*Beck* ibid., 122).

Wenn wir darzustellen versuchten, daß soziale Eingliederung des Geistigbehinderten Angepaßtheit und Zugehörigkeit, Angeglichenheit und Geborgenheit bedeuten, so sollten damit Möglichkeiten und Richtungen aufgezeigt werden. Daß der Versuch einer Verwirklichung ein außerordentlich schwieriger und spannungsreicher sein kann und oft nur Stückwerk bleibt oder völlig mißlingt, versteht sich aus der ungewöhnlichen und pathologisch bedingten Eigenart und Besonderung des Geistigbehinderten und soll zunächst hier nur angedeutet werden. Die ganze Schwierigkeit seiner Eingliederung ergibt sich aus der unaufhebbaren Tatsache seines „Andersseins", aus seinem Bedürfnis, mitmachen zu wollen und dazuzugehören (*Vliegenthart* 1968) und aus der nach wie vor verbreiteten Rat-, Verständnis- und Hilflosigkeit bzw. der Indifferenz und Feindseligkeit der Nicht-behinderten.

Hier stellt sich die Frage nach den *Möglichkeiten der Einstellungsänderung der Sozietät* in Richtung auf eine Annäherung an die Eigenwelt des Behinderten, um ihm die Angleichung zu erleichtern, und ihn sozial einzubeziehen. Sicherlich hängt seine soziale Eingliederung nicht nur von den Spezialinstitutionen und Gruppen ab, denen sie bisher schon Aufgabe war, sondern nicht unwesentlich und auf die Dauer auch von einer Eingliederung der Existenz des Geistigbehinderten in das öffentliche Bewußtsein.

Einen lebendigen Beleg für die Realisierbarkeit eines echten Miteinander von Starken und Schwachen, von Behinderten und Nichtbehinderten, erbringt die belgische Stadt *Geel*. Seit Jahrhunderten werden hier in mehr als tausend Pflegefamilien behinderte Menschen, Geistigbehinderte und Geisteskranke, betreut. Das Bedeutsame an diesem außergewöhnlichen Beispiel ist die Tradierung einer sozialintegrativen Einstellung der Bewohner einer ganzen Stadt gegenüber Menschen, die ansonsten der Außenseiterdiskriminierung ausgeliefert sind.

Ursprünglich aus einem religiösen Brauch entstanden, erfolgt das Aufnehmen der „zinnelosen" sicherlich schon seit langem aus mehr ökonomischen Motivierungen. Das Pflegefamilienwesen von Geel, wohl das älteste Europas, hat dem Ort einen allgemeinen wirtschaftlichen Aufschwung gebracht. In 1200 Pflegefamilien werden heute 1700 Pfleglinge betreut. Viele Pflegeplätze sind nicht belegt.

Sozialpsychologisch aufschlußreich ist die Tatsache, daß — wie *M. Keller* 1969 berichtet — in 81,9 % der in einer Untersuchung von *Matheussen* erfaßten Pflegefamilien der Mann oder die Frau wiederum aus einer Pflegefamilie stammen. Vielfach setzen die herangewachsenen Kinder die Pflegearbeit der Eltern fort und ermöglichen dadurch den Pfleglingen eine über Jahrzehnte hinweg kontinuierliche und stabile Lebensumwelt.

Zwischen Familie und Pflegling besteht ein enges Verhältnis. Er nimmt am gesamten Familienleben teil, wird von den Nachbarn und der Gemeinde, auch den Jugendlichen akzeptiert und kann öffentliche Lokale und Veranstaltungen frei besuchen.

Gegenwärtig zeichnet sich als Folge der Industrialisierung eine Strukturveränderung der Behindertenpflege in Geel ab. Der Übergang von der häuslichen Arbeit und Mithilfe in Landwirtschaft und Handwerksbetrieb zur außerhäuslichen Erwerbsarbeit hat zusammen mit dem allgemeinen Anheben des Lebensstandards zu neuen Überlegungen über die künftige Gestaltung der Pflegearbeit geführt.

Das sicherlich außerordentliche Beispiel Geel zeigt jedenfalls, daß eine Neutralisierung von Abweichungen, eine wirklich soziale Integration von Geistigbehinderten in einen größeren Sozialverband unter bestimmten Bedingungen durchaus möglich ist.

Zusammenfassend kann festgestellt werden, daß die Besonderheit der Stellung des Geistigbehinderten in der Welt gekennzeichnet ist durch seine extreme soziale Abhängigkeit, im besonderen durch seine Ausgeliefertheit an den Helferwillen der anderen, und gleichzeitig durch seine in der sozialen Integration erschließbare Chance geistigen Lebens. Wenn schon für das Kind im allgemeinen gilt, daß es in stabile Lebensordnungen oder „Institutionen" (*Brezinka* 1961) eingebettet sein muß, um dieses Leben in der Vielfalt der Möglichkeiten meistern zu können, so gilt dies in besonderem Maße für das geistig insuffiziente Kind. Im ordnenden Beziehungsgeflecht der Gruppe, der es sich zugehörig fühlt, erlernt es einerseits normgerechte, für sein Leben bedeutsame Gewohnheiten und Motive und wird andererseits von außen her gestützt, wo ihm das Vermögen für eigenes Entscheiden und Handeln fehlt. Sein Lebensweg wird dadurch überschaubarer, sein Leben erhält eine gewisse Sicherheit. Sie beruht zutiefst auf der unmittelbaren Vertrautheit von Mensch zu Mensch. „Nur durch Kommunikation mit der Gruppe und im Schutz ihrer Institutionen kann ein Lebenssinn gefunden werden" (*Brezinka* ibid., 34).

Die wichtigste Gruppe für den Geistigbehinderten, in der er am wirksamsten Lebensordnungen als gewachsene Verbindlichkeiten des Miteinanders erfahren kann, ist seine *Familie*. In ihr vollziehen sich die grundlegenden Lernvorgänge, die schon *Pestalozzi* meinte, als er 1815 „An die Unschuld, den Ernst und den Edelmut meines Zeitalters und meines Vaterlandes" schrieb: „Unser Geschlecht bildet sich wesentlich nur von Angesicht zu Angesicht, nur von Herz zu Herz menschlich. Es bildet sich wesentlich nur in engen, kleinen, sich allmählich in Anmut und Liebe, in Sicherheit und Treue ausdehnenden Kreisen also . . . Die Menschenbildung und alle ihre Mittel sind . . . ewig Sache des Individuums und solcher Einrichtungen, die sich eng und nahe an dasselbe . . . anschließen. Sie sind ewig nie die Sache der Menschenhaufen" (zit. *Brezinka* ibid.).

Diese intimen Kleingruppen aber bedürfen nichtsdestoweniger — gerade weil oder wenn sie vor einer besonderen und erschwerten Aufgabe stehen — der Stütze von außen. Auch sie sollten sich eingebettet fühlen dürfen in die größeren sozialen Gruppen, in die großen Lebensordnungen. Eine Gesellschaft, die ihre schwachen oder schwerer belasteten Glieder im wesentlichen sich selbst überläßt, muß sie heillos überfordern. Sie gefährdet damit auch das Bemühen der Erziehung, der „Sondererziehung" des Geistigbehinderten bzw. verurteilt es zum Scheitern. Sie untergräbt die Bereitschaft zur Hilfe; denn auch der Helfer bedarf des sozialen und geistigen Rückhaltes, eines Minimums an Eingefügtsein in gültige Lebensordnungen. Wir können in solchem sozialen Halt des Geistigbehinderten und seiner ihn umsorgenden Intimgruppe im Rahmen gesellschaftlicher Akzeptanz und Einordnung die Basis seiner Sondererziehung sehen.

Aufgaben und Richtziele für Erziehung und Unterricht

Unsere bisherige Darstellung hatte den Sinn, die Realisierungsbedingungen für Erziehung und Bildung des Geistigbehinderten aufzuzeigen. Es wurden Eigentümlichkeiten seines Reifens und Lernens deutlich gemacht, insbesondere die Art seines sozialen In-Beziehung-tretens und der Bedingungen für eine Aktivierung, Motivierung und Stabilisierung seines Verhaltens. Es wurde sodann das Spezifische der Stellung des Geistigbehinderten in der Welt und seiner Chancen, sein Leben zu einem geordneten und sinnerfüllten werden zu lassen, herauszuarbeiten versucht.

Wir gingen dabei von der Grundannahme aus, daß auch sein Leben auf Sinnerfüllung und Glücklich-werden angelegt ist, und daß es auf diesem Wege in jedem Augenblick eine „in sich sinnvolle Existenz" (*Langeveld* ^{5}1965, 107) darstellt — trotz aller vergleichsweisen Defizienz. Wir haben noch einmal zu betonen, daß das, was wir mit „geistiger Behinderung" bezeichnen, letztlich nichts anderes ausdrückt als eine der vielen Erscheinungsformen menschlichen Seins, dem das Unvollendetsein, das Defekte, das Leiden, das Gefährdetsein konstitutiv, d. h. stets innewohnt. Das bedeutet freilich auch, daß bei aller Unterschiedlichkeit der Bestimmungs- oder Zielfindung im einzelnen eine Übereinstimmung im Wesen und Kern der Lebenserfüllung vorliegen muß, sei sie auch noch so klein. Auch die Lebenserfülltheit des Geistigbehinderten ist nichts anderes als eine von den vielen Weisen der Sinnfindung menschlichen Daseins. So ist sein Lebensbogen bildhaft gesprochen kein abgebrochener, sondern ein ganzer, mag er auch flach, wenig gespannt und unscheinbar sein.

Der Geistigbehinderte ist wie jeder Mensch ein „Mängelwesen" *(Gehlen)*. Wegen seiner Armut an Instinkten *(Portmann)* ist er darauf angewiesen, mit Hilfe seiner ihm eigenen Lernkapazität sich das erst zu erwerben, was er braucht, um existieren zu können, und um aus seinem Leben das zu machen, was in ihm angelegt, entworfen ist, d. h. was ihm möglich ist. So ist auch sein Leben ein Auf-dem-Wege-sein, ist „Bewegung nach vorn" *(Teilhard)*, nicht Starre, ist auf Zukunft gerichtet. Er lebt von den kleinsten Fortschritten und Erwartungen. Er kann aber seinen Weg nur gehen, und leben lernen, wenn er beständig begleitet und gestützt wird.

Er verläuft durch die Gesamtheit dieses Lebens um ihn herum, das eine ungeheure Vielfalt und Komplexität erreicht hat, und in der er sich verlieren kann. Soll er lebendiger Teil dieses Ganzen werden und bleiben, so muß er in der Lage sein, sich darin zurechtzufinden, mit den Dingen seiner optimal erfahrbaren Welt produktiv umzugehen, seiner Lebensaufgabe gerecht zu werden.

Die pädagogische Aufgabenstellung orientiert sich am Lebensauftrag und Lebensspielraum des Zöglings. Das Leben des Geistigbehinderten ist nach dem bisher Dargestellten ein in sich sinnvolles, von der Sozietät extrem abhängiges, getragenes und umsorgtes. Die dadurch gewährten Lebensbedingungen ermöglichen ihm die Erfüllung seines Lebensauftrags: Mensch zu werden und Mensch zu sein mit den Menschen. Er soll seinen Platz unter den Menschen haben, miteinbezogen sein, soll im sozialen Gefüge seine Lebensrolle spielen, das Seine leisten, mit den andern gemeinsam auf dem Wege bleiben zur Verwirklichung des Lebenssinns und Freude am Leben finden.

Die pädagogische Aufgabenstellung wird bis zu einem gewissen Grad durch die Rollenerwartungen der Sozietät mitbestimmt. Je nachdem, wie sie den geistigbehinderten Menschen sieht und seinen Lebenswert einschätzt, setzt sie Maß und Ziel der Hilfe fest. Demgegenüber ist vom originären Auftrag der Erziehung her daran festzuhalten, daß ihr Ziel nicht von der jeweiligen Sozietät her definiert werden kann, daß der Geistigbehinderte nur dann optimal zur Menschlichkeit hingeführt werden kann, wenn er nicht nach seinem Leistungswert im Sinne der Mehrung des Sozialproduktes gemessen wird, sondern wenn sein Dasein als eine gemeinsame Aufgabe angenommen wird, wenn man sich die Mühe macht, seine Eigenart zu verstehen und zu achten, um ihr menschlich gerecht werden zu können. Seine wirklichen, d. h. realisierbaren Möglichkeiten setzen das Maß; das ist dasjenige, was für sein Leben bedeutsam und deshalb notwendig ist. Groß ist die Gefahr, daß ihm Unangemessenes zugemutet wird, oder daß das an sein Leben angelegte Maß zu gering ausfällt. Die Folgen sind im einen Falle Verwirrtsein und Belastetsein, im anderen Falle Verkümmert- und Leersein.

Auf *Fehlziele* der Geistigbehindertenerziehung weist u. a. *Bach* mit Nachdruck hin (1969, 23 ff.). Sie entstehen vielfach aus der erzieherischen Ratlosigkeit und Unerfahrenheit angesichts einer so schwierigen Aufgabe, wie sie die Erziehung Geistigbehinderter zweifellos darstellt. *Bach* vermerkt vor allem die Verlockung für viele Eltern und andere Erzieher, dem Kinde „wenigstens einen Abglanz der konventionellen Bildung zu vermitteln" (25), aber auch das zweckhafte rationale Denken der Öffentlichkeit, das den Geistigbehinderten in erster Linie unter dem Aspekt der Rentabilität und sozialen Brauchbarkeit sieht. Es ist dazu angetan, seine Erziehung allzu sehr abzustimmen auf Verwendbarkeit im Arbeits- und Produktionsprozeß oder auf kollektiv-egoistisch gewünschte Unauffälligkeit, d. h. auf „Abrichtung für Zwecke der Umwelt" (24). Schließlich verleitet die Schwerbeweglichkeit, die geringe

Lernfähigkeit und das insbesondere durch falsche Erziehung bedingte Bedürfnis des Geistigbehinderten, sich pflegen und helfen zu lassen, zur Verkümmerung der Aufgabenstellung.
Nach einer Untersuchung von *Connor* und *Goldberg* (1959 zit. *Williams* u. a. 1966, 26) in den USA gaben Lehrer folgende *Zielsetzungen* als Hauptgesichtspunkte für ihre pädagogische Aufgabe am geistigbehinderten Kinde an:

	Häufigkeit der Erwähnung
Persönlichkeitsentfaltung	88
gefühlsmäßig	54
körperlich	24
moralisch und geistig	10
Sozialerziehung	55
Selbständigkeit	47
Wirtschaftliche Brauchbarkeit	38
Sprachliches Ausdrucksvermögen	17
Häuslichkeit	13
Hilfe für die Eltern	4

Diese Angaben können dahingehend gedeutet werden, daß im Urteil der pädagogischen Fachleute die persönlichen Bedürfnisse und Möglichkeiten des Kindes eindeutig bestimmend sind, weniger die Zweckdienlichkeit im Sinne der Sozietät.

Die Vorstellungen der Eltern, die *Goldberg* (1957) ebenfalls untersuchte, weichen von denen der Lehrer in Richtung einer Überhöhung der Zielsetzungen ab. Sie lassen auch eine stärkere Berücksichtigung sozietär-konventioneller Erwartungen und Normen erkennen. So erwarten die Eltern von der Schule, daß ihr Kind dort ein Maximum der ihm möglichen Erziehung erhält, daß es im Lesen und im Handwerklichen unterwiesen wird, daß es korrekte Umgangsformen lernt, und daß es darüber hinaus sich körperlich wohlfühlt und glücklicher wird.

Ein ähnliches Bild zeigt sich auf Grund von Beobachtungen in den Bildungseinrichtungen unseres Landes. *D. Fischer* (1969) stellte bei den befragten Eltern insbesondere folgende Erziehungsvorstellungen fest:
- „Selbständigkeit im späteren Leben (14mal)
- Das Kind muß etwas *lernen*, nicht nur spielen (siebenmal),
  damit es zurechtkommt
  daß es Pflichten gibt
  was es fürs Leben braucht
  daß es nicht nur bedient wird usw.
- Geschicklichkeit, damit es sich helfen kann
- Anständigkeit, daß es später mit anderen Menschen gut zurechtkommt
- Fingerfertigkeit, damit es mit allem schneller fertig wird
- Sicherheit im ganzen Leben" (S. 49).

Erzieher und Lehrer sehen sich einem gewissen Druck der überhöhten elterlichen Erwartungen ausgesetzt. Bisherige Enttäuschungen, das verunsicherte Sozialprestige der Eltern und die Sorge vor der Zukunft dürften hierzu wesentlich beigetragen haben, aber auch mangelnde sachliche Informiertheit über die tatsächlichen Möglichkeiten des Kindes.

In der von *Eichler* (1967) herausgegebenen Schrift „Einführung in die heilpädagogische Arbeit mit geistig schwer und schwerst behinderten Kindern" unter Anlehnung an die ungarische heilpädagogische Arbeit nach G. *Bárczi* wird als Ziel die bestmögliche Förderung der geistigen Entwicklung und die Korrektur von Fehlreaktionen angegeben. Es soll erreicht werden, „daß die Kinder gebessert in die Familie zurückkehren oder in einer geschützten Gemeinschaft leben können und schließlich eine ihrer Fähigkeiten angemessene, sinnvolle Tätigkeit ausführen können" (6).

Die Förderung der geistigen Entwicklung erfolgt auf der realen Basis praktischer Tätigkeiten. Teilaufgaben sind die Entwicklung der Bewegung, die Erziehung zur Selbständigkeit, die Entwicklung der Anpassungsfähigkeit, die Sprachentwicklung, schließlich die Vermittlung der Kulturtechniken und die Vorbereitung auf den Arbeitseinsatz. Das Ziel der „Erziehung zu lebenspraktischer Betätigung" und speziell der „Arbeitserziehung" *(Bárczi)* ist es, die Heranwachsenden zu befähigen, „durch eine einfache Arbeit ihren Lebensunterhalt zu verdienen" (27).

— Freilich gilt dieses Ziel nicht für alle Geistigbehinderten, sondern nur für die fähigeren. Aber auch für die Schwächsten besteht die heilpädagogische Aufgabe in einer sinnvollen lebenspraktischen oder manuellen Beschäftigung.

Der Schwerpunkt der stufenweise angelegten und differenzierten Aufgabenstellung liegt deutlich auf der systematischen Förderung des Tätigseins und der Leistung. Die Bedeutung der emotionalen Voraussetzungen für das Leistungsvermögen wird dabei nicht übersehen, sogar als mitentscheidend beurteilt. So heißt es hinsichtlich der Ergebnisse der Arbeitserziehung, „daß nicht Qualität, Quantität und Nutzwert den Ausschlag geben, sondern daß es wichtig ist, daß sich die Kinder bei der Tätigkeit wohlfühlen, sich ruhig benehmen und Freude empfinden" (116). Eine Erstarrung in bloßem Tätigsein müsse vermieden werden.

Eine Erklärung dafür, warum die emotionale Komponente in den Plänen nicht im wünschenswerten Maße zur Geltung kommt, wird darin gesehen, daß man den emotionalen Entwicklungsstand bisher noch nicht ebenso meßbar machen konnte wie das Leistungsvermögen. Man hält es aber für notwendig, der „gezielten Erziehung und geistigen Förderung eines Tages ebenso profilierte emotionale Förderungsmaßnahmen zur Seite zu stellen" (66).

Das 1961 für den Unterricht geistigbehinderter Kinder in den USA

richtungsweisende Bulletin, das unter dem Titel „Education of the Severly Retarded Child — Classroom Programs" von *H. M. Williams* im Auftrag des U. S.-Department of Health, Education und Welfare, Washington, herausgegeben wurde (deutsch: *Williams/Connor/Brewer* 1966) sieht den Geistigbehinderten von seiner Stellung innerhalb der Sozietät her, in der er kaum eine andere als eine abhängige oder teilweise abhängige Rolle spielt oder spielen wird. Der Erziehung stelle sich daher die Aufgabe, dem Kind die entsprechenden Erfahrungen zu vermitteln, um es dadurch auf seine Rolle im sozialen Ganzen vorzubereiten. Im einzelnen werden zwölf spezielle Aufgabenbereiche genannt:
- Selbständigkeit (Erfordernisse der Selbstbesorgung im Alltag)
- wirtschaftliche Brauchbarkeit (häusliche Mithilfe, Handreichungen)
- Sicherheit (gefährliche Situationen im täglichen Leben)
- Gesundheit (Maßnahmen zur Gesunderhaltung und Sauberkeitsgewöhnung)
- Koordination der Motorik (Abbau mangelhafter Bewegungsabläufe)
- Kommunikationsmittel (Fertigkeiten z. Verständigung, Sprache)
- soziale Einordnung und Gemütsbildung (Gewöhnen an den Umgang mit anderen)
- Außenkenntnisse (räumliche und zeitliche Orientierung, Sachwissen, Kulturtechniken)
- Selbsterkenntnis (Erkennen der eigenen Grenzen, Anbahnen eines realistischen Verhältnisses zu sich und zur Umwelt)
- ästhetische Erziehung (rhythmisch musische Erziehung)
- religiöse Erziehung (einfachste religiöse Erkenntnisse)
- emotionale Anpassung (Kontrolle der eigenen Emotionen).

Diese Aufgabenstellungen sind im wesentlichen auf die Entfaltung der Persönlichkeit des Geistigbehinderten und seine soziale Einordnung gerichtet. Diese wird als besonders wichtig angesehen. Bemerkenswert erscheint die besondere Betonung eines Bemühens um „Selbsterkenntnis". Sie bestätigt die oben entwickelte These vom Selbstsein auch des Geistigbehinderten als einer unabdingbaren Voraussetzung seines In-der-Welt-seins.

Über die „Gemütsbildung" finden sich keine näheren Ausführungen in den im wesentlichen unter pragmatischen Gesichtspunkten entworfenen Konzeptionen. Allerdings sind verstreut einzelne Angaben anzutreffen wie „Spielen, weil man Freude dran hat" (49) oder „Freude daran haben, andere zu erfreuen" (34). Andere Anliegen der Gemütsbildung sind offensichtlich in das „learning by doing" miteingebaut, wenn es etwa heißt: „Sinnvolle Anwendung von „danke" und „bitte" (33) oder „geschmackvolles Kleiden" (34). Im übrigen wird in der Persönlichkeit des Lehrers, in seiner Liebe zu den Kindern, in seiner Achtung vor ihnen, in seiner Wärme und in der Freude, die er in ihrer Gegenwart und an seinem erzieherischen Tun empfindet, die wichtigste Voraussetzung für gelingende Erziehungsarbeit und damit auch für die „Gemütsbildung" gesehen.

In neueren Publikationen findet man mehr lernpsychologisch orientierte Aufgabengliederungen. So unterscheiden *Anderson/Greer* (1976):
- sensomotorische Stimulation
- Fertigkeiten der Selbsthilfe
- Sprache
- soziales und emotionales Verhalten.

In dem von *Cohen/Gross/Haring* (1976) entwickelten Curriculum finden sich folgende Aufgabenbereiche:
- Motorische Fertigkeiten (vgl. *Kephart* 1977, *Finnie* 1968)
- Kommunikation (Sprache, rezeptiv und expressiv)
- Fertigkeiten der Selbsthilfe (self help skills)
- Soziale Interaktion (vgl. *Goldstein* 1974)
- Freizeitaktivitäten (Musik, Kunst)
- basales Lesen (prereading)
- basales Schreiben (prewriting)
- basales Rechnen (premath).

Bach (1969) unterscheidet in seiner „Geistigbehindertenpädagogik" grundsätzlich zwei anzustrebende Ziele: Lebenserfülltheit und Lebenstüchtigkeit, was nach der Terminologie von *P. Moor* (1960) dem Halt im empfangenden und im tätigen Leben entspräche.

Als Inhalte der Lebenserfülltheit des Geistigbehinderten werden u. a. das Miterleben, das Angesprochensein von Dingen, das Gefühl, anderen etwas zu bedeuten, das Vertrauen auf die Verläßlichkeit des Nächsten, das Sich-angenommen-fühlen, das Zuhausesein in der Welt, die Teilhabe an Freude und Kummer genannt.

Als anzustrebende Bestandteile der Lebenstüchtigkeit werden aufgeführt: die Umgänglichkeit, weitmögliche Selbständigkeit, Anstelligkeit, Körperbeherrschung und Geschicklichkeit, Wahrnehmungstüchtigkeit, Darstellungstüchtigkeit und Handfertigkeit, Sprachtüchtigkeit und die Anbahnung einfachster Denkvollzüge. Für jeden dieser Teilbereiche einer „lebenspraktischen Bildung" legt *Bach* ausführliche und differenzierte Einzelpläne vor. Sie reichen von Übungen der Umgangsformen bis zur religiösen Erziehung. Wir greifen einige wahllos heraus:

> Grüßen, beim Gähnen Hand vor den Mund, Platz anbieten, Toilette allein benutzen einschließlich sich säubern, Nase putzen, Haare kämmen, für Ordnung sorgen am eigenen Platz und im Raum, Treppe steigen, Flecken entfernen, Staub wischen.

Bach hat 1979 umformulierte Zielangaben vorgelegt. Als Leitziel wird in Übereinstimmung mit den *Empfehlungen für den Unterricht in der Schule für Geistigbehinderte* von 1979 die *Selbstverwirklichung in sozialer Eingliederung* genannt. Daraus werden Zielaspekte der Mündigkeit, der Erfülltheit, der Tüchtigkeit, der Lernfähigkeit und der Integrationsfähigkeit abgeleitet. Die weitere Differenzierung von Teilzielbereichen deckt sich im wesentlichen mit der ursprünglichen Auflistung. Feinziele der Erziehung zur sozialen Anpassung, zur Selbsthilfe, zur Kommunikation und dergleichen, wie sie sich in sämtlichen Curricula, z. T. in Feinstziele entwicklungspsychologisch ausgegliedert vorfinden, beinhalten Verhaltensweisen, über die jeder gebildete Mensch verfügt. Sie sind bei ihm zu einem so selbstverständlichen Bestandteil seiner Bildung geworden, daß er vergißt, daß sie durch Lernen erst erworben werden mußten. Von Natur aus sind sie nicht gegeben. Die Eltern sind es, die im allgemeinen diese elementaren Bildungsgüter vermitteln.

Beim geistigbehinderten Kind stoßen sie allerdings bei ihrem erzieherischen Bemühen auf erhebliche Schwierigkeiten, denen sie im allgemeinen nicht gewachsen sind. Hier haben Fachinstitutionen und Fachleute zu helfen. Ihnen stellt sich die Aufgabe, systematisch und mit angemessenen Mitteln all die vielen, unscheinbaren, „selbstverständlichen", „primitiven" kulturellen Fertigkeiten und Haltungen zu vermitteln, die notwendig sind, wenn jemand hier und jetzt Mensch sein will. Man vergegenwärtige sich nur, wie viele Jahrhunderte Erziehung notwendig waren, bis selbst der intelligentere Teil einer Kulturgemeinschaft gelernt hatte, mit Messer und Gabel zu essen, nicht zu rülpsen, beim Husten die Hand vor den Mund zu halten, die Zähne zu putzen, sich regelmäßig zu waschen!

Die Fülle der aufgeführten erzieherischen Einzelaufgaben kommt aber auch dadurch zustande, daß die Lebensformen sich auf Grund des zivilisatorischen Fortschritts erheblich differenziert und modifiziert haben. Zu denken ist etwa an:
- keine Geschenke von Fremden annehmen
- Druckknöpfe und Reißverschlüsse öffnen und schließen
- Telefon bedienen
- Verkehrszeichen beachten
- WC reinigen
- Brot mit der Maschine schneiden
- Rasen mähen u. a.

Während die genannten Teilaufgaben der Erziehung zur Umgänglichkeit, zur Selbständigkeit und zur Anstelligkeit der Familien- und der Kindergartenpädagogik seit je geläufig sind, sieht sich die übliche Schulpädagogik lediglich für die Teilaufgaben der Leibeserziehung, der Sinnesschulung, der musischen Erziehung, der Spracherziehung, der Verstandeserziehung, der Gemütserziehung und der religiösen Erziehung zuständig. Hier deutet sich bereits die noch zu erörternde Fragwürdigkeit eines statischen Schulbegriffes an.

Es soll nun versucht werden, die pädagogische Aufgabenstellung am geistigbehinderten Kind so zu gliedern, daß die wesentlichen Komponenten seiner Erziehung als Lern- und Lebenshilfe zum Ausdruck kommen. Sie muß ein gerichtetes, dynamisches Beziehungsgefüge darstellen, das sich an den individualen, wesenhaft menschlichen Möglichkeiten des Kindes und seinem Lebenssinn orientiert. Es soll damit verhindert werden, daß eine katalogisierende Aufstellung von zu erlernenden Einzelfunktionen zu einer bloßen Abrichtung des Verhaltens verleitet. Erziehung ist sinnhaft gerichtetes Handeln, gerichtet auf das, was sein soll, d. h. was das Leben zu einem guten und glücklichen werden lassen kann.

Entwicklung und Werden sind darauf angewiesen, von außen her angeregt und in Bewegung gebracht und gehalten werden. Geistigbehinderte Kinder sind in Gefahr, nicht bejaht, nicht angesprochen, nicht aktiviert zu werden. Leben will bestätigt sein, um sich entfalten zu können. Wir wollen diesen Teilbereich der pädagogischen Aufgabenstellung die *Erschließung des Lebenszutrauens* nennen.

Es ermöglicht eine Zuwendung zu sich selbst und zur Umwelt. Die angelegten Fähigkeiten (Potenzen) werden in bestimmten Funktionen und Tätigkeiten sichtbar. Unter dem Einfluß der Erziehung bilden sich immer differenziertere Fertigkeiten heraus. Es geht pädagogisch um die *Ausbildung von Lebensfertigkeiten*.

Gleichzeitig beginnt das Kind, seine Umwelt, aber auch sein eigenes Verhalten zu erkennen und zu deuten, es tritt in Kommunikation mit anderen, sammelt Erfahrungen und versucht, sich zurechtzufinden. Der Erziehung stellt sich die Aufgabe von *Vermittlung der Lebensorientierung*.

Schließlich wird es darauf ankommen, daß das sich regende und differenzierende Leben allmählich Richtung, Stabilität und Stil erhält, daß das Gute und Rechte als verbindlich erlebbar wird. Der Erziehung geht es um die *Bildung von Lebenshaltungen*.

Der jeweilige Wortteil „Lebens-" soll dazu beitragen, den bei aller methodologischen Aufteilung unauflöslichen ganzheitlichen Rahmen zu verdeutlichen.

Was ist im einzelnen unter den genannten Komponenten der pädagogischen Aufgabe am geistigbehinderten Kinde zu verstehen?

Erschließen von Lebenszutrauen — Motivierung und Aktivierung

Es wurde bereits ausgeführt, daß das geistigbehinderte Kind in besonderem Maße darauf angewiesen ist, daß seine Lebenskräfte und Lernantriebe von außen geweckt und ständig lebendig erhalten werden. Seine Aktivität droht allzu leicht zu erlahmen und zu verlöschen, wenn sie überhaupt geweckt worden ist. Die Erziehung wird von Anfang an und unablässig darauf bedacht sein, das Kind „anzusprechen", seine „Anregbarkeit" und „Mitschwingungsfähigkeit" (*Thomae* 1955) zu wecken und zu steigern. Wir verstehen nach *Thomae* Anregbarkeit als die Bereitschaft zur Reizbeantwortung im allgemeinsten Sinn und Mitschwingungsfähigkeit als inneres Bewegtwerden (*Coerper/Hagen/Thomae* 1955). Ein solches „Angesprochensein" (*P. Moor* 1960) wird erschlossen durch die emotionale Zuwendung des Erziehers, durch seine Nähe, seine Wärme und seine Zuversicht. Das Angesprochensein ist nur da möglich, wo das Kind sich angenommen, getragen, geborgen, beheimatet, zugehörig fühlen, und wo es sich — kurz gesagt — seines Lebens freuen darf, wo es das „Ja des Sein-dürfens" *(Buber)* vernimmt. Mit der Ansprechbarkeit beginnt jegliche Erziehung (*Mühl* 1969). *Kirk* und *Johnson* (1964) sehen in der Schaffung einer „fröhlichen, bejahenden Atmosphäre" eine wesentliche Bedingung der „seelischen Gesundheit" und damit der Gesamtentwicklung der Kinder (13).

Im Sichfreuen sieht *Lersch* ein „Gefühlserlebnis der Daseinsbereicherung", in dem „als Oberton die Thematik des Über-sich-hinaus-seins enthalten ist" (*Lersch* ^{5}1952, 186). Durch den Gegenstand der Freude erhält das eigene Dasein Helligkeit und Aufschwung. Der Vorgang läßt sich auch als Beseelung und der Zustand und die Gestimmtheit, die er auslöst, als Beseeltheit oder Glück bezeichnen. Der Bogen der Freude reicht von der „Thematik des Daseinsdranges" bis zum tragenden Gehalt „geschenkten Sinnwertes" (*Lersch* ibid.). Das Erlebnis des Getragenseins aber, das u. a. durch erwartete Freude ausgelöst wird, enthält in sich einen „Antrieb und Aufruf in die Zukunft". Es ist die Gefühlsregung der Hoffnung, „in deren Horizont die Zukunft steht als das Feld der Verwirklichung der Werte, auf das Dasein angelegt ist" (*Lersch* ibid., 229).

Die Spannweite von Freude und Hoffnung ist beim Geistigbehinderten eine kurze. Über die Eigenart, wie er beide erlebt, wissen wir sehr wenig. Es ist aber unabweisbar, daß auch sein Leben nur durch sie zu einem glücklichen und sinnvollen werden kann. Sie vermitteln ihm jenes Zutrauen zum Leben, das der Mensch braucht, wenn er es nicht lediglich dahinfristen soll.

Erziehung vermittelt Lebensfreude und Lebenszutrauen in erster Linie durch den Erzieher selber, durch sein eigenes Getragensein von Lebenszuversicht. Sie steckt das Kind an. Aus ihr erwächst auch all das, was seine Phantasie und Überlegung ständig an Motivationen finden läßt, was er sich ausdenkt, um dem Kind Freude zu schenken, und es freudig mittun und lernen zu lassen. Er empfindet und zeigt dem Kind auch Freude über jeden kleinsten Fortschritt, über sein Können und sein Spielen, über sein Dasein. Die Erziehung des Geistigbehinderten muß bewußt der Gefahr zu begegnen suchen, in Stereotypie und Spannungslosigkeit abzugleiten. Das Kind müßte sie wehrlos hinnehmen und in Stumpfheit und „Seelenlosigkeit" verfallen.

Freude und Lebenszutrauen sind dynamische Bedingungen des Tätigseins, aber auch lebentragende Gestimmtheiten. Sie kommen in allen pädagogischen Teilaufgaben zur Geltung.

Daß sich Lebenszutrauen nicht machen und organisieren läßt, daß der Erzieher lediglich die Voraussetzungen dafür schaffen kann, daß es sich einstellt, sei am Rande vermerkt.

Die pädagogische Aufgabenstellung der Vermittlung von Lebensantrieb und Lebenszuversicht ist nicht nur als Freimachen von psychischer Energie zu verstehen, sondern auch im Sinne ihrer Eindämmung oder Kanalisierung. Auch das geistigbehinderte Kind ist auf Verzichte und Überwindungen angewiesen. Auch es muß lernen, daß es nicht alles erhält, wonach und sooft es begehrt. Die mitleiderregende Behinderung verleitet viele Eltern dazu, ihrem Kind das Leben dadurch schön machen zu wollen, daß sie ihm alles gewähren und ihm alle Anstrengungen abnehmen. Sie behindern damit die Ausbildung der Lebenstüchtigkeit des Kindes und verwehren ihm überdies die Freude an vermehrtem Können.

Ausbilden von Lebensfertigkeiten — Sensomotorik und praktische Fertigkeiten

Gemeint ist die pragmatische Komponente der pädagogischen Aufgabenstellung: das Erlernen von Fertigkeiten, die für das einzelne geistigbehinderte Kind lebensbedeutsam und seiner sozialen Eingliederung dienlich sind. Die nachfolgende Aufreihung von Teilaufgaben weist eine gewisse Stufung auf. Sie beginnt mit dem körperunmittelbaren Bereich und reicht bis zu berufsartigen Fertigkeiten, darf aber nicht so verstanden sein, als folgere jeder der genannten Teilbereiche aus dem vorhergenannten. Vielmehr erfolgte die Aufgliederung aus methodologischen Rücksichten. Es sei auch vorweggenommen, daß die hier aufgeführten Lebensfertigkeiten in der erzieherischen Realität nicht von der im nächsten Kapitel abzuhandelnden Lebensorientierung abzutrennen sind.

Das geistigbehinderte Kind soll für folgende Lebensbereiche Fertigkeiten erlernen, soweit sie ihm individuell zugänglich sind:
a) Persönliche Pflege
b) Häusliches Tun
c) Soziale Umgänglichkeit
d) Körperliche Geschicklichkeit
e) Musisches Tun und Handfertigkeit
f) Sprechen
g) Kognitive Techniken
h) Arbeit und Berufsvorbereitung.

Was unter den genannten Teilbereichen verstanden wird, soll kursorisch aufgezählt werden. Ausführliche und bis ins einzelne differenzierte Aufgabensammlungen enthalten u. a. die Arbeiten von *Bach* (1969), *Williams* u. a. (1966) und *Ziebell* (1966).

a) *Persönliche Pflege:* An- und Auskleiden, Sauberkeitspflege, Essenshygiene, Körperpflege und Pflege der äußeren Erscheinung, Erhaltung der Gesundheit.

b) *Häusliches Tun:* Alltagsverrichtungen zur Pflege der Ordnung und Sauberkeit im Raum, Mithilfe in Küche und Haushalt (Wäsche, Mahlzeiten, Blumen, Haustiere, Garten), Bedienen von Haushaltsgeräten und bestimmten technischen Einrichtungen (Telefon), außerhäusliche Besorgungen.

c) *Soziale Umgänglichkeit:* Umgangsformen, Verhaltensweisen des Anstandes, der Rücksichtnahme, Hilfsbereitschaft, Kontaktnahme, einfache, gute Manieren und die Anerkennung des anderen, die Rechte des anderen achten, Gruppenübungen.

d) *Körperliche Geschicklichkeit:* Leibesübungen (gehen, laufen, hüpfen, steigen, werfen, fangen), einfache Übungen an Turngeräten, Spielen, Schwimmen.

e) *Musisches Tun und Handfertigkeit:* Spielen mit Material, Bauen, Formen, Malen, Werken, Darstellendes Spiel, Musizieren, Singen, rhythmische Erziehung, Tanzen.

f) *Sprache:* Laut- und Stimmbildung, Benennen von Dingen, Tätigkeiten und Eigenschaften, einfache Aussagen und Mitteilungen, Erweiterung des Wortschatzes, Erlernen von Versen, Gedichten und Liedern, Mitteilungsbereitschaft, Sprachverständnis, Überwindung von Sprachstörungen (*Atzesberger* 1967, *Schulze* 1972, *Wilken* 1979).

g) *Kognitive Techniken:* Wahrnehmen und Unterscheiden (sehen, hören, tasten, riechen, schmecken) von Gegenständen und Personen, Erlernen von einfachen Mengen-, Raum- und Zeitbegriffen, praktischer Umgang mit einfachen Mengen und Zahlen, Erfassen von Zeichen (Abbildungen, Symbolen, Ziffern, Zahlen, Buchstaben und Worten), Lesen und Schreiben, Erkennen von Zusammenhängen, Lösen einfacher anschaulich-praktischer Denkaufgaben, Unterscheiden von richtig und falsch.

h) *Arbeit und Berufsvorbereitung:* Fortführen des Werkes bis zu berufsähnlichen Tätigkeiten, Arbeiten mit leicht zu gebrauchenden Materialien und Werkzeugen, Arbeitskontrolle, Vorbereitung auf den Besuch der Werkstatt und den Übergang in das Berufsleben.

Vermitteln von Lebensorientierung — Kommunikation und Information

Mit der Ausbildung von Fertigkeiten ist der Erwerb des für die Lebensorientierung notwendigen Wissens aufs engste verknüpft. Es wird in der Regel nur im tätigen Umgang mit den Wissensinhalten, den Gegenständen und Zusammenhängen, erworben. Die hier vorgenommene Trennung dient lediglich einer Verdeutlichung der Aufgabenstellung. Einerseits ist es vom Unterricht her erforderlich, den realen Lebensraum und Weltausschnitt, in dem sich der Geistigbehinderte bewegen und sich zurechtfinden soll, auszumachen und zu gliedern. Andererseits soll mit dem Begriff der Lebensorientierung, der nur im Rahmen von wirklicher Lebensbedeutsamkeit interpretiert werden kann, vermieden werden, daß ein Unterricht mit vordergründiger und inadäquater Wissensvermittlung im Sinne einer verdünnten Ausgabe konventioneller „Schulbildung" in der Schule für Geistigbehinderte aufgezogen wird. *Bach* (1969) spricht von der Verfälschung zur „Subhilfsschule". Der basale oder elementare Sachunterricht der Geistigbehindertenschule muß es mit Sachen zu tun haben, die zur Erschließung der unmittelbaren Lebenswirklichkeit notwendig sind.

Das In-der-Welt- und In-der-Zeit-sein gilt als ein wesentliches Charakteristikum des Menschen. Er lebt aus der fortwährenden Kommunikation mit der Welt und ist gleichzeitig selbst Welt. Er ist Leben unter Lebenden und Person unter Personen. Er braucht Pflanzen und Tiere, „nicht nur, um sich ihrer zu bedienen, sondern auch um in ihrer Mitte zu leben" (*Delfgaauw* 1965, II, 23), und er braucht den anderen Menschen, um in diesem Mit-sein erst vollständig Mensch sein zu können. Dabei lebt und erlebt er immer nur *eine* Welt, seine *eigene* Umwelt, soweit er sie aus seiner Sicht und Position in Bedeutsamkeitszusammenhängen zu gestalten weiß. Er vermag dies, weil er „ständig als deutendes Wesen" (*Delfgaauw* ibid., 24) in der Welt steht, d. h. als einer, der nach dem Sinn sucht. Und in dem Maße, als er zwischen sich selbst und der Welt Distanz zu schaffen vermag, wird er selbständig, „gewinnt er sich selbst in seiner Innerlichkeit" (*Delfgaauw* ibid., 28).

Die pädagogische Aufgabenstellung zielt darauf, daß auch der Geistigbehinderte seine Welt finden, gliedern und gestalten kann, um in ihr heimisch zu werden. Sein geistiges Leben ist dadurch bedroht, daß ihm die Umwelt zur Kulissenwelt der Beziehungs- und Bedeutungslosigkeit wird, d. h. zu einem fremden, unheimlichen Etwas.

Auf die Frage, wovor sich geistigbehinderte Kinder fürchten, erhielt *D. Fischer* (1969) in seiner Erhebung u. a. folgende Antworten von den befragten Eltern:
- vor Geräuschen, die es nicht kennt
- vor Lärm auf der Straße, vor großem Lärm (15 ×)
- vor der Nacht
- vor großen Brücken, auch vor Tunnels
- vor Hundegebell, wenn es den Hund nicht sieht
- vor Tieren, die es nicht kennt, auch im Fernsehen
- vor großem Wasser, Meeresschwimmbad
- beim Bergsteigen vor dem hohen Berg
- vor fremder Umgebung überhaupt
- vor fremden Menschen
- vor Gewitter und Sturm
- vor dem Arzt.

Die Erziehung muß daher die nötigen Hilfen dazu anbieten, daß das Kind seine Welt, d. h. den ihm zugänglichen und bedeutsamen Weltausschnitt kennen und deuten lernt, damit es sich in ihm zurechtfindet und sich geborgen fühlen kann. Die unmittelbare Umwelt wird ihm zur eigenen Welt, wenn sie ihm „geöffnet, gezeigt, verlebendigt wird, wenn man (es) an sie heran- und in sie hineinführt ... ihm Wohnung, Straße, Geschäfte nicht versperrt, sondern vielmehr Schritt für Schritt aufschließt" (*Bach* 1969, 26).

Unsere Welt ist inzwischen eine recht komplizierte und abstrakte geworden. Sie ist für viele nicht mehr die Welt der Wiesen, Felder und Wäldern, der stillen Wege und der einfachen, überschaubaren Ordnungen. Der Erziehung stellen sich damit differenziertere Aufgaben zur Gewinnung der Lebensorientierung des Geistigbehinderten. Daß sie zu meistern sind, lehren die Erfahrungen in der Großstadtarbeit. Als Orientierungseinheiten kommen in Betracht:
- Personen der täglichen Umgebung (Eltern, Geschwister, Verwandte)
- die Wohnung (Räume, Einrichtung, Blumen, Haustiere)
- der eigene Körper (Vertrautsein mit den Körperfunktionen und ihrer Beherrschung)
- Nahrung und Kleidung
- Haus, Hof, Garten, Nachbarschaft
- Straße, Geschäfte, Handwerker und Arbeiter, Post
- Wetter und Naturgewalten

- Sicherheit (gefährliche Gegenstände und Chemikalien, Gifte, Verkehr, Verkehrszeichen, Polizei, Feuerwehr)
- zeitliche Einheiten (Tages-, Wochen-, Jahres- und Jahreszeitenlauf, Feste und Feiern)
- der erweiterte Wohn- und Betätigungsbereich (Straßen, Fahrmöglichkeiten, Schule, Stadt, nahegelegene Orte)
- Kirche und religiöses Leben
- individuell verschiedene Sonderinteressen (Hobbys): spezielle Spieldinge, Schallplatten, Bildersammlungen u. a.

Der einzelne Geistigbehinderte braucht diejenige Orientierung, die für sein Leben und seine soziale Eingliederung nötig ist. Das wird individuell und kulturregional verschieden sein. So kann beispielsweise ein junger geistigbehinderter Mann über eine umfangreiche Diskothek und über ein außerordentliches Wissen im Bereich der Musikliteratur verfügen. Seine Welt sind gewissermaßen seine Schallplatten, das Hören von Musik und seine Kartothek. Oder in den USA hält man es für erforderlich, daß Geistigbehinderte „Kommunalnachrichten diskutieren", „grundsätzliches Wissen über den Bürgermeister und den Rat der Stadt, die Stadt, den Staat, die Regierung, den Namen des Präsidenten etc." erwerben und „die Landesflagge grüßen" können (*Williams* u. a. 1966, 36).

Das Kind ist vor Überforderung, d. h. vor Ballast und Verwirrung, ebenso zu bewahren wie vor einer Einengung seiner Weltorientierung. Sie tritt vor allem dann ein, wenn die Eltern ihr Kind von der Umwelt weitestgehend abschließen, manchmal buchstäblich einsperren, um es vor Feindseligkeiten, Spott und sonstigen Schwierigkeiten zu bewahren. Letztlich wird der Geistigbehinderte seine optimale Lebensorientierung nur dann finden, wenn ihm die Umwelt entgegenkommt, wenn sie es ihm leichter macht, sich in ihrer Vielfalt von Formen, Regeln, Namen und Zeichen auszukennen und darin heimisch zu werden. Man denke nur an eine Trambahnfahrt: Welch ein bereicherndes oder niederdrückendes Erlebnis kann sie werden, je nachdem wie die „Mit-menschen" auf sein Mitfahren reagieren. Vielfach wird die tägliche Fahrt zur Schule zu einem täglichen Passionsweg für Eltern und Kind.

Selbsterkenntnis ist eine indirekte Aufgabe bei der Gewinnung von Lebensorientierung. Je deutlicher sich die Umwelt für den Geistigbehinderten gliedert, umso erkennbarer wird für ihn sein Verhältnis zur Umwelt und damit auch seine eigene Position. „Die Kinder sollen ihre abhängige oder halbabhängige Rolle in der Gemeinschaft bejahen und erkennen, daß ihnen im Vergleich zu anderen Kindern Grenzen gesetzt sind und sie sich doch nicht als Ausgestoßene betrachten" (*Williams* u. a. 1966, 28). Dieses realistische Verständnis der eigenen Grenzen ist aber nur eine Seite der hier gemeinten Selbsterkenntnis. Sie soll darüber hinaus auch ein positives Verständnis der eigenen Möglichkeiten und die Wertung der eigenen Person im sozialen Beziehungsgefüge umfassen.

Ein Beispiel für das ausgeprägte Vermögen des geistigbehinderten Kindes zur Selbstbewertung beschreibt *M. Eller* (1967): Die Klasse, die die genannte Autorin führte, und die zu groß geworden war, sollte geteilt werden in eine Gruppe besser und eine Gruppe schwächer Begabter. Die Lehrerin nannte lediglich die Namen, konnte aber beobachten, daß ein Schüler der schwächeren Gruppe das Aufteilungskriterium intuitiv herausfand. Er fragte seine Mutter, warum er auch dahin komme, wo der W. ist. „So dumm bin ich nicht!" Und damit hatte er an sich recht, bestätigt die Autorin.

Bilden von Lebenshaltungen — Stabilisierung von Werten und Normen

Lebenshaltungen sind in gewissem Sinn das komplexe Ergebnis der Erschließung des Lebenszutrauens, der Ausbildung von Lebensfertigkeiten und der Gewinnung von Lebens- und Weltorientierung, nachdem oben bereits ausgeführt wurde, daß Werthaltungen durch eine emotionale, eine pragmatische und eine kognitive Komponente zustandekommen. Die Resultante ist eine gewisse Normorientiertheit des Verhaltens und somit eine Stabilisierung der Lebensführung, die zwar beim Geistigbehinderten immer eine minimal selbständige bleiben wird, die sich aber doch an einem „Wertkonzept" orientiert, das in der Regel für das Beurteilen und Handeln maßgeblich wird. Man bezeichnet die sich unter dem Einfluß der Erziehung bildenden Einstellungen bei Geistigbehinderten im allgemeinen als Gewohnheiten. Man könnte dies auch weiterhin tun, allerdings nur unter der Bedingung, daß mit diesem — zweifellos abwertend klingenden — Begriff die Beteiligung der kognitiven Komponente, der Einsicht und des Selbst- und Wertkonzeptes nicht eliminiert werden soll, sei diese Beteiligung auch noch so minimal oder nicht immer erkennbar.

Als Werthaltungen, welche die Erziehung des Geistigbehinderten anstrebt, wären beispielhaft zu nennen:
- Arbeitshaltungen, z. B. Wertschätzung gelungener Arbeit,
- Einstellungen zu anderen, z. B. Kontaktfreundlichkeit, Hilfsbereitschaft und Rücksichtnahme, Achtung vor dem Eigentum anderer, Bereitschaft zu teilen, Zurückhaltung gegenüber Fremden, Selbstbehauptung gegen unberechtigte Ansprüche anderer,
- Einstellungen zu den Dingen, z. B. Achtung vor Pflanzen und Tieren, Schonung von Gegenständen, Vorsicht vor unbekannten und gefährlichen Dingen.

Es bedarf keiner näheren Erklärung, daß die genannten Haltungen nicht das erzieherische Ergebnis von Unterweisungen und Belehrungen sein, sondern daß sie im wesentlichen durch „Einübung" gewonnen werden können. Diese aber wird sich auf der emotionalen Grundlage von Bindung zum Erzieher vollziehen. Das, was sich als Werthaltungen oder Normeinstellungen beim Kinde oder Jugendlichen ausbildet, wird zu dem, was als Persönlichkeitsmerkmale oder -eigentümlichkeiten sich immer deutlicher ausprägt. Die individuellen Unterschiedlichkeiten sind so groß, daß sich eine generalisierende didaktische Operationalisierung ausschließt. Der Erziehung ist es nur möglich, auf der Basis geplanter Teilschritte und sich bietender Gelegenheiten dem Kind und Jugendlichen die Möglichkeit zu geben, Normerfahrungen zu machen und ein stabilisierendes Wertekonzept zu erwerben. Es wird weithin dem entsprechen, was ihm als Wertekonzepte begegnet und zugänglich ist, was sich als Umgangsstil und „Atmosphäre" modellierend darstellt. Es wird zum Bestandteil seiner Identität. Es ist mehr als die bloße Summe noch so vieler geplanter und „erreichter" Lehrziele.

Die dargestellten Teilbereiche der pädagogischen Aufgabenstellung — man könnte auch von Richtzielbereichen reden — sind ganzheitlich einander zugeordnet. An diesem Grundzusammenhang ändert auch das unterrichtliche Herausstellen eines spezifischen Lehrzieles nichts. Es wird sich in der Regel auch an den anderen Bedürfnissen und Gegebenheiten mitorientieren müssen, wenn dies auch über weite Strecken nur implizit erfolgt. Das nachfolgende Schema soll die strukturalen Zusammenhänge verdeutlichen:

Abb. 3: Komplexität der pädagogischen Aufgabenstellung

Die individuelle pädagogisch-psychologische Beurteilung

Die Erziehung des geistigbehinderten Kindes ist Sondererziehung. Sie sucht nach Möglichkeiten der Erziehung, wo unaufhebbare Hindernisse für eine Erziehung üblicher Art vorliegen, anders gesagt, wo die psychophysische Eigentümlichkeit und Andersartigkeit des Kindes eine Besonderung der Erziehung gebietet. Diese Besonderung ist eine generelle, soweit sie alle geistigbehinderten Kinder betrifft. Von ihr war im Bisherigen die Rede. Sie ist darüber hinaus auch eine spezielle, je nach den individuellen Gegebenheiten im einzelnen Kind.

Die Aufgabe der Individualisierung innerhalb der Sondererziehung stellt eine besonders schwierige dar, da die Unterschiedlichkeit der Erscheinungsformen geistiger Behinderung sehr groß ist. Sie verbietet manchmal eine gemeinsame Unterweisung und Anleitung einer ganzen Gruppe von Kindern. Wenn in einer Schule die Individualisierung als conditio sine qua non gilt, dann ist es die Schule für Geistigbehinderte. Der Erzieher muß die generelle pädagogische Aufgabenstellung, wie sie für Geistigbehinderte gilt, stets individuell und situativ variieren und modifizieren können. Dazu bedarf er einer verstehenden Kenntnis der Konstanz und Varianz, der Möglichkeiten und Grenzen, der inneren und äußeren Bedingtheiten des Verhaltens und der besonderen Bedürfnisse dieser Kinder.

Aufgabe der pädagogischen Diagnostik

Erziehung wird erst dann wirksam, wenn sie das Kind da erreicht, wo es steht. *Pestalozzi* sprach davon, daß der Erzieher das Kind da abzuholen habe, wo es sich befinde. Gemeint ist hier, daß sich die spezielle Erziehung geistigbehinderter Kinder an deren jeweiligem Entwicklungsstand, an deren sozialer Situation, an deren allgemeinen und speziellen Bedürfnissen strikt zu orientieren hat.

Dieser Eigenstatus des geistigbehinderten Kindes ist pädagogisch gesehen kein reduzierter Status, wie auch der geistigbehinderte Mensch nicht einfach als reduzierter Mensch anzusehen ist (*Thalhammer* 1974, *Lück* 1979), ein Eindruck, der immer dann entsteht, wenn die Defizitkataloge für die Definition bestimmend werden. Die pädagogische Aufgabe, die das geistigbehinderte Kind stellt, ist daher keine defizitorientierte, keine unter-normale sondern im Wesen die gleiche, wie sie sich

146 Die individuelle pädagogisch-psychologische Beurteilung

auch sonst stellt, jedoch modifiziert durch besondere Bedürfnisse, die sich von der geistigen Behinderung her einstellen. Maßgebend ist stets das *ganze* Kind, einschließlich seiner sozialen Situation. Der Erzieher, der Lehrer, wird sich daher an allen Fakten zu orientieren versuchen, die die Gesamtpersönlichkeit des Kindes bestimmen. Fatalerweise wird er dabei häufig durch seine Spezialisten-Vorsatzlinse in seinem Blick verengt auf das Vordergründige, das Besondere, das Andersartige, das Defizitäre; denn *hierfür* gilt doch seine Spezial-Qualifikation, die er zu vertreten hat.

In den Hintergrund der Beurteilung tritt all das, was „selbstverständlich auch" volle pädagogische Gültigkeit beansprucht, alles das am geistigbehinderten Kind, was es mit allen anderen Kindern gemeinsam hat, seien es seine Bedürfnisse nach emotionaler Sicherheit, nach physischer Wohlbefindlichkeit, nach sozialer Annahme und Bestätigung, nach sozialer Mitwirkung, nach Entdeckung und Kennenlernen der Welt der Dinge und sachlichen Zusammenhänge, nach innerem Wachstum (*Maslow* 1973), nach menschlicher Erfüllung. Ein Schema kann die unterschiedlichen Aspekte verdeutlichen:

Abb. 4: Sichtweisen der pädagogischen Aufgabenstellung

ohne geistige Behinderung   bei geistiger Behinderung

An den allgemeinen   Defizit-orientiert,   An allgemeinen
Normen orientiert   reduziert, gänzlich   Normen orientiert und
                          anders   speziell modifiziert,
                                                    normalisierend

Der Pädagoge geht also nicht von einem Weniger oder einem Defizit-Komplex aus sondern von einem menschlichen Ganzen mit vollem, ja konzentriertem pädagogischem Anspruch. Ihm zu entsprechen, erfordert eine differenzierte individuelle Beurteilung des Kindes, wie es in seiner Situation vorgefunden wird. Beurteilung (assessment) bedeutet pädagogisch, das Kind in der Komplexität seines Ist-Zustandes wahrnehmen, erkennen, verstehen, heißt, seine Entwicklungs- und Förderchancen ausmachen, heißt, seine Lernfähigkeit differenziert einschätzen, damit adäquate pädagogische Maßnahmen geplant und eingeleitet werden können. Pädagogische Beurteilung versteht sich demnach nicht im Sinne einer norm-orientierten, Standard-Abweichungen messenden und Defekte fixierenden, klassifizierenden Diagnostik sondern als Ermittlung

Die individuelle pädagogisch-psychologische Beurteilung 147

von Ansatzstellen für fortschreitendes Lernen und für die Erschließung geistigen Wachstums.

Pädagogisch-psychologische Diagnostik in diesem Sinne gilt jeweils dem einzelnen Kind, der genauen Charakterisierung seiner Persönlichkeit, seiner Lern- und Leistungsfähigkeiten im Sinne von Begabungen, seiner Stärken und Schwächen, seiner Chancen und seiner spezifischen Gefährdungen. Jeder generalisierende Klassifizierungsversuch scheitert an der Vielzahl, Vielfalt und unterschiedlichen individuellen Verflochtenheit der Variablen, die für den Einzelmenschen wirksam sind. „Erbe und Umwelt, Leistungsdefekte und persönliche Lebenserfahrungen, psychische Widerstandsfähigkeit gegenüber den unvermeidlichen schweren seelischen Belastungen des geistig Behinderten, Bestandteil der Familie und Erziehungshilfen führen mit vielen anderen Faktoren zu einem scheinbar unentwirrbaren Mosaik von Individualitäten" (*Spreen* 1978, 69). Daher führt die Suche nach „typischen" Entwicklungsverläufen kaum zu Ergebnissen, die für die Erziehung im einzelnen relevant wären. Eine isolierte Psychodiagnostik ohne einen erkennbaren und direkten Zusammenhang mit der Anwendung ihrer Ergebnisse auf das erzieherisch-therapeutische Handeln kann deshalb als sinnlos bezeichnet werden.

Das bedeutet freilich, daß eine handlungsorientierte Individual-Diagnostik am ehesten dann ihrem Zweck dienen kann, wenn der diagnostizierende Fachmann gleichzeitig auch kompetent für pädagogisch-therapeutisches Handeln ist. Eine Analogie zur therapie-orientierten Diagnostik des behandelnden Arztes liegt nahe. Konsequenterweise entwickelt sich im schulischen Handlungsfeld eine durch Sonderschullehrer praktizierte pädagogische Diagnostik (Lerndiagnostik). Ihre Qualifikation hierfür erhalten sie in ihrer Ausbildung.

Unter den hohen Ansprüchen der Realität des primär lehrenden und erziehenden Sonderschullehrers aber kommt diese permanente diagnostische Funktion erfahrungsgemäß zu kurz. Sie wird oft mehr implizit zu bewältigen versucht. Eine Ergänzung und Unterstützung durch einen schulisch orientierten Psychologen liegt nahe. Ihre Realisierung aber scheitert bei unseren Systembedingungen an einem überzogenen ideologisch belasteten Spannungsverhältnis zwischen *Sonderpädagogen und Psychologen*, das in anderen Ländern aus psychologischer Sicht nur da besser gelöst wird, wo Psychologen auch das pädagogische Handeln weithin bestimmen, wo aus psychologischen Diagnostik die Maßgaben und Kontrollwerte für das pädagogische Intervenieren abgeleitet werden, wo also Erziehung und Lehren zu einem Epiphänomen der Psychodiagnostik werden. In Wirklichkeit ist die Primärverantwortung des Erziehers in der komplexen pädagogischen Situation nicht aufhebbar. Er muß auch da handeln, wo ihm die intentionale Diagnostik nichts liefert. Der Psychodiagnostik kann daher im Prinzip nur eine unterstützende Funktion zukommen. Jeder Psychologe, der sich in diesem Sinne in den Dienst an der Erziehung stellt, und sich damit in das pädagogische System zu integrieren bereit findet, ist hier willkommen. Dazu müßte ihm auch die pädagogisch-therapeutische Handlungsproblematik aus unmittelbarer Erfahrung vertraut sein.

Eine pädagogisch handlungsorientierte Beurteilung des einzelnen geistigbehinderten Kindes bedient sich heute im wesentlichen zweier *diagnostischer Modelle*. Eggert (1979) spricht von einem *traditionellen* diagnostischen Modell gegenüber einem *verhaltensdiagnostischen Modell* (S. 394 ff.). Die Unterschiede lassen sich stichwortartig wie folgt gegenüberstellen:

Psychometrische Diagnostik	Verhaltensdiagnostik
Standardisierte Testaufgaben, Antworten „richtig" oder „falsch",	direkt am individualen Verhalten, nicht an Persönlichkeitskonstrukten orientiert,
Standardisierte Testwerte (Zahlenwerte) als Abweichungen vom Mittelwert einer Bezugsgruppe, an Selektion und Fixierung von Unterschieden orientiert.	normative Beurteilung als „erwünschtes" oder „unerwünschtes" Verhalten" mittels Beobachtung, auf die mögliche Veränderung des individuellen Verhaltens gerichtet.

Diese typisierende Unterscheidung zweier Modelle vereinfacht im Grunde die Realität. Auf der einen Seite hat die pädagogische, psychometrische Diagnostik inzwischen informelle, kriteriumsorientierte Meßverfahren zur stärkeren Berücksichtigung des individuellen Leistungsstandes entwickelt, auf der anderen Seite bedient sich die Verhaltensanalyse im System der „*Entwicklungsdiagnostik*" statischer, biologisch-psychologisch orientierter Normwerte, um das individuale, funktionsbezogene Verhalten entsprechend der „normalen" Entwicklungssequenz verändern zu können. Die Unterscheidung von „erwünschtem" und „unerwünschtem Verhalten" wird in ihrer normativen Problematik in der Regel weithin unterschätzt, nicht so sehr in kognitiven oder sprachlichen Funktionsbereichen, als vielmehr in emotionalen und sozialen Lernbereichen (vgl. *Eggert* 1979, S. 396). Die Unbeschwertheit, mit der psychologischerseits die *Normenproblematik* allen Verhaltens per funktionaler Analyse „entlastet" wird, dürfte einer der Hauptgründe dafür sein, warum der persönlichkeits- und ganzheitsorientierte, stets in der komplexen Normenthematik stehende Pädagoge trotz umfangreicher diagnostischer Detailwerte vielfach unbefriedigt bleibt, vor allem wenn er in der Gruppe steht. Das verhaltensdiagnostische Modell dürfte am ehesten eine unmittelbare Umsetzung in entsprechende Interventionen da finden, wo rein verhaltenstherapeutisch mit dem einzelnen Kind gearbeitet wird, und wo Diagnostiker und Therapeut dieselbe Person ist. Ansonsten, d. h. im Regelfall pädagogischen Handelns in Gruppen, bedarf jegliche Diagnostik einer pädagogischen Interpretation und Umsetzung, die am besten dann gelingen wird, wenn sie sich auf eine *partnerschaftliche Kooperation* stützen kann.

Bereiche und Verfahren der diagnostischen Beurteilung

Der Pädagoge braucht für die Planung, Durchführung und Überprüfung seiner Fördermaßnahmen ein möglichst umfassendes und mehrdimensionales Bild vom Entwicklungs- und Leistungsstand, von den Persönlichkeitseigentümlichkeiten und von deren Bedingtheiten. Die verschiedenen Details, die er zusammenzutragen hat, wird er so ordnen und interpretieren müssen, daß er einerseits differenzierte Fördermaßnahmen einleiten kann, andererseits aber die ganzheitliche personale und soziale Situation des Kindes transparent bleibt. Eine funktionale Analyse, die lediglich Stücke und Teile produziert, kann letztlich dem Kind existentiell gesehen nicht dienen. Die diagnostische Verführung ist groß: „Spezialisten brauchen vor allem Teile" (*McKnight* 1979).

Physische Bedingungen

Die Kenntnis der physischen Bedingungen für Lernen und Sozialisation ist seit je als wichtige Voraussetzung sonderpädagogischen Handelns betont worden, früher wohl noch stärker als heute, obwohl heute weitaus differenziertere fachärztliche Diagnose-Instrumentarien zur Verfügung stehen. Wer geistigbehinderte Kinder zu fördern hat, wünscht sich im allgemeinen mehr *ärztliche Informationen* über das, was als organisch-genische Bedingtheit für den vorgefundenen Zustand des Kindes in Betracht kommen kann. Er wünscht sich, mehr über physiologische Zusammenhänge in Erfahrung zu bringen, damit er sich in seinem Förderansatz auf derart begründbare Blockierungen und Veränderungsmöglichkeiten einstellen kann.

In der Realität erfährt der praktizierende Nicht-Mediziner relativ wenig von solchen Fakten. Das liegt nicht nur an dem eklatanten Mangel an Fachärzten, insbesondere an Kinder- und Jugendpsychiatern, auch nicht allein an den Hindernissen, die durch die *ärztliche Schweigepflicht* gegeben sind, sondern wohl z. T. auch an einer Überforderung der Ärzte aus der Sicht eines Pädagogen. Was er sich als Informationen über den Organismus eines Kindes wünscht, kann vielfach erst als Ergebnis ärztlicher Diagnose und pädagogischer Beobachtung im Erziehungsprozeß zustandekommen. Es ist offensichtlich viel weniger, was als eindeutige physische Bedingung der Entwicklung eines Organismus auszumachen ist. Vieles wird erst aus der Interaktion mit Umwelt bestimmbar, d. h. eigentlich erst dann, wenn man seine Beobachtungen fortlaufend austauscht. Der dem Lehrer zugängliche Gesundheitsbogen enthält im allgemeinen nur diagnostische Kurzformeln, wie etwa *„Down-Syndrom"* oder *„frühkindliche Hirnschädigung"*, u. U. auch Angaben über die Art der Schädigung oder über den Stand der motorischen Entwicklung. Genetische Befunde — ohnehin höchst selten — sind pädagogisch nur bedingt von Bedeutung.

Insgesamt ist festzuhalten, daß medizinisch gesehen eine geistige Behinderung auf einer irreversiblen Schädigung des Organismus beruht.

Die organischen Veränderungen insbesondere des Gehirns und seiner Entwicklung determinieren unmittelbar eine gewisse Fixierung des Verhaltens. Der auf diese Weise gesetzte Entfaltungs- und Spielraum für das Verhalten wird jedoch stets mitbestimmt durch die Wechselwirkung mit der Umwelt, so daß er als solcher nicht genau auszumachen ist. Allgemein kann gesagt werden, daß bedeutend weniger Verhalten als irreversibel anzusprechen ist, als bislang angenommen wurde, d. h. daß die Chancen für eine Verhaltensänderung durch Erziehung größer sind als der Laie gemeinhin annimmt.

Die *Einwirkung der Umwelt* ist einerseits abhängig vom Grad und der Art der Behinderung, andererseits insbesondere von der Angemessenheit des Umweltverhaltens und dem Grad der psychischen Stabilität der Umweltpersonen. Letztlich ist es ein Ineinandergreifen verschiedener, zum Teil noch nicht völlig geklärter Kausalfaktoren.

Die sonderpädagogische Aufgabe, den potentiellen Begabungs- und Verhaltensspielraum eines geistigbehinderten Kindes zu erkunden, geht über den Versuch einer Klärung der Kausalfaktoren hinaus. Über die pauschale Diagnostizierung eines „frühkindlichen Hirnschadens" oder des „Mongolismus" hinaus bedarf es einer Spezifizierung der tatsächlichen Entwicklungsmöglichkeiten der Einzelfunktionen und des Gesamtorganismus. Hierzu sind psychologisch fundierte Beobachtungen und Messungen nötig.

Die soziale Situation

Eine Gesamtbeurteilung des Kindes bliebe unzulänglich, enthielte sie nicht auch Angaben zur sozialen Vorgeschichte und gegenwärtigen sozialen Situation eines geistigbehinderten Kindes, seien es begünstigende oder benachteiligende Umstände und Zusammenhänge. Es geht um Fragen wie:
– Beziehungen des Kindes zu den übrigen Familienmitgliedern

- soziale Position der Familie in ihrer Umgebung
- Beziehungen der Familie zur Schule
- sonstige außerfamiliäre Kontakte, Spielgefährten
- sozialer Status der Familie
- soziale Verhaltensweisen des Kindes in den verschiedenen sozialen Gruppierungen u. ä.

Angaben dieser Art kann vor allem ein Sozialarbeiter, aber auch jeder andere beitragen, der in Kontakt mit der sozialen Situation eines geistigbehinderten Menschen tritt. Die Auskünfte der Eltern dürften besonders wichtig sein, aber u. U. auch diejenigen der geistigbehinderten Personen selber, soweit sie dazu fähig sind bzw. ihnen Gelegenheit gegeben wird, sich ihrer sozialen Bedingungen bewußt zu werden.

Die intellektuelle Kapazität

Die Ermittlung der *intellektuellen Leistungsfähigkeit* erfolgt in herkömmlicher Weise mittels Intelligenztestverfahren. Mit Hilfe von Intelligenzalter und Intelligenzquotient werden Klassifizierungen vorgenommen. Sie haben bisher pädagogisch nicht voll befriedigt (*Mühl* 1969). Das mag daran liegen, daß die bisher verwendeten Tests nicht originär für Geistigbehinderte konzipiert waren. Nach *Bondy* (1964) gab es bislang im deutschen Sprachraum kein testpsychologisches Verfahren, „das speziell für schwachsinnige Kinder erstellt wurde und an einer repräsentativen Stichprobe dieser Kinder mit teststatistischen Methoden auf seine Anwendbarkeit hin überprüft" worden wäre (C. *Bondy* 1964). Ein auf Grund von nur wenigen gelösten Testaufgaben eines herkömmlichen Testverfahrens ermittelter IQ hat keine ausreichende Aussagekraft. *Wunderlich* (1970) hält die Beurteilung mongoloider Kinder mit Hilfe „sogenannter Intelligenztests" für „ganz falsch" und lehnt deren Ergebnisse zur Beurteilung der Entwicklungstendenz dieser Kinder, vor allem nach Eintritt ins Schulalter, mit ganz besonderem Nachdruck ab.

Eggert hat (1979) die Problematik der Intelligenztestung bei geistigbehinderten Kindern im einzelnen aufgezeigt, insbesondere in klassifikatorischer Hinsicht, und resümiert: „Das Intelligenz-Niveau ergibt zwar durchaus eine globale Niveau-Bestimmung, ist aber als alleiniger Klassifikationsansatz mit Sicherheit nicht ausreichend" (S. 402).

Auf die Unzulänglichkeit von Klassifizierungsversuchen mittels IQ-Werten ist bereits oben (S. 38 ff.) hingewiesen worden. Pädagogischerseits stellt sich die Frage, was derartige Klassifizierungen eigentlich einbringen. Seit je fällt auf, daß die Klassifizierungsschemata mit der Realität von Einteilungen in pädagogische Institutionen nicht übereinstimmen.

Im Anschluß an die *Empfehlungen des Deutschen Bildungsrates*

(1973) kann im Sinne einer Groborientierung der gemessene Intelligenzwert als zusätzlicher Anhaltspunkt gelten. Die Grenze zwischen Lernbehinderung und geistiger Behinderung dürfte demnach in der Regel bei 3 Standardabweichungen des gemessenen Intelligenzwertes unterhalb des Mittelwertes liegen, was ungefähr einem IQ um 55 entspricht — dies mit allem Vorbehalt hinsichtlich der Meßbarkeit von „Intelligenz" bei geistigbehinderten Personen. Damit ist auch die besondere Problematik angesprochen, die in der Person des Diagnostikers liegt, wenn er geistigbehinderte Kinder oder Jugendliche testet, worauf u. a. *Eggert* (1979, 399) hingewiesen hat.

Als standardisierte Intelligenztestverfahren kommen in Betracht:
- der HAWIVA (*Hannover-Wechsler-Intelligenztest für das Vorschulalter*) (*Eggert/Schuck* 1975) und
- der *Psychologische Entwicklungstest* (PET), eine deutsche Bearbeitung des *Illinois Test of Psycholinguistic Abilities* (ITPA, *Kirk* u. *Kirk*) von *Angermeier* (1974).

Über eine rein quantitative Pauschalaussage hinaus interessiert den Pädagogen mehr eine differenzierte Feststellung der verschiedensten Leistungsmöglichkeiten, ein individuelles Verhaltensprofil also, das auch gewisse prognostische Schlüsse zuläßt (*Profildiagnostik*).

Den genannten pädagogischen Bedürfnissen am nächsten kommen dürfte die 1969 erschienene „Testbatterie für geistigbehinderte Kinder (TBGB)", die von einer Arbeitsgruppe unter Leitung von Prof. Dr. *C. Bondy* am Psychologischen Institut der Universität Hamburg in den Jahren 1963—1968 entwickelt worden ist (*Bondy/Cohen/Eggert/Lüer* 1969). Sie faßt sechs Leistungs- und Intelligenztests zusammen. Diese können in verschiedenen Kombinationen und auch einzeln verwendet werden. Sie gestatten eine frühe Diagnose des Grades der geistigen Behinderung und eine differenzierte Einstufung des Kindes hinsichtlich seiner Leistungsfähigkeit. Im einzelnen geprüft werden allgemeine Intelligenz, Sprache, Merkfähigkeit und Motorik.

Es wird kein Intelligenzquotient ermittelt, jedoch ein Testprofil, das ein Bild der relativen Stärken und Schwächen des Kindes ergibt. Die errechneten Abweichungswerte und Prozentrangwerte beziehen sich auf die Altersgruppe der sieben- bis zwölfjährigen Geistigbehinderten. Ein Vergleich mit nicht-behinderten Kindern ist also nicht möglich, jedoch mit Lernbehinderten. Bei keinem Test ist ein differenziertes Sprechvermögen des Kindes erforderlich. Es können also auch Kinder untersucht werden, die gerade noch in der Lage sind, einfachste verbal oder pantomimisch gegebene Anweisungen zu verstehen und auszuführen. Da es notwendig war, auch Tests aufzunehmen, bei denen keine zeitbegrenzten Aufgaben gestellt werden, kann die Gesamttestzeit bis zu vier Stunden in Anspruch nehmen; in der Regel sind drei Sitzungen nötig.

Aufschlußreich für das Leistungsverhalten und seine Entwicklung bei Geistigbehinderten sind zwei Anmerkungen am Schluß des Anleitungsheftes:
1. Der Test läßt keine Aussage über Bildungsfähgkeit und Bildungsunfähigkeit des untersuchten Kindes zu, auch wenn es keine einzige Aufgabe lösen kann. Es ist dann lediglich als testunfähig zu bezeichnen.
2. Die Brauchbarkeit der Testbatterie zur Vorhersage von Bildungsmöglichkeiten und zur Planung pädagogischer Fördermaßnahmen konnte von *Eggert* (1974) nachgewiesen werden.

Sozialentwicklung

Es ist bereits oben (S. 39 f.) auf die definitorische Kopplung von Intelligenz- und Sozialentwicklungsdaten insbesondere in den USA (*AAMD*) aufmerksam gemacht worden. Geistige Behinderung wird demnach nicht allein über den IQ sondern auch über entsprechende Rückstände in der sozialen Anpassung bestimmt.

Williams u. a. (1966) berichten von einer Untersuchung *Goldbergs* (1957), wonach die Lehrer von 1200 geistigbehinderten Kindern in Spezialklassen das Sozialverhalten bei 40 % als „zufriedenstellend" und bei 60 % als „problematisch" bezeichneten. Für die Beurteilung „problematisch" wurden folgende Kriterien aufgeführt:
- Scheu, ängstlich, verkrampft
- Überregbarkeit, Nervosität, egozentrisch
- kurze Konzentration, trotzig, eigenwillig
- ärmliche Ausdrucksweise
- geringe motorische Fähigkeiten, unartig, destruktiv
- Aggressivität
- emotionale Unbeständigkeit, in sich zurückgezogen
- Infantilität, unerwünschte Angewohnheiten
- Egoismus, unzuverlässig
- soziale Unzuverlässigkeit
- Faulheit
- keine Ausdauer

Die Unzulänglichkeit derartiger Kriterien für eine genaue Unterscheidung zufriedenstellenden und problematischen Sozialverhaltens dürfte auf der Hand liegen. Bei einem Vergleich mit den 20 vom Verfasser beobachteten Kindern ist festzustellen, daß nahezu alle Kinder das eine oder andere Merkmal aufweisen, freilich nicht immer und in verschiedener Intensität.

Als ein Instrument zur vergleichenden Feststellung sozialer Fertigkeiten und der Möglichkeiten ihres Erwerbs hat sich vor allem in den USA die Vineland Social Maturity Scale von *Doll* (1953) bewährt (*F. Specht*

1963, G. *Lüer, R. Cohen* u. *W. Nauck* 1966). Die durch Befragung der Eltern ermittelten, in einem Sozialquotienten (SQ) quantifizierbaren Ergebnisse geben Aufschluß über sechs Kategorien sozialer Umgänglichkeit: Selbsthilfe, Fortbewegung, Beschäftigung, Kommunikation, Selbstbestimmung und Soziabilität. — Eine Kurzform dieses Sozialreifetests ist in die Testbatterie für geistigbehinderte Kinder (TBGB) aufgenommen worden.

Wie *Williams* u. a. (1966) auf Grund von Untersuchungen von *Johnson/Copobianco* (1957) und des Illinois-Study-Projekts berichten, liegt bei geistigbehinderten Kindern der Sozialquotient nach einer zweijährigen Übungs- und Versuchszeit etwas höher als der Intelligenzquotient. Diese Ergebnisse lassen u. a. erkennen, daß die Beherrschung sozialer Fertigkeiten zu einem erheblichen Teil von der Umwelt, speziell von der Erziehung abhängt (vergl. *Josef* 1968). Schwierigkeiten im sozialen Umgang Geistigbehinderter sind demnach nicht einfach unabänderliche Resultanten der organisch fixierten intellektuellen Schädigung. Erzieherische Hilflosigkeit der Eltern, unangemessene Erziehung in den ersten Lebensjahren und weitestgehende Isolierung des Kindes tragen stärker zur sozialen Unbeholfenheit bei als gemeinhin angenommen. Eine annähernde Abklärung im Einzelfall, wieweit Veränderbarkeit und wieweit Irreversibilität vorliegen, gestattet nur ein längerer systematische Erziehungsversuch in der Gruppe (*Josef* 1968).

Die Unterschiedlichkeiten in der Beherrschung sozialer Fertigkeiten reichen von völliger Hilflosigkeit und Unselbständigkeit bis zur weitestgehenden Unabhängigkeit und Umgangsgeschicklichkeit, von Beziehungslosigkeit bis zu ausgesprochener Kontaktfreudigkeit, von Widerspenstigkeit und Aggressivität bis zur sozialen Beliebtheit und Vertrauenswürdigkeit.

Die eigenen Beobachtungen als Lehrer einer Knaben- und einer Mädchen-Schulanfängergruppe im Alter von 7 bis 13 Jahren ließ folgende Eigentümlichkeiten der Soziabilität Geistigbehinderter erkennen:

- Aus dem anfänglichen reinen Nebeneinander entwickeln sich in der Regel Zweier-Kontakte.
- Geknüpfte Kontakte werden relativ leicht und konfliktlos wieder gelöst. Dauerkontakte sind relativ selten.
- Bestimmte Kinder werden stark umworben, vor allem Down-Kinder, offensichtlich wegen ihrer natürlichen Freundlichkeit. Andere Kinder werden allgemein abgelehnt, offensichtlich wegen ihrer geringen sozialen Umgänglichkeit und ihrer Unberechenbarkeit.
- Die Kontaktfähigkeit ist von der aktuellen körperlichen Befindlichkeit sehr stark abhängig.
- Kontaktversuche können als ausgesprochen aufdringlich und lästig

empfunden werden; es mangelt am Vermögen, sich in den anderen hineinzuversetzen und seine Reaktionen zu beachten.
- Es können sich sehr hartnäckige gegenseitige Ablehnungen und Aggressivitäten herausbilden, die nur schwer auflösbar sind.
- Schwierigkeiten im gegenseitigen Kontakt entstehen sehr leicht aus Mißdeutungen des Annäherungsverhaltens.
- Gegenüber Mitschülern scheue und unsichere Kinder suchen stärkeren Kontakt zum Erzieher.

Mit fortschreitendem Alter stabilisieren sich die Sozialbezüge innerhalb einer Gruppe und weisen bei Jugendlichen eine relativ große Konstanz auf, wie die Untersuchung von *Schniske* (1969) in einer Schulklasse 13- bis 18jähriger Geistigbehinderter zeigt. Zuneigungen und Ablehnungen sind im wesentlichen von emotional-persönlichen Motiven bestimmt, weitaus weniger durch das Leistungsniveau eines Schülers. Da die Sozialbezüge der Schüler für den gesamten Lernvorgang von erheblicher Bedeutung sind, wird der Erzieher bemüht sein, die soziale Struktur und Dynamik in seiner Gruppe genau zu erkunden und auch sozial schwierige Kinder einzugliedern. Er wird sich dabei auf eine relativ lange Zeit einstellen müssen.

Die Fähigkeit geistigbehinderter Kinder, durch systematische Übung besseres soziales Verhalten zu erlernen, ist nach den Berichten von *Williams* u. a. (1966) beachtlich groß. Möglichkeiten der Erziehung zur Gruppenfähigkeit haben u. a. *Josef* (1968) und *Giehr* (1967) dargestellt.

— Die Zuneigung eines anderen gefunden zu haben, ist auch für das geistigbehinderte Kind ein überaus beglückendes Erlebnis, ebenso aber auch die spontane Hilfe, die es einem Mitschüler gewährt. Geistigbehinderte Kinder können zueinander in ganz auffälliger Weise teilnahmsvoll und hilfsbereit sein (*H. Bruder* 1969).

In den USA haben *Nihira* und Mitarbeiter (1969) ein differenziertes und erweitertes Verfahren zur Messung des Anpassungsverhaltens entwickelt, die „*Adaptive Behavior Scale*" (AAMD-Revision 1975). Sie gliedert sich in zwei Teile: *Teil 1* orientiert sich an der *Entwicklungssequenz* und ist in *zehn Funktionsbereiche* untergliedert, die für die *persönliche Unabhängigkeit* im täglichen Leben wichtig sind:
- Selbsthilfe (Essen, Waschen, Kleider, Toilettenbenutzung u. ä.)
- physische Entwicklung (Sensomotorik)
- ökonomische Aktivität (Umgehen mit Geld, Einkaufen)
- Sprachentwicklung
- Zahlen und Zeiten
- Häusliche Aktivität (Wäsche, Küche etc.)
- Berufliche Aktivität
- Selbstbestimmung (Initiation, Beständigkeit, Freizeit)

- Verantwortlichkeit
- Sozialisation.

Im *Teil 2* werden Formen des Fehlverhaltens als *Persönlichkeits- und Verhaltensstörungen* erfaßt:
- Verletzendes und destruktives Verhalten
- antisoziales Verhalten
- auflehnendes Verhalten
- unzuverlässiges Verhalten
- Zurückgezogenheit
- Stereotypien
- unangemessene interpersonelle Angewohnheiten
- nicht akzeptierbare stimmliche Gewohnheiten
- exzentrische Gewohnheiten
- selbstverletzendes Verhalten
- hyperaktive Neigungen
- sexuell abweichendes Verhalten
- psychologische Störungen
- Gebrauch von Medikamenten.

Es handelt sich jeweils um *Schätz-Skalen*. Für jeden Teil werden Zahlenwerte ermittelt, die differenziert und umfassend Aufschluß über das individuelle Niveau des Adaptionsverhaltens und seine Störungen geben.

Zunehmende Verbreitung gewinnt inzwischen ein anderes Meßverfahren für soziale Kompetenz: die *PAC-Methode* von *Gunzburg* (1973, *Progress Assessment Chart*). Sie stellt eine pädagogische Analyse und zugleich ein Curriculum der Sozialentwicklung dar. In Diagrammform werden aufgelistete Fertigkeiten per Beobachtung registriert und zwar in vier Bereichen:
- Selbsthilfe (Essen, Bewegung, Toilette, Waschen, Anziehen)
- Verständigungsvermögen (Sprache, Zahlenbegriffe)
- Sozialanpassung (häusliche Tätigkeiten, Spielen)
- Beschäftigung (Wendigkeit, Fingerfertigkeit).

Es sind jeweils pro Altersstufe eigene Verfahren entwickelt worden. Der Vorteil dieser sequentiell angeordneten Fertigkeiten liegt darin, den jeweils nächsten Entwicklungsschritt ausmachen und die Effektivität der entsprechenden Fördermaßnahme kontrollieren zu können. Das *PAC-System* ist mit seinen Vergleichswerten unmittelbar an den Durchschnittsleistungen geistigbehinderter Kinder und Jugendlicher orientiert. (Beziehbar deutsch über *Bundesvereinigung Lebenshilfe* Marburg/Lahn)

Spezielle Leistungsbereiche

Den Erzieher und Lehrer interessieren im besonderen auch spezielle Leistungsbereiche, für die er entsprechende Fördermaßnahmen anzusetzen hat. Es sind dies im besonderen die Bereiche der Motorik, der sensorischen Wahrnehmung, der Sprache und der Kognition. Um das einzelne Kind in seinem jeweiligen Entwicklungsstand beurteilen zu können, stehen spezielle Leistungstests bzw. Subtests größerer Testbatterien zur Verfügung (vgl. *Spreen* 1978, *Eggert* 1970, 1979).

Die *Motorik* stellt einen grundlegenden Funktionsbereich dar (vgl. *Piaget*).

Ihre Bedeutung für die Erlernung lebensbedeutsamer Fertigkeiten liegt auf der Hand; zumal gerade der Geistigbehinderte seine Erfahrungen durch tätigen Umgang mit den Dingen macht. Von seinen motorischen Fähigkeiten hängen u. a. die Besorgung der täglichen Bedürfnisse, die Fortbewegung, seine helfenden Tätigkeiten, sein darstellendes Tun, das Schreiben und seine Sprechtüchtigkeit ab.

Es war bereits oben die Rede von den unterschiedlichen Erscheinungsformen der Motorik bei Geistigbehinderten. Art und Stärke der motorischen Störungen sind in hohem Maß abhängig von der Art und dem Grad der Schädigung des Zentralnervensystems (*Geisler-Förster* 1960). Immer aber handelt es sich um eine Störung der Gesamtmotorik, der es an der altersgemäßen Koordination und Integration fehlt (*Homburger* 1925, *Göllnitz* 1957).

So fallen im Gesamtbild des Down-Kindes plump-tolpatschige Bewegungen, der unsichere, breitbeinige Gang, aber auch die schon zitierte grazile Gestik auf. Das motorische Bild des hirngeschädigten, speziell des postencephalitischen Kindes ist dagegen oft durch eine übermäßige dranghafte Unruhe gekennzeichnet. *Seebandt* (1964, 56) spricht von einer „unrationalen, planlosen Überschußmotorik", bei der sich mit einer dranghaften, zappeligen, eigenrhythmischen Iterationsmotorik auch Perseverationen und Handlungsiterationen verbinden. Auf Schrift- und Zeichenstörungen bei motorischem Rückstand haben *Göllnitz* und *Lenz* (1957) hingewiesen.

Zur Feststellung des individuellen motorischen Rückstandes wurde die von *Göllnitz* modifizierte „metrische Skala für die Untersuchung der Motorik bei Kindern" von *Oseretzky* verwendet (*Göllnitz/Lenz/Winterling* 1957, *Josef* 1968).

Inzwischen hat sich zur Messung des psychomotorischen Entwicklungsstandes die *Hamburger Version* der *Lincoln Oseretzky Scala* (LOS) bewährt, ein Subtest der TBGB. Erfolgreich erprobt ist auch der *Körper-Koordinationstest* (KTK) von *Kiphard* und *Schilling* (1974), ein motorischer Test zur Erfassung frühkindlicher Hirnschädigungen.

Vielfach wird die Andersartigkeit der Motorik in Erregungs- und Belastungssituationen besonders deutlich. Von einem neunjährigen hirngeschädigten Knaben kann berichtet werden, daß er jedesmal, wenn er eine Tätigkeit ausführen sollte, bei der er sich unsicher fühlte, die körperliche Bewegungskoordination völlig verlor: Sollte er einen bestimmten Gegenstand in die Hand nehmen, so setzte er dazu nur an, um schon im nächsten Augenblick nach einem anderen und weiteren ziellos zu greifen. Sollte er an die Tafel heraus, so konnte er nicht gehen, sondern stürzte und polterte durchs Zimmer und fiel zu Boden.

Bei einem achtjährigen, ebenfalls hirngeschädigten Knaben steigerte sich die körperliche Unruhe jedesmal ganz auffällig, wenn sich Furcht vor Versagen und Tadel durch die Mutter einstellte, die zusammen mit den anderen Müttern einmal in der Woche am Unterricht teilnahm. Ähnlich reagierte er, wenn sein Bewegungsüberschuß eingedämmt werden mußte: Den Körper überfiel ein Zucken, Arme, Hände und Beine verkrampften sich, er stellte sich auf die Zehenspitzen und konnte keinen Gegenstand festhalten; einen Bleistift z. B. nahm er in die Hand, um ihn gleich wieder wegzulegen. Freudige Erregung verwehrte ihm beim rhythmischen Klatschen das Mitmachen. Zorn ließ ihn wild mit den Füßen stampfen, mit den Händen auf die Bank oder an die Wand trommeln und andere grundlos und wahllos schlagen.

Ein dreizehnjähriger Knabe (Down-Syndrom) fiel beim Ostereier-Suchen im Zimmer durch eine einmalige Reaktion auf: Die übrigen Schüler hatten bereits etwas gefunden und gaben ihrer Freude laut Ausdruck. Dies steigerte seine Unruhe derart, daß er höchst erregt durchs Zimmer stürzte und plötzlich wild mit den Beinen springend und stampfend und mit den Händen auf einen Tisch geradezu rhythmisch schlagend laute Schreie ausstieß.

Das motorische Erscheinungsbild des Geistigbehinderten kann entweder von Hypomotorik mit der Tendenz zur Bewegungsstarrheit oder von Hypermotorik mit der Tendenz zum Bewegungschaos gekennzeichnet sein.

Die motorischen Störungen können einen solchen Schweregrad aufweisen, daß man von einer Körperbehinderung im behindertenpädagogischen Sinn, und damit von einer Mehrfachbehinderung sprechen kann. Hirngeschädigte Geistigbehinderte sind vielfach auch gelähmt. Nach einer Untersuchung von *Sondersorge* (1967) waren 50 % der erfaßten Geistigbehinderten als bewegungsgestört und von diesen etwa die Hälfte als körperbehindert anzusehen und zwar auf Grund irreparabler Lähmungen, Verkümmerungen und Mißbildungen.

Die Sprache steht in unmittelbarer Beziehung zur Motorik. Sie weist beim Geistigbehinderten ganz auffällige Schwächen auf. In der Untersuchung von *Atzesberger* (1967) findet sich unter 31 Kindern nicht ein einziges, dessen Artikulation unauffällig gewesen wäre. Bemerkenswert hoch lag auch die Zahl der Stotterer; sie machte 26 % aus. Das Ausmaß von Sprachstörungen bei Kindern mit dem Down-Syndrom untersuchte u. a. *E. Wilken* (1979). Unter den 20 Kindern, die der Verfasser beobachtete, waren nur drei, die lediglich leichte Beeinträchtigungen in der Satzbildung aufwiesen. Die übrigen waren ausnahmslos — zum Teil schwere — Stammler, und ein Schüler stotterte.

Nach der Erhebung von *Sondersorge* (1967) waren 78 % in irgendeiner Weise sprachgestört. Unter ihnen befanden sich auch solche, die sich einer kaum verständlichen „Eigensprache" bedienten. Sie machten 40 % aller untersuchten Kinder aus.

Sämtliche Sprachstörungen, die es gibt, finden sich bei Geistigbehinderten. Ihre außerordentliche Häufung ist einerseits, d. h. allgemein auf die vorliegende Intelligenzschwäche und andererseits, d. h. speziell auf die große Zahl von Hirnschädigungen zurückzuführen, die auch unmittelbare Sprachschädigungen auslösen (*Busemann* 1959). Relativ häufig sind auch periphere sprechorganische Behinderungen.

Die Tatsache des Stotterns gibt auch einen Hinweis auf das Wirksamwerden neurotisierender Einflüsse. Es setzt sich immer stärker die Auffasung durch, daß das Stottern Geistigbehinderter nicht einseitig als organische Störung anzusehen ist, nachdem festgestellt werden konnte, unter welch schwierigen Kontaktbedingungen geistigbehinderte Kinder aufwachsen (*Atzesberger* 1967).

Ein Beispiel mag die Wahrscheinlichkeit neurotischer Bedingtheit des Stotterns verdeutlichen. Es handelt sich um einen achtjährigen geistigbehinderten Knaben, der sporadisch und mit unterschiedlicher Intensität stotterte. Im Bericht einer Erziehungsberatungsstelle ist von starken Hemmungen des Gefühlsausdrucks und inneren Spannungen die Rede. Die gefühlsmäßige Hinwendung zur Umwelt wurde in der frühen Kindheit wahrscheinlich einem starren Reglement unterworfen. Die übermäßig besorgte Mutter läßt dem Kind kaum eigenen Spielraum und unterwirft es unablässig ihren Anweisungen, wobei sie sehr heftig werden kann. Vom Vater berichtet sie, daß er ein Grobian sei und das Kind häufig schlage. Auffallend ist nun das unterschiedliche Stottern. Nach Aussage der Mutter, die einmal wöchentlich auch dem Unterricht beiwohnt, stottert das Kind daheim mehr als in der Schule. In der Schule selbst gibt es Tage und Situationen, wo das Kind gar nicht oder nur wenig stottert. Es wirkt dann stets entspannter, oft sogar lustig. An einem solchen Tage berichtet die Mutter einmal, der Bub habe, da er sonst so schlecht schlafe, heute bei ihr im Bett gelegen und gut geschlafen. Bei einer solch eindeutigen Abhängigkeit des Verhaltens von belastenden Umwelteinwirkungen dürfte eine Neurotisierung nicht ausgeschlossen werden können (vergl. *Lempp* 1964).

Pädagogisch bedeutsam ist auch die Tatsache, daß in der Regel das *Sprachverständnis* größer ist als das *Sprechvermögen.* Es gibt geistigbehinderte Kinder, die kein Wort verständlich sprechen können, aber durchaus in der Lage sind, verbale Äußerungen zu verstehen. Vielfach ist auch in Folge der dürftigen Kontakte mit Altersgenossen in der Schule die Kontaktscheu so groß, daß sie die Sprechbereitschaft geradezu erstickt. Es ist daher wenig sinnvoll, wenn fremde Personen durch Aufnahmeuntersuchungen oder kurze Beobachtungen feststellen wollen, was das Kind sprechen kann.

Das Hör- und Sehvermögen Geistigbehinderter weist relativ häufig Beeinträchtigungen auf. *Williams* u. a. (1966) berichten, daß nach einer Untersuchung von *Kodmann* (1954) in einer Einrichtung für Geistigbehinderte bei 19 % der Kinder im Alter bis zu sieben Jahren ein Verlust des Gehörs von 30 dec. festgestellt wurde, was dem Vierfachen des Anteils Hörgeschädigter an allen übrigen öffentlichen Schulen gleichkommt. Angesichts der Schwierigkeiten, die einer zuverlässigen Hörprüfung geistigbehinderter Kinder im Wege stehen, dürften exakte statistische Daten gegenwärtig noch ausstehen (*Sondersorge* 1967). Es ist damit zu rechnen, daß der Anteil hörgeschädigter Kinder unter den Geistigbehinderten größer ist als gemeinhin angenommen.

Ähnlich dürfte es sich mit der Häufigkeit von Sehschäden verhalten. Nach *Sondersorge* (1967) litten 18 % aller untersuchten Kinder unter ärztlich festgestellten Sehfehlern. Die meisten von ihnen waren Down-Kinder. 14,2 % wurden als Brillenträger und 15 % als Schielende registriert.

Persönlichkeitseigentümlichkeiten

Die pädagogisch-psychologische Beurteilung eines geistigbehinderten Kindes wird sich auch auf charakteristische Eigenheiten und Merkmale seiner Persönlichkeit beziehen müssen, wenn ein Gesamtbild seines Verhaltens und seiner Erlebnisweisen vorliegen soll. Durch implizite Beobachtungen und Einschätzungen kennt ein Lehrer an sich recht gut solche Charakteristika in Bereichen der Emotionen, Motivationen, Stimmungen, Handlungsstile, Ausdrucksweisen, Kommunikationsstile u. a. *Hutt/Gibby* (1976) halten es für notwendig, Näheres zu wissen über das Entwicklungsniveau der Persönlichkeit, über den Stand der Ich-Entwicklung, über die Art und Stärke innerer Konflikte, über bevorzugte Abwehrmechanismen und über psycho-pathologische Reaktionsweisen. Klinische Psychologen, Psychiater und Lehrer müßten zusammenwirken, um ein differenziertes Bild der Persönlichkeit einschließlich seiner Dynamik erhalten zu können.

Die diagnostischen Schwierigkeiten beim geistigbehinderten Kind liegen auf der Hand: Es ist nur begrenzt fähig auszusagen, wie es sich fühlt, und was es denkt. Übliche Persönlichkeitstests, wie sie für normale Kinder entwickelt worden sind, eignen sich daher nur sehr bedingt für geistigbehinderte Personen, zumeist gar nicht (vgl. *Hutt/Gibby*, 278, *Spreen* 1978, 74). Von *Hofer-Krauss* und *Eggert* (1972) ist ein eigener *Persönlichkeitsfragebogen* für geistigbehinderte Kinder entwickelt worden, der per Beobachtung Geltungsbedürfnis, Wunsch nach Zuwendung, Ordnungsbedürfnis, Trotzverhalten, Unruhe und Einordnen in die Gruppe erfaßt (b. *Eggert* 1979, 412).

Auch die bereits genannte *AAMD-Adaptive Behavior Scale* ist geeignet, Persönlichkeitseigentümlichkeiten zu registrieren, insbesondere Störungen.

Der pädagogische Handlungsansatz

Ein Konzept des pädagogischen Handelns für Kinder mit geistiger Behinderung wird sich nach dem bisherigen Aufriß der Bedingungen im wesentlichen an folgenden Leitpunkten zu orientieren haben:
1. Geistige Behinderung ist eine *normale Variante* menschlicher Lebensweise. Eine adäquate Erziehung wird daher primär den gleichen Prinzipien und Maßgaben folgen, wie sie für jegliche Erziehung gelten.
— Allgemeiner pädagogischer Orientierungsrahmen.
2. Geistige Behinderung bedingt *besondere Erziehungsbedürfnisse*, d. h. spezielle Formen des Lernens und Lehrens. Diese beziehen sich nicht nur auf verschiedene Stufen (Schweregrade) der geistigen Behinderung sondern auch auf die individuellen Unterschiedlichkeiten. — Spezielle pädagogische Orientierung.
3. Die Bildbarkeit des einzelnen geistigbehinderten Kindes ist eine Funktion der Wechselwirkung zwischen Organismus und Umwelt. Seine pädagogische Förderung ist daher als *Interaktionshilfe* zu verstehen, durch die ihm eine aktive Auseinandersetzung mit der ihm erfahrbaren Welt, d. h. ihren ihm zugänglichen Sachen und Wertsystemen möglich wird.
4. Der *Aufbau der Wirklichkeit im Kinde*, seine Befähigung zum Handeln und Denken, ist ein ganzheitlicher Prozeß, in den sich Maßnahmen zur Förderung (zum Training) einzelner Funktionen integrieren müssen.
5. Erziehung des geistigbehinderten Kindes ist kein bloßer Sozialisationsakt sondern ein *personal-sozialer Integrationsprozeß*, in welchem das Subjekt (Selbst) eine konstitutive Funktion behält, auch wenn es wegen physischer Blockierungen zur postulativen Größe wird.
6. Die primäre Abhängigkeit des geistigbehinderten Menschen im Erziehungsprozeß beansprucht eine stärkere und umfassendere *pädagogische Verantwortung*, der sich jeder Erzieher und Therapeut in seinem Planen und Handeln unter dem Anspruch der conditio humana (*Plessner*) zu stellen hat, und die sich im besonderen in der Qualität des Erziehungsverhältnisses niederschlägt.
7. Die stärkere erzieherische Führungsbedürftigkeit (Abhängigkeit) des geistigbehinderten Kindes verlangt nach einer *differenzierteren pädagogischen Planung* und Lernorganisation; da sich aber Erziehung letztlich als offener Prozeß zwischen Mensch und Mensch in der vollen Lebenswirklichkeit ereignet, verbietet sich eine völlige Planbarkeit des pädagogischen Handelns.

8. Die *Lehrziele* werden einerseits entsprechend dem psycho-physischen Entwicklungsstand und der allgemeinen Entwicklungssequenz, andererseits von den gegenwärtigen und künftigen Sozialisationsbedürfnissen und Lebensmöglichkeiten des geistigbehinderten Menschen in der Gesellschaft her bestimmt.

9. Im pädagogischen Konzept kommt den engeren und vertrauteren (primären) Erziehern, den *Eltern* geistigbehinderter Kinder, eine *Primärfunktion* zu, der gegenüber die Professionellenrolle im Prinzip zur assistierenden werden sollte.

10. Der Erzieher des geistigbehinderten Menschen wird von einem Komplex physischer, psychischer und sozialer Faktoren bestimmt, der eine engere *Kooperation aller beteiligten Disziplinen* erforderlich macht (Mehrdimensionale Diagnostik, Erziehung und Therapie).

Mit diesen Grundzügen soll ein *strukturales pädagogisches Handlungskonzept* skizziert werden. Damit soll sein Ganzheitscharakter und die Komplexität des Anspruches der Erziehung geistigbehinderter Menschen zum Ausdruck gebracht werden. In einem philosophisch-strukturalistischen Sinne geht es um einen integrierten Ort dieser Menschen und ihrer Erziehung innerhalb eines Gesamtsystems, einer Gesamtstruktur, von der aus sich ihr Sinn erhellt und verstehen läßt. Mit struktural unterstreichen wir auch die Ganzheitlichkeit des pädagogischen Ansatzes gegenüber einem elementenhaft-additiven Ansatz, wie er sich im besonderen von der behavioristischen Lernpsychologie ableitet und sich z. B. in bloßen funktionsorientierten Trainingsprogrammen niederschlägt. Das Ganze — des Menschen — aber ist mehr als die Summe der Teile. Eine naturwissenschaftlich orientierte quantifizierende Methode wie die verhaltenspsychologische ist vor allem an Verhaltenselementen, also an Teilen, interessiert, nicht aber an größeren Zusammenhängen. Diese sind für jeglichen Positivismus zum Tabu geworden.

Nach der Verdrängung der Metaphysik war die Versuchung groß, die anstehenden „Lösungen" in der naturwissenschaftlichen „Objektivität" und „Operationalität" zu suchen, in dem, was sich am Menschen kontrollierbar beobachten läßt. Dabei bleibt der *Behaviorismus* mit seinem „exakt biologischen Air" und seinem scheinbaren Erfolg, „den Fall Mensch seiner philosophischen Schwierigkeiten entkleidet zu haben", weit hinter den eigentlichen Problemen des Menschen heute zurück (*Plessner* 1974, 61). Dessen zentrale Fragen — selbstverständlich auch die des geistigbehinderten Menschen — erreicht er nicht, denn sie betreffen Ganzheitliches: Wie soll der Mensch sein Leben führen? Worauf soll er es ausrichten? Wie gehört alles zusammen, wenn es Sinn haben soll? Die dominante Orientierung an den objektivierbaren Einzelteilen der Wirklichkeit führt offensichtlich letztlich zum Verlust des Bezugs zu einer zentralen Ordnung der Welt (*Speck* 1980).

In einem strukturalen pädagogischen Handlungskonzept erhalten alle Einzelmaßnahmen einen vom Gesamtrahmen bestimmten Ort und werden auf das Ganze der erfahrbaren und für den einzelnen konstitutiven Umwelt beziehbar. Orientierungsrahmen wird der geistigbehinderte Mensch als personale Ganzheit — nicht als Elementensumme — im System der vorgefundenen und aufgegebenen Lebensordnungen, im sozialen System, soweit es für ihn bedeutsam wird. Darüber hinaus hat der Erzieher und Betreuer geistigbehinderter Menschen die größeren Zusammenhänge auszuloten und zu bestimmen, von denen her sein Handeln Sinn empfangen kann. Einige dieser Strukturen und Teilsysteme sollen näher verdeutlicht werden.

Personal-soziale Integration

Ein zentraler strukturaler Begriff ist *Integration*. Er wird in verschiedenen Humanwissenschaften verwendet, z. B. in Bezug auf das physische Gesamtsystem des Organismus, auf das psychische System der Persönlichkeit oder auf das System der sozialen Eingliederung. Gemeint ist stets ein Zustand sinnvoll geordneter Zusammenhänge. *Synthese* von Teileinheiten in einem Ganzen als das Erschließen und Gewinnen von sinngebundener Ordnung und Zusammengehörigkeit lassen sich nur als verschiedene Aspekte ein und derselben Sache unterscheiden.

Personale Integration

bezieht sich im besonderen auf das sinnvolle, ein Ganzes ergebende Zusammenwirken der psycho-physischen Einzelprozesse des Individuums, auf *innere Ordnung*. Für *K. Lewin* ist Integration gestaltpsychologisch gesehen eine organisierte Wechselwirkung, die darauf gerichtet ist, die *Einheitlichkeit* und *Ganzheitlichkeit* der menschlichen *Persönlichkeit* herzustellen und aufrechtzuerhalten. In der Persönlichkeitspsychologie *Allports* ist der substantielle Kern der Persönlichkeit, das spezifisch Menschliche, das *Selbst*, eine *integrierende Instanz*, die Selbstidentität ein stabilisierender Integrator. Nach *Bertanlanffy* (1970) läßt sich der Mensch als das integrierte oder zur Integration bestimmte Wesen verstehen. *Rogers* (1976) interpretiert den personalen Impuls zur Integration als Tendenz zur Vorwärtsentwicklung in Richtung wachsender Vollkommenheit, als Streben nach Selbstvollkommnung, nach „Einswerden mit seinem eigenen Organismus" (a. a. O., 110). Auch *Maslow* (1973) betont als Mitbegründer der *„Humanistischen Psychologie"* ausdrücklich die Rolle der Integration (Selbstkonsistenz, Einheit, Ganzheit) der Persönlichkeit angesichts sozialer Anpassungszwänge, die immer mehr innere Spaltung heraufbeschwören. „Wir müssen mehr holistisch als atomistisch denken lernen ... und eines der Ziele der Therapie" — wir fügen hinzu: auch der Erziehung — „ist es, vom Dichotomisieren und Aufspalten zur Integration anscheinend unversöhnlicher Gegensätze zu gelangen" (a. a. O., 175).

Beim geistigbehinderten Menschen ist in spezifischer Weise — individuell verschieden — das Zusammenwirken der Teile des psycho-physischen Organismus erschwert und gefährdet: Physische Schädigungen müssen kompensatorisch bewältigt werden, die unzulängliche Wahrnehmung der Wirklichkeit erschwert ihre Strukturierung und Erkenntnis, Kognitionsschwächen behindern die innere Verarbeitung und Einarbeitung in die vorhandenen Schemata (*Piaget*), eine sich distanzierende, nicht-akzeptierende Umwelt läßt die Entfaltung eines Selbst, den Aufbau einer Eigen-Instanz (Identität) schon im Ansatz verkümmern.

Eine *pädagogische Integrationshilfe* wäre unter dem Aspekt der Persönlichkeitsförderung insbesondere darauf gerichtet sein,
– die physischen Funktionen zu unterstützen und zu üben, ggf. Kompensationstechniken zu entwickeln (physische Funktionalität)
– elementare Fertigkeiten zur Bewältigung des Lebensalltags auszubilden und zu üben
– Einsicht in die nähere Welt der Menschen und Dinge zu vermitteln
– Emotionalität zu bereichern und zu stabilisieren
– Ich-Funktionen zu stärken, ein tragfähiges Selbstkonzept zu erschließen, Identität zu ermöglichen
– einen Lebensstil und Einstellungen zu vermitteln, die die eigene Existenz bejahen und beglücken können (*Speck* 1975).

Soziale Integration

läßt sich als wechselwirkende Ergänzung zur personalen Integration verstehen. Gemeint ist das Finden und Aufbauen von Zusammenhängen des Individuums mit der sozialen Umwelt, die Eingliederung in Rollensysteme, es geht um die Eingliederung in soziale Bezüge, um Status- und Kompetenzerweiterung, um Konfliktreduktion, um den Abbau sozialer Blockierungen, um soziale Anpassung und soziale Identität oder soziale Distanz im Falle einer Bedrohung.

Im Bereich der Behindertenarbeit wurde der Begriff soziale Integration im besonderen im Sinne gemeinsamer Gruppenzugehörigkeit behinderter und nicht-behinderter Kinder verstanden, aber auch im Sinne einer makrosozialen Akzeptierung und Eingliederung in das soziale Bewußtsein (*Speck* 1974). Damit wird deutlich, daß soziale Integration nicht mehr allein auf den behinderten Menschen bezogen werden kann, sondern zugleich auch auf die Sozietät. Soziale Integration erweist sich als ein Wechselwirkungsprozeß. Die Bereitschaft des behinderten Menschen, sich sozial anzupassen, erscheint dabei stärker als das Entgegenkommen der allgemeinen sozialen Umwelt, wie es sich in Ergebnissen der Einstellungsforschungen (*v. Bracken* 1976) darstellt. Von daher gesehen kann es sich bei einer pädagogischen Hilfe zur sozialen Integration nicht einfach um eine Angleichung an die geltenden Normen handeln, sondern auch um eine Annäherung der allgemeinen Normen an die Bedürfnisse und Möglichkeiten geistigbehinderter Menschen.

Wenn von ihrer sozialen Eingliederung die Rede ist, so sind damit im wesentlichen *soziale Teilsysteme* gemeint, auf die sich diese Menschen einstellen können, und die es ihnen ermöglichen, sich zu einem größeren sozialen Ganzen zugehörig fühlen zu können, seien es Familie, Spielgruppe, Schulklasse, Werkstatt, Freizeitgruppe oder öffentliche Veranstaltungen. In jedem Fall wird eine soziale Eingliederung in eine Gruppe nur so weit vertretbar und erstrebenswert sein, als sie auch der personalen Integration eines geistigbehinderten Menschen *dienlich* ist, also ihr nicht schadet, sie nicht behindert. Er muß auch das Recht haben, für ein Eigenleben in Abgeschiedenheit zu optieren, wenn er ein Bedürfnis danach hat (*Gibson* 1978). Eine pädagogische Integrationshilfe unter dem Aspekt der Sozialisationsförderung wird im besonderen darauf gerichtet sein,
- Kommunikationsfertigkeiten und -möglichkeiten zu entwickeln und zu erschließen
- soziale Verhaltensweisen auszubilden und soziale Interaktionen zu unterstützen und zu erweitern
- die Übernahme, das Erlernen sozialer Rollen zu ermöglichen
- die Teilhabe an Gruppenerfahrungen und -aktivitäten auszubauen und das Zugehörigkeitsgefühl zu verstärken
- die konkrete Eingliederung in Spielgruppen, Lerngruppen, Arbeitsgruppen und Freizeitgruppen zu begleiten und zu stabilisieren
- die berufliche Eingliederung in eine Werkstatt sicherzustellen und lebensdienlich zu gestalten.

Erziehung durch Erfahrung

Integration ist ein Prozeß, der auf ein Ganz-werden gerichtet ist. Einer ganzheitlich orientierten Erziehung wird es um ein Doppeltes gehen: einerseits darum, daß das Kind die Wirklichkeit kennen lernt, veränderbar oder unveränderbar, andererseits darum, daß es die „Eigenständigkeit biographischer Wirklichkeit" (K. Müller) erfährt, ein unauswechselbares und unplanbares Selbst werden kann. Beides macht Erfahrung aus, reale und offene Erfahrung, für die die Erziehung zu sorgen hat. Erfahrung wird damit in eine polare Wechselwirkung zwischen Objektivieren, Planen, Definieren und Handeln einerseits und Betroffensein, Offensein, Selbst-sein, Subjekt-sein, Unkontrolliert-sein und Erleiden andererseits gespannt.

K. Müller (1978) sieht in seiner kritischen Auseinandersetzung mit den die Bildungskatastrophe bedingenden „definierten Verhältnissen in der Pädagogik" die primäre Aufgabe der Erziehung im wesentlichen „auf die Bewältigung eines Ganzen gerichtet, das sich im dialektischen Umschlag zwischen offener und definierter Erfahrung manifestiert", wenn das Ganze des Lebens ausgelotet werden soll (S. 43). Der geistigbehinderte Mensch wäre von jeder Vereinseitigung des erzieherischen Ansatzes besonders bedroht. Insbesondere kann er nicht allein unter dem Aspekt von Tätigsein, Leistung und Rentabilität gesehen werden, nur durch objektivierte Lernprozesse gefördert werden. Die Wirklichkeit schwerstbehinderter Kinder und Jugendlicher entzieht sich weitgehend unserer Objektivierung und Definition. Die Erziehung wird ihnen nur gerecht werden können, wenn sie sie auch sein läßt, der sie sind.

Erziehung steht in der Spannung zwischen sozialem Handeln als pädagogischem Zugriff und pädagogischer Zurückhaltung (P. Moor) und Betroffenheit. Beide Aspekte haben füreinander Komplementärfunktion. So bedeutet Erziehung als geplantes Handeln, dem Kind in definierten Lernsituationen Gelegenheit zu geben, sich mit sich und der Umwelt aktiv und verändernd auseinanderzusetzen; dies aber bedeutet gleichzeitig Erfahrungen machen und umsetzen. Der Erziehung geistigbehinderter Kinder kommt dabei die Aufgabe zu, ihnen lernadäquate Gelegenheiten zu aktivem Erfahrungsammeln zu verschaffen und ihnen bei der Verwertung und Umsetzung dieser Erfahrungen behilflich zu sein. Der didaktische Hauptakzent liegt auf der Initiierung handelnden Lernens, durch welches sich das Bewußtsein ausbildet, ausdifferenziert, und durch das sich eine konstruktive Aneignung der Wirklichkeit als eines Feldes für eigenes Handeln und Denken vollzieht.

Erziehung als impliziter biographischer Prozeß dagegen ereignet sich ungeplant, unkontrolliert, undefiniert, ist in einen zeitlich weiteren Bogen gespannt und lebt aus dem Mitsein des Erziehers, aus seinem Mit-fühlen, seiner Achtung aus dem Zurücktreten seiner Intentionen. Das didaktische „Machen" tritt zugunsten von Schauen-, Staunen-, Spielen- und Sein-lassen zurück, wird zum Hintergrund.

Ganzheitliches Lernen durch Handeln

Wenn anthropologisch gesehen der Mensch das erziehungsbedürftige Wesen ist, dessen Leben nicht instinktmäßig festgelegt, also lediglich gegeben, sondern im eigentlichen aufgegeben ist, d. h. ein variables und durch „innere Erfahrung" (*Moor* 1958) personal zu ordnendes Leben ist, so muß sein Lernen ganzheitlich orientiert sein. Das bedeutet, daß ihm die Variabilität der ihm zugänglichen Welt erfahrbar gemacht werden muß, damit es in der Auseinandersetzung mit ihr lernt, *sein* Leben aufzubauen, *seinen* Platz unter den Menschen einzunehmen, und *seine* ihm mögliche Lebenserfüllung zu finden. Wenn *Roth* (1966) feststellt, daß das Lernen nur dann wirklichen Erfolg hat, wenn das *ganze* Kind lernt, und daß das eigentliche Ergebnis des Lernens „eine Änderung im Menschen selbst, in seinem Wissen und Können, in seiner Haltung und seinen Interessen" ist (184), so gilt dies auch für das geistigbehinderte Kind. Sein Leben würde verkürzt, müßte es sich ausschließlich nur nach schablonenhaften Mustern richten, an die es von außen mittels bedingter Reaktion fixiert würde, müßte es darauf verzichten, selbst in den einfachen Kategorien *denken* zu lernen, die ihm zugänglich sind.

Ganzheitliches Lernen ist *sinnorientiertes* Lernen. Es ist darauf gerichtet, wann auch immer und soweit als möglich auch den Sinn dessen, was man wahrnimmt und was man tut, zu erfassen oder zu erahnen, Beziehungen (Strukturen) zu sehen, Einsichten zu gewinnen. Dies gilt auch für das Lernen des Geistigbehinderten, weil es prinzipiell für *jeden* Menschen gilt. Daß es ihm nur in extrem geringem, in einzelnen Fällen nur in kaum erkennbarem Maße möglich ist, Sinnzusammenhänge zu erkennen, ist im wesentlichen ein didaktisches Problem.

Gewisse Erfahrungen am üblichen Verhalten Geistigbehinderter scheinen die Auffassung vom Vermögen einsichtigen Lernens zu widerlegen. Es heißt, sie lernten nicht, was sie eingesehen hätten, sondern was ihnen vorgemacht und was mit ihnen geübt worden sei, ohne zu fragen und zu warten, ob sie es einsähen oder nicht. Beispielsweise sei es hoffnungslos, ihnen einsichtig machen zu wollen, warum man die Blumen gießen solle, woher der Wind oder die Kälte kämen, daß nicht jeder Mensch im weißen Kittel ein „Doktor" sei, oder daß es unschicklich sei, sich in der Gegenwart anderer zu entblößen.

Es bestehen offensichtlich verschiedene Auffassungen von Einsicht und zwar hinsichtlich der Differenziertheit und Komplexität des Begriffsinhaltes. So betont u. a. *M. J. Hillebrand* (1958), der den „Kern des bildenden Lernvorgangs in der Gewinnung von Einsichten, genauer von Erkenntnissen bzw. in der Erfassung von Sinngehalten" sieht, „daß Erkenntnis kein Sich-Aneignen von bloßen Kenntnissen, sondern Teilhaben an Wesen und Wesenheit und damit am Sein des andern" sei (21).
— Man fragt sich unwillkürlich, wie viele und wieweit Nicht-geistigbehinderte zu solcher „Teilhabe" im Sinne von Erkenntnis oder Einsicht tatsächlich fähig sind.

Weniger anspruchsvoll nehmen sich die gestaltpsychologischen Deutungen aus. Lernen durch Einsicht vollziehe sich demnach in der Umstrukturierung des Erlebnisfeldes im Sinne einer überschaubaren Neuordnung der Beziehungen und Ganzheiten. Nach *Lewin* besteht der Akt der Einsicht „im wesentlichen in einem Wandel der Ganzheitsverhältnisse im Felde" (1967, 396). Von dem — wenn auch sehr eingeschränkten — Vermögen Geistesschwacher zu solcher Umstrukturierung war bereits die Rede.

Die denkpsychologische Deutung des pädagogischen Lernens als einsichtigen oder sinnvollen Lernens will die assoziationstheoretische Auffassung von der bloßen und dauerhaften Verlängerung der Reiz-Reaktionsketten und damit die Deutung menschlichen Lernens im Sinne von mechanischem Lernen, also Dressur, überwinden. Für eine Pädagogik der Geistigbehinderten stellt der Begriff des dressurhaften Lernens gemeinhin einen ausgesprochen neuralgischen dar. Er rückt den Geistigbehinderten ideologisch allzu sehr in die Nähe des Tieres und gefährdet den Bildungsauftrag an ihm. Andererseits aber kann nicht bestritten werden, daß der Geistigbehinderte über weite Strecken offensichtlich rein mechanisch, also „ohne Einsicht" lernt.

Das Begriffspaar einsichtiges und mechanisches Lernen hatte für das Lernen geistigbehinderter Kinder und damit für ein entsprechendes Lehrkonzept eine durchaus wichtige und grundlegende Bedeutung, wenn auch in der Polarisierung eine gewisse Vereinfachung lag. Folgt man diesem Erklärungsmodell, so ließen sich für das Lernen geistigbehinderter Kinder folgende Aussagen machen:

a) Geistigbehinderte können nachweislich auch mit Hilfe von Einsicht lernen. Beispiel: In einer Schulklasse soll ein Flügel einer Wandflügeltafel gewendet werden. Die in der Höhe verschiebbare Tafel befindet sich in der untersten Position, vor dem zu wendenden Flügel steht das Lehrerpult und verhindert damit das Vorhaben. Ein Schüler und danach noch andere versuchen („Versuch und Irrtum"), den Tafelflügel trotz des Widerstandes zu wenden. Sie schlagen ihn immer wieder an den Schreibtisch und versuchen auch, diesen fortzubewegen. Als Versuch und Irrtum nicht zur Lösung führen, meldet sich plötzlich ein Schüler, der bis dahin von seinem Platz aus nur zugeschaut und nachgedacht hatte, ruft freudig „Aah!", geht an die Tafel, schiebt diese mit einem Griff nach oben und wendet den Tafelflügel. — Es handelte sich um einen der intelligenteren Schüler dieser Gruppe Geistigbehinderter im Alter von zehn Jahren.

b) Das Vermögen Geistigbehinderter zu einsichtigem Lernen ist wesentlich geringer als beim Intelligenteren. Es dürfte bis zu einem gewissen Grad vergleichbar sein dem Lernen des Kleinkindes. Nach *Piaget* (1946) verfügt das Kind normalerweise erst nach dem sechsten Lebensjahr über einen geregelten Gebrauch der Einsicht, also über eigentliches einsichtiges Lernen.

c) Das Lernen Geistigbehinderter erscheint in der Regel als ein mechanisches und nachahmendes. Dabei aber kann eine rudimentäre oder spurenhafte Beteiligung von Einsicht nicht ohne weiteres ausgeschlossen werden. Vieles lernt der Mensch auch „intuitiv" oder nur *zunächst* ohne Einsicht.

d) Bei der Erziehung Geistigbehinderter soll einsichtiges Lernen angestrebt werden, soweit es dem Kind möglich ist. Grenzen werden durch die Struktur des Lerngegenstandes einerseits und durch die Intelligenz des Kindes andererseits gesetzt.

Das Lernen des geistigbehinderten Kindes muß vor allem handelndes oder operatives Lernen sein, wenn es bildendes Lernen sein soll. Es ist vergleichbar dem, was *Correll* (^{3}1969) „Denklernen" nennt. Denken wird hier als „verinnerlichtes Handeln" verstanden und kann sowohl nach dem Prinzip des „Versuchs und Irrtums" als auch nach dem der Einsicht aufgefaßt werden. Es handelt sich um ein aktives Lernen, das ein operatives, nicht bloß reaktives Verhalten bewirkt. Rein reaktives, mechanisches Lernen führt zu bloßem Drillverhalten.

Für ein *handlungsorientiertes Lernen und Lehren* liegen heute weithin übereinstimmende Theorien vor:

Bei osteuropäischen, wissenschaftlich-materialistisch orientierten Psychologen spielt für die Erklärung der psychischen und geistigen Entwicklung der Begriff der *„Tätigkeit"* und der durch sie bedingten „Aneignung" eine zentrale Rolle. Für *Leontjew* (1975) verläuft Aneignung als ein *aktiver Prozeß*, durch den das Individuum die historisch gebildeten Fähigkeiten und Funktionen (Kultur, Sozialisation) reproduziert und zwar im Sinne eigener psychischer Umbildungen, wie sie für seine Existenz bedeutsam sind. Dabei ist es die Tätigkeit, mit Hilfe derer der Mensch diesen Prozeß vermittelt, reguliert und kontrolliert (235). „Die für den Vollzug dieser Tätigkeit erforderlichen Mittel, Fähigkeiten und Fertigkeiten findet er in der Gesellschaft vor. Um sie zu *seinen* Mitteln, *seinen* Fähigkeiten und *seinen* Fertigkeiten zu machen, muß er mit den Menschen, mit der objektiven Realität in Beziehung treten. Mit der Entwicklung dieser Beziehungen vollzieht sich auch seine Ontogenese" (236).

In der polnischen *Tätigkeitspsychologie*, wie sie vor allem *Tomaszewski* (1978) vertritt, wird das Wesen des Verhaltens in der Regulation der wechselseitigen Beziehungen zwischen Mensch und Umwelt gesehen, wobei sich hierarchisch reaktives (S-R) Verhalten und Zielverhalten (als gerichtete Tätigkeiten oder Handlungen) unterscheiden lassen (S. 17/18). Dabei wird ein Persönlichkeitsmodell vertreten, bei dem das Verhalten nicht durch ein Bündel von „Habits" gesteuert wird, sondern durch ein autonomes Subjekt. Grundlage dieser Regulierungsorganisation bilden die „integrativen Funktionen" des Gehirns, seine „funktionalen Systeme" (im Anschluß an die sowjetische Neurophysiologie) (S. 20). Unter Bewußtsein als dem System der Höchstform der Tätigkeiten wird die innere Repräsentation der Wirklichkeit verstanden und zwar nicht als deren mechanische Kopie sondern als aktiver Prozeß des Entdeckens immer neuer Aspekte in der Realität (a. a. O., 96).

In *Piagets* genetischer und interaktionaler Theorie der Entwicklung der kognitiven Strukturen liegen seit langem derartige Grundannahmen vor (1975). Die „Konstruktion der Wirklichkeit" im Kinde wird als Ergebnis einer aktiven Auseinandersetzung mit der Umwelt gesehen, die über die Zwillingsprozesse der Assimilation (als Integration der äußeren Gegebenheiten in Strukturen, die vom Subjekt gebildet werden) und der Akkomodation (als dem Anpassungs- und Modifizierungsvorgang gegenüber der Umwelt) ablaufen. Die sich auf dem Wege über sensomotorische Operationen ausbildenden Schemata werden per Erfahrung zur Basis neuer Handlungspläne und Erfahrungen. Die sich dabei entwickelnde Gesamtorganisation des Denkens stellt keine bloße Ansammlung von Reaktionen und Verhaltensschemata dar, die etwa durch bloße Reiz-Reaktionsfolgen zustandekommen, auch keine assoziativen Verknüpfungen neuer Reize mit alten Reaktionen, sondern eine wirkliche Tätigkeit, bei der die vorhandenen Strukturen (Schemata) zur Gewinnung neuer aktiv benutzt werden.

Nach *Piaget* (1969) ist das Denken vor allem eine Form des Tuns. Die tatsächlichen Handlungen bilden die Basis für vorgestellte Handlungen, die *Piaget* und *Aebli* als Operationen bezeichnen. „Statt zur wirklichen Ausführung jeder Handlung gezwungen zu sein, erlangt das Kind die Fähigkeit, sie *innerlich* und ohne sichtbare Bewegungen auszuführen" (*Aebli*, ^{3}1968, 57). Das Kind im obigen Beispiel war in der Lage, die notwendige Handlung sich vorzustellen, vorwegzunehmen, innerlich zu vollziehen, operativ zu denken. Um dies zu erreichen, muß die Erziehungs- und Bildungsarbeit vor allem darauf gerichtet sein, dem Kind möglichst viel Gelegenheit zum tätigen Umgang mit den Dingen, zum Erfahrungsammeln zu geben. Das Spiel bietet besondere Möglichkeiten hierzu.

Der amerikanische Psychologe *Bandura* schließt sich mit seiner „sozial-kognitiven Lerntheorie" *Piaget* weithin an. Auch für ihn steht die Entwicklung von Handlungsplänen im Mittelpunkt der Überlegungen. Es geht dabei im besonderen um die Entwicklung der Fähigkeit im Kinde, das, was es wahrnimmt, in entsprechende Handlungen umzusetzen und so das Denken in organisierte Handlungsfolgen umzuformen (1979, 41). In Abhebung von *Piaget* sieht jedoch *Bandura* in motivationaler Hinsicht die Selbstentdeckung durch spontane Handlungsversuche nicht als die einzige Informationsquelle an. Neue Verhaltensmuster ließen sich vielmehr auch über die Beobachtung modellierter Vorbilder und über

Konsequenzen des eigenen Verhaltens gewinnen. — Man muß hierin nicht unbedingt einen Widerspruch zu *Piaget* sehen. Wichtig erscheint *Banduras* detaillierende Explikation in motivationaler und didaktischer Hinsicht, zumal bei geistigbehinderten Kindern, deren Schwierigkeiten in der Nachahmung nicht nur mit unzureichend differenzierten Schemata zu erklären wären, sondern auch mit Unzulänglichkeiten der Aufmerksamkeit, der Merkfähigkeit, der motorischen Nachvollziehbarkeit, aber auch der dargebotenen Modelle (a. a. O., 41) für das Lernen. Die Frage nach der Art der Modellierung ist unmittelbar die Frage nach dem adäquaten Lehren. Verstärkungen gelten in der sozial-kognitiven Lerntheorie als förderliche Faktoren, jedoch nicht — wie in der mechanischen Reiz-Reaktionstheorie — als notwendige Bedingungen (S. 46).

Aus den kurz skizzierten Lerntheorien lassen sich folgende Maßgaben für ein handlungsorientiertes Lehren und Lernen herausfiltern:
- Die „Aneignung" oder „Konstruktion" der Wirklichkeit im Kinde erfolgt über einen *aktiven Prozeß*, nicht also über ein passives Ansammeln von Reaktionsmustern. Erziehung hat die entsprechende Aktivität freizusetzen und zu fördern.
- Aus der fundamentalen Bedeutung des (sensomotorischen, kognitiven, sprachlichen, sozialen) Tätigseins, das auf Interaktionen eines Subjekts mit der Umwelt beruht, folgert die didaktische Notwendigkeit einer intensiven *Interaktionsförderung*.
- Die Entwicklung und Ausdifferenzierung von Handlungsplänen ist nicht nur von spontanen Selbstentdeckungen abhängig, sondern vielfach, d. h. gerade beim geistigbehinderten Kind, auch von der Art der *Modellierung* der Informationen, die auf dem Wege über das Beobachtungslernen internalisiert werden sollen.

Eine wesentliche Bedingung dafür, daß das Lernen operativ erfolgt, ist die *didaktische Strukturierung eines Lehrinhalts*, d. h. seine adäquate Zubereitung im Hinblick auf die individuelle Lernfähigkeit, die „fruchtbare Begegnung zwischen Kind und Jugendlichem und einem ausgewählten Ausschnitt der geistig erkannten oder gestalteten Welt, dem Kulturgut" (*H. Roth*, 1966, 109). Soweit es dem Lehrgeschick des Lehrers gelingt, einen „nach seinem eigentlichen Wesensgehalt aufgeschlossenen Gegenstand mit der spezifischen Verstehensfähigkeit eines nach seiner Entwicklungsphase und geistigen Reife bekannten Kindes" (*Roth*, ibid.) in Beziehung zu setzen, vollzieht sich bildendes Lernen.

Auf das geistigbehinderte Kind bezogen heißt das, daß der Erzieher und Lehrer ihm nur solche Bildungsgüter oder Lerngegenstände vermitteln kann, die dem Kind auch wirklich zugänglich sind, und daß er den Wechselprozeß des Inbeziehungstretens mit dem Gegenstand so vorbereiten, lenken und gestalten muß, daß er das ganze Kind erfaßt und bildend verändert. Dem Kind muß der Gegenstand in seiner sachlichen Beschaffenheit, aber auch in seiner menschlichen Bedeutung erschlossen werden. Dazu gehört der handelnde Umgang mit den Dingen, das affektive Angesprochensein und — soweit möglich — das kognitive Erfassen des Sachverhaltes (Einsicht).

Das Gemeinte soll am *Beispiel „Tischdecken"* verdeutlicht werden: Das Thema ist dem Erfahrungsbereich des Kindes entnommen und weist einen Bedeutungsgehalt für das Kind auf. Die sachliche und aktive Begegnung erstreckt sich etwa auf das Erfassen des Vorhabens (Was wir tun wollen), auf das Gliedern der Aufgabe (Was wir brauchen, wie wir es anordnen), auf das tätige Kennenlernen der Umgangsqualitäten der Einzeldinge, auf das Erfassen von Begriffen und Zusammenhängen (Mein Platz — dein Platz, Teller — Tasse — Besteck), die sprachliche Formulierung des Erfaßten und Gedeuteten, unter Umständen die bildhafte und zeichenhafte Fixierung u. ä. Als menschliche und emotionale Seite des Sachbereichs wird das Bedürfnis, den Tisch fein herrichten zu wollen, also das Schöne und Gesittete, angesprochen. Gleichzeitig ergibt sich aus der Sachbezogenheit in Verbindung mit der emotionalen Angeregtheit die Notwendigkeit, Verpflichtungen zu übernehmen, z. B. vorsichtig und sorgfältig mit den Dingen umzugehen, auf die richtige Anordnung und die schmückende Gestaltung zu achten, dem anderen beizustehen und Freude zu machen. Das Ergebnis einer solchen „originalen Begegnung" (*Roth* 1966) dürfte sich im ganzen Kinde widerspiegeln: In einer Bereicherung an Wissen und Können, an Aktivität, Interessen und Haltungen.

Lernen durch Üben

Aus der unterschiedlichen Struktur der Lerngegenstände folgt eine unterschiedliche Art des Lehrens und Lernens. So kann der Schwerpunkt mehr auf dem nachahmenden und probierenden Erlernen motorischer, sensorischer und kognitiver Fertigkeiten liegen oder auf dem Lernen, bei dem durch Denken und Einsicht Aufgabenlösungen zu suchen sind. Das Lernziel kann das Behalten und Bereichern des Wissens oder das Erwerben von Werthaltungen und Einstellungen sein. Beim Lernen des Geistigbehinderten nimmt das Üben, das Automatisieren psychischer Funktionen, einen breiten Raum ein. In Anbetracht der bereits genannten Gefahr der Verabsolutierung des Funktionstrainings bei Geistigbehinderten haben wir zunächst die Möglichkeiten operativen Lernens aufgezeigt. Das Einschleifen von Fertigkeiten und Wissen bis zur sicheren Beherrschung ist hier dem operativen und einsichtigen Erfassen prinzipiell nachgeordnet. *Aebli* (^{3}1968) nennt diese Art der Übung eine „operatorische". Verfrühtes Mechanisieren setzt den Lernerfolg herab.

Das Üben spielt bei der Erziehung und Bildung Geistigbehinderter noch eine andere und besondere Rolle, und zwar da, wo denkendes oder einsichtiges Erfassen nicht abgewartet werden kann oder nicht möglich ist. Dies gilt vor allem für das Lernen in den ersten Lebensjahren. Die in dieser Zeit durch sensomotorisches Funktionstraining aufgebauten Verhaltens- und Lernschemata sind die Voraussetzung und Bedingung für späteres operatives Lernen, für „operative Beweglichkeit" (Aebli [3] 1968).

Beim geringstrukturierten geistigbehinderten Kind werden der Entwicklung angepaßte Funktionsübungsprogramme zunächst das Lernfeld beherrschen. In der Familie, in der schulvorbereitenden Einrichtung (Vorschule), wie auch noch in den ersten Schuljahren muß das geistigbehinderte Kind auf vielfältige und meist spielerische Weise Gelegenheit erhalten, grundlegende sensomotorische, später auch kognitive Techniken zu erwerben insbesondere hinsichtlich der Körper- und Handgeschicklichkeit, der Aufmerksamkeit, der Wahrnehmung, des Behaltens, des Unterscheidens, Vergleichens, Sortierens und Zuordnens von Formen, Farben, Räumen, Mengen und sonstigen Materialien sowie des einfachen Bauens mit verschiedenen Elementen. Es handelt sich dabei zunächst vornehmlich um nachahmendes Üben. Das geistigbehinderte Kind braucht zum Erlernen derartiger elementarer Techniken viel mehr Übung und Zeit als das gesunde Kind.

Für dieses meist hantierende Üben müssen geeignete Materialien und Spiele in großer Zahl zur Verfügung stehen und müssen passende Familien- und Schulalltagssituationen zu Übungsaufträgen ausgenutzt werden. Das Kind dieser Stufe soll mit diesen Funktionsübungen letztlich das Lernen erlernen (Basales Lernen).

Zur didaktischen Handhabung der Übung ist folgendes zu bemerken: Der Übungseffekt kommt durch Wiederholungen zustande. Die Zahl der erforderlichen Wiederholungen ist bei Geistigbehinderten wesentlich größer als bei gesunden Kindern. Der Erzieher und Lehrer muß sich von vornherein auf eine relativ lange Übungszeit einstellen und sich mit viel Geduld und Ausdauer rüsten.

Der Übungserfolg, z. B. das selbständige An- und Auskleiden, das Gehen auf einem Schwebebalken, das Malen eines Reifens, das richtige Sprechen, hängt unter anderem von folgenden Faktoren ab:

1. Die Übung muß der kindlichen Fähigkeit so angemessen sein, daß sie annähernd richtig ausgeführt werden kann und zu möglichst wenig Fehlern führt.

2. Die Übung bedarf beständiger Motivierung, wozu vor allem die möglichst sofortige Erfolgsbestätigung gehört. „Erfolgreiche, zu einem befriedigenden Ergebnis führende Reaktionen werden beibehalten und verstärkt" (Aebli [5] 1968, 169).

3. Wiederholungen sollen nicht gehäuft, sondern verteilt vorgenommen werden. „Verteilte Übung führt zu rascherer Erlernung und besse-

rem Behalten von Gedächtnisstoffen und Bewegungsabläufen als gehäufte Übung" (*Aebli* ibid., 166). Kurz, aber oft üben!
4. Das Üben bei Geistigbehinderten bedarf genauer Anleitung und ständiger individueller Kontrolle. Das Kind soll nach Möglichkeit auch zur Selbstkontrolle und -beurteilung angehalten werden.
5. Soweit erforderlich, müssen größere Übungseinheiten in Teilhandlungen zerlegt (programmiert) und isoliert vorgenommen werden, z. B. Artikulationsübungen. Dabei soll aber die Eingliederung in das Ganze immer wieder mitgeübt und angebahnt werden.
6. Rhythmisierte Übungen, z. B. rhythmisiertes Sprechen, erhöhen in der Regel den Übungseffekt.

Ein Konzept „heilpädagogischer Übungsbehandlung" des geistigbehinderten Kindes ist von *v. Oy und Sagi* (1975) vorgelegt worden. Es fußt u. a. auf der traditionellen Spielpädagogik und betont die persönliche Bindung als Voraussetzung für den methodischen Einstieg ebenso wie die Orientierung am gegenwärtigen Entwicklungsstand des Kindes, die systematische individuelle Planung und die Kontrolle des Übungserfolgs. Die Methode dieses integralen Funktionstrainings bezieht sich auf die zeitliche begrenzte Behandlung einzelner Kinder.

Wenn die Funktionsübungsprogramme dem Entwicklungsstand des Kindes entsprechen, dann dienen sie auch der Entwicklung der Leistungsmotivation im Sinne einer „intrinsischen Motivierung" (*Heckhausen* 1969, 209), wie sie unter anderem durch die *Montessori*-Pädagogik gefördert wird. Darüber hinaus wird durch diese sensomotorischen Übungen die Entwicklung der Sachstrukturen und der Sachbezogenheit und damit des aktiven und produktiven Lernens und Handelns angebahnt. Das Kind sammelt Grunderfahrungen und erlernt Verhaltensgewohnheiten, die ihm für künftiges komplexeres und differenzierteres Denken und Tun zur Verfügung stehen sollen.

Verhaltensmodifikation — Spezielle Lehrtechniken

Dem Aufbau neuer Verhaltensweisen im Sinne sozialadäquater Fertigkeiten sind beim geistigbehinderten Kinde gewisse Grenzen gesetzt bzw. stehen Hindernisse im Wege. Sie beziehen sich u. a.:
- auf den Mangel an spontaner Aktivität
- auf sensorische, motorische und kognitive Unzulänglichkeiten
- auf die nicht ohne weiteres zu reduzierende Informationsfülle
- auf inadäquate Lernmodelle
- auf ausgeprägte schwere Verhaltensstörungen
- auf die Inkonsistenz der Erziehungsmethoden
- auf interpersonal-affektive Probleme.

Derartige Faktoren bedingen u. U. eine Ineffektivität der pädagogischen Förderung. Sie kann Anlaß werden, ein Kind aufzugeben, seine Förderung einzustellen und sich nur noch auf Pflege zu beschränken.

Unter diesen Vorzeichen hat sich — insbesondere in den USA und England — ein Methodensystem etabliert, das als verhaltensmodifikatorische Technologie bezeichnet werden kann. Speziell für das Lehren und Therapieren geistigbehinderter Kinder liegen zahlreiche Darstellungen vor (*Florin/Tunner* 1970, *Gottwald/Redlin* 1972, *Schmitz* 1976, *Kuhlen* 1972, *Adriaans/Duker* 1975, *Thompson/Grabowski* 1976, *Kane/Kane* 1976, *Huber/Striebel* 1978). Einen Überblick über die Konzeptionen und Anwendungen im anglo-amerikanischen Bereich gibt das Sammelreferat von *Kiernan* (in: *Clarke/Clarke* 1974).

Auf das Grundkonzept, das operante Konditionieren, das im besonderen auf *Skinner* zurückgeht, braucht hier nicht näher eingegangen zu werden. Es ist bereits darauf hingewiesen worden, daß ein Erklärungsansatz über bloßes Reiz-Reaktionslernen oder „Lernen am Erfolg" nicht ausreicht, um ein Lehrkonzept allein bestimmen zu können. Es kann kein Zweifel bestehen, daß die Erfolgsbestätigung eine hohe Bedeutung — gerade bei schwachmotivierten Kindern — für die Lernmotivation hat. Geht man aber von einem umfassenden Erklärungsansatz aus, wie er in der interaktionalen und strukturalen Entwicklungstheorie von *Piaget*, im Konzept der Aneignungstheorie (*Leontjew*) oder der sozial-kognitiven Lerntheorie von *Bandura* vorliegt, so erhält der Ansatz des operanten Konditionierens den Stellenwert eines abhängigen nachgeordneten Methodensystems. Es wäre in der hierarchischen Unterscheidung, wie sie *Tomaszewski* (1978) vornimmt, dem niederen (elementaren) Bereiche des reaktiven Verhaltens zuzuordnen, das bei allen lebenden Organismen zu beachten ist, im Gegensatz zum (kognitiv) hochorganisierten „Zielverhalten" (Handlungssystem) des Menschen. *Bandura* (1979) betont ebenfalls die primäre Bedeutung intrapsychischer (kognitiver und motivationaler) Prozesse beim Lernen, und wendet sich entschieden gegen die zentralen Glaubenssätze des extremen Behaviorismus, wonach das Verhalten durch seine unmittelbaren Konsequenzen bestimmt werde und operantes Konditionieren zu einer mechanischen Reaktionsstärkung führe. Bekräftigung werde vielmehr grundsätzlich nur als „informative und motivationale Kraft" — also zusätzlich — wirksam, und zwar bei der Regulierung von Verhaltensweisen, die im allgemeinen bereits erlernt wurden, nämlich auf dem Wege der Beobachtung an Modellen (S. 31), auch wenn dieses Lernen zunächst nur diffus (ungefähr) erfolgte.

Das allgemein als Verhaltensmodifikation verstandene Methodenkonzept hat sich im wesentlichen in zwei *Teilsystemen* organisiert:

- als therapeutisches Methodensystem und
- als spezielles Lehrsystem.

Die mehr implizite Bedeutung der verhaltensmodifikatorischen Prinzipien für die Erziehung (Konsequenz, Belohnung etc.) bedarf keiner besonderen Würdigung: es sind alte pädagogische „Weisheiten", die z. B. schon die Philanthropen herausgestellt hatten.

Verhaltenstherapeutische Methoden

finden heute im besonderen in zwei Verhaltens- oder Problembereichen Anwendung:
- für den Aufbau sozialer Verhaltensweisen (Diskrimationslernen) und
- für den Abbau störender Verhaltensweisen (vgl. *Sprau-Kuhlen* 1979).

Gerade bei geistigbehinderten Kindern können spezielle Probleme beim *Erlernen elementarer Anpassungsleistungen* eintreten, so daß übliche Erziehungspraktiken wirkungslos bleiben. Aus der Forschung gewonnene und erprobte Programme liegen in deutscher Sprache von *Florin/Tunner* (1972), von *Kane/Kane* (1976) und von *Schmitz* (1976) vor. Sie beziehen sich jeweils auf die Behandlung einzelner Kinder und auf das systematische Erlernen *lebenspraktischer Fertigkeiten*, wie z. B. des selbständigen Essens und Trinkens, des An- und Ausziehens, der Toilettenbenutzung, der Körperpflege, der Lenkbarkeit u. a. Der methodische Ansatz beruht im besonderen auf einer sehr genauen Verhaltensanalyse, auf der Reduktion der therapeutischen Aufmerksamkeit auf eine eng begrenzte Einzelverhaltensweise und auf der systematischen Verlaufs- und Ergebniskontrolle (vgl. auch *Liljeroth/Niméus* 1973).

In ähnlicher Weise wird das Methodensystem der Verhaltensmodifikation zum *Abbau störender Verhaltensweisen* angewendet, zu denen insbesondere so schwerwiegende, bisher therapeutisch kaum zugängliche Verhaltensstörungen wie Aggressivität, Autoaggressionen (Selbstschädigungen) und Stereotypien (ständig wiederholte störende motorische oder verbale Verhaltensweisen) gehören. In deutscher Sprache liegen u. a. Arbeiten von *Adriaans/Duker* (1975) und von *Huber/Striebel* (1978) vor. Sie lassen erkennen, daß man die methodologischen Verstiegenheiten und ethischen Rücksichtslosigkeiten, wie sie noch die ersten Versuche (*Lovaas*) aufweisen (vgl. *Gottwald/Redlin* 1972), inzwischen längst überwunden hat.

Zusammenfassend kann das Konzept der Verhaltensmodifikation zum therapeutischen Aufbau sozialer Fertigkeiten und zum therapeutischen Abbau störender Verhaltensweisen vom pädagogischen Gesamtrahmen her wie folgt beurteilt werden (vgl. *Speck* 1979 d):
- Die verhaltenstherapeutische Intervention muß die *Gesamtsituation*

des Kindes berücksichtigen und sich in das pädagogische Förderkonzept einfügen lassen.
- Die Verhaltenstherapie kann *nicht die Ziele* der Erziehung *bestimmen*. Sie ist lediglich ein Methodensystem zur Veränderung von Verhalten. Sie ist daher in der Festlegung, welches Verhalten (als „erwünscht" oder „unerwünscht") geändert werden soll, von pädagogisch verantwortlichen Instanzen abhängig.
- Bei der hohen interpersonalen Abhängigkeit geistigbehinderter Personen ist es erforderlich, daß durch eine sorgfältige Verhaltens- und Situationsanalyse und über eine *Team-Verantwortung* der Fehlansatz therapeutischen Drucks vermieden wird.
- Die *Auswahl der Verstärker* richtet sich nicht einfach nach deren Praktikabilität sondern muß auch das reale Bedürfnis des Kindes nach *sozialer Zuwendung* beachten. (Nicht über die Gefühle des Kindes hinwegtherapieren!)
- Die Eltern sind bei der Planung und Durchführung grundsätzlich miteinzubeziehen, jedoch nicht einfach als abhängige „Ko-Therapeuten".
- Jegliche verhaltenstherapeutische Intervention muß den geltenden sozialen, ethischen und religiösen Werten und Normen entsprechen.

Auf die rechtliche Problematik der Verhaltenstherapie unter dem Aspekt des in den USA verbrieften „Rechtes auf Behandlung" und des impliziten Rechtes auf Ablehnung hat *Kane* (1979) hingewiesen.

Ein eher informativer Bericht über einen geschlossenen Versuch zur verhaltensmodifikatorischen Besserung der Situation einer ganzen Anstalt in den USA liegt von *Thompson und Grabowski* (1976) vor.

Verhaltenspsychologische Lehrtechnologien

Aus der Verhaltensmodifikation heraus haben sich — insbesondere in den USA — Lehr-Technologien entwickelt, die speziell auch für den Unterricht bei geistigbehinderten Kindern angewendet werden. Es waren insbesondere die Arbeiten von *Haring und Schiefelbusch* (1976) und *Haring/Brown* (1976), die einen rapiden Wandel in den Klassenzimmertechniken hervorriefen. Das neue lernpsychologische Lehrsystem kam durch eine Kombination verschiedener Methoden zustande, u. a. des *programmierten Lernens,* des *individualisierten Curriculums,* des *Klassenzimmer-Managements,* des *Präzisionslehrens* (precision teaching, *Lindsley*) und der technisierten Instruktion (engineered teaching, *Hewett*). Einen starken Schub erhielt die Entwicklung dieser Unterrichtstechnologie durch die Erweiterung des *Rechtes auf öffentliche Erziehung* für alle Kinder, also auch die schwerbehinderten. Programmatische Ziele wurden Normalisation, mainstreaming (schulische Integration) und De-institutionalisierung, die über diese Lehrtechnologien (special teaching) zu erreichen seien. Die Komplexität dieses primär aus der wissenschaftlichen Forschung (aus Labor-Experimenten) hervorgegangenen technologischen Ansätzen erstreckt sich damit nicht nur auf validierte Methoden sondern auch auf Organisationsformen des Lehrens und Lernens.

Als *Grundprinzipien* dieses technologisierten Lehrsystems für behinderte Kinder lassen sich folgende nennen:
– Individualisiertes Lehren, Orientieren an den individuellen Bedürfnissen
– Realisierung von Selbständigkeit im Lernen
– Curriculare Systematik in der Auswahl und Abfolge der Lehrinhalte und -ziele in systematisierten handlichen Verfahren
– vorsorgliche Techniken zur Modifizierung des Lehrprogramms im Falle ernsthafter individueller Lernprobleme eines Kindes
– tägliches Überprüfen (Messen) der Lernfortschritte
– Techniken zur Überwindung von Verhaltensstörungen.

Daß dieses Höchstmaß an Lehrsystematik eine Fülle entsprechenden *Lehr- und Lernmaterials* voraussetzt und erforderlich macht, liegt ebenso auf der Hand wie die strenge Gebundenheit des Lehrens an das *vorkonstruierte System*, in welchem er mit einem Höchstmaß von Sicherheit individuell variieren muß. Seine „Verantwortlichkeit" wird deshalb auch zum Schlüsselwort für dieses System (*Lent/McLean* 1976, 228).

Eine besondere Rolle spielt der Aufbau der notwendigen Alltagsfertigkeiten einschließlich des Abbaus hinderlicher und störender Verhaltensweisen. Hier wird im Sinne des operanten Konditionierens systematisch mit sorgfältigen *Verhaltensanalysen* und *Checklisten* zur Registrierung der Verhaltensänderungen, der Wirksamkeit von Verstärkern (kontrollierender Konsequenzen) und mit Techniken zur sorgfältigen Stimulus-Kontrolle gearbeitet. *Spradlin/Spradlin* (1976) betonen ausdrücklich, daß es sich um das Erlernen von individualisierten Grundfertigkeiten als spezifischen Verhaltensweisen handelt, bei denen das Kind lernt, einfachen Weisungen zu folgen, um in Situationen, die ein abgewandeltes neues Verhalten erfordern, adäquat reagieren, also Reize besser unterscheiden zu können. Damit soll gegenüber einer kognitiven Lerntheorie zum Ausdruck gebracht werden, daß es sich lediglich um das Erlernen grundlegenden und reizdiskriminierenden Reaktionsverhaltens handelt, als Voraussetzung für generalisierendes Lernen, d. h. für die Anwendung auf neue, differenziertere Situationen. Es sind dies vor allem Grundfertigkeiten der Selbsthilfe, des sozialen Verhaltens, der Sensomotorik und des Sprechens, die als bedeutsame Zielbereiche für geistigbehinderte Kinder gelten und systematisch geübt werden sollen.

Ein solcherart *volltechnisiertes* Curriculum, das individualisierend das direkte Erlernen genau (vor-)definierter Verhaltensprodukte steuert, imponiert durch seine Konsistenz und „wissenschaftliche" Begründbarkeit und seine Umsetzbarkeit in einem auch organisatorisch geschlossenen Lehrsystem. Es ist von einem großen pädagogischen Optimismus und von starken Erfolgserlebnissen in der psychologischen Forschung getragen. Es soll den Lehrern dienen, damit sie „aus dramatischen Artisten zu Managern der Gesamtmöglichkeiten verfügbarer Lehrmethoden" werden können (*Haring* 1972, 43).

An der „Effektivität" eines so technologisierten Lehrsystems kann wohl nicht gezweifelt werden, insbesondere im Hinblick auf so schwere Lernprobleme, wie sie bei geistigbehinderten Kindern in der Regel auftreten können. Aber *die bloße Orientierung an Effektivität reicht sicherlich nicht aus.* Man fragt sich auch einerseits, wie stark die Kinder an direkte Systeme gebunden werden, wo die Freiräume für individuelle, kreative Gestaltungen des eigenen Lebens gewahrt werden, und wie sich eine solche Voll-Technisierung auf das begegnende Verhalten des Lehrers seinen Kindern gegenüber auswirkt.

Der Lehrer als bloßer *Manager* dürfte sicherlich zu größerer interpersonaler Distanz und Sachlichkeit gezwungen sein, und der Verlust von „Dramatik" dürfte auch einen Verlust an menschlicher Originalität nach sich ziehen. Die Probleme einer vollen organisatorischen Umsetzung eines so aufwendigen, differenzierten Lehrsystems auf das Schulsystem *eines ganzen Landes* seien nur am Rande erwähnt. Bis jetzt liegen im wesentlichen nur Berichte von mehr oder weniger *exklusiven Schulversuchen* vor. Man könnte sich am ehesten die Etablierung von Intensivklassen im Rahmen einer pädagogischen Gesamtkonzeption vorstellen, wo konzentriert und konsequent spezielle Lehrprogramme — zeitlich pro Tag begrenzt — für Kinder mit hartnäckigen Lernblockierungen angeboten werden. Eine konzeptuale Integration in ein umfassendes Fördersystem erscheint unabdingbar; denn Technologien mit quantifizierenden, naturwissenschaftlichen Methoden allein erreichen die Ganzheit des Menschen sicherlich nicht (*Speck* 1980). Damit soll freilich kein *Technologieverdikt* gesetzt sein (*Luhmann/Schorr* 1979); denn wenn die spezielle Pädagogik ernstgenommen werden will in ihrem Versprechen der besonderen Lehrhilfe für Menschen mit schulischen Lernproblemen, so kann sie nicht umhin, sich direkter der Frage nach den Bedingungen im Lehr-Lernprozeß zu stellen, um das Eintreten gewünschter Wirkungen wahrscheinlicher zu machen.

Das erzieherische Verhältnis

Interpersonale Kommunikation

Von der Einsicht ausgehend, daß der geistesschwache Mensch der schlechthin unselbständige, abhängige ist, der beständiger Fürsorge und Führung bedarf, war man geneigt, im erzieherischen Verhältnis zum geistigbehinderten Kind dem Erzieher eine dominierende Position und Rolle zuzuschreiben. „Da die Kinder nur in engen Grenzen zur Selbständigkeit gelangen und später meist der Führung bedürftig sind, müssen sie vorzugsweise an Gehorsam gewöhnt werden." Was hier *H. Kielhorn* 1887 (Hilfsschule, Hilfsklasse für schwachbefähigte Kinder, in *Klink* 1966) für die damaligen Hilfsschüler für angemessen hielt, hatte erst recht Gültigkeit für die noch weniger selbständigen Geistigbehinderten und zwar vielfach bis in die Gegenwart hinein. Die Auffassung von der primär autoritären und Gehorsam fordernden Lehrerhaltung war freilich auch im übrigen Schulwesen bestimmend und ging vornehmlich auf den von *Herbart* und *Ziller* entworfenen Führungsstil zurück.

Inzwischen ist ein Wandel eingetreten und zwar auch im Bereich der Behindertenerziehung. *P. Moor* (1958) hatte die Bedeutung des Vertrauens für die Erziehung geistesschwacher Kinder in subtiler Weise herausgestellt und zwar als Grundbedingung „äußeren Halts" und „äußeren Gehorsams". Vertrauen könne beim geistesschwachen Kind zwar relativ leicht gewonnen werden, es versiege aber ebenso leicht und müsse daher besonders gepflegt und immer wieder neu geweckt werden. Die bloße Gehorsamsforderung sei auch deshalb als erzieherisch wirkungslos anzusehen, weil das geistesschwache Kind vielfach das Gebot als solches gar nicht in sein Wollen aufnehmen könne. Der Erzieher müsse daher „immer wieder mit dem geistesschwachen Kinde das Gebotene tun, nicht nur gebieten und Gehorsam erwarten" (1958, 326).

Das Gebotene mit dem Kinde tun und das Kind auch in den alltäglichsten Dingen spüren lassen, „daß es *mir* wirklich von Herzen kommt, was ich tue, und was ich verlange" (*P. Moor* ibid., 328), bedeutet, die erzieherische Autorität in den Akt des Dienens, des Dienens für den anderen und füreinander, zu integrieren.

Tausch/Tausch (1970) haben als entscheidende Dimensionen des Lehrerverhaltens die der Lenkung und Dirigierung und die der Wertschätzung und emotionalen Wärme gegenüber Geringschätzung und emotionaler Kälte herausgearbeitet. Weitere Untersuchungsbefunde —

speziell bei Sonderschullehrern an Lernbehindertenschulen ermittelt — haben *Bleidick/Rüttgardt* (1978) vorgelegt. Die Frage, ob die Erziehung geistigbehinderter Kinder ein spezifisch anderes, ein *eigenes* Erzieherverhalten erfordere, ist sicherlich mit einem Nein zu beantworten. Sicherlich ergeben sich situative und individuelle Modifizierungen auf Grund von Eigenarten des Lernens und Verhaltens. So sind geistigbehinderte Kinder einerseits führungsbedürftiger als intelligentere, sie verlangen aber andererseits nach einem differenzierteren Berücksichtigen und Verstehen ihrer individuellen Bedürfnisse.

Wichtiger als die Schablone des „objektiven" Erzieherverhaltens ist die Echtheitsqualität des Bezugs, in welchem sich zwei Subjekte begegnen, und in welchem die Erziehungsbedürftigkeit des Kindes zur subjektiven Aufgabe, zum Problem des Erziehers wird (*Kobi* 1972). Sie bedeutet letztlich, daß der Erzieher „da sein", das Kind voll „wahrnehmen" muß und *sich einlassen* muß mit ihm. Geistigbehinderte Kinder sind sicherlich stärker auf ihren Erzieher angewiesen, er sieht sich aber auch stärker genötigt, sein Verhalten auf sie abzustimmen. Der „Rangabstand" zwischen ihm und den Kindern ist einerseits viel größer, andererseits kommen sie ihm viel näher, reden ihn in der Regel mit dem vertrauten Du an.

In einer einseitigen Übermächtigkeit des Erziehers gegenüber dem geistigbehinderten Kind, die sich aus der Hilf- und Wehrlosigkeit des Kindes und aus der Überlegenheit des Erziehers leicht ergeben kann, ist demnach eine Fehleinstellung zu sehen. Sie findet sich im wesentlichen in den beiden Extremformen der libidinös einhüllenden Distanzlosigkeit (a) und der autoritär verfügenden Kontaktlosigkeit (b).

Im letzteren Fall (b) befindet sich das Kind in einem Hörigkeitsverhältnis gegenüber dem absolut dominierenden, übermächtigen und zugleich deutlich distanzierten Erzieher. Es wird in seinem Eigenwert mißachtet und kann beliebig manipuliert und abgerichtet werden.

Im ersten Fall (a) entsteht — vielfach aus übermäßiger Sorge und triebhaft mütterlicher Verbundenheit mit dem Kind — eine Einengung und Abschnürung des Lebensspielraumes des Kindes. Sein Selbst kann sich nicht in wünschenswertem Maße entfalten.

Als eine weitere Form einseitigen Bezugs kann auch die betont sachliche Zugeordnetheit zum Kind angesehen werden, bei der die Person, das Persönliche des Erziehers, hinter der sachlich orientierten erzieherischen oder „therapeutischen" Absicht und den im Vordergrund stehenden Mitteln und Methoden weitestgehend zurücktritt. Er handelt als „Bezugsperson", deren wesentliches Merkmal die „betont sachliche Einstellung" ist, die alles Persönliche meidet (*W.* Correll 1962, 17). Die gewährte Freundlichkeit ist von der Sache her gefordert: sie schließt das Hassen — aber auch das Lieben aus. Die Einseitigkeit solchen Bezugs kommt darin zum Ausdruck, daß generell nur der Erzieher als Bezugsperson des Kindes gemeint ist, nicht die Gegenseitigkeit des Bezugs. Die ihn treffenden Beziehungslinien des Kindes registriert und verarbeitet er primär in seinem „Sachverstand".

Unter pädagogischem Bezug haben wir einen Kommunikationskomplex zu verstehen, der von einer relativ hohen Stabilität gekennzeichnet ist und sich am Erziehungsziel orientiert. Er beinhaltet den Stil der interpersonalen Begegnung zwischen Erzieher und Kind. In diesem pädagogisch-kommunikativen Grundsystem werden von Person zu Person, von Subjekt zu Subjekt Inhalte wechselseitig übermittelt und zwar auf der Basis einer innerlich verbindenden Beziehung. *Watzlawick* u. a. (1974) unterscheiden in jeglicher Kommunikation einen *Inhalts-* und einen *Beziehungsaspekt: Inhaltlich* werden bestimmte Informationen vermittelt, während der *Beziehungsaspekt* erkennen läßt, wie diese Informationen zu verstehen sind. Je dichter und vertrauter eine Beziehung ist, desto sicherer gelingt die Vermittlung der Inhalte. Ein Kind, das sich der liebenden Zuwendung seines Erziehers sicher ist, versteht dessen Aussagen, Wünsche und Befürchtungen besser. Umgekehrt: wo die — emotionalen — Beziehungen gestört sind, muß der Erzieher mehr Mühe aufwenden, sich verständlich zu machen, Sachverhalte angemessen zu vermitteln.

Eine stabile „*Interaktionsbeziehung*" ist wichtig für eine kommunikative Didaktik. Im pädagogischen Bezug vollzieht sich eine interpersonale Annäherung; sie ist ein Akt personaler Zuwendung, durch den das Anderssein des anderen anerkannt und bestätigt wird, und zwar unabhängig von aktuellen Unzulänglichkeiten und kommunikativen Erschwerungen (Behinderungen). In der interpersonalen Beziehung erfährt jeder Partner eine Ergänzung und Entsprechung; es entsteht ein Wir. Darin kann sich die Hoffnung auf Dauer und Verläßlichkeit der Zugewandtheit und Verbundenheit ausdrücken und verhaften, d. h. die Überwindung von Beziehungsverlust und Einsamkeit. Geradezu paradox erweist sich diese interpersonale Beziehung in ihrer Koppelung mit Andersheit und mit Distanz. Ihre allgemeinste Bedeutung ist *Liebe*. Sie lebt insbesondere von der langen Zeit.

Es ist unmittelbar einleuchtend, wie dieser Bezug liebevoller und fragloser Zuwendung als Ausdruck und Vollzug bergender Verbundenheit von existentieller Bedeutung gerade für das geistigbehinderte Kind ist. Sein Lebensfaden hängt an dieser Beziehung, ist es doch letztlich in so hohem Maße abhängig vom anderen.

Thalhammer (1976) hat mit äußerster Sensibilität aufgezeigt, wie sehr die Existenz des geistigbehinderten Menschen kommunikativ gefährdet ist, wenn sein Dasein als fremde Welt, als wertlos, als unvermittelbar — analog der tierischen Lebensweise — fehlinterpretiert wird und zwar auf der Basis totaler Distanziertheit, wie sehr elementare Angst, Unsicherheit und Einsamkeit, Ausgeliefertheit diese infragegestellte Existenz bedrohen.

Fraglos — für denjenigen, der in unmittelbarer Kommunikation mit diesen Menschen zusammenlebt, also nicht nur von oben herab über sie redet — ist die *Begegnungsmöglichkeit von Person zu Person*, das Urerlebnis zwischenmenschlicher Bestätigung. Die Asymmetrie der Intelligenzkapazität ist hierfür durchaus kein Hindernis; denn es geht nicht um rationale Kommunikation, sondern um primär emotionale Qualitäten. *Empathie* als Voraussetzung für den Abbau von Distanz entwickelt sich da, wo sich gemeinsames Leben abspielt.

Eine gewisse *Distanz* freilich bleibt. Sie ist die Voraussetzung für Kommunikation, aber auch für die freie eigene Entfaltung, für Emanzipation. Sie wird durch bedrängende Nähe ebenso in Frage gestellt wie durch allzu trennenden, im Stich lassenden, isolierenden Abstand.

Der in einem Höchstmaß abhängige, ausgelieferte geistigbehinderte Mensch lebt aus der emotionalen Verbundenheit. Sie erschließt ihm den anderen und damit das andere, die Umwelt. Sie vermittelt also den nötigen Realitätsbezug und zwar dann, wenn sie — u. U. latent — Basis bleibt, eine dienende Funktion ausübt, also letztlich freimacht, nicht total bindet.

Im pädagogischen Bezug wird *Verstehen* möglich, und zwar dann, wenn ich dem Kind nahe bin, so daß ich seine — oft diffusen — Kommunikationszeichen deuten kann. *Moor* sprach in diesem Zusammenhang vom „*liebenden Verstehen*" („mit dem Herzen spüren"), von einem Teilnehmen am Leben des anderen, „so wie wenn es um unser eigenes Leben ginge", vom Annehmen des anderen, so wie er ist. Ein Kind ohne Rückhalt bejahen, heißt, sich von ihm verwandeln lassen, so daß ich „seine Wirklichkeit, sie sei, wie sie wolle, hinnehmen, annehmen und darin überhaupt erst das Du finden kann, ohne welches mein eigenes Dasein gar nicht zum erfüllten Erzieher-Dasein werden könnte" (*Moor* 1965, 300 f.).

Es liegen bislang keine empirischen Befunde über Einzelheiten des kommunikativen Verhältnisses zwischen Lehrern/Erziehern und geistigbehinderten Kindern vor. Die konkreten Schwierigkeiten des näheren In-Beziehung-tretens sind bekannt. Wie leicht läßt sich vom geistigbehinderten Menschen mit seinen Kommunikationserschwerungen sagen, er sei nicht kontaktfähig! Das Gegenteil erfahren zahlreiche Mütter, Väter, Erzieher im Alltag des mitmenschlichen Ganz-nahe-seins, des liebevollen, bergenden Gute-Nacht-sagens, des wärmenden Händehaltens, der zärtlichen Berührung. Antwortfähig, beziehungsfähig ist jeder Mensch, auch der intensiv geistigbehinderte. Er kann — wie jeder Mensch — Liebe wahrnehmen, erfahren, aber auch auf ihren Verlust adäquat reagieren, etwa durch Aggression, Selbstaggression. Der pädagogische Bezug ist letztlich ein *Liebesbezug.*

Dialogische Beziehung

Es kann kein Zweifel bestehen, daß das Erziehungsgeschehen weithin in einer sachorientierten Weise verlaufen muß. Die pädagogischen *Absichten und Maßnahmen* stehen für den handelnden Erzieher im Vordergrund. Sind sie allein aber das erzieherisch Entscheidende, zumal für das geistigbehinderte Kind?

P. Moor (1958) spricht in seiner Heilpädagogischen Psychologie vom „ohnmächtigen Geist äußerlicher Formung", der die Erziehung zum bloßen Handwerk werden und den Erzieher meinen läßt, „in Mitteln, Regeln, Methoden das Wesen der Erziehung", „in der *Anwendung* grundsätzlicher Ansichten und psychologischer Erkenntnisse bereits die Erfüllung seiner Aufgabe" zu sehen. „Bleibe ich als Erzieher stehen bei der psychologischen Deutung kindlichen Verhaltens und bei der Anwendung bewährter Erziehungsregeln, geschieht bei alldem in mir selber nichts, habe ich nichts vernommen, das mich verwandelt, und geschieht kein Aufbruch eines neu Gewordenen, so ist in mir kein geistiges Geschehen", ... das „die Menschwerdung überhaupt erst in Gang brächte" (*Moor* 1958, 82).

Das Geistbelebende und erzieherisch eigentlich Wirksame ist in der Begegnung von Mensch zu Mensch in Erzieher und geistigbehindertem Kind zu sehen, in der Verklammerung der sachlichen pädagogischen Aufgaben mit der „dialogischen Zweiheit" (*W. Faber* 1962, 174) von Erzieher und Kind. Sie ist gewissermaßen die Achse, um die sich alles pädagogische Tun dreht, und durch die Lebenszutrauen, Fertigkeiten, Orientierung und Einstellungen ihre radiale Stabilisierung und Richtung erhalten.

Man könnte geneigt sein, die sogenannte geistige Stumpfheit des Geistigbehinderten als ein Hindernis für das Wirksamwerden einer dialogischen Zuwendung und den pädagogischen Akt in diesem Falle als ein Herablassen zum Kind anzusehen. Man kann aber auch von der seinsmäßigen Ebenbürtigkeit von Behinderten und Nichtbehinderten ausgehen, um dann am profilscharfen und geradezu provozierenden Beispiel des Geistigbehinderten aufzuzeigen, daß es in der Tat die Ich-Du-Beziehung ist, die das erzieherische Verhältnis an sich konstituiert (*W. Faber* 1962).

Nach *Faber,* dessen Darstellung über „das Dialogische Prinzip *Martin Bubers* und das erzieherische Verhältnis" wir folgen, ist in der dialogischen Beziehung eine Sonderform der zwischenmenschlichen Wechselwirkung zu sehen, in der sich zwei ebenbürtige Personen gegenübertreten. Die faktische Unzulänglichkeit des Zöglings — sei sie noch so groß — wird durch eine „kreatürliche und personhafte Seinsebenbürtigkeit" überdeckt. Sie wird für den Erzieher erfahrbar, indem er als Folge seiner Zuwendung zum Kind in sich eine Umgestaltung oder Verwandlung wahrnimmt.

Das *dialogische Prinzip* stellt ein Doppelprinzip aus „Urdistanz" und „Beziehung" dar. In der „Urdistanz" liegt die seinsmäßige Selbständigkeit der Partner, die jegliches Übertreten der Grenzen zum Innenraum des Zöglings ausschließt. Die „Kontrapunktik von Hingabe und Zurückhaltung, Vertrautheit und Distanz" *(Buber)* verwehrt es dem Erzieher, sich des Kindes zu bemächtigen. Vielmehr stellt sie ihn in eine seinsmäßige Verantwortlichkeit gegenüber dem Zögling.

Die konstitutive Bedeutung der Ich-Du-Beziehung für das erzieherische Verhältnis reicht über ein *Denk*modell „herzlicher Zuneigung" — etwa im Sinne der freundlichen Bezugsperson — hinaus und liegt in der Anerkennung eines „*Seelen*modells" *(Buber),* das allein erst „jegliches Erziehen zuläßt. Das Gegenüber von Erzieher und Zögling wird damit auf eine Grundlage gestellt, die tragfähiger ist und sein kann als die Vorstellung von der Würde des Menschen; es steht in dem seinsmäßigen Auf-ein-Miteinander-zu, das für alles Menschliche gilt" (*Faber* ibid., 119).

Die Struktur und Dynamik der Ich-Du-Beziehung, wie sie in obiger Abbildung dargestellt wird, läßt sich an ihren einzelnen Wesenszügen verdeutlichen:

Die Anerkennung der Andersheit fundiert und eröffnet das erzieherische Verhältnis. Das Kind will spüren, daß es angenommen ist und zwar so, wie es nun einmal ist, d. h. auch in seiner ganzen „Unansehnlichkeit". Auch das geistigbehinderte Kind als eine „in der Welt verlorene Mitkreatur" *(Buber)* bedarf des „Ja des Seindürfens", um sich der erzieherischen Einwirkung zu öffnen. Das Ja sprechen die Eltern, spricht der Lehrer, der nicht auswählt: „Da betritt er den Schulraum zum ersten Mal, da sieht er sie in den Bänken hocken, wahllos, tierische Gesichter, nichtige und edle; sein Blick, der Blick des Erziehers, nimmt sie alle an und nimmt sie auf" (*Buber,* 1956, 31). In der Anerkennung des Andersseins liegt die Achtung vor dem Menschen, die Bekundung seines Dazugehörens. Anerkennung und Bestätigung erlebt aber nicht nur das Kind, sondern auch sein Erzieher, der ernstgenommen und damit für das Kind wirksam wird.

Als *Unmittelbarkeit zwischen Erzieher und Zögling* bezeichnet Faber ein weiteres Wesenselement der Ich-Du-Beziehung. Unmittelbar sein bedeutet: wirklich da sein, bedeutet, in Offenheit und Lauterkeit in ungetrübte mitmenschliche „Berührung" mit dem Kinde treten, ihm wirklich nahekommen. Der Erzieher hat erst dann Unmittelbarkeit verwirklicht, wenn seine Verhaltensweisen nicht „methodisch" eingesetzte Mittel darstellen, sondern Ausdruck einer spontanen und aufrichtigen Wesenszuwendung zum Zögling sind.

Da geht es nicht um einen „Fall von Mongolismus", um einen postencephalitischen Zustand, um die Begutachtung, um die Behandlung — seien solch differenzierte sonderpädagogische Kenntnisse und Fertigkeiten auch noch so wichtig — sondern da begegnen sich in bestimmten Situationen und Augenblicken Mensch und Mensch in unzweckhaftem Umgang miteinander, treten zueinander ohne objektivierende „Vorsatzlinsen" (*E. Hermann* 1959) in Blickberührung. Da das systematische Unterrichten an sich wenig Gelegenheiten hierfür bietet, wird es — gerade beim Geistigbehinderten — darauf ankommen, daß der Erziehungsraum nicht allein vom Unterricht beherrscht wird, und daß natürlichlebendige Formen des erzieherischen Miteinander gefunden werden. Schulen für Geistigbehinderte sollten nicht der „Verschulung" durch eine Angleichung an das herkömmliche Schule-Schema zum Opfer fallen!

Ein Beispiel aus dem Schulalltag mit Geistigbehinderten könnte das hier dargestellte unmittelbare Nahe-kommen von Erzieher und Zögling veranschaulichen: In einer Gruppe von zehn Kindern befand sich ein dreizehnjähriger mongoloider Schüler, der erst seit wenigen Monaten überhaupt in der öffentlichen Bildungseinrichtung war und bisher kein verständliches Sprechen gelernt hatte. Eines Tages gelang ihm das Wort „Lehrer". Dieser war hocherfreut über diesen Fortschritt. Der Schüler merkte dies, war seinerseits sichtlich beglückt, versuchte nun unentwegt dieses „Zauberwort", rief also immer wieder „Lehrer" und erhielt jedesmal die Antwort: „Ja, Hansi!" Die Blicke trafen sich jedesmal, und jeder erlebte die Freude des *anderen* in diesen kurzen Augen-blicken als *seine* Freude.

Dieses Beispiel leitet bereits über zu einem weiteren Phänomen der Ich-Du-Beziehung, das *Faber* als *Ausschließlichkeit* bezeichnet. Immer nur *ein* Kind tritt im Augenblick der aktualisierten Begegnung in die Unmittelbarkeit der Berührung. Der Erzieher wendet sich ausschließlich und uneingeschränkt diesem einen bestimmten Kinde zu. „In der Ausschließlichkeit des Augen-blicks löst sich der einzelne Schüler aus der Gesamtheit der Klasse und tritt in die Verbundenheit mit dem Lehrer; wenn dieser sich einem anderen zuwendet, lösen sie sich voneinander, aber der Schüler hat neue Kraft und neue Bestätigung erfahren und findet sich neu und anders der Gemeinschaft seiner Klasse eingefügt" (*Faber* ibid., 135).

Das Bedürfnis nach einer ganz persönlichen Zuwendung des Erziehers, mag sie auch noch so kurz und unscheinbar sein, ist am geistigbehinderten Kinde besonders deutlich, je geradezu „unverblümt" zu beobachten. Es zieht den Lehrer immer wieder auf sich, indem es ihn durch Gestikulieren oder durch ein gestammeltes „Hee!" auf sich aufmerksam macht, und es ist sichtlich glücklich, wenn der Lehrer es anschaut, ihm antwortet, oder wenn es seine Hand halten kann. Auch in seiner Vorstellung ist dieses Verlangen nach Ausschließlichkeit lebendig: Ein mongoloides Mädchen sollte wegen einer leichten Erkrankung nicht zur Schule gehen. Es war ganz bestürzt, als die Mutter ihm dies eröffnete, und machte den Einwand: „Da wird ja der Lehrer sagen: Wo ist denn heute die Nora?" In der Schule wird nämlich jeden Tag jedes Kind einzeln begrüßt und der Lehrer fragt auch nach jedem Kind, das fehlt.

In der „*Umfassung im erzieherischen Verhältnis*" (Faber) geht es um die bipolare Erfahrung des Erziehungsvorganges. „Der Erzieher befindet sich im Umfassungsakt an beiden Enden der Situation, er steht in voller Wirklichkeit in sich selbst, erfährt sich in seiner gegenwärtigen Seinslage und in seinem verantwortlichen Tun und ist zugleich auf der Seite des Zöglings, wo er den von ihm selbst ausgegangenen Erziehungsakt auffängt und aus der Perspektive dieses jungen Menschen erlebt" (*Faber* ibid., 137). Eine solche Bipolarität oder „Doppelendigkeit" auch beim Geistigbehinderten zu erfahren, dürfte besonders schwer sein. Und doch muß diese „Erfahrung der Gegenseite" (*Buber*) auch seinem Erzieher möglich sein, sei es auch nur komplexhaft oder spurenweise. Nur durch sie findet er die Angemessenheit seines erzieherischen Tuns. Zugleich manifestiert sich in diesem „Zugleich-drüben-sein" das, was *Buber* Liebe im Sinne von „Verantwortung eines Ich für ein Du" nennt.

Das *Vertrauen*, „das innerlichste Werk des erzieherischen Verhältnisses" (*Buber*), löst die Verschlossenheit des Zöglings und öffnet sein Wesen dem Erzogenwerden. In der Gegenseitigkeit des Vertrauens gibt sich das Kind dem Erzieher ganz anheim. Es traut und glaubt ihm und schaut zu ihm auf. Wie befremdend vielfältig und undurchdringlich ist für das geistigbehinderte Kind die Welt! Da findet es in seinem Erzieher einen Menschen, der an seinem Leben teilnimmt. „Man hatte einen Lehrer, unter allen den einen; man wußte es: es gibt diesen Menschen, also ist alles in Ordnung" (*Buber*, zit. *Faber* ibid., 145). Es löst sich die Angst, das Kind findet Zugang zu anderen Menschen und Zutrauen zum Künftigen. Wie grenzenlos Vertrauen sein kann, das ein Kind seinem Erzieher schenkt, kann man beim Geistigbehinderten unter Umständen in besonderer Eindringlichkeit erfahren.

Damit stoßen wir auf ein letztes Phänomen der Ich-Du-Beziehung, die *dialogische Verantwortung*. Es bedeutet für das erzieherische Verhältnis, gemäß der Besonderheit der jeweiligen Situation rechtschaffen, d. h. dem werdenden Leben dienend, zu antworten. „Eine an den Widersprüchen in der Welt, in der menschlichen Gesellschaft, in ihrem eigenen leiblichen Dasein leidende Seele tritt mir mit einer Frage entgegen; indem ich ihr nach meinem Wissen und Gewissen zu antworten versuche, helfe ich ihr ...". Dieser Satz *M. Bubers* (1956, 69) trifft in besonderer Weise für die Situation des Geistigbehinderten zu.

Die genannten Einzelphänomene der dialogischen Beziehung zeichnen sich durch eine besondere innere Dichte aus, die es von vornherein nicht zuläßt, daß sie unentwegt aktualisiert werden. Sie treten vielmehr über weite Strecken des erzieherischen Miteinander in Latenz, wirken aber untergründig weiter und beeinflussen das erzieherische Tun in der erzieherischen Haltung. *Buber* hat in seinen Jerusalemer Radioreden 1950 (zit. *G. Störmer* 1966, 28) in Zusammenhang mit dem Begriff Kontakt als Grundwort der Erziehung folgendes ausgeführt: „Es bedeutet, daß der Lehrer den Schülern nicht von Gehirn zu Gehirn, von entwickeltem Gehirn zu unfertigem, sondern von Wesen zu Wesen, von gereiftem zu werdendem Wesen gegenüberstehen soll, wirklich gegenüber, das heißt nicht in einer Richtung von oben nach unten, sondern in echter Wechselwirkung, im Austausch von Erfahrungen, Erfahrungen eines erfüllten Lebens mit denen unerfüllter, die aber nicht weniger wichtig sind, nicht bloß Auskunftsuchen von unten und Auskunftgeben von oben, auch nicht bloß fragen und antworten hinüber und herüber, sondern echtes Wechselgespräch, das der Lehrer zwar leiten und beherrschen, in das er aber doch auch mit seiner eigenen Person unmittelbar und unbefangen eintreten muß. Dieses Gespräch aber soll sich ins schweigende Miteinandersein hinein fortsetzen, ja hier wohl erst eigentlich kulminieren. Das ist es, was ich das dialogische Prinzip in der Erziehung nenne."

Die Haltung des Erziehers

Was das erzieherische Verhältnis zu einem dialogischen werden läßt, ist nicht machbar. Vertrauen wird dem Erzieher immer nur geschenkt. Er kann es nicht programmieren. Er muß vielmehr anbieten und warten können, bis sich das Kind ihm erschließt, ohne es in seinen Griff bekommen zu wollen. Da er aber doch auch etwas dafür tun will und muß, damit sich das Kind ihm öffnet, stellt sich die Frage nach den Voraussetzungen und Bedingungen auf seiten des Erziehers.

Manches hierzu ist im Vorausgegangenen bereits angedeutet und mitangesprochen worden. Es soll an dieser Stelle unter dem Gesichtspunkt der erzieherischen Haltung ergänzt und näher bestimmt werden.

Haltungen werden erworben, erlernt. Nichts von einer realisierten Haltung eines Erziehers war ihm einfach schon in die Wiege gelegt. Selbstverständlich können wir annehmen, daß ganz bestimmte Grundstrukturen bei ihm angelegt sein müssen; aber diese sind so weitmaschig, daß die Zahl derer, die über diese Fundamente verfügen, weitaus größer sein dürfte als die Zahl derer, die sich mit hinreichender Berechtigung für geeignet halten, geistigbehinderte Kinder zu erziehen. Man kann die Erfahrung machen, daß mancher Erzieher geistigbehinderter Kinder sich zunächst für völlig untauglich für diese neue Aufgabe hielt, unter Umständen einen Nervenzusammenbruch erleben mußte, als er mit der „Zumutung" konfrontiert wurde, solche Kinder zu betreuen. Die Ungewohntheit und mangelnde Vertrautheit mit dem Bild des Geistigbehinderten ist es vielfach, die einem den Entschluß zu dieser Arbeit sehr schwer machen kann. Gelegentlich wird jemand aber auch Opfer einer selbstgefälligen Wichtigtuerei und Übertreibung der zu erwartenden Schwierigkeiten. Dabei soll die tatsächliche Schwere der Aufgabe in keiner Weise bagatellisiert werden. Es sei nur festgestellt, daß sie durchaus keine „übermenschliche" oder „heroische" ist, genauer gesagt sein muß. — Die „Zumutung" beginnt erst da, wo jemand in einer unheilvollen Primitivität der Arbeitsbedingungen von den übrigen Menschen allein gelassen wird. —

Ein nuanciertes Bild der „heilpädagogischen Haltung" entwirft *Bach* (1969). Es werden acht Einzelzüge als besonders wichtige Bedingungen für eine erfolgreiche Erziehung des geistigbehinderten Kindes angesehen:
- die Erfülltheit von der Aufgabe, um die es jeweils geht
- die Zugewandtheit zur Gruppe und zum einzelnen Kind
- die Aufgeschlossenheit als Bereitschaft zu Verständnis, Bejahung und Annahme des Kindes
- die Bestimmtheit durch eindeutig gesetzte Ordnungen, Regeln, Gewohnheiten, Grenzen und Forderungen
- die Verläßlichkeit als Stehen zu Aufgaben und Versprechungen, vor allem zum Kind selber
- die Zuversichtlichkeit als positive und sachlich begründete Erwartungshaltung
- die Zufriedenheit als Anerkennungsbereitschaft gegenüber den Fortschritten des Kindes und
- die Lebendigkeit jenseits aller Routine und schematischen Gleichschaltung der Kinder.

Die für die erzieherische Haltung wesentlichen Einzelzüge lassen sich als Ausdruck eines psychischen Systems ansehen, dessen Struktur und Dynamik durch solche emotionalen und rationalen Komponenten bestimmt werden, die auf verbindlich helfende Teilhabe gerichtet sind. Was sich in der Haltung des Helfers, des Erziehers manifestiert, wird zum einen von bestimmten Persönlichkeitseigentümlichkeiten abhängen, zum anderen aber auch von den weiteren sozialen Bedingungen (gesellschaftlichen Einstellungen, Systemen der Hilfe), in deren Rahmen sich Erziehung abspielt. Es kann dies eine technologisch versachlichte Organisationsbasis sein oder die offene soziale Gruppe mit relativ warmen persönlichen Beziehungen. Prosoziale Haltungen, gekennzeichnet durch Hilfsbereitschaft und Selbstlosigkeit, durch Achtung, Mitgefühl, Zuversicht und Hoffnung, durch „Liebe und Geduld", also durch personale Entsprechungen gegenüber den besonderen Bedürfnissen des behinderten Menschen, gewinnen in dem Maße an Bedeutung, in dem die Gesellschaft und ihre Teilsysteme komplizierter werden und die Betreuung dieser Menschen in öffentliche Verantwortung übergeht (Thomas 1980, 29).

Die erzieherische Haltung gegenüber dem geistigbehinderten Kinde wird aber auch bestimmt durch verantwortliche Rationalität, durch *Sachlichkeit und Redlichkeit*. Sie verleihen dem erzieherischen Helfen auf dem tragenden Grund personaler Entsprechungen seine konkrete, lebendige Gestalt. Sie lassen die in der einzelnen erzieherischen Situation not-wendigen Mittel und Wege finden und sind durch erzieherischen Einfallsreichtum und Wendigkeit, durch Überlegtheit und Planmäßigkeit, durch Kontrolle des eigenen Handelns und durch Verstehen der Situation des einzelnen Kindes bestimmt. Nach der Untersuchung von *Hudson* (1959) wird das rechte erzieherische Verhalten und Verhältnis gegenüber dem schwer retardierten Kind im wesentlichen davon abhängig sein, daß der Lehrer „fähig ist, die Entwicklung von Unabhängigkeit, Initiative und Selbstvertrauen zu fördern und in den Kindern ein persönliches Wertgefühl zu erwecken"; daß er „eine Klasse so führt, daß ständig angemessene Lernmotivationen gegeben werden, das Interesse und die Aufmerksamkeit der Kinder groß sind und während des ganzen Unterrichts so erhalten bleiben. Daraus ergibt sich für die Kinder, daß sie ein wirkliches Gefühl des Erfolges und Vertrauens durch ihre Arbeit erhalten"; daß er „die Kinder ermutigt, Dinge allein zu tun und doch in jeder Stufe des Unterrichts angemessene Hilfe gibt", und daß er „die Grenzen setzt, so daß die Kinder genau wissen, was sie erwartet und wie sie weitermachen müssen" (zit. b. *Williams* u. a. ibid., 56).

Eine solche erzieherische Haltung bleibt nur lebendig, wo der Erzieher selber auf dem Wege ist und sich selbst immer wieder kontrolliert. Gerade die Erziehung behinderter Kinder dürfte in hohem Maße von der Selbsterziehung der Erzieher (*Moor* 1965) abhängig sein. Ohne das redliche Bemühen um Selbstverwirklichung gewinnt der Erzieher keine Glaubwürdigkeit, und *Reichenbach* (1961) meint, daß auch der Schwachsinnige dann das eigentlich Unverpflichtende der Forderungen eines solchen Erziehers noch dunkel spüre.

Die Erziehung in der Familie

Die Eltern sind die ersten Erzieher, auch des geistigbehinderten Kindes. An ihnen macht es seine grundlegenden Lebens- und Lernerfahrungen. Ihre Haltung und ihr erzieherisches Verhalten prägen in besonderer Weise sein Werden, die Entwicklung seiner Fähigkeiten, seine Einstellungen, sein späteres Glücklichsein. Gleichzeitig aber stellt die Aufgabe der Erziehung eines geistigbehinderten Kindes seine Eltern vor außergewöhnliche Schwierigkeiten. Sie können unter Umständen so groß werden, daß man geneigt sein könnte zu sagen, sie sei eine übermenschliche Aufgabe, eine Aufgabe, die schlechthin nicht zu bewältigen sei.

Vor wenigen Jahren ertränkte ein Vater seinen vierzehnjährigen geistigbehinderten Sohn in der Nähe Münchens in einer Kiesgrube. Im Zeitungsbericht hieß es, der Knabe sei der Liebling seiner Eltern gewesen. Vater und Mutter hätten sich stets in liebevoller Weise um das Kind gekümmert. Die Nachbarn sagten, es hätte keinen besseren Spielkameraden haben können als seinen Vater, einen gutmütigen und verständnisvollen Mann. Von der Mutter hieß es, sie habe sich so stark an das Kind gebunden gefühlt, daß sie sich stets gegen das Ansinnen ihres Mannes gestellt habe, das Kind in eine Anstalt zu geben.

Es handelt sich hier sicherlich um ein Extrembeispiel. *Heinen* (1966) berichtet von einer ähnlichen Familientragödie. Man könnte ihr sofort eine Fülle von Beispielen entgegensetzen, die belegen, daß die gestellte Aufgabe durchaus zu meistern ist. Der pädagogischen Überlegung stellt sich damit die Frage nach den Determinanten der häuslichen Erziehung. Worin liegen ihre speziellen Schwierigkeiten und Möglichkeiten?

Determinanten der elterlichen Einstellung zum geistigbehinderten Kind

Das erzieherische Verhalten im einzelnen wird zentral bestimmt durch die Einstellungen, die ihm zugrundeliegen. Diese werden durch die Entdeckung einer geistigen Behinderung am Kinde empfindlich getroffen und verändert. Dies geht aus der Fülle von Untersuchungen hervor, die vor allem in Amerika durchgeführt worden sind. Eine ausführliche Literaturübersicht bieten *Vliegenthart* und *v. d. Dunk* (1968) und *Ross* (1967). Verwiesen sei auch auf *H. Brock* 1954, *Tizard* und *Grad* 1961, *Carr* 1974, *Hutt/Gibby* 1976, *Robinson/Robinson* 1976, *Thomas* 1978.

Die Vielschichtigkeit und Kompliziertheit der ermittelten Reaktionsweisen der Eltern macht es schwer, sie in ein System zu bringen. Es besteht die Gefahr unzulässiger Verallgemeinerungen und damit der Verstellung wichtiger Nuancierungen im Einzelfall. Eine Untersuchung über Elternreaktionen auf die Geburt eines geistigbehinderten Kindes liegt von *Clemens* (1979) vor.

Über den Zeitpunkt des Auffallens der geistigen Behinderung werden von *D. Eggert* (1969) folgende Angaben gemacht: In 20,9 % der untersuchten Fälle war die Behinderung schon bei der Geburt bekannt, im Durchschnitt fiel sie mit zwei Jahren auf und bei 25 % sogar erst nach dem sechsten Lebensjahr.

Das Wahrnehmen einer geistigen Schädigung des Kindes löst recht unterschiedliche Reaktionen aus. Sie sind allgemein bedingt durch die jeweilige Dynamik und Struktur der Persönlichkeit von Vater und Mutter, ihrer Ehe und ihrer Familie, soweit diese schon besteht, aber auch durch das Verhalten der Umwelt. Im einzelnen determinieren vor allem Schuldgefühle, die Enttäuschung eigener Zukunftserwartungen, pädagogische Hilf- und Ratlosigkeit, das Mitleiden der eingeschränkten Lebensmöglichkeiten des Kindes und der Druck des sozialen Urteils die erzieherischen Einstellungen.

Die Elternproblematik würde jedoch vereinseitigt, wollte man sie nur als eine ungelöste betrachten. Viele Eltern sind oder werden durchaus fähig, die durch die geistige Behinderung ihres Kindes entstandenen Probleme positiv zu lösen, worauf unter anderem auch *Vliegenthart/v. d. Dunk* (1968), *Carr* (1978), *Wunderlich* (1970) und *Clemens* (1979) hinweisen.

Die Eltern geistigbehinderter Kinder stammen aus allen sozialen Schichten. Ihr Verhalten gegenüber dem Kind wird generell von ihrer Sozialschicht beeinflußt, wie dies auch bei normalen Kindern der Fall ist (*Carr* 1978, 114).

Von Schuldgefühlen bei Eltern geistigbehinderter Kinder wird besonders häufig berichtet (vgl. *Van Es,* bei *Vliegenthart* und *v. d. Dunk* 1968). Der Grund läßt sich in infantilen Sündenvorstellungen suchen, aber auch — und zwar gerade heute — in der vermehrten Kenntnis möglicher äußerer Einwirkungen auf die Leibesfrucht, seien sie zutreffend oder nicht, Einwirkungen jedenfalls, für die sich der Mensch selbst verantwortlich ansieht. Es kann auch die Frage nach der Erblichkeit sein oder speziell bei Müttern die Vorstellung von der Unfähigkeit des eigenen Leibes, „dem Mann ein gesundes Kind zu schenken" (*A. O. Ross* 1967).

Die Enttäuschung eigener Zukunftserwartungen, die man in das Kind gesetzt hatte, dürfte in einer Leistungsgesellschaft wie der heutigen besonders verbreitet und schwerwiegend sein. „Unsere Gesellschaft hält es für eine gute Sache, Kinder zu haben", schreibt *Ross* im Anschluß an *Zuk* (1962), „aber für schlecht, schwachsinnige zu haben, weil sie auf dem Prinzip von Leistung und Wettbewerb aufgebaut ist und Glieder der Gesellschaft, die nichts leisten und keinen Erfolg haben, nur gering achtet" (*Ross* ibid., 116). Dem Geistesschwachen werden vielfach auch üble Charaktereigenschaften nachgesagt. *König* (1959) zitiert aus einer Untersuchung von *D. A. Blacketer-Simmonds* (1953) die Feststellung, „der Mongoloide sei ein ähnlich unerträgliches, boshaftes und übelmeinendes Wesen wie alle anderen Schwachsinnigen auch" (199). *W. Straßmeier* (1969) konnte bei einer Befragung von Studenten einer Pädagogischen Hochschule ebenfalls feststellen, daß geistigbehinderte Kinder charakterlich schlechter eingestuft werden als „normale" Kinder.

Man könnte wie *Vliegenthart* und *v. d. Dunk* (1968) geneigt sein, die seelische Erschütterung der Eltern gerade über eine *geistige* Schädigung ihres Kindes als die schwerste anzusehen im Vergleich zu anderen möglichen Behinderungen, und zwar deshalb, weil „die Intelligenz im allgemeinen als eine Fähigkeit betrachtet wird, die des Menschen höchste Würde ausmacht" (*Vliegenthart* und *v. d. Dunk* ibid., 369). Untersuchungen an Eltern gliedmaßengeschädigter Kinder aber haben ergeben, daß deren Reaktion auf die schwere Behinderung ihres Kindes ganz ähnliche Konflikte aufweist. So berichten *Strasser* u. a. (1968) über eine solche Mutter in der Phase des ersten Schocks: „In dieser Zeit war der Mutter alles gleich, auch, ob das Kind sterben würde. Sie hat mehr mechanisch alles gemacht. Das Gefühl hat sich völlig von der Realität zurückgezogen. Sie sagt, sie sei damals wie tot gewesen ... Sie konnte ohne Ermüdung arbeiten, sie hatte das Gefühl, als seien Körper und Seele getrennt. Mitteilungen, die ihr gemacht wurden, konnte sie nicht mehr auffassen" (*Strasser/Sievert/Munk* 1968, 14). Auch Tötungen solcher Kinder durch ihre Eltern sind bekannt geworden. Möglicherweise ist es also nicht die Intelligenzschwäche an sich, sondern die befürchtete absolute Lebensuntüchtigkeit, die sogar Todeswünsche aufkommen läßt.

Die Enttäuschung, ein geistigbehindertes Kind zu haben, dürfte um so größer sein, je höher die Erwartungen der Eltern angesetzt waren, vor allem im Hinblick auf die Mehrung des Sozialprestiges durch das Kind, unter Umständen auch zur Sicherung der Ehe. Nach *Fischer* (zit. b. *Vliegenthart/v. d. Dunk* 1968) steht die Enttäuschung der Eltern im Vordergrund. „Verletzte Eitelkeit ist einer der bestimmenden Faktoren, mit denen man zu rechnen hat: Das Kind, auf das man stolz sein wollte, ist benachteiligt, unansehnlich, bemitleidenswert" (357). Das „nichtvollwertige" Kind wird als narzißtische Kränkung für das Ich und als Unglück empfunden. Man stellt sich die schwere seelische und körperliche Belastung vor, die das behinderte Kind für das eigene Leben und das der Familie in Zukunft bedeuten wird.

Vliegenthart/v. d. Dunk (1968) weisen mit Recht darauf hin, daß es eine Simplifizierung darstelle, lediglich die Frustrierung der *eigenen,* also mehr oder weniger egoistischen Zukunftserwartungen der Eltern als Enttäuschungen zu sehen. Es gibt darüber hinaus auch die Trauer der Enttäuschung über die Verkürzung der Lebensmöglichkeiten des behinderten Kindes selber. Es gibt einen Schmerz aus selbstloser Liebe zum Kind, Sorge um seine gefährdete Zukunft, weil man es liebt. Hier handelt es sich um echtes Mit-leiden, wie es *Vliegenthart/v. d. Dunk* (1968) am Beispiel eines Vaters verdeutlichen, der nach dem ersten Besuch bei seinem anormalen Kind vor Erschütterung eine Stunde im Bahnhofswartesaal sitzen blieb, bevor er zu Hause darüber sprechen konnte. Wie er später sagte, habe seine Erschütterung *sowohl* der Angst, wie es diesem Kinde später gehen werde, *als auch* der Angst um die eigene Zukunft gegolten.

Die genannten emotionalen Reaktionsweisen der Eltern sind mitbedingt durch das Verhalten der Umwelt, durch den Druck des sozialen Urteils. Neugieriges Gaffen, abfällige Äußerungen, Gleichgültigkeit und Distanz werden als Erniedrigung erlebt. Der Grad dieses Erlebens, d. h. des sozialen Drucks, hängt wesentlich ab von der eigenen Empfindlichkeit der Eltern und dem Grad ihrer psychischen Stabilität (*Tizard* und *Grad* 1961). Man kann aber auch sagen, daß sich eine besondere Empfindlichkeit gegenüber der Umwelt erst herausbildet. Man projiziert dann in das Verhalten der anderen Motive und Absichten hinein, die gar nicht vorliegen; man beklagt sich über die Verständnislosigkeit der Mitmenschen, übersieht aber, wie schwer es diesen Nichtbetroffenen fällt, sich „richtig" zu verhalten, weil sie sich einfach nicht in die tatsächliche Situation einfühlen können, und weil auch die betroffenen Eltern andere geworden sind. Die Erfahrungen, die sie machen mußten, andere aber nicht kennen, haben ihr Erleben und ihr Weltbild verändert (*Vliegenthart/v. d. Dunk* 1968).

Der inzwischen eingetretene Wandel der Einstellungen hat u. a. dazu geführt, daß Eltern geistigbehinderter Kinder ihre Umwelt heute nicht als schlechthin feindlich einschätzen (*Clemens* 1979, 57). In der Untersuchung von *Carr* (1978) erklärte mehr als die Hälfte der befragten Mütter, sie hätten von Verwandten und Freunden Hilfe erfahren.

Wie stark allgemein verbreitet die soziale Distanz gegenüber geistigbehinderten Kindern ist, zeigte die Erhebung von *v. Bracken* (1976). Gefühle des Befremdetseins, der Unsicherheit, der Angst und der Ablehnung äußerte nahezu die Hälfte der Befragten. Ein Drittel wollte das eigene Kind nicht mit einem Geistigbehinderten spielen lassen, nahezu alle lehnten eine Adoption ab. 70 % konnten im Leben dieser Kinder kaum positive Werte sehen, hielten es für besser, wenn diese früh stürben. Die meisten befürworteten eine Heimunterbringung — in möglichst entlegenen Orten.

Die Einstellung der Eltern zu ihrem behinderten Kind wird schließlich auch stark beeinflußt von der physisch-psychischen Überbeanspruchung vor allem der Mutter und von der Hilf- und Ratlosigkeit in Erziehungsfragen. Die permanente Unselbständigkeit der Kinder, ihre ständige Gefährdung und Beaufsichtigung, ihre täglich sich wiederholenden Schwierigkeiten und Nöte können auch beste Absichten auf die Dauer zermürben, unter Umständen auch zu kurzschlüssigen Exzessen führen, wie folgendes Beispiel – einer Zeitungsnotiz entnommen – zeigt:

Ein französischer Textilindustrieller erschoß seinen 25 Jahre alten geistig zurückgebliebenen Sohn und anschließend sich selbst. Der 56jährige Vater hatte zusammen mit seiner Frau den behinderten Sohn 25 Jahre lang gepflegt und keine Kosten gescheut, um ihm ein so weit wie irgend möglich normales Leben zu ermöglichen. Er ließ Psychiater aus Paris und Brüssel zur Behandlung kommen. Es geschah – könnte man sagen – alles Erdenkliche, was getan werden konnte – bis der Sohn eines Tages die Hand gegen seinen Vater erhob! –

Stellt heute schon die Erziehung eines nicht-behinderten Kindes eine Aufgabe dar, für die Elternschulung und psychologische Information für notwendig erachtet werden, so läßt sich das Ausmaß der Schwierigkeiten etwa abschätzen, das durch eine geistige Behinderung des Kindes hervorgerufen wird.

Varianten der elterlichen Einstellung

Die Einstellung der Eltern zum Kind hängt von der Art der Verarbeitung der Erschütterung und des inneren Konfliktes ab. In der vorliegenden Literatur erscheint vor allem die ungelöste Problematik als Gegenstand zahlreicher Untersuchungen. Sie beruht auf der unrealistischen Beurteilung des kindlichen Zustandes. Es ist die Angst, die bestimmte Abwehrmechanismen auslöst. Sie sollen das durch die Schädigung des Kindes gestörte innere Gleichgewicht wiederherstellen und aufrechterhalten. Es sind dies, wie *Ross* (ibid.) aus psychoanalytischer Sicht darstellt (vgl. auch *Prekop* 1979), vor allem folgende:

In der *Verleugnung* wird der Versuch gemacht, in der Vorstellung zu leben, es fehle dem Kinde nichts. Vor allem solange das Kind noch klein ist, neigen Eltern zu dieser Selbsttäuschung und verbinden sie mit Vorwürfen gegen die Umwelt oder bestimmte Fachleute und Einrichtungen, die dem Kinde zu wenig Chancen für seine Entwicklung gäben. Um die Konfrontation mit nicht-behinderten Kindern zu vermeiden, wird das

Kind von ihnen ferngehalten und in der Familie überbehütet. Damit aber wird es an der Entfaltung seiner tatsächlichen Fähigkeiten gehindert.
— Verleugnung kann aber auch dazu führen, daß das Kind unter einen *Lernüberdruck* gestellt wird. Durch übermäßige Forderungen und Übungen will man den Beweis für die Richtigkeit seiner These von der Nicht-behinderung des Kindes erbringen.

Bei der *Projektion* wird die wahrgenommene Behinderung als solche zwar akzeptiert, aber die Schuld am Zustandekommen der Schädigung wird, um Selbstvorwürfe abzuwehren, in bestimmten Umständen und Personen gesucht. Die ständige Suche nach einem Sündenbock bannt die Eltern in eine Dauerspannung, die die Erziehung des Kindes belasten muß, und zwar vor allem dann, wenn die Verantwortung verschoben wird.

Die *Intellektualisierung* des Konfliktes kann sich in einer intensiven Beschäftigung mit dem Defekt des Kindes äußern, unter Umständen in einer geradezu wissenschaftlichen Erforschung der Behinderung. Bei der *Sublimierung* wird die durch die Konfliktspannung erzeugte psychische Energie in gesteigerte soziale Aktivität zugunsten behinderter Kinder umgesetzt, z. B. in den Elternvereinigungen. Intellektualisierung und Sublimierung haben nur dann eine aufbauende Wirkung, wenn die unbewußten Konflikte der Eltern verarbeitet sind und die wirklichen Bedürfnisse des Kindes ernstgenommen werden.

Als eine Form des *Abreagierens von Aggressionen* gegen das Kind erweist sich vielfach die als Konsequenz getarnte erzieherische Strenge verbunden mit Strafen, mühevollen Übungen oder strenger Diät. Bei der *Ritualisierung* werden die heilpädagogischen Maßnahmen zum Zeremoniell: Sie werden auf das peinlichste genau beachtet. Eine solche Übergewissenhaftigkeit ist dazu angetan, die Beziehung zum Kind zu mechanisieren.

Die häufig anzutreffende *Überbehütung* und *Verwöhnung* des geistigbehinderten Kindes ist sicherlich auf mehrere Gründe zurückzuführen. Es kann sich um eine Kompensation der eigenen Enttäuschung, um Schuldgefühle oder falsches Mitleid handeln. Gelegentlich auftreten kann jene Opferhaltung, die auch *Bach* (1969) nennt, welche zu einer Selbstüberforderung ohnegleichen führen kann.

Hutt und *Gibby* (1976) unterscheiden hauptsächlich drei größere Kategorien emotionaler Reaktionen:
- Eltern, die die Realität ihres behinderten Kindes akzeptieren,
- Eltern, die sich verstellen, und
- Eltern, die die Realität der Behinderung verleugnen.

Je nach der Persönlichkeitsstruktur können als emotionale Fehlanpassungen eintreten:
- Verzerrungen in der Wahrnehmung des kindlichen Verhaltens,

- Zurückweisungen und Feindseligkeit,
- eheliche Unstimmigkeiten,
- narzißtische Verwicklungen,
- Abhängigkeitsreaktionen,
- Fehlreaktionen gegenüber sozialen Gruppen,
- Schuldgefühle.

Die Einstellung von Vater und Mutter steht in Wechselwirkung zueinander und zu der der gesunden Kinder. Die ganze Familie kann zu einer „Sonderfamilie" (*Ross* 1967) werden, wenn ein Mitglied in besonderer Weise beeinträchtigt ist. Es können Ehekonflikte heraufbeschworen werden, wie die Untersuchung von *Farber* (1959) gezeigt hat, es können aber auch bisher latente Konflikte, z. B. zwischen den Eltern und einem gesunden Kind, manifest werden. Die durch das behinderte Kind notwendig gewordene bzw. ausgelöste Veränderung und Neuordnung des Rollensystems der ganzen Familie wird von den einzelnen Mitgliedern unterschiedlich mitvollzogen.

S. Görres (1974) beschreibt, wie die Andersartigkeit des behinderten Kindes benutzt werden kann, um die übrigen — sich distanzierenden — Familienmitglieder in ihrer Verantwortung zu entlasten. Das behinderte Kind wird etwa zum Sündenbock der Familie, zum Dauer-Kleinkind oder zum Star bzw. zum „Auserwählten".

Was die *Geschwister* eines geistigbehinderten Kindes betrifft, so ist zu beachten, daß sie sich in der Regel mit der Einstellung ihrer Eltern identifizieren, solange sie im Kindesalter sind. So können sie etwa die helfende Bereitschaft der Eltern übernehmen und dadurch sogar zu einer Steigerung des Zusammengehörigkeitsgefühls der Familie beitragen. Angesichts der vermehrten und oft recht mühsamen Aufsicht und Pflege des geistigbehinderten Kindes entsteht daraus leicht eine Überforderung der gesunden Geschwister. Hinzu kommt eine mehrfache Benachteiligung durch eine Verringerung der Zuwendung der Eltern an sie, wenn das behinderte Kind zum Mittel- und Schwerpunkt der Familie wird, und durch die Schmälerung des Sozialkontaktes außerhalb der Familie. Auch für Belange der persönlichen Entwicklung steht weniger Zeit und Kraft zur Verfügung. „Es ist sehr schwer, den Geschwistern klarzumachen, daß man sich um ein krankes Kind noch mehr kümmern muß als um ein gesundes, und daß ein solches manchmal etwas darf, was man bei ihnen nicht richtig findet", klagen die Eltern (nach *D. Fischer*, 1969).

Die Folgen können Spannungen im Verhältnis zu den Eltern wie zum behinderten Geschwister sein. Psychische Fehlhaltungen wie Regressionen und Aggressionen können sich einstellen. *Bach* (1969) weist noch auf die besondere Gefahr hin, die darin liegen kann, daß die Eltern ein Kind mit dem Versprechen überbürden, sein Leben lang für das behinderte Geschwister zu sorgen. Dies könne zu einer feindseligen Haltung gegenüber dem Behinderten oder zu einer Aufopferung des Eigenlebens mit allen ihren problematischen Folgen führen.

Weitere Hinweise zur Geschwistersituation enthalten die Arbeiten von *Vliegenthart/v. d. Dunk* (1968), *Goodenough* (1956), *Farber* (1962), *Van Es* (1959), *Caldwell/Guze* (1964), *Ross* (1967), *Mittermaier* (1969) und *S. Görres* (1974).

Erziehungshilfe für die Eltern

Nicht nur das geistigbehinderte Kind, sondern auch seine Eltern brauchen Hilfe. Ohne Beratung, Anleitung und Unterstützung werden ihre Kräfte angesichts der ihnen gestellten Aufgaben leicht überfordert und bleiben ihre noch so gutgemeinten Bemühungen um ihr Kind ohne den sonst möglichen Erfolg. Im übrigen sollen auch sie und ihre anderen Kinder ein glückliches und sinnerfülltes Leben führen können.

Das Gespräch mit den Eltern

Beratung soll die Eltern instandsetzen, die eigenen Probleme und Aufgaben zu lösen, soweit sie dazu fähig sind. *Ross* (1967) sieht es als letztes Ziel unserer Hilfeleistung an, daß die Eltern ihr Kind als individuelles Menschenkind sehen, dessen Behinderung ein unglücklicher Zufall der Natur ist. „Man muß den Eltern helfen, das Problem klar zu sehen und realistisch die notwendigen Entscheidungen zu treffen" (88). Dazu brauchen sie sachliche Informationen über den Zustand und die mögliche Zukunft des Kindes, aber auch Ermutigung, um über die erlittenen Enttäuschungen hinwegzukommen. Dabei wird es darauf ankommen, daß sie sich ihrer eigenen Gefühle bewußt werden, und daß sie ein gewisses Verständnis für das vielfach befremdende Verhalten der anderen Leute erlernen.

Die Beratung der Eltern geistigbehinderter Kinder zielt darauf ab, ihnen zu einer realistischen und akzeptierenden Einstellung zum Kind und zu sich selbst zu verhelfen. Es geht aber auch entsprechend den ständig neu auftretenden Schwierigkeiten mit dem Kind um die möglicherweise fortlaufende Beantwortung ganz „simpler" Fragen des praktischen Verhaltens gegenüber dem Kind, Fragen nach Gesichtspunkten bei der Sauberkeits-, Selbständigkeits- oder Geschlechtserziehung, Fragen der Verwendung von Lohn und Strafe u. ä. (*W. Nauck*, 1963 b).

Antwort auf diese Fragen kann sicherlich nur ein Berater geben, der sowohl über das nötige Fachwissen wie auch über eine gewisse Erfahrung im Umgang mit geistigbehinderten Kindern verfügt. Die Zahl der Fachleute, die sich mit dem geistigbehinderten Kind beschäftigen, wird größer. Ob sie alle, Ärzte, Heilpädagogen, Krankengymnastinnen, Psychologen, Sozialarbeiter u. a., in gleichem Maße in der Lage sind, den Eltern zu helfen, kann bezweifelt werden. *Ross* (1967) meint, daß gerade eine Vielzahl von Spezialisten das Ergebnis der Beratung eher beeinträchtigen als verbessern könne.

Auf die besondere Problematik der stets besserwissenden Berater weist *A. Görres* (1972) hin. Als Psychologe prophezeit er jedem behinderten Kind und seinen Eltern, daß sie „unter die Ratgeber fallen" werden, „wie man unter die Räuber fällt" (S. 5). Ratgeben entlastet — auch wenn es nicht hilft, und wer rät, ist oben. In der Tat brauchen die Eltern mehr als bloßen Rat begutachtender Experten, und in der Regel geht der erteilte Rat an ihrer eigentlichen Problematik vorbei. Nach *Sarason* (1952) ist die Unwissenheit eines großen Teils der Eltern nicht durch ihr Nicht-wissen-wollen, sondern durch das Versagen der Spezialisten bei der Aufklärung der Eltern bedingt (19). *Roos* (1975) beschreibt das Fehlverhalten der — beratenden — Experten im einzelnen. Sie neigten dazu, die Probleme der Eltern darin zu sehen, daß sie die Behinderung nicht genügend akzeptierten, daß sie wegen ihrer verdeckten Todeswünsche gegenüber dem Kind chronisch depressiv würden, daß sie wegen ihrer latenten Feindseligkeit ihr Kind überbehüteten, oder daß ihre ehelichen Probleme aus der Verschiebung und Projektion dieser Feindseligkeit resultierten (340).

Gegenüber diesen destruktiven Stereotypien der Eltern macht *Roos* Fehlverhaltensweisen der Experten geltend:
- Professionelle Ignoranz,
- professionelle Hoffnungslosigkeit,
- endlose Überweisungen von Spezialist zu Spezialist,
- Geheimniskrämerei,
- das Taube-Ohren-Syndrom,
- professionelle Alles-wisserei,
- professionelle Omnipotenz und
- die Tendenz, die Eltern zu Patienten zu machen (ibid. 341 ff.).

Nur sehr mühsam kommt eine gegenseitige Verständigung der verschiedenen Berufsgruppen zustande, die sich an der Beratung beteiligen.

Es erscheint daher eine stärkere Koordinierung der Arbeit der verschiedenen Fachleute, eine engere Fühlungnahme miteinander und ein häufigerer Erfahrungsaustausch notwendig. *Wunderlich* (1970) weist mit Recht darauf hin, daß diese Zusammenarbeit schon während der Studienzeit grundgelegt und angebahnt werden kann und soll. Zusammenarbeit erfordert vor allem die Haltung der Aufrichtigkeit hinsichtlich der eigenen Nicht-kompetenz und die Haltung der Achtung vor dem anderen Fachmann. Im Interesse der ratsuchenden Eltern und einer kontinuierlichen Entwicklung des Kindes dürfte es letztlich liegen, daß —

jedenfalls für einen längeren Zeitabschnitt — einer bestimmten Person die Hauptverantwortung der Beratung zufällt.

Wunderlich (1970) stellte im besonderen die Bedeutung heraus, die der Arzt, speziell der Hausarzt, vor allem in den ersten Lebensjahren des Kindes hat und haben kann, ohne sich Illusionen über die gegenwärtigen Unzulänglichkeiten hinzugeben. Es sei ein gründliches ärztliches Umdenken und Umgestalten der ärztlichen Betreuung des mongoloiden Kindes und seiner Eltern nötig, und zwar nicht so sehr in bezug auf die Neuorientierung im Bereich der Pathogenese, als vielmehr in sozialpsychologischer Hinsicht angesichts der Verantwortlichkeit der Ärzte als der vielfach ersten wesentlichen Bezugspersonen der Eltern in deren spezieller Notlage. Tatsache sei jedoch, „daß wir (Ärzte) — auch heute noch — diesen Problemen vielfach so ablehnend und widerwillig gegenüberstehen und uns so gerne auf unsere naturwissenschaftlichen Bereiche zurückziehen", und dies sei „oft der sichtbare Ausdruck einer Verdrängung von Aggressionen gegen diese Kinder, die in unserer Gesellschaft noch tief verwurzelt sind" (83).

Wer auch immer Eltern geistigbehinderter Kinder berät, muß neben Wissen und Erfahrung vor allem über bestimmte menschliche Qualitäten verfügen. *Ross* (1967) nennt u. a. die Bereitschaft, den anderen anzunehmen, Verständnis und Wärme, fachliche Objektivität und Sicherheit und die technischen Fertigkeiten der Gesprächsführung. Wer über derartige Befähigungen, die sich aus Lehrbüchern nicht erlernen lassen, nicht verfügt, sollte Abstand von einem Beruf nehmen, dessen zentrale Aufgabe das mitmenschliche Helfen ist.

Über die Techniken und Prinzipien der Gesprächsführung speziell mit Eltern behinderter Kinder gibt *Ross* (1967) eine ausführliche Darstellung. Dabei ist auch die Möglichkeit der Beratung in Gruppen berücksichtigt. Sie ist — auch auf Grund eigener Erfahrungen — für bestimmte Eltern und für bestimmte Beratungsthemen geeigneter als die Einzelberatung. In der Schule für Geistigbehinderte in München war es üblich, daß die Eltern in regelmäßigen Abständen Gelegenheit haben, am Unterricht teilzunehmen. Dadurch boten sich besonders günstige und anschauliche Anhaltspunkte für ein Beratungsgespräch. Überdies war auf eine solche Weise die Anleitung der Eltern zum rechten erzieherischen Umgang mit den Kindern wohl am eindringlichsten möglich.

Über das Ergebnis einer Reihe von Gruppensitzungen mit Eltern geistigbehinderter Kinder berichtet *Auerbach* (1959):
- Die Eltern fühlten sich erleichtert und unterstützt durch das gemeinsame Tragen von Enttäuschungen und Erfolgen. Sie sprachen aus, daß sie sich nicht mehr so einsam fühlten in ihren Nöten;
- sie schienen weniger von Schuldgefühlen bedrückt;
- sie verstanden es besser, das Kind dafür zu gewinnen, Neues zu ler-

nen und ihm dabei zu helfen. Zu all dem könnte man noch beifügen, daß diese Eltern fähiger geworden schienen, sich mit den Grenzen ihres Kindes abzufinden, und freier, ihm zu helfen, das Beste aus seinen Möglichkeiten zu machen (zit. *Ross* ibid., 114).

Partnerschaftliche Elternarbeit

Elternarbeit als Hilfe für die Eltern ist Arbeit *mit* den Eltern, nicht *an* den Eltern. In allen vergleichbaren Ländern wächst — immer spürbarer für die professionellen Helfer — das Bedürfnis der Eltern behinderter Kinder nach einer partnerschaftlichen Orientierungs- und Handlungshilfe für eine bessere Bewältigung der sich stellenden Aufgaben und Probleme. Dieser Trend zeugt davon, daß sich die Eltern inzwischen psychologisch und gesellschaftlich stärker fühlen, ihre Erziehungsverantwortung selber wahrzunehmen. Er artikulierte sich deutlich auf dem *7. Weltkongreß der Internationalen Liga der Elternverbände* für Geistigbehinderte 1978 in Wien (siehe Kongreßbericht, darin u. a. *Mittler* und *Speck*).

Eltern als Partner bedeuten professionell gesehen eine klare Abkehr von einer bloßen Orientierung an Beratung, Programmen, Behandlung. Eltern sind weder Schüler noch Patienten. Sie haben sich nicht einfach belehren oder therapieren zu lassen. Ihr Leben mit ihrem behinderten Kind ist mehr als bloßes Fördern unter pädagogisch-therapeutischen Maßgaben. Eine Mutter schreibt: „Die ständige Förderung und der Zwang zu Erfolg und Leistung hat die Kehrseite, daß ich nur selten meinen Buben als Kind akzeptieren kann. Sehr schnell werde ich immer wieder daran gestoßen, daß er behindert ist — in erster Linie jemand, dem etwas fehlt."

Partnerschaft mit den Eltern bedeutet, daß sich beide Teile, Eltern und Professionelle, als verbundene Teilhaber an einer gemeinsamen Aufgabe erfahren. Dies bedeutet, daß beide voneinander voll Kenntnis nehmen, einander ernstnehmen und sich gegenseitig ergänzen. Dabei mag der Experte über das differenziertere und qualifiziertere Wissen und Können verfügen, dies jedoch im wesentlichen in genereller Hinsicht. Was die individuelle Situation aber betrifft, so ist niemand für ein Kind kompetenter als seine Mutter und sein Vater. Der professionelle Helfer hat deshalb eine eindeutige *dienende* Funktion auszuüben. Er verfehlt sie, wenn er meint, für alles kompetent sein zu müssen, was das einzelne Kind betrifft. Er belastet und verfremdet die Eltern, wenn er sie als Subsystem zur Verfolgung seiner Therapieziele und Förderpläne verwendet. Eine Erziehung der Kinder zur Selbständigkeit wird in Frage gestellt, wenn die elterlichen Erzieher in bloßer Abhängigkeit von ihrem Experten handeln.

Wenn von *dienender Funktion der Fachleute* die Rede ist, so bedeutet dies durchaus keine lediglich nachgeordnete, weniger wichtige Funktion. Partnerschaft erweist sich in persönlicher Beteiligung, nicht im bloßen Abwickeln eines professionellen Programms. Die Eltern brauchen als Partner nicht nur Spezialisten, sondern auch Alltagsfreunde. Damit sind persönliche Freundschaften, aber auch Familiengruppen und Nachbarschaftshilfen (freiwillige Helfer) angesprochen und damit ein Partnerbereich, der zwar weniger strukturiert ist, sich jedoch in dieser Hinsicht als unmittelbar dienlich erweisen kann.

Partnerschaft als kreative Qualität wird wesentlich vom offenen Gespräch abhängen, vom gegenseitig vertrauensvollen Zuhören und von der Bereitschaft, sich ansprechen und bewegen zu lassen — jenseits vorgefaßter Meinungen, fertiger Programme. Die Entscheidungen, die für ein Kind zustandekommen, sollten aus solchen interpersonalen Verständigungen hervorgehen.

Auf einer derartigen Ausgangsbasis erhalten auch spezielle Eltern-Trainings ihre Legitimation (*Innerhofer* 1977). Sie sind nicht auf die direkte oder indirekte Erzeugung eines vorab programmierten Endverhaltens angelegt, sondern lassen bei aller nötigen Technik den erforderlichen Spielraum für offene Interaktionen zu und orientieren sich intensiv an der familiären Ausgangssituation. Gemeinsam mit den Eltern werden auch hier die Möglichkeiten für eine bessere Verständigung über die Bedürfnisse ihres Kindes und seiner Erziehung gesucht, wobei das Sichtbar-werden-lassen der eigenen Verhaltensweisen mittels Spiel und Video-Band erfahrungsgemäß sehr wichtige Dienste zu leisten vermag.

Das hypothetische Aufzeigen von Chancen in einer partnerschaftlichen Elternarbeit kann nicht die oft gravierenden Probleme verdecken, die einer Realisierung im Wege stehen können. Partnerschaft läßt sich nicht programmieren. Sie kommt vielfach überhaupt nicht zustande. Die Gründe sind auf beiden Seiten zu suchen: Sie können in Persönlichkeitseigentümlichkeiten oder besonderen sozialen Bedingungen liegen. Der Weg zur Verständigung und wirklichen Hilfe führt häufig über zahllose, mühselige und entmutigende Umwege, Mißverständnisse, Blockaden.

Häusliche Erziehungsgrundsätze

Die Erziehung des geistigbehinderten Kindes stellt die Eltern vor eine schwierige Aufgabe. Die erhöhte körperliche Anfälligkeit und Pflegebedürftigkeit des Kindes löst vermehrte Bemühungen, Sorgen und Ängste aus. Sein vom üblichen Bild abweichendes Verhalten führt allzu leicht zu Mißdeutungen, erzieherischen Fehlgriffen und dadurch in steigendem Maße zu schweren und schwersten nervlichen Belastungen aller Familienmitglieder. Wichtig ist in diesem Zusammenhang der Hinweis, daß nicht alle Verhaltensschwierigkeiten geistigbehinderter Kinder die direkte Folge der geistigen Behinderung bzw. einer organischen Schädigung sind. Viele dieser Kinder brauchten keine zusätzlichen Verhaltensstörungen aufzuweisen, wenn sie angemessen erzogen worden wären. Daß auch geistigbehinderte Kinder neurotisiert werden können, ist bereits ausgeführt worden. — (Einzelheiten über Verhaltensstörungen bei geistiger Behinderung siehe *Speck* 1979 a.)

Bevor wir die Hauptgesichtspunkte für die erzieherische Orientierung der Eltern und überhaupt der ersten Erzieher des geistigbehinderten Kindes darstellen, seien zwei *Vorbemerkungen* angebracht:

a) Die Erziehung des geistigbehinderten Kindes hängt entscheidend von der angemessenen *Einstellung zum Kind* und seiner Zukunft ab. Insbesondere ist es das innere Annehmen des Kindes und der Aufgaben, die es dem Erzieher stellt, und das Ernstnehmen der kindlichen Persönlichkeit. Näheres hierzu ist oben bereits ausgeführt worden.

b) Das geistigbehinderte Kind sollte *nach Möglichkeit innerhalb seiner Familie erzogen* werden. Es kann erwartet werden, daß es hier — insbesondere in seinen ersten Lebensjahren — diejenige Geborgenheit, persönliche Zuwendung und individuelle Förderung erfährt, die es für seinen erschwerten Lebensstart braucht (*Wunderlich* 1970). Diese Erwartung aber ist nicht in jedem Falle gegeben. Sie ist an bestimmte Bedingungen gebunden, vor allem an die, daß die zu verkraftende Aufgabe für die Betroffenen nicht zu einer echten Überbelastung wird. Diese kann durch die verschiedensten Faktoren hervorgerufen werden; zu denken ist an den Schweregrad der Behinderung, an die Familienkonstellation, an die psychische und physische Belastbarkeit der gesunden Familienmitglieder, an die wirtschaftliche Situation, an die Einstellung der Nachbarschaft und an die zur Verfügung stehenden außerfamiliären Hilfen in Beratungs- und Bildungsinstitutionen.

Wenn die äußeren und inneren Voraussetzungen für eine gedeihliche Pflege und Förderung des Kindes im Elternhaus fehlen, ist die *Heimunterbringung* die bessere Lösung. Nach den Untersuchungen von *Bondy/Cohen/Eggert/Lüer* (*D. Eggert* 1969 a, 38) war bei 42,6 % von 808 Kindern das Personensorgerecht auf eine Jugendbehörde oder einen Vormund übergegangen. Dieser hohe Prozentsatz ist u. a. auf die große Zahl der damals in Heimen untergebrachten Geistigbehinderten zurückzuführen.

Ross (1967) berichtet ausführlich über Ergebnisse amerikanischer Untersuchungen zum Fragenkomplex Heimunterbringung und Familienleben. Sie lassen erkennen, daß gegenüber Pauschalierungen Vorsicht geboten ist, und daß die Entscheidung über eine in Frage stehende Heimunterbringung nur unter Berücksichtigung aller im Einzelfall vorliegenden Bedingungen zustandekommen kann und zwar auf Grund gemeinsamer Überlegungen von Eltern und Fachleuten. Die Entscheidung als solche freilich müssen die Eltern selber fällen. Mit erfolgter Heimunterbringung sind nicht von selbst alle Probleme gelöst. In der Familie können Schuldgefühle zurückbleiben. Ein neues Gleichgewicht im Rollensystem der Familie muß erst gefunden werden. Die Eltern bedürfen zumindest in einer Übergangszeit der Beratung und Unterstützung.

Für eine Orientierung der Erziehungspraxis in der Familie stehen im wesentlichen aus der Erfahrung gewonnene praktisch pädagogische Handlungsnormen und -regeln zur Verfügung:

Das Kind soll möglichst viel *Bestätigung, Ermutigung und Freude* erleben können. Um seine Aktivität entfalten zu können, bedarf es einer relativ ausgeglichenen, bejahenden häuslichen Atmosphäre und des unermüdlichen Beachtens der kindlichen Bedürfnisse und der vielfach unscheinbaren Versuche, die vorhandenen Kräfte und Fähigkeiten zu aktualisieren. Selbst kleinste Erfolge müssen immer wieder, unter Umständen auch überschwenglich bestätigt und anerkannt werden. Alles Lob stärkt sein Selbstwertgefühl und damit seine Kraft und Bereitschaft, sich weiter ins Leben hineinzuwagen.

Besonders unter dem Aspekt der Früherziehung als sensomotorischer Anregung zum Erwerb *grundlegender Fertigkeiten* braucht das Kind vielfältige Gelegenheiten für die Entwicklung und Förderung der Bewegung, der Wahrnehmung, der Unterscheidung, Zuordnung und Kombination, der Nachahmung und Anwendung in den verschiedensten Alltagserfordernissen. Eine reiche Sammlung von Lernhilfen hat *Thomae* (1976) vorgelegt. (Siehe auch *Peter* 1973 u. *Speck* u. a. 1977.)

Das Kind, das frühzeitig *gute Gewohnheiten* (*Moor* 1958) oder „habits" erwirbt, kann dadurch selbständiger werden. Gewohnheiten sind erlernte Verhaltenstendenzen von sozialer Bedeutsamkeit. Es war bereits davon die Rede, daß an ihrem Zustandekommen weniger die kognitive Komponente als vielmehr die Handlungs- und affektive Komponente beteiligt sind. Durch Nachahmung, Anleitung, Übung und Verstärkung prägen sich im Kinde Verhaltensdispositionen aus, die insbesondere beim geistigbehinderten für die gesamte Lebensführung bestimmend werden. Als solche sozial bedeutsamen Gewohnheiten sind anzusehen: das Einhalten von Regeln und Rhythmus im Tagesablauf, Anstand und Umgangsformen, Selbständigkeit in der Besorgung von Alltagsverrichtungen (Selbsthilfe) und ähnliches.

Die Verantwortung der Eltern für das Erlernen derartiger Gewohnheiten, die für den primär nicht durch Einsicht gesteuerten geistigbehinderten Menschen von entscheidender Bedeutung sind, ist groß. Sie sind während der ersten Lebensjahre im allgemeinen die einzigen Erzieher des Kindes. Was sich in dieser Zeit hoher Prägbarkeit als Verhaltenstendenz einschleift, ist später nur mühsam korrigierbar. Es sind hauptsächlich zwei *Fehler*, die den unerfahrenen Eltern dabei widerfahren, die Unterforderung oder die Überforderung des Kindes.

Die *Unterforderung*, das heißt ein zu geringes Maß an Zumutung oder Anleitung, kommt entweder durch Vernachlässigung auf der Grundlage von Gleichgültigkeit gegenüber dem Kind zustande oder durch Verwöhnung als Folge von falschem Schonungsbedürfnis und bloßem Mitleid; dem Kind wird jede Mühe abgenommen. Es entstehen dadurch nicht nur keine guten, sondern dazu schlechte Gewohnheiten. Die gerade beim geistigbehinderten Kinde sehr mühsame Aufgabe der Gewöhnung erfordert erzieherische Geduld, Ausdauer und Konsequenz. Was ein intelligentes Kind innerhalb weniger Tage erlernen kann, das erfordert beim geistigbehinderten Kinde vielleicht Monate oder gar Jahre. Eine besonders wichtige Bedingung für das Erlernen guter Gewohnheiten ist ein geordneter Tageslauf und das Gleichmaß der Tagesabläufe. Der Ertrag der Gewöhnung ist ein Höchstmaß an Selbständigkeit, d. h. Unabhängigkeit von fremder Hilfe, ein Zustand also, der für die Zukunft des Geistigbehinderten von wesentlicher Bedeutung ist.

Wie die Unterforderung, so kann auch die *Überforderung* die rechte Gewöhnung gefährden. Man erwartet vom Kinde mehr, als es zu leisten vermag. Seinem Versagen gegenüber wird zu wenig Toleranz und Geduld aufgebracht. Es soll zu viel auf einmal erlernen. Solches „Gewöhnen" läuft im Grunde auf Abrichten hinaus, das keine Rücksicht nimmt auf die tatsächlichen Entwicklungsmöglichkeiten des Kindes. Der Überdruck, dem das überforderte Kind ständig ausgesetzt ist, führt entweder zu einer schablonenhaften Abgerichtetheit oder zur Verhaltensverwirrtheit und Lebensentmutigung.

Die angelegten beziehungsweise verbliebenen motorischen und kognitiven Fähigkeiten bedürfen *systematischer und vielfältiger Übung*. — Körperliche und geistige Lebendigkeit entwickelt sich nicht von selbst. Alles Können und Leisten muß geübt sein. Während aber das intelligente Kind dank seiner Spontaneität vieles selbst übt und lernt, zum Beispiel im nachahmenden Spiel, ist das geistigbehinderte Kind auf ständige Anregung von außen und auf die Mithilfe des Erwachsenen bei jeglicher Übung angewiesen. Die besondere Bedeutung seiner ersten Erzieher ist darin begründet, daß in den ersten Lebensjahren wichtige, basale Funktionen, zum Beispiel im Bereiche der Körpermotorik oder der Sprache, reifen, und daß lernpsychologisch gesehen ein optimaler Lernerfolg unmittelbar nach abgeschlossener Funktionsreifung einzutreten pflegt (*Oerter* 1968). Voraussetzung ist das Zuführen der entsprechenden Anreize in der Umwelt und zwar schon in der frühesten Kindheit (*Josef* 1968, *Speck* 1967, 1977).

Damit die zuzuführenden Anreize der angelegten Begabung des Kindes entsprechen und das Kind nicht überfordert wird, ist es notwendig, daß die Eltern oder seine sonstigen Erzieher das geistigbehinderte Kind möglichst genau und sachlich beobachten (*G. Kanter* 1963, *Neikes* 1967). Es dürfte sich empfehlen, daß Eltern ihre Beobachtungen in regelmäßigem Kontakt mit Fachleuten vornehmen.

Die Eltern brauchen Aufklärung darüber, daß *Bewegungsförderung* nicht nur unmittelbar der Entwicklung der Groß- und Feinmotorik, der körperlichen Geschicklichkeit und Gewandtheit dient, sondern der gesamten Entwicklung, dem ganzen Menschen, also auch seiner sprachlichen und intellektuellen Entwicklung.

Was das geistigbehinderte Kind für seine Bewegungsförderung braucht, sind eine Vielzahl von Bewegungsanreizen im Alltag, Bewegungsspielraum im Hause und im Freien, auch im Wasser, und Übungsgeräte und Spielmaterial, wie z. B. Steckbretter, Bausteine, Lego, Eisenbahn, Puppen, Perlen zum Schnüren, Puzzlespiele und anderes. Hinweise für das Spielen mit geistigbehinderten Kindern geben unter anderem der *Arbeitsausschuß „Gutes Spielzeug"* in Ulm, *van den Bos* (1968) und *Herzka* (1964). Ein günstiger Ansatzpunkt für Übungen sind die alltäglichen Verrichtungen, z. B. des Anziehens, Waschens oder Essens, aber auch des häuslichen Mithelfens. Rhythmische Bewegungen, auch in Verbindung mit Singen und Tanzen, regen selbst antriebsschwache Kinder zum Mitmachen an (*Hetzer* 1968). Überhaupt motiviert das gemeinsame Spielen und Tun stärker als das Allein-spielen und Allein-tun. Aus der Erhebung von *D. Fischer* (1969) geben wir einige Antworten der Eltern wieder:
„Spielen ist ihr zu langweilig."
„Sie weiß oft nichts mit dem Spielzeug anzufangen."
„Beim Spielen muß er meist mit seinem Spielzeug allein sein, das gefällt ihm nicht."
„Er spielt ja immer nur das gleiche."
Das Kind hilft lieber den Eltern:
„Das ist es wenigstens nicht für sich allein."
„Da kann er bei uns sein."
„Da fühlt er sich groß, daß er auch was kann."
„Mit dem Vater arbeiten ist ihm das allerliebste."

Auch für die Förderung der sprachlichen und kognitiven Fähigkeiten geben die Eltern die ersten Anregungen. Sie tun dies, indem sie das Kind viele ihm zugängliche Erfahrungen machen lassen, seine Wahrnehmungen klären helfen, die es interessierenden Dinge benennen, mit ihm sprechen, auch wenn es selber noch nicht sprechen kann, es quantitative Unterscheidungen vornehmen lassen, es kleine Schwierigkeiten selbst lösen lassen und ähnliches mehr. Der Umgang mit geeigneten Bilderbüchern bietet eine Fülle von Möglichkeiten zur Förderung des Kindes. Der Schule fällt die Aufgabe zu, die Eltern darin anzuleiten.

Fragwürdig ist dagegen der erzieherische Wert des Fernsehens und des Anschauens von Illustrierten, zweier Beschäftigungen, denen viele geistigbehinderte Kinder daheim nachgehen, beziehungsweise bei denen die Eltern ihre Kinder „gut aufgehoben" wissen, weil sie sich da still verhalten. Nach der Erhebung von *D. Fischer* (1969) werden Sendungen für Kinder wie für Erwachsene von der Mehrzahl der erfaßten Kinder täglich gesehen. Besonders beliebt sind Sendereihen mit immer wiederkehrenden Darstellern, wie Lassie, Fury, Flipper, Bonanza, Blauer Bock, Goldener Schuß, Heiteres Beruferaten, aber auch Tiersendungen und Abenteuerfilme (*Schmidt-Thimme* 1971).

Die relativ rege Anteilnahme am Sendegeschehen, wie sie aus den nachfolgend zitierten Elternantworten hervorgeht, darf nicht darüber hinwegtäuschen, daß es sich nicht um ein zusammenhängendes Erfassen des Ganzen, sondern nur von mehr oder weniger zufälligen Bruchstücken handelt:
„Sie erzählt nur, was die Bilder darstellen."
„Er eignet sich Redewendungen und Gesten der Künstler an, macht sie dauernd nach, weiß ihre Namen und Lieder."
„Tiere sind ihm am wichtigsten."
„Sie fragt, wer ist beim Krimi der Böse."

Immerhin gehen viele Anregungen zu Fragen und Gesprächen vom Umgang mit den genannten Medien aus, die die Eltern als Chancen nutzen sollten.

Auch das geistigbehinderte Kind braucht *Umgang mit anderen Kindern.* — Besorgte Mütter neigen dazu, ihr behindertes Kind vor Schwierigkeiten und Verletzungen durch andere Kinder allzu sehr zu bewahren, binden es dadurch stark an sich, isolieren es sozial und beschneiden ihm damit wichtige Möglichkeiten der Lebensbewältigung. Vor allem seine Zukunft — ohne Eltern — wird erschwert.

Nach der Untersuchung von *D. Fischer* (1969) lebten 60 % der untersuchten Kinder von der übrigen Außenwelt isoliert nur in Familie und Schule. Die Eltern nennen unter anderem folgende Schwierigkeiten, die im Umgang mit anderen Kindern leicht entstehen:
‚Sie lassen ihn oft nicht richtig mitmachen, weil er die Spielregeln nicht versteht, um die es geht."
„Sie darf oft nicht mitspielen, weil sie nicht richtig sprechen kann."
„Manche Kinder mögen ihn schon deswegen nicht, weil er anders aussieht."
„Auf dem Kinderspielplatz steht ‚meiner' bald nebendraußen, weil er nicht so schnell schalten kann."

„Die Ungeschicklichkeit meiner Tochter wird den anderen Kindern oft zur Gaudi."

Wo Geschwister in der Familie vorhanden sind, ergeben sich natürliche Möglichkeiten des Umgangs und des Spiels mit Altersgenossen. Dabei sollten die gesunden Geschwister nicht immer nur zurücktreten und auf die Behauptung ihrer berechtigten Interessen verzichten. Dies gilt auch für den behutsam anzubahnenden Umgang mit einzelnen, nicht zur Familie gehörenden Kindern.

Adäquate Möglichkeiten des sozialen Umgangs und damit der inneren Bereicherung findet das geistigbehinderte Kind in der Gruppe mit anderen Geistigbehinderten. Sie bieten sich im privaten Bereich bei Besuchen anderer Familien mit geistigbehinderten Kindern und durch den Besuch öffentlicher Bildungseinrichtungen, seien es Sonderkindergarten oder Schule. Gerade das geistigbehinderte Kind braucht den Kontakt mit Gleichaltrigen! Auf die Musik als besonderes Mittel der Gemeinschaftsbildung hat *Josef* (1967) hingewiesen.

Angesichts der besonderen Schwierigkeiten der sozialen Kontaktnahme werden Eltern oder andere Erzieher vermittelnd, beobachtend und steuernd *mehr* in Erscheinung treten müssen, als dies bei gesunden Kindern erforderlich ist. Sie sollten aber nicht voreilig eingreifen. Gewisse bittere Erfahrungen im Umgang mit anderen Menschen können auch Geistigbehinderten nicht erspart werden. Das Wichtigere ist der soziale Rück-halt, den sie immer dann vorfinden sollten, wenn sie seiner wirklich bedürfen.

Geistigbehinderten Kindern sollte auch immer wieder Gelegenheit gegeben werden, anderen Kindern beizustehen, mit ihnen zu teilen und ihnen zu helfen.

Die Pflege der leiblichen Gesundheit des Geistigbehinderten erfordert besondere Beachtung. — Das leibliche Wohlbefinden ist eine Voraussetzung für ein optimales Leistungsvermögen und eine beglückende Gestimmtheit. Da der Organismus Geistigbehinderter im allgemeinen anfälliger als der gesunder Kinder ist, ergibt sich die Notwendigkeit erhöhter Aufmerksamkeit und vermehrter ärztlicher Fürsorge und Hilfe. Es ist u. a. Sorge zu tragen für einen angemessenen Rhythmus zwischen Anspannung (Spiel und Arbeit) und Erholung, für eine zuträgliche Ernährung (*F. Stöckmann* 1964), für feste hygienische Gewohnheiten, für regelmäßige ärztliche Kontrolle und Behandlung (*Wunderlich* 1970) und erforderlichenfalls für krankengymnastische, beschäftigungstherapeutische und orthopädische Maßnahmen. — Ein den tatsächlichen Bedürfnissen geistigbehinderter Kinder und ihrer Eltern entsprechender Gesundheitsdienst ist in der Bundesrepublik erst in Ansätzen vorhanden.

Die Pflege des Gemüts kann vornehmlich im Elternhaus fundiert werden. — Die Gemüthaftigkeit des Geistigbehinderten ist Ausdruck der Lebenserfülltheit der Menschen, die ihm innerlich besonders nahe sind. Sie ist für ihn im wesentlichen eine „äußere Bindung" *(Moor)* und bedeutet für das Kind, „daß es mit seinem Gefühl so sehr an dem teilnimmt, was den Erzieher bewegt, daß es sich dadurch gebunden weiß, und zwar so, daß solche Bindung nicht als Fessel und Beschränkung erlebt wird, sondern als beglückende Bereicherung. Das setzt voraus, daß der Erzieher ein innerlich reiches Leben führt" (*P. Moor* 1964, 60).

Gemütspflege wird möglich durch die liebende, ver-bindliche Einstellung der Erzieher zum Kind und zum Dasein an sich, durch die Erfülltheit von Freude, Glauben und Vertrauen. Viele Eltern geistigbehinderter Kinder finden besonderen Rückhalt in ihrer Religion. *Farber* (1959) und *Zuk* (1959) konnten in ihren Untersuchungen in den USA nachweisen, daß katholische Eltern mehr Halt und Trost in ihrer Kirche finden als Angehörige anderer Konfessionen, und daß katholische Mütter ihr geistigbehindertes Kind offenbar besser akzeptieren (*Ross* 1967).

Gemüt läßt sich nicht machen, aber man kann für Gelegenheiten sorgen, in denen das Gefühl anspricht. Das kann sein: der taktvolle, freundliche Umgang miteinander, das Mitmachen-dürfen, der pflegliche Umgang mit Blumen und Tieren, musisch-bildnerisches Gestalten, frohes Singen und Spielen und ein Teilhaben-lassen am Glaubens- und Gebetsleben der Familie.

Die Eltern geistigbehinderter Kinder können ihre schwere und anstrengende Pflege- und Erziehungsarbeit nur dann bewältigen, wenn sie auch *entlastet* werden. Die Tatsache, daß die öffentliche Meinung geneigt ist, den erziehungswilligen Eltern die ganze Last der Betreuung eines behinderten Kindes zu überantworten, ist Ausdruck eines — vielfach gedankenlosen — „Kollektivegoismus" (*v. Wiese* 1964). Nur allmählich und sporadisch gelangt man zu der Einsicht, daß diese Eltern dem Staat enorme Summen für die sonst notwendige Heimunterbringung ersparen. Dies belegen u. a. die von *Laich* in der Schweiz ermittelten Zahlen, über die *Sagitz* (1967) referierte.

Laich wies an Hand von drei detaillierten Beispielen mit jeweils zwei Varianten nach, daß geistigbehinderte Menschen den Staat umso weniger kosten, je besser und umfassender die schulisch-berufliche und soziale Förderung in Kindheit und Jugendzeit ist. So betrugen z. B. die Kosten für die lebenslängliche Pflege eines unausgebildeten Geistigbehinderten Fr. 626 720,—. Dagegen beliefen sich die öffentlichen Ausgaben für die Schulbildung, berufliche Ausbildung, Wohnheim u. a. abzüglich Erwerbseinkommen aus Tätigkeit in Beschützender Werkstatt auf Fr. 396 980,—. Die positive Differenz zugunsten einer optimalen Förderung betrug demnach Fr. 229 740,— für einen einzigen Geistigbehinderten!

Es ist im Grunde nicht mehr als recht und billig, den betroffenen Eltern beizustehen. Dies kann vor allem dadurch geschehen, daß genügend Bildungseinrichtungen zur Verfügung gestellt werden. Sie dienen in erster Linie dem Kind, aber auch der Entlastung der vielfach überforderten Eltern. Eine weitere dringend nötige Maßnahme zur Unterstützung der Eltern, vor allem der Mütter, sind Erholungskuren. Sie kommen der ganzen Familie zugute.

Die Erziehung im Heim

Für einen beachtlichen Teil der geistigbehinderten Kinder und Jugendlichen besteht die Notwendigkeit, sie in Heimen unterzubringen, wenn sich die eigene Familie nicht bereitfindet oder sich außerstande sieht, die Pflege und häusliche Erziehung selber zu übernehmen. Es können dafür verschiedene Gründe maßgebend werden:
- nicht anders überbrückbare, innerfamiliäre Probleme
- fehlende außerfamiliäre, soziale Hilfe und Unterstützung
- Fehlen von erreichbaren Tageseinrichtungen für eine spezielle pädagogische Förderung
- die besondere Schwere und Intensität der Behinderung des Kindes.

Während früher die Anstaltsunterbringung eines geistesschwachen Kindes die Regel war, hat sich inzwischen ein sozialer Wandel vollzogen, der international zu beobachten ist und die wachsende Tendenz der Familien erkennen läßt, ihr Kind nach Möglichkeit zu Haus zu behalten. Diese Möglichkeit aber hängt im besonderen davon ab, wieweit entsprechende Hilfen (ambulante Dienste, Tageseinrichtungen) den Eltern zur Verfügung stehen, wieweit ihnen also die Umwelt entgegenkommt, sie nicht allein läßt.

Diese Bewegung fand ihren besonderen Ausdruck im skandinavischen Planungsbegriff der *„Normalisation"* (*Bank-Mikkelsen* 1972, *Nirje* 1974). Dieses Programm löste in zahlreichen Ländern starke Impulse aus und führte u. a. in den USA zur vehementen Propagierung der De-institutionalisierung und des Ausbaues von offenen sozialen Hilfen. Da beide Begriffe immer wieder zu Mißverständnissen und Fehlinterpretationen Anlaß geben, bedürfen sie einer näheren Erläuterung.

Die Zielvorstellung des *Normalisationsprinzips* wird darin gesehen, das Leben geistigbehinderter Menschen so weit als möglich den normalen Lebensbedingungen anzunähern *(Bank-Mikkelsen)*. Nirje (1974) ergänzt, daß es möglich gemacht werden sollte, daß Geistigbehinderte die Errungenschaften und Bedingungen des täglichen Lebens, wie sie für die Masse ihrer Mitmenschen verfügbar sind, auch weitestgehend nutzen können (S. 34). Dieses Grundprinzip bedeutet nun keineswegs eine totale Absage an jegliche Heimunterbringung, im Gegenteil: es gilt explizit auch für die Heime. *Nirje* (ibid.) macht dies in seinen Teilgesichtspunkten deutlich:
- normaler Tagesrhythmus (aus den Betten, Anziehen, normales Essen, Berücksichtigen des persönlichen Rhythmus in den Anstalten)

- lokaler Wechsel im Tagesablauf (verschiedene Orte für verschiedene Tätigkeiten, wie z. B. für Wohnen, Schule, Arbeit, Freizeit)
- Erleben des normalen Jahresrhythmus (Feiertage in der Familie, Urlaubsreisen)
- Lebensablauf so normal wie möglich (Erfahren der weiteren Umwelt, kleine Gruppen im Heim, wenig Personalwechsel, möglichste Selbständigkeit)
- weitestgehende Berücksichtigung der Eigeninteressen insbesondere in der Freizeitgestaltung
- Leben in einer bisexuellen Umwelt, Miteinander der Geschlechter (die Empfehlung, u. U. Heiraten zuzulassen, bezieht sich explizit auf leichtgradige Behinderte (vgl. *Speck* 1977 a)
- Ermöglichen eines normalen wirtschaftlichen Standards (Mindesteinkommen, Sozial- und Altersversicherung etc.)
- Orientierung aller Einrichtungen (Kliniken, Schulen, Heime) an den Maßstäben, die für alle Mitbürger üblich sind. Kleine, in die Umwelt integrierbare Einheiten, räumliche Integration, Wohnlichkeit.

Normalisation in diesem Sinne ist ein Programm, das in gleicher Weise für Familie, allgemeine Sozialordnung und Heime gilt. Freilich enthält aber dieses Programm eine klare Absage an eine bestimmte Art von Massen-Institutionen mit ihren spezifischen depersonalisierenden und sozial isolierenden Auswirkungen.

Einrichtungen dieser Art und zwar vor allem *staatliche* Anstalten, führten in den USA zu einer Konzentration auf ein Programm der De-institutionalisierung (*Kugel/Wolfensberger* 1974). Es war insbesondere *B. Blatt*, der mit seinem aufsehenerregenden Artikel „*Weihnachten im Fegefeuer*" 1967 die amerikanische Öffentlichkeit mit geradezu unmenschlichen Zuständen in den Anstalten für Geistigbehinderte schockiert hatte. Wir zitieren einen kleinen Ausschnitt (b. *Kugel/Wolfenberger* 1974, S. 21):

„Am meisten deprimierten mich die Räume für die Kinder. Auch hier standen die Bettchen so eng aneinander, daß man sich eben zwischen einzelnen Blöcken hindurchzwängen konnte. Hier lagen die ein- bis zweijährigen Kinder ständig im Bett, ohne Kontakt mir irgendeinem Erwachsenen, ohne Spielzeug, ohne jede Anregung. In einem solcher Räume, der über 100 Betten enthielt und mit neun anderen zu einer Einheit von 1000 Betten mit kleinen Kindern verbunden war, erlebte ich meine tiefste Verzweiflung. Als ich hereinkam, hörte ich unterdrückte Geräusche von der anderen Seite einer Tür. Es war ein kleines Kind, das rief: „Komm, komm, spiel mit mir, gib mir deine Hand!" Hinter dieser Tür krabbelten mehr als 40 ungepflegte Kinder auf dem nackten Fußboden in einem kahlen Raum herum. Spielzeug sah ich nicht."

Auf dem historischen Hintergrund derartiger Massendeprivation in

Großanstalten muß man die Bewegung der *De-institutionalisierung* in den USA sehen, wenn man sie von außen angemessen beurteilen will. Sie ist auf den Abbau der Mehrzweck-Massenanstalten zugunsten eines differenzierten, gestuften Systems weithin normalisierter, d. h. *sozial integrierter kleiner Heim-Einrichtungen* für verschiedene Zwecke (kürzere oder längere Aufenthalte, medizinische oder schulische Intentionen) *(Dunn* 1974) sowie auf den Ausbau offener, sozial-integrierender Dienste *(Tageszentren)* gerichtet.

Die Primär-Orientierung der Geistigbehindertenhilfe an der Unterstützung der Familie geht u. a. auch auf Untersuchungsbefunde zurück, die aus Vergleichen von Entwicklungsdaten familiär und institutionell untergebrachter geistigbehinderter Kinder hervorgegangen sind. So ließen Untersuchungen, die noch in den sechziger Jahren stattfanden (vgl. *Carr* 1974, 813), vermuten, daß geistigbehinderte Kinder in Anstalten im allgemeinen stärker retardiert und mehr behindert seien und aus größeren Familien stammten, vor allem solchen, die wenig Hilfe erhielten. Was den letzteren Umstand betrifft, so konnte inzwischen erhärtet werden, daß familiär-soziale Gründe für eine Heimeinweisung die wohl vorherrschenden sind, vor allem wenn noch zusätzliche Behinderungen und Verhaltensstörungen beim Kinde vorliegen *(Carr* 1978, *Liepmann* 1979). Nicht mehr haltbar aber erscheint die bisherige Annahme, daß in Heimen aufwachsende geistigbehinderte Kinder schlechthin retardierter seien als Familienkinder, wie die Untersuchung von *Carr* (1978, 33) ergab. Es hatte sich gezeigt, daß bei einer entsprechenden pädagogischen Anpassung des Heimes an die Bedürfnisse der Kinder und bei einer Intensivierung der Förderung sich keine signifikanten Unterschiede in den Entwicklungsdaten mehr feststellen lassen. Im übrigen war ein gewisses Überwiegen niedrigerer Entwicklungswerte nicht einfach den Erziehungsbedingungen zuzuschreiben sondern der Auslese der Heimkinder, die offensichtlich von Anfang an schwerer geschädigt sind (*Carr* ibid.).

Eine weitere Unterschiedlichkeit ergab eine vergleichende Untersuchung zwischen Heimen und Krankenhäusern. *Raynes* und *King* (1974) fanden in England, daß in Krankenhäusern (hospitals) im Gegensatz zu Heimen die typischen Anstaltsbedingungen vorherrschen: Starrheit der Routine, Block-Verfahren (nicht auf Einzelbedürfnisse abgestellt), Depersonalisation und soziale Distanz (S. 300).

Zusammenfassend läßt sich feststellen, daß sich die Frage nach der Heimunterbringung geistigbehinderter Kinder im wesentlichen auf *zwei Aspekte* bezieht:
– auf die pädagogische Qualität der Heime und
– auf die prinzipielle Sekundärfunktion der Heime gegenüber der Familie.

Nach heutigem Verständnis kommt den Heimen eine Subsidiaritätsfunktion gegenüber der Familie zu. In dieser Funktion aber unterliegen sie dem vollen, konzentrierten Anspruch einer familienersatzorientierten Erziehung und Pflege. Was eine Heimerziehung für geistigbehinderte Kinder zu leisten vermag, belegen zahlreiche Einrichtungen in ihrer Praxis. Wir verweisen auf Arbeiten von *S. Görres* 1974, *Schmidt-Thimme* 1970, *Schlaich* 1974, *Kaspar* 1979 und *Kaminski* et al. 1978 und *Stöckmann* 1973.

Wenn von Fortschritten in der Heimerziehung die Rede ist, so gilt dies nicht schlechthin für alle Heime. Immer wieder treten auch Klein-Anstalten aus ihrer Abgeschiedenheit ins Rampenlicht der Öffentlichkeit, in denen Kinder unter menschenunwürdigen Bedingungen einfach vergessen dahinvegetieren.

Für die *Eltern* ist es wichtig, sich *vor einer Aufnahme* ihres Kindes in ein Heim genauer zu informieren, welche Art von Lebensbedingungen es hier vorfinden wird. Von Interesse wären Fragen nach der fachlichen Vorbildung des Personals, nach der ärztlichen Versorgung, nach der Wohnweise, nach der Gruppengröße, nach dem Tagesablauf, nach den Freizeitmöglichkeiten, nach den Außenkontakten, nach dem Jahresrhythmus, nach Festen und Feiern, nach der ethischen und religiösen Basis.

Wieweit *auf Heimerziehung verzichtet* werden kann, hängt letztlich maßgeblich auch von der Eingliederungsbereitschaft der Normalbürger ab, über die man sich im Interesse geistigbehinderter Menschen keine Illusionen machen sollte. *Gibson* (1978) stellt aus kanadischer Sicht ernüchternd fest, daß die erhoffte breite Akzeptierung dieser Menschen durch eine in Großmut gewandelte Gesellschaft sich nicht ereignet habe. „Ganz offensichtlich hat der Kaiser keine Kleider!" (S. 323) Natürlich müssen alle nötigen Schritte unternommen werden, damit eine soziale Integration gelingt, wo sie möglich ist. Aber so, wie die Dinge jetzt stehen, erwarteten wir zu viel von der potentiellen Eingliederungsfähigkeit geistigbehinderter Erwachsener und der Eingliederungsbereitschaft des Durchschnittsbürgers. Man müsse verstehen lernen, daß die Toleranz des Gemeinwesens im Selbstinteresse der Mehrheit seiner Mitglieder begründet liege (S. 327).

Erziehungssystem und Institutionen

Die nötige Hilfe für den geistigbehinderten Menschen als adäquate und verbindliche Antwort der Gesellschaft auf seine besonderen personalen und sozialen Bedürfnisse im normativen Bezugsrahmen umfassender Humanität bedarf ordnender Formen oder funktionierender Systeme. Um die Teilaufgaben oder -funktionen zu erfüllen, gliedert die Gesellschaft soziale Teilsysteme aus (*Luhmann/Schorr* 1979). Sie manifestieren sich in Institutionen. Sie haben den Zweck, — im Falle einer geistigen Behinderung — diejenige Hilfe zu organisieren, die diese Menschen brauchen, um ihr Leben im Zusammenleben mit den anderen ordnen und menschlicher werden zu lassen. Institutionen haben viel mit Organisation zu tun, reichen aber auch über diesen engeren Begriffsinhalt hinaus in das, was man auch als Formen zwischenmenschlicher Ordnung bezeichnen kann. Die *sozialen Systeme* mit ihren Institutionen geben Auskunft darüber, wie man es in einer Gesellschaft mit bestimmten Mitgliedern hält.

In diesem umfassenden und sozial-ethisch begründeten Begriff von *Institution* lassen sich verschiedene Formen unterscheiden, die von ungeschriebenen, relativ offenen sozialen Verbindlichkeiten und Normen bis zu strikt geregelten Förder- und Therapiesystemen reichen. Dazwischen liegen Abstufungen und Unterschiedlichkeiten, die sich auf ein Mehr oder Weniger an Organisiertheit des sozialen Entscheidens und Handelns beziehen.

Die zahlreichen, z. T. verschiedenen *Institutionen*, die innerhalb kurzer Zeit entstanden, entwickelten sich aus den verschiedenen Aspekten der Behindertenhilfe, so aus den Bereichen der Pädagogik, der Medizin, der Rechtsordnung, der Pastoral. In ihren Zwecken orientieren sie sich mehr an den speziellen Bedürfnissen geistigbehinderter Menschen oder mehr an der Gemeinsamkeit mit allen Gliedern der Gesellschaft. In vieler Hinsicht haben sich die einzelnen Institutionen mehr nebeneinander etabliert, haben sich mehr an ihren eigenen speziellen Aufgabenstellungen ausgerichtet und dabei Kontakt mit den anderen *Teilsystemen* eingebüßt. Derartige Differenzen lassen sich z. B. zwischen pädagogischen und medizinischen Orientierungen ebenso ausmachen wie zwischen Schule und Werkstatt für Behinderte. Erst allmählich kommt ein gegenseitiges Annäherungs- und Koordinierungsbestreben in Gang.

Ein anderes Problem stellen die mit der *Eigengesetzlichkeit eines Systems* verbundenen Tendenzen zur Selbstverzweckung dar. Die *Dienstleistungsgesellschaft* sieht sich genötigt, alle Dienstleistungen als berechenbare und krisensichere Regelungen auszuweisen; sie verfestigt damit in wachsendem Maße die Normen, die sie pro Teilsystem und im ganzen setzt. Für den geistigbehinderten Menschen, der sich am wenigsten gegen Verplanungen von außen zur Wehr setzen und zu Wort melden kann, bedeutet dies, daß er u. U. in organisierte, also festgefügte Abhängigkeiten hineingerät, daß Normen für ihn wirksam werden, die zwar für ein Teilsystem, z. B. das der Arbeitsverwaltung oder des Schulwesens insgesamt durchaus akzeptabel erscheinen mögen, dem einzelnen geistigbehinderten Menschen aber immer weniger gerecht werden. Auch die einzelnen Sondersysteme mit ihren Experten entwickeln immer differenziertere Eigenmachtstrukturen. Sie reichen von der Definition von Behinderung über die diagnostische Feststellung bis zum Therapieprogramm: Die Experten bestimmen per se.

In der hochorganisierten Dienstleistungsgesellschaft ist über die verschiedenen Institutionen der Hilfe „für alles gesorgt". Was diese Hilfe beinhaltet, regelt die *Organisation*. Liebe an sich hat damit weniger Chancen. Der Dienst am Nächsten erscheint „effektiver", wenn er organisiert geleistet wird. Wird Liebe durch Verwaltung stärker? Es ist eher zu befürchten, daß wachsende Reglementierung — der Dienstzeiten, der Zuständigkeiten, der Zuordnungen, der Ansprüche, der Leistungen, der Lehrziele, der Behandlungen, der Abrechnungen etc. — eher zu einer Verfremdung in den Beziehungen der Menschen führt. Der behinderte Mitmensch wird nun schlechthin verwalteter, abhängiger Dienstleistungsnehmer. Seine Bedürfnisse wandeln sich entsprechend um. Seine Identität wird eine schlechthin fremdbestimmte.

Institutionen der Hilfe sind offensichtlich unverzichtbar für eine hochentwickelte, differenzierte Gesellschaft. Es fragt sich aber, von welchem Grad der Organisiertheit ab sie in ihr Gegenprinzip umzukippen drohen. Das Ausmaß der Verrechtlichung hat inzwischen einen Punkt erreicht, wo die engagierten Helfer auszusteigen beginnen: Der Spielraum für unmittelbare Menschlichkeit wird zu eng. Die Bestätigung ihrer Arbeit wird immer mehr von „Aufsichtsbehörden" abhängig. Ihre Spontaneität wird durch eine wachsende *Flut von Richtlinien und Plänen* belastet.

Die Tragik liegt darin, daß alle diese *Verreglementierungen* und *Institutionalisierungen* im Grunde ursprünglich „gutgemeint" und um einer besseren Hilfe allseits vorangetrieben worden sind. Inzwischen aber drohen sie, sich zu verselbständigen. Vom behinderten Menschen her gesehen können die Institutionen für ihn Sinn als organisatorische, normative und technologische Rahmenbedingungen nur unter der Voraussetzung finden, daß sich die Menschen darin als Mitmenschen erfahren und Beziehungen zueinander finden können, die weit über bloße Funktionalität hinausreichen in das, was man mit Begriffen wie Unmittelbarkeit, persönliche Verantwortlichkeit, Dialog, Vertrauen oder Wagnis bezeichnen kann. Institutionen haben eine dienende Funktion. Sie ist die ursprüngliche Begründung und daher auch die eigentliche Legitimation für organisiertes Helfen. Der dialogische Bezug, die Verwirklichung von Menschlichkeit im Miteinander und Füreinander, bleibt Dreh- und Angelpunkt aller Institutionalität. Löst sie sich aus diesem Punkt, wird sie eine totale Größe, so wird sie für den Menschen bedrohlich, wie die Beispiele in Versorgungsroutine erstarrter, unmenschlich gewordener Anstalten (*„Asyle"*, Goffman) zeigen.

Die sich den Institutionen stellenden Aufgaben sind und bleiben freilich *reale Aufgaben*. Sie haben sich *auch* an der vorgefundenen Realität zu orientieren, nicht ausschließlich an normativen Ideen oder Idealtypen, gegenüber denen sonst jegliches soziales System als unzureichend zu deklarieren wäre. Gemeint ist vielmehr eine über das soziale Teilsystem der Hilfe hinausreichende Sinngebundenheit an größere normative Zusammenhänge, wie sie für das Gesamtsystem Gesellschaft konstitutiv ausgebildet sind.

Sinngebundene institutionelle Hilfe für geistigbehinderte Menschen ist bei der heutigen Gesellschaftsdifferenzierung nicht anders realisierbar als in funktional orientierten *Teilsystemen* (*Luhmann/Schorr* 1979). Es lassen sich folgende *soziale Teilsysteme* nennen:
– Das Erziehungssystem, das heute hauptsächlich als Schulsystem verstanden wird
– das Gesundheitssystem
– das Rechtssystem
– das Arbeitssystem
– das Sozialhilfesystem
– das Gemeindesystem u. a. (vgl. Abb. 5).

Abb. 5: Familie mit einem geistigbehinderten Kind und soziale Teilsysteme

Die Abb. 5 macht zweierlei deutlich: Einmal kommen für die Behindertenhilfe Teil-Sektoren der *verschiedenen Sozialsysteme* in Betracht,

z. B. die Schule für Geistigbehinderte als Teil des Schulsystems, zum anderen ein *Verbundsystem* aller Teilsektoren, die sich im besonderen auf die Geistigbehindertenarbeit beziehen. Es kann kein Zweifel bestehen, daß zwischen beiden Bezugsgrößen ein *Spannungsverhältnis* besteht, das den Ausschlag dafür gibt, wie sich eine konkrete Institution orientiert: entweder mehr am eigenen Teilsystem, z. B. dem ärztlichen, oder mehr an einer umfassenden, interdisziplinären Orientierung. Letztere dürfte sicherlich die anspruchsvollere, aber auch die für den einzelnen (ganzen) Menschen ergiebigere sein, wenn sie gelingt. *Luhmann/Schorr* (1979) weisen darauf hin, daß ein gleichzeitiges Im-Auge-behalten verschiedener Systemreferenzen, die wechselseitig auch Umwelt sind, in der gesellschaftlichen Realität normalerweise nicht vorausgesetzt werden könne (S. 350).

Das eigene Teilsystem als institutionell bestimmende Bezugsgröße dagegen ist unmittelbar umsetzbar. Es bietet die unverzichtbare theoretische und organisatorische Basis für die Ausdifferenzierung und Modifizierung des speziellen Arbeitsansatzes. Eine interdisziplinäre Quer-Orientierung wird damit nicht ausgeschlossen; sie wird dadurch eigentlich institutionell erst möglich. Selbst in interdisziplinär organisierten Institutionen, z. B. *Zentren,* kann auf die Wahrung des jeweiligen fachlichen Bezugs zum eigenen Teilsystem, z. B. zu dem der Erziehung und Schule, nicht verzichtet werden. Der Erziehungsbereich innerhalb einer ärztlich-klinischen Einrichtung (Krankenhaus) verlöre seine fachliche Orientierungsbasis, wenn er im klinischen System aufginge. Interdisziplinarität setzt Wahrung des facheigenen Systemanteils, setzt offene Eigenständigkeit jeder Disziplin im Verbundsystem voraus. Sie lebt vom Wissen um die andere Fachkompetenz. Es genügt deshalb nicht die bloße Orientierung am eigenen Fachansatz (vgl. *Klappenecker* 1979). Seit es Einrichtungen für Geistigbehinderte gibt, weiß man, daß bloße Ärzte, bloße Pädagogen oder bloße Theologen für diese Arbeit nicht taugen (vgl. Thesen über die Aufgabe des Arztes in der Idiotenanstalt, Frankfurt/M. 1886, in: Zur Orientierung 1979, 472—476).

Das Erziehungssystem für geistigbehinderte Menschen folgt einerseits dem funktionalen Auftrag jeglicher Erziehung in der Gesellschaft, ist aber gleichzeitig Ergebnis einer gesellschaftlich bedingten Selektion im Erziehungssystem. Man ist heute geneigt, zwischen Erziehung und Selektion einen Widerspruch zu sehen, und zwar einen gesellschaftlich aufgezwungenen. *Luhmann/Schorr* (1979) betonen demgegenüber die *Einheit von Erziehung und Selektion.* Selektion ist dann die Antwort auf individuelle, spezifische Bedürfnisse, „auf Freiheit, auf Selbständigkeit, auf Vermeidung einer vollständigen Instrumentalisierung des Zöglings" (S. 356). Die gewachsene Komplexität der Gesellschaft macht Selektion unvermeidbar. Sie schafft den Eigenraum, ohne den es nicht mehr möglich wäre, den spezifischen Erziehungsbedürfnissen zu entsprechen, wie sie im Falle einer geistigen Behinderung vorliegen. Dabei ist davon auszugehen, daß die übrigen Teilsysteme dazu nicht in der Lage sind, also überfordert würden, sollten sie sich im Sinne einer Aufhebung selektiver Zwänge einer *totalen* Integration stellen.

Bei Ausnutzung aller *teilintegrativen Chancen* (*Speck* 1974, *Bach* 1979) bleibt das Erziehungssystem, speziell das Schulsystem, für geistigbehinderte Kinder und Jugendliche, nach wie vor auf eigene Strukturen angewiesen. (Bezüglich der Grenzen pädagogischer Selektion siehe S. 229 f.)

Die von der Gesellschaft etablierten Institutionen erfüllen spezielle Funktionen. Diese sind am einzelnen geistigbehinderten Menschen, aber zugleich auch am sozialen Gesamtsystem, orientiert. Institutionen sind damit keine eigenen Welten außerhalb der Gesellschaft, sondern stehen normativ unter dem Anspruch, den allgemeinen Erziehungszielen so weit als möglich zu entsprechen, die allgemeinen Erziehungsnormen zu vertreten, und damit die Eingliederung in die Gesellschaft zu unterstützen und zu fördern.

Diese *Aufgaben der Institutionen* lassen sich im wesentlichen auf die *Förderung der Lernfähigkeit* und der *Sozialisation* beziehen. Beide Aufgabenkomplexe hängen unlösbar miteinander zusammen. In der entwicklungsgebundenen Phase des Kindes- und Jugendalters haben sich die Erziehungsinstitutionen in bezug auf spezifische Funktionen der Förderung *altersentsprechend* gegliedert:
– die pädagogische Frühförderung (Früherziehung)
– die Elementarerziehung im Kindergarten
– die Schule.

In *familienersetzender* oder *familienergänzender* sozialpädagogischer Funktion tritt in bestimmten Fällen
– das Heim dazu.

Einrichtungen mit *partiellen erzieherischen Aufgaben*, nämlich der *Erwachsenenbildung*, sind
– die Werkstatt für Behinderte
– das Wohnheim.

Schließlich kommen noch Institutionen in Betracht, die zwar auch zur Unterstützung der Erziehung dienen können, aber originär *anderen sozialen Systemen* zuzurechnen sind:
– klinische Einrichtungen, ärztliche Dienste
– Beratung, Sozialhilfe, Gemeinwesenarbeit
– Die *Familie* als eigenes soziales System ist in ihrer zentralen und umfassenden Aufgabe bereits dargestellt worden. Die Abbildung 6 soll die Gliederung und Zuordnung der verschiedenen Institutionen im Überblick wiedergeben.

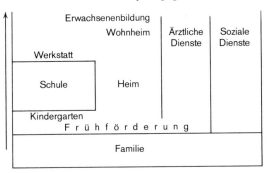

Abb. 6: Institutionen der Geistigbehindertenarbeit

Die pädagogische Frühförderung

Die institutionelle Konsequenz aus der wissenschaftlich abgesicherten Erkenntnis von der *fundamentalen Bedeutung der frühen Entwicklung* war die Errichtung von Frühförderdiensten für behinderte Kinder (*Speck* 1973, 1977 b). Von Anfang an bestand Klarheit darüber, daß diese mehrdimensionale Aufgabenstellung von *verschiedenen Teilsystemen* der Behindertenarbeit anzugehen war, insbesondere vom Funktionsbereich der Erziehung und von dem der ärztlichen Dienste her. Die *Bildungskommission des Deutschen Bildungsrates* empfahl deshalb die Errichtung von *Zentren für pädagogische Frühförderung* und von *Klinischen Einrichtungen für Frühdiagnostik und Frühtherapie* (1973). Die Notwendigkeit der interdisziplinären Kooperation zwischen beiden Organisationstypen ist ebenso unverzichtbar wie die interdisziplinare Arbeit in jeglicher Frühförder-Institution.

Pädagogische Frühförderung oder Früherziehung geistigbehinderter Kinder ist ein integraler Bestandteil der übergreifenden Aufgabe der Frühförderungshilfe. Sie setzt unmittelbar in der Familie an und versteht sich deshalb im wesentlichen als *Haus-Früherziehungshilfe* (*Speck* 1975, *Klein* 1979). Die *Eltern* werden nicht zu abhängigen Ko-Therapeuten, sondern bleiben *Primärerzieher* und Adressaten adäquater Förderangebote. Die Familienzentriertheit macht die Früherziehungshilfe zu einem weithin mobilen Dienst (*Speck* 1977 b) und bedingt damit ein *flächendeckendes Netz regionaler Frühförderstellen*. In *Bayern* existieren gegenwärtig 103 derartige Institutionen, in denen neben anderen behinderten Kleinkindern auch geistigbehinderte der ersten Lebensjahre Förderungshilfen erhalten.

Diese Einrichtungen sind zwar vom Erziehungssystem her organisiert, umfassen aber die verschiedenen fachlichen Dienste, wie sie nicht nur vom Pädagogen (Sonderpädagogen, Heilpädagogen, Sozialpädagogen, Erzieher), sondern auch von Psychologen, Beschäftigungstherapeuten, Krankengymnasten, Logopäden eingebracht werden können. Die Einbeziehung eines Arztes ist in jedem Falle notwendig.

Das pädagogische Konzept einer frühen Förderung ist an der Komplexität der kindlichen Persönlichkeit und an deren sozialen Bedingungen orientiert. Das diagnostische Erfassen des kindlichen Entwicklungsstandes und der Entwicklungsbedingungen steht deshalb am Anfang der Förderarbeit (*Becker* 1978, *Schamberger* 1978, *Straßmeier* 1979). Bei der relativ starken Reifungsabhängigkeit der frühen Entwicklung orientieren sich die pädagogischen Fördermaßnahmen an der generellen Abfolge der einzelnen Entwicklungsschritte unter gleichzeitiger Berücksichtigung der individuellen Entwicklungsdynamik. Die entsprechenden pädagogischen Anregungen sollen das Lernen in allen Funktionsbereichen Schritt für Schritt voranbringen (*Johnson/Werner* 1975). Die Förderung der Motorik und der Sensorik steht im Vordergrund für Anregungen, Übungen und Spiele mit dem Kind (*Thomae* 1976, *Bach* et al. 1974). Die Stabilisierung der emotionalen Zuwendung und die Belebung der Kommunikation (Sprechen zum Kind) bildet eine ebenso grundlegende Voraussetzung für alle Förderung wie die Integrierung der einzelnen Maßnahmen in den Alltag der Familie, wobei es zentral wichtig ist, daß das Kind genügend Gelegenheit erhält, *durch Tätigsein Erfahrungen zu machen*. In diesem komplexen Sinne — gegenüber einer punktuellen, bloßen Funktionstherapie — ist Früherziehung eine *ganzheitlich* zu lösende Aufgabe (*Grond* 1977), bei der die Eltern und der Zeitfaktor eine ausschlaggebende Rolle spielen.

Die frühe Lernanregung und gezielte Förderung der Lernfähigkeit bedeutet eine *Stimulierung* der Hirntätigkeit in einer Phase, in der das kindliche Gehirn erst am Beginn seiner Ausdifferenzierung steht und im Falle einer vorausgegangenen Schädigung noch weithin kompensationsfähig ist. Geistigbehinderte Kinder können daher durch eine zum frühestmöglichen Zeitpunkt — also schon im ersten Lebensjahr — einsetzende Förderung eine ungleich stärkere Aktivierung und Differenzierung ihrer Entwicklung erfahren, als sie sonst möglich wäre. Die frühen Chancen sind wahrscheinlich ihre größten Chancen.

Der Kindergarten

Der Sonderkindergarten ist eine der Sonderschule vorgeschaltete Bildungseinrichtung. Sie bereitet die „schulische" Bildung in der Elementarstufe vor (*F. Stoppenbrink-Buchholz* 1968, *I. Thomae* 1964). Seine rechtliche Verankerung hat der Sonderkindergarten in den letzten Jahren in den Schulgesetzen beziehungsweise Sonderschulgesetzen gefunden. So sieht das bayerische Sonderschulgesetz vom 25. 6. 1965 in Art. 3 (2) die Schaffung von „schulvorbereitenden Einrichtungen" vor für „sonderschulbedürftige Kinder, die zur Erfüllung der Schulpflicht eine besondere Vorbereitung benötigen". In einer Bekanntmachung über den Vollzug dieser Bestimmung (vom 5. 3. 1969) präzisiert das Kultusministerium die Aufgabe dieser Einrichtungen, nämlich „die körperliche und geistige Entwicklung des voraussichtlich sonderschulbedürftigen, aber ohne besondere Vorbereitung voraussichtlich nicht sonderschulfähigen Kindes durch anhaltende Unterweisung des Kindes je nach Art seiner Behinderung so zu fördern, daß es mit Beginn seiner Schulpflicht oder nach seiner gemäß dem Schulpflichtgesetz verfügten Zurückstellung vom Schulbesuch fähig ist, dem Unterricht in der in Betracht kommenden Sonderschule zu folgen".

Hanselmann hatte schon 1930 von der Notwendigkeit gesprochen, öffentliche Sonderkindergärten und an sämtlichen Anstalten für bildungsfähige Geistesschwache „Vorbereitungsklassen" einzurichten. Sonderpädagogische Hilfe müsse so früh wie möglich einsetzen. Material und Methoden einer Frühentwicklungsförderung für Geistesschwache hatten u. a. *Montessori* (1913), *Corte* und *Corwinus* (1926), *Decroly* (1932) und *Descoeudres* (1921) erarbeitet.

Der Sonderkindergarten für Geistigbehinderte als vorschulische Einrichtung nimmt Kinder schon vom vollendeten 3. Lebensjahr an auf (*Thomae* 1964, *Stoppenbrink-Buchholz* 1968), die schulvorbereitenden Einrichtungen in Bayern erst nach vollendetem 4. Lebensjahr. Sonstige Aufnahmevoraussetzungen ergeben sich aus Sinn und Aufgabe der Einrichtung.

Aufgabe des Sonderkindergartens ist die planmäßige, entwicklungsgemäße Förderung der motorischen, sprachlichen, kognitiven und sozialen Fähigkeiten und des gefühlsmäßigen Ansprechens. Sie beinhaltet vielfach einen Nachholbedarf, also Nacherziehung, vielfach aber auch Umerziehung infolge bisheriger Fehlerziehung im Elternhaus. Von der Stufe bloßen, stumpfen Hantierens soll das geistigbehinderte Kind zu sinnvollem Spiel und belebender Beschäftigung geführt werden. *I. Thomae* (1964) nennt als Lernziele des Sonderkindergartens: Gemeinschaftsfähigkeit, ein bescheidenes Maß an Konzentration und Ausdauer, Form- und Farberfassung, Freude am Nachahmen, Verständnis für Aufgaben und ihre Erfüllung, das Wecken und Üben der Spielfähigkeit. Es sind grundlegende Fertigkeiten und Kenntnisse, die entwicklungsgemäß vermittelt werden, und die zu einem späteren Zeitpunkt nur mit größerer Mühe — wenn überhaupt — erreichbar wären.

Als *Schwerpunkte der Bildungsarbeit* sind anzusehen:
– das Erlernen einfachster Gewohnheiten der Selbstversorgung und

Hygiene (an- und ausziehen, essen, sich waschen, die Toilette benutzen, auf Sauberkeit achten u. ä.)
- das Erlernen einfachster sozialer Umgangsformen (grüßen, danke und bitte sagen, aufeinander Rücksicht nehmen u. ä.)
- Bewegungsschulung (Übungen für Groß- und Kleinmotorik, Turnspiele, Gymnastik)
- rhythmisch-musische Erziehung (Umgang mit Reifen und Bällen, einfachste Reaktionsübungen, Formenlegen, Greif-, Tast- und Horchübungen, Singen, Spielen mit Instrumenten, Singspiele, Fingermalen u. ä.)
- elementare Sprachbildung (Sprechlust wecken durch Verse, Sprüche und Lieder, Tierlaute nachahmen, Lippen- und Zungenübungen, Gegenstände benennen, einfachste Aussagen)
- Erlernen einfachster kognitiver Fertigkeiten (Unterscheiden und Inbeziehungsetzen von Farben, Formen, Größen, Zeichen, Bildbetrachtungen, Erzählen und Spielen von Geschichten u. a. (Siehe auch *I. Thomae* 1979.)

Die Arbeit im Sonderkindergarten erfordert eine eingehende, dem einzelnen Kind angemessene Planung, geeignetes Spiel-, Turn-, Beschäftigungs- und Übungsmaterial, die systematische Beobachtung der Kinder, die Zusammenarbeit mit anderen Fachleuten, wie dem Lehrer, Psychologen und Arzt, und die Mithilfe und Beratung der Eltern. Das im Sonderkindergarten tätige Personal sollte nach Möglichkeit über eine behindertenpädagogische Zusatzausbildung, zumindest aber zunächst über eine mehrjährige Berufserfahrung verfügen.

Für die *Aufnahme in den Sonderkindergarten* kommen geistigbehinderte Kinder in Betracht, die hinsichtlich der oben genannten Bildungsaufgaben ansprechbar und reaktions- und lernfähig sind, sei dies auch nur in geringem Maße der Fall. *I. Thomae* (1964) nennt folgende Bedingungen, die jedoch nur *nach Möglichkeit* erfüllt sein sollten: „Kontaktfähigkeit, Ansprechbarkeit und Anregbarkeit, bescheidenes Wortverständnis (nicht Sprache), Sauberkeit, Laufen, Entwöhnung von der Mutter (wenn vielleicht auch erst nach gewisser Zeit erreichbar), Einordnungsmöglichkeit" (10).

In der Praxis dürfte es schwierig sein, solche Fertigkeiten bei der Aufnahme als vorhanden auszumachen. Innere Blockierungen können manches verstellen, so daß generell eigentlich immer erst nach einer längeren Probezeit mit größerer Wahrscheinlichkeit gesagt werden kann, ob ein Kind aufgenommen werden kann oder nicht. An einer solchen Entscheidung sollten stets mehrere Personen und Fachleute mitwirken. Praktikabel erscheint die Formel: Im *Zweifels*fall ist die Aufnahmefähigkeit zu bejahen.

Die zahlenmäßige Gliederung eines Sonderkindergartens ist von nicht zu überschätzender sonderpädagogischer Bedeutung. Das betrifft sowohl die Größe der Gruppen als auch die Zahl der Erzieher. Pädagogisch wünschenswert wären möglichst kleine Gruppen. Sie sollten nicht mehr als sechs Kinder umfassen. Maßgeblich für die Größe der Gruppe ist der durch Verhaltenseigentümlichkeiten der Kinder gesetzte Schwierigkeitsgrad der Aufgabe, aber auch die Zahl der zur Verfügung stehenden Erzieherinnen. So sind etwa für zehn Kinder zwei Erzieherinnen erforderlich. An sich müßte in Anbetracht der vielen Schwierigkeiten, die mit einzelnen Kindern auftreten können, für jede Gruppe eine Helferin (z. B. eine Praktikantin oder eine geeignete Mutter) zusätzlich zur Verfügung stehen, ganz gleichgültig, wie klein eine Gruppe ist. *I. Thomae* (ibid.) empfiehlt darüber hinaus die Einplanung einer ambulanten Erzieherin für jeden Kindergarten, um die dringend nötige *Hausbetreuung* einzelner Kinder durchführen zu können, die den Kindergarten nicht besuchen können.

Von den in schulvorbereitenden Einrichtungen für Geistigbehinderte tätigen Erzieherinnen ist eine besondere *Eignung* und eine sonderpädagogische *Zusatzausbildung* zu erwarten. Es ist in erster Linie, vor allem für die Leitung solcher Einrichtungen, an besonders qualifizierte Sozialpädagogen und Erzieher zu denken. Als weitere Mitarbeiter kommen auch andere pädagogische Fachkräfte in Betracht, wie z. B. Kinderpflegerinnen, Werklehrerinnen, Beschäftigungstherapeutinnen, Rhythmik- und Gymnastiklehrerinnen.

Da es sich beim Sonderkindergarten um eine Einrichtung handelt, die auf den Besuch der Sonderschule vorbereitet, kann bei der Planung und praktischen Arbeit die *Sonderschule* nicht unberücksichtigt bleiben. Für die Koordinierung der Arbeit sollte der Leiter oder ein Lehrer der Sonderschule Sorge tragen. Er wird vor allem bei der Feststellung der Schulfähigkeit mitzuwirken haben. Andererseits sollten auch die Kindergärtnerinnen Gelegenheit erhalten, am Unterricht der Sonderschule teilzunehmen, um die eigene Arbeit besser abstimmen zu können. Der Sonderkindergarten, besser gesagt: der *Kindergarten für geistigbehinderte Kinder*, als institutionelle Weiterführung der pädagogischen Frühförderung kann sinnvollerweise seinen Ort nur *innerhalb* einer Gesamtkonzeption der pädagogischen Förderung geistigbehinderter Kinder haben, um die nötige Konsistenz der erzieherischen Bedingungen wahren zu können.

Wie problematisch es ist, die herkömmliche, geradezu pädagogische Welten trennende Grenzziehung zwischen Schule und Kindergarten aufrechtzuerhalten, wird für den Sektor der geistigbehinderten Kinder besonders deutlich, und zwar konkret dann, wenn entschieden werden muß, welches Kind aus dem Kindergarten in die Schule „übertreten" soll. Geeignete psychometrische Verfahren stehen bislang hierfür nicht zur Verfügung. Der Praktiker kann sich auch gar nicht recht vorstellen, welche Befähigungen nun einen gravierenden Einschnitt aufweisen sollten; denn genau gesehen entwickeln sich die Fähigkeiten relativ kontinuierlich weiter. Die Unterschiede in den Lernweisen und Lernzielen ein Jahr vor und ein Jahr nach der Aufnahme in die Schule für Geistigbehinderte sind gering. Das gesetzliche Schuleintrittsalter weist keinen Reifungseinschnitt beim Kinde auf.

Unter dem Aspekt der Integration behinderter Kinder in Regeleinrichtungen stellt sich die Frage, ob nicht einzelne geistigbehinderte Kinder *Regel-Kindergärten* besuchen sollten. In diesem Sinne empfiehlt *Wunderlich* (1970) den Eltern von Down-Kindern, wenn diese sich gut entwickeln, sie in „gewöhnlichen Kindergärten" unterzubringen. Die Erfahrung habe gelehrt, daß ein größerer Teil dieser Kinder dort „ausgezeichnet betreut" und gefördert würde, und daß sie „völlig in die Gemeinschaft der ‚Normalen' integriert" seien. — Man wird mit derartigen Erwartungen auf „völlige Integration" vorsichtig sein müssen. Sie *passiert nicht von selber. I. Thomae* (1979) warnt daher vor derartigen Experimenten, die vielfach Notlösungen sind, weil kein eigener Kindergarten für diese Kinder am Ort vorhanden ist: Die Kinder würden in der Regel mit einer Fülle von Mißerfolgserlebnissen belastet. Integrierte Modell-Kindergärten, die immer wieder ins Feld geführt werden, lassen sich nicht ohne weiteres multiplizieren.

Die gemeinsame Erziehung von geistigbehinderten und nicht-behinderten Kindern ist mit Sicherheit ein Unternehmen, das pädagogisch sorgfältig geplant und als bewußte didaktische Zielsetzung realisiert werden muß, das also *nicht en passant* im üblichen Rahmen ablaufen kann, wenn es dem behinderten Kinde dienlich sein soll, und das auch nicht nur vom persönlichen Engagement leben kann. Das Beispiel des häufig zitierten Münchener Montessori-Kindergartens zeigt im übrigen, daß selbst für solche speziell eingerichteten Kindergärten nur bestimmte und ausgesuchte geistigbehinderte Kleinkinder als „geeignet" in Betracht kommen.

Die Schule für Geistigbehinderte

Mit der Praktizierung des Rechtsbegriffes der „*Bildungsunfähigkeit*" wurde den geistigbehinderten Kindern jahrzehntelang das Recht auf schulische Bildung verwehrt. Sie wurden „*schulbefreit*". Ihnen wurde jeglicher „Beitrag zum Wohl und Nutzen der Volksgemeinschaft" abgesprochen. Sie galten als „sozial unbrauchbar" und deshalb als schulunwürdig.

Die Ausschulung der Geistigbehinderten stellte im Nazi-Staat einen

Beitrag zur „Ausmerze erbkranken Nachwuchses" dar. Man kann in ihr aber auch Ausdruck und Ergebnis der hilfsschulpädagogischen Bewegung zur „Leistungsschule" sehen, die zum „Strukturwandel" der Hilfsschule führte (vgl. *Höck* 1979).

Eine weitere Schwierigkeit lag in dem über Jahrhunderte tradierten *Junktim von Schule und „Kulturtechniken"* (Lesen, Schreiben und Rechnen). Da dieses bei der Unterrichtung Geistigbehinderter nicht durchgängig einzuhalten ist, wurde eine Beschulung dieser „unbelehrbaren Analphabeten" für unnötig gehalten. Das Vermögen, „in den Kulturtechniken des Lesens, Schreibens und Rechnens noch Leistungen, wenn auch nur in ganz bescheidenem Umfang hervorzubringen" (1. Durchführungsverordnung zum Sonderschulgesetz in Bayern), wurde zum äußersten und unabdingbaren Kriterium der Schulfähigkeit. So auch zu lesen in dem 1965 erschienenen „Enzyklopädischen Handbuch der Sonderpädagogik", wo *E. Philipps* zur „Bildungsfähigkeit und Bildungsunfähigkeit" (Sp. 377—379) schreibt: „Im schulischen Sinne ist Bildungsfähigkeit an das Erlernen der Kulturtechniken gebunden". Unter Berufung auf das Preußische Allgemeine Landrecht, das bekanntlich aus dem Jahre 1794 stammt, und das in § 1, Teil II, Tit. 12 den Schulen die Unterrichtung in „nützlichen Kenntnissen und Wissenschaften" zur Aufgabe stellt, wird der Bildungsauftrag des öffentlichen Schulwesens dort als beendet angesehen, wo die Vermittlung der sogenannten Kulturtechniken auch in bescheidenem Umfang nicht möglich ist.

Auf die Problematik einer näheren Abgrenzung dessen, was man unter „bescheidenem Umfang" zu verstehen hat, soll später noch eingegangen werden. Bemerkt sei hier nur, daß das Junktim von Schulbildung und „Kulturtechniken" offenbar in keinem Schulgesetz fixiert ist, also eine usuelle Auffassung darstellt. Sie hält einer differenzierten pädagogischen Reflexion nicht stand, hat aber immerhin dazu geführt, daß mancher Lehrer geradezu hilflos werden kann, wenn seine Schüler nicht lesen, schreiben und rechnen können, beziehungsweise wenn er sie in diesen Techniken nicht erfolgreich unterweisen kann.

Nach *Klauers* Studie „Über den Begriff der Sonderschule" (1964) und seinen Ausführungen in der „Lernbehindertenpädagogik" (1966) gehören folgende Bestimmungsstücke zum Begriff Schule:
a) „Schulen sind überdauernde Einrichtungen
b) in ihnen geschieht Bildung und Erziehung (Erziehung allein genügt nicht)
c) nach einem Bildungs- und Erziehungsziel (die Höhe des Ziels ist nicht entscheidend)
d) nach einem Bildungsplan (also systematisch und nicht nur gelegentlich)

e) sowie in Gruppen von Schülern (also nicht ausschließlich im Einzelunterricht)" (22).

Zu b) sei nur kurz vermerkt, daß wir eine Unterscheidung von Erziehung und Bildung, wie sie *Klauer* vornimmt, nicht mitvollziehen. Vertikale Unterschiedlichkeiten des Bildungsprozesses und damit der Bildungsorganisation ergeben sich aus dem sich durch Reifen und Lernen progressiv wandelnden Verhältnis des werdenden Menschen zur Welt. Dieses aber bildet sich und wird gebildet vom Beginn menschlichen Werdens an. Es wird nicht erst durch ein bestimmtes Vermögen, so etwa lesen und schreiben zu können, konstituiert.

Die Notwendigkeit von Schulen für Geistigbehinderte ist im Prinzip die gleiche wie die für Schulen überhaupt: Ort und Organisation der Erziehung zu sein, wie sie sich aus den Ansprüchen des einzelnen und der Gesellschaft herleitet und von den Eltern nach allgemeiner Auffassung nicht geboten werden kann. Darüber hinaus bedarf das behinderte Kind in besonderem Maße einer planmäßigen und zielgerichteten Bildung und einer entsprechenden Schulorganisation. Es besteht sonst die Gefahr, daß — zumal das geistigbehinderte Kind — lediglich versorgt und bewahrt wird, seine Bildungsmöglichkeiten ungenutzt bleiben und sein Menschsein verkürzt wird.

Die Schulen für Geistigbehinderte dienen der besonderen pädagogischen Förderung, wenn die Voraussetzungen für den Besuch der allgemeinen Bildungsgänge fehlen (*Heckel* 1977, 94). Sie sind Einrichtungen zur *Erfüllung der Schulpflicht*. Diese erstreckt sich — auch als Sonderschulpflicht — auf die Zeit der neunjährigen Volksschulpflicht und der dreijährigen Berufsschulpflicht. Sonderschulen können als *öffentliche* oder als *private* Schulen errichtet werden.

Im organisatorischen Rahmen der Pflichtschulen wie auch im engeren Rahmen der Sonderschulen sind die Schulen für Geistigbehinderte Schulen eigener Art. Ihnen stehen einerseits die Organisationsgrundlagen und -formen des Schulwesens zur Verfügung (Schulrecht, Schulpflicht, Finanzierung, Bereitstellung, Ausbildung und Fortbildung der Lehrer, Schulaufsicht). Die spezielle Schulkonzeption verlangt aber auch nach Sonderregelungen und -formen, z. B. bezüglich der Schulgliederung, der Klassenstärke, der Lehrerschaft oder des Lehrplanes. Beide Aspekte sind lernadäquat aufeinander abzustimmen, und nur dann, wenn es gelingt, unter Berücksichtigung und Ausnutzung des großen Organisationsrahmens eine eigene Konzeption auszuprägen, kann die Schule für Geistigbehinderte mit einem dauerhaften Erfolg rechnen. Sie würde ihrer Aufgabe nicht gerecht werden können, wenn sie etwa allzu unkritisch bestehenden Schulformen, z. B. der Sonderschule für Lernbehinderte, angeglichen würde, oder wenn sie sich allzu sehr durch besondere Formen vom Ganzen distanzierte und isolierte, z. B. auf ausgebildete Lehrer verzichtete.

Schule für alle geistigbehinderten Kinder

In der Aufbauphase der Schule für Geistigbehinderte spielte die Frage nach den *Aufnahmekriterien* und damit der Schulfähigkeit bzw. der Schulunfähigkeit eine zentrale und zugleich belastende Rolle. Da die gerade entstehenden Schulen — zumal wegen ihrer strukturellen Abhängigkeit vom übrigen Schulsystem — sich außerstande sahen, unter den gegebenen Bedingungen alle gemeldeten Kinder adäquat zu fördern, wurde seitens der Schulverwaltung nach wie vor eine Abgrenzung „nach unten" praktiziert. Der höchst belastete Begriff der „Bildungsunfähigkeit" wurde zwar in seinem tradierten Inhalt getilgt, jedoch gleichzeitig ersetzt durch „Schulunfähigkeit". So gilt für das heutige Schulrecht nach wie vor die Bestimmung, daß „Schulunfähige" von der „Schulpflicht befreit" werden können. „*Schulfähigkeit* (Bildungsunfähigkeit)" liege vor, „wenn der junge Mensch körperlich, geistig oder in seinem sozialen Verhalten so behindert ist, daß er auch in Sonderschuleinrichtungen nicht zu sinnvoller Tätigkeit oder ausreichender sozialer Anpassung erzogen werden kann" (*Heckel* 1977, 89).

Diese Rechtsposition ist zunächst nichts anderes als die *Widerspiegelung einer schulischen Praxis* auf der Grundlage eines historischen Schule-Begriffes, wie ihn der Staat definieren *kann*. Unter dem strukturellen Selektionszwang des Schulsystems erscheint es erklärlich, daß dieser von „oben" nach „unten" weitergegeben wird und auch noch in der Schule für Geistigbehinderte wiederum die letzten ausschließt. Es gibt jedoch mehrere Gründe, die diese Selektionsanalogie als pädagogisch nicht gerechtfertigt ausweisen:
- Schule ist stets gesellschaftsabhängig definierbar, kann also auch als Einrichtung für eine *planmäßige Förderung aller Kinder* bestimmten Alters verstanden werden. Die prinzipielle Möglichkeit der Förderung der Lernfähigkeit jedes, auch des schwächsten Kindes, ist eine unüberholbar anthropologische Prämisse.
- Eine hinreichende *Diagnostizierung von Schulunfähigkeit* ist *instrumentell nicht praktizierbar*. Untersuchungen zur Feststellung von Schulunfähigkeit (*Spreng* 1979) haben höchst widersprüchliche Praktiken und pädagogisch nicht zu verantwortende Entscheidungen zutagegebracht.
- In der *Realität* gibt es zahlreiche Schulen für Geistigbehinderte, die nachweislich *auch lernschwächste Kinder zu fördern* vermögen. Beispielhaft genannt sei die *Patmos-Schule* in *Bethel*. Der Staat sanktio-

niert derartige Praktiken und bestätigt sie damit. Er finanziert a. a. auch das in diesen Schulen nötige Pflegepersonal.

Der hier angesprochene Sachverhalt erweist sich damit als ein *definitorischer*: Schule — als *pädagogisches System zur planmäßigen Förderung der Lernfähigkeit* — bezieht sich verfassungsgemäß auf *alle* Kinder. Das in ihm angewandte Selektionsprinzip konstituiert die Schule für Geistigbehinderte und findet zugleich hier sein Ende. Demnach kann und muß sich die Schule für Geistigbehinderte als spezielle pädagogische Institution, die das Recht auf Bildung und Erziehung gerade der besonders behinderten Kinder zu sichern hat, auf *alle* diese Kinder einstellen und sich so konstituieren, daß sie *allen* entsprechen kann (*Fischer* 1976, *Feuser* 1978, *Hagemeister* 1977). Auf eine Schulfähigkeitsschwelle muß sie verzichten, weil sich deren Kriterien letztlich als Lehrziele erweisen, die sie zunächst einmal erst zu praktizieren hätte. Vom Rechtsstandpunkt her sollten die Sonderschullehrer als begutachtende Instanzen entlastet werden. Ihre Urteile über „Schulunfähigkeit" erweisen sich im Grunde — mangels sachlicher Beurteilungsgründe — als dominant subjektiv, als Gewissensentscheidungen.

Mit einer derartigen *Ausweitung des Begriffs von Schule,* genauer gesagt: von Schule für Geistigbehinderte, ist im wesentlichen die Sicherstellung eines Rechtes, des Rechtes auf adäquate Förderung des Lernens im Rahmen des dafür eingerichteten Dienstleistungssystems, nämlich des Sonderschulsystems, intendiert. Es geht um die Einbeziehung in ein größeres Systemganzes, um Durchlässigkeit, wenn Schwellen nicht praktikabel sind. Dies hat freilich eine Differenzierung der Institution Geistigbehindertenschule zur Folge. Für die Lernschwächsten, für Kinder mit Intensivgraden geistiger Behinderung, sind eigene institutionelle Vorkehrungen erforderlich, u. U. eigene Abteilungen. Man könnte sie *pädagogische Intensiv-Abteilungen* nennen.

In diesem Zusammenhang wäre nach Konsequenzen in den *Heimen* zu fragen. Diese bemühen sich im Prinzip seit je auch und gerade um die am schwersten geschädigten Kinder und zwar mehr unter pflegerisch-sozialen Gesichtspunkten. Eine Zuordnung dieser Abteilungen zum Schulsystem wäre nur sinnvoll, wenn von diesem effektive pädagogische Impulse ausgingen, so daß eine verbesserte Förderung und eine wirkliche institutionelle Integrierung möglich würde. Ein bloßes Auswechseln des Etiketts und des Verwaltungsrahmens brächte noch nichts Positives für diese Kinder.

Gegen eine derartige Zuordnung können *Bedenken* erhoben werden und zwar von seiten der für die *Heime* zuständigen *Sozialpädagogik*. Sie könnte eine Erschwerung der Arbeit in bezug auf Verwaltungsangelegenheiten geltend machen, aber auch ihr grundsätzliches Mißtrauen gegenüber dem Schulsystem äußern, das durch die unheilvolle Praktizierung der „Bildungsunfähigkeit" und der „Schulbefreiung" historisch belastet ist. Es könnte auch gefragt werden, ob *Sonderschullehrer* für diese Aufgaben wirklich besser geeignet seien. — Es kann sicherlich nicht darum gehen, bewährte und pädagogisch verantwortbare Regelungen lediglich formal durch andere zu ersetzen. Es ist vielmehr denkbar, daß sich innerhalb der Heime Sonderpädagogen und Sozialpädagogen in gegenseitiger Ergänzung und Verständigung näherkommen und in einer entsprechenden verbindenden organisatorischen Regelung ihre gemeinsame Arbeitsplattform finden. — Ähnliches gilt für die Zusammenarbeit in Tageseinrichtungen (Tagesschulen).

Andere Bedenken richten sich gegen eine *mögliche Verschulung* eines Arbeits- und Förderungsbereiches, der sehr wenig mit dem üblichen Schulsystem gemeinsam hat. Die Übertragung von Strukturen und Regelungen, wie sie für das Schulsystem angemessen sein mögen, könnten hier eher hemmend und blockierend wirken, z. B. wenn man an Begriffe wie Benotung, Unterrichtsstunden, Leistungsmessung, Lehrplanerfüllung, Lehrnachweis u. ä. denkt. Es kann bei diesen Kindern sicherlich nicht nur um permanentes, aktives „Fördern" gehen, sondern auch und über weite Strecken um ein *pädagogisch verhaltenes Miteinandersein*. Es käme also wesentlich darauf an, daß mit dem Kind individuell angemessene Regelungen und Formen „sinnvoller Tätigkeit" und sozialer Annäherung praktiziert werden können, nicht aber solche dominant werden, die das herrschende Schulsystem diktiert.

Ein Blick in *andere Länder* zeigt ähnliche Tendenzen zur Integrierung der am intensivsten behinderten Kinder und Jugendlichen in das Gesamtsystem der Förderung Geistigbehinderter, freilich nicht immer unter der Maßgabe eines durchorganisierten Schulsystems.

In *Dänemark* beispielsweise wird die gesamte Geistigbehindertenarbeit, also auch die Schule, vom Sozialministerium her organisiert. Die Einbeziehung der am schwersten behinderter Kinder und Jugendlichen in ein gestuftes und einheitliches Fördersystem bietet daher keine formalen Schwierigkeiten.

In der *DDR* gelten geistigbehinderte Kinder offiziell als „schulisch nicht bildbar", wobei eine Unterscheidung zwischen „förderungsfähigen" und „förderungsunfähigen" vorgenommen wird. Für letztere wird inzwischen auch der Begriff *„Förderpflegebedürftig"* (Trogisch/Trogisch 1977) verwendet, so daß es möglich wird, diese Kinder jenseits bloßer Bewahrung und Pflege auch in ihrer Lernfähigkeit anzuregen und zu unterstützen („Lehrbeschäftigung"). Die Schule kommt als Fördersystem nicht in Betracht, da die Einrichtungen für diese schwerstbehinderten Kinder nicht dem Ministerium für Volksbildung sondern dem Ministerium für das Gesundheitswesen unterstellt sind.

Aus *England* berichtet u. a. *Gunzburg* (1974) von verstärkten Förderbemühungen um Kinder mit dominierenden Pflegeproblemen (profoundly handicapped), die bisher im allgemeinen in den hinteren Ecken von Pflegeheimen verlassen und lediglich körperlich versorgt worden waren.

In den *USA* ist — unter dem Einfluß von Veröffentlichungen über skandalöse Zustände in Massenpflegeanstalten (*Blatt* 1974) und von Reformbestrebungen in Skandinavien (*Kugel/Wolfensberger* 1974) ein Wandel eingetreten, der zu einem rapiden Anwachsen der pädagogischen Bemühungen um profoundly mentally retarded geführt hat (*Robinson/Robinson* 1976). Die finanzielle und verwaltungsmäßige Grundlage bildet ein epochemachendes Gesetz von 1975 *(Right to Education for all Handicapped Children)*, das allen behinderten Kindern im Alter zwischen 2 und 21 Jahren angemessene öffentliche Erziehung oder Training sichert.

Zusammenfassend läßt sich feststellen, daß international gesehen ein deutlicher Trend zur *Ablösung bloßer Pflege* intensiv behinderter Kinder durch *planmäßige Förderung* ihrer Lern- und Sozialanpassungsfähigkeit zu beobachten ist. Die Konsequenz dieser Wende läge darin, diese Möglichkeiten weiter auszubauen und in ein pädagogisches Fördersystem einzubeziehen, das sich in der Orientierung an den speziellen Bedürfnissen der Kinder zwar entsprechend differenziert, jedoch keine letzte Selektion betreibt. Notfalls muß zusätzlich „Hausunterricht" eingerichtet werden (*Deutscher Bildungsrat* 1973).

*Geistigbehinderten- oder Lernbehindertenschule?**

Die Unterscheidung der *geistigen Behinderung* von der *Lernbehinderung* in schulischem Sinn wird im allgemeinen negativ relational angegeben: „Schulen für Geistigbehinderte sind bestimmt für Kinder, die wegen ihrer geringen Anlagen weder dem Unterricht in der Volksschule noch dem in der Schule für Lernbehinderte zu folgen vermögen", heißt es beispielsweise in der 1. Durchführungsverordnung zum bayerischen Sonderschulgesetz vom 14. 12. 1966. Dabei bleibt die Frage offen, was es im einzelnen heißt, „dem Bildungsweg der Schule für Lernbehinderte zu folgen vermögen". Nach *Klauer* (1966) ist die Fähigkeit zum Besuch der Schule für Lernbehinderte dann gegeben, wenn das Kind physisch und psychisch in der Lage ist, das Ziel dieser Schule in ihrem Bildungsgang zu erreichen. Damit ist freilich noch keine Klarheit geschaffen. Diese setzt eine Objektivierung dieses Zieles voraus. Diese ist auch nicht für das herkömmliche jährliche „Versetzen" gegeben, so daß auch das Durchlaufen aller Schülerjahrgänge als Kriterium für das Erreichen des

---

* Vgl. auch Abschnitt „Geistige Behinderung und Lernbehinderung", S. 48 f.

Bildungszieles ausscheidet. Im übrigen nützte es wenig für den Regelfall der frühen Aufnahme eines Kindes in die Sonderschule; denn neun Jahre im voraus können bis jetzt das jährliche „Versetztwerden" und der Entlassungsjahrgang nicht mit Sicherheit prognostiziert werden. Solange keine genaue und zuverlässige Leistungsobjektivierung möglich ist, wird man sich mit Faustregeln und Wahrscheinlichkeitsaussagen behelfen müssen. *Bach* (1966) stellte auf das voraussichtliche Erreichen der Mittelstufe der Schule für Lernbehinderte ab. Dabei vermißt man wiederum eine genaue Bestimmung dessen, was unter der Mittelstufe der Schule für Lernbehinderte zu verstehen ist.

Orientierende Entscheidungshilfen können *Schulleistungs-, Motorik- und Intelligenz-Testverfahren* sowie *Sozialentwicklungsskalen* bieten. Die Empfehlungen des *Deutschen Bildungsrates* von 1973 nennen als Abgrenzungsniveau drei Standardabweichungen unterhalb des Mittelwertes eines validen Intelligenztests (S. 37). Dieses läge ca. bei IQ 55 (*Kanter* 1974, 163). In der gegenwärtigen Praxis wird die Grenze jedoch höher angesetzt (ca. 60/65), entsprechend einer Annäherung der Lernbehindertenschule an die allgemeine Schule im Sinne einer *Schule für sozio-kulturell benachteiligte Kinder* (*Begemann* 1970) oder einer „besonderen Grund- und Hauptschule" (*Möckel* 1976).

Auf die Problematik jeglicher Intelligenztests ist bereits hingewiesen worden. „Das Intelligenzniveau ergibt zwar durchaus eine globale Niveau-Bestimmung, ist aber als alleiniger Klassifikationsansatz mit Sicherheit nicht ausreichend" (*Eggert* 1979, 402). Auch andere Testverfahren, wie z. B. die *Testbatterie für Geistigbehinderte (TBGB)*, können nur grob orientierende Niveaudaten ermitteln. In Zweifelsfällen kann eine zusätzliche und systematische *Verhaltensbeobachtung* in direktem Kontakt zwischen Lernbehinderten- und Geistigbehindertenschule für eine Entscheidungsförderung hilfreich sein (*Neikes* 1967).

Für eine didaktische Konzeption der Schule für Geistigbehinderte ist das Ausmaß der Begabungsstreuung der Schüler von maßgeblicher Bedeutung. Es erhebt sich die Frage, wie die von spurenhafter Bildbarkeit bis in den IQ-Bereich um 60 reichende oder anders ausgedrückt: verschiedenste Intelligenz- und Lernstrukturen umfassende Spanne didaktisch bewältigt werden kann. Sie ist in Deutschland immerhin größer als in anderen Ländern! Sie kann dazu führen, daß eine Schule sich schwerpunktmäßig entweder am „unteren" oder am „oberen" Begabungsbereich orientiert (*Bernart* 1970).

Gegenüber der bisherigen Tendenz der Lernbehindertenschule, sich mehr an die Regelschule anzunähern und damit die „Strukturwandel"-Spirale noch weiter „nach oben" zu bewegen, zeichnet sich für die nächste Zukunft als Folge des allgemeinen Geburtenschwundes und des Rückgangs der Schülerzahlen in den abgebenden Schulen ein größeres

Interesse ab, auch schwächere Schüler zu behalten. Das Abgrenzungsniveau zwischen Lernbehinderung und geistiger Behinderung dürfte sich damit „nach unten" verlagern, was allerdings ein neues Selbstverständnis der Lernbehindertenschule nach sich ziehen müßte.

Didaktische Niveaustufungen

Angesichts der erheblichen Varianz individueller Lernfähigkeitsniveaus sieht sich die Schule für Geistigbehinderte genötigt, gewisse Differenzierungen vorzunehmen, um den Unterricht adäquater auf den einzelnen Schüler einrichten zu können.

In einem internationalen Vergleich stellt man fest, daß im wesentlichen *drei Niveaustufen* unterschieden werden, die zu unterrichtlich relevanten Teileinheiten führen (Speck 1973):
- *Leichte geistige Behinderungen* (moderate mental retardation) als *Übergangsformen* zur Lernbehinderung oder Grenzfälle; das sind Kinder, die u. a. eine Befähigung zum instrumentellen Gebrauch einfachen Lesens und Schreibens, u. U. auffallende Teilbegabungen aufweisen und in sozialer Hinsicht im gewohnten — auch außerhäuslichen — Situationsfeld relativ selbständig werden können.
- *Durchschnittliche geistige Behinderungen* (severe mental retardation) bei Kindern und Jugendlichen mit einem Lernfeld, das sich vornehmlich auf Primärgruppen und weitestgehend absichernde Sozialsysteme bezieht (Familie, Sonderschulklassen, Heimgruppen, Werkstatt für Behinderte); die Lernfähigkeit in Gruppen ist gegeben. Über die gewohnten Gruppen hinaus besteht in sozialer Hinsicht eine deutliche Führungsbedürftigkeit.
- *Intensive geistige Behinderung* (profound mental retardation), auch als schwerste geistige Behinderungen bezeichnet, das sind Kinder und Jugendliche mit einem auf die nächste Umgebung eingeengten Lernfeld, mit einer im wesentlichen basalen Lernfähigkeit und einer extremen und umfassenden sozialen Abhängigkeit und mit erheblicher (zumeist dominanter) Pflegebedürftigkeit. Einzelförderung als Intensivförderung ist nötig. Vielfach werden solche Kinder und Jugendliche bettlägerig gehalten.

Diese Niveaustufung bezieht sich im wesentlichen auf lernorganisatorische Konsequenzen, vor allem auf die Bildung entsprechender *Lerngruppen* oder *Abteilungen*, z. B. von Intensiv-Abteilungen oder von Übergangsklassen.

Von mehr *didaktisch-methodischen Implikationen* bestimmt ist eine Gliederung, die *Thalhammer* (1974) vornimmt, und die auf die Entwicklung der kommunikativen Fähigkeiten und damit vom Beziehungs- und

Vermittlungsaspekt her bestimmt ist. Dabei werden vier Stufen unterschieden, die zugleich insgesamt evolutiv menschliche Kommunikation konstituieren:
- *eindrucksfähiges Geistigbehindertsein:* Vorherrschen sensorischer (impressiver) Aktivitäten
- *ausdrucksfähiges Geistigbehindertsein:* Differenzierung psychomotorischer Ausdrucksmodalitäten, im wesentlichen non-verbale Kommunikationsweisen
- *gewöhnungsfähiges Geistigbehindertsein:* Lineare Handlungsvollzüge, habituell geschlossene Verhaltensweisen, Befähigung zu verbaler Kommunikation
- *sozialhandlungsfähiges Geistigbehindertsein:* Für konkretes Handeln im sozialen Feld stehen differenziertere Schemata und sprachlich umsetzbare Vorstellungen und Begriffe zur Verfügung.

Während die ersten beiden Stufen sich den Intensivformen geistiger Behinderung in der obigen lernorganisatorischen Einteilung zuordnen lassen, beziehen sich die letzten beiden auf Durchschnittsformen geistiger Behinderung.

Die Schule für Geistigbehinderte als Erfahrungsschule

Die Aufgabe der Institution Schule ist heute heftigen Kritiken ausgesetzt. Obwohl mehr denn je von kindzentriert und schülerorientiert die Rede ist, macht sich eine *zunehmende Verfremdung zwischen Schüler und Schule* bemerkbar: geklagt wird über Schulunlust, übermäßigen Leistungs- und Konkurrenzdruck, verstärkte Aggressionsneigung, Neurotisierung des Verhaltens, Überforderung von Lehrern und Eltern, immer häufigeres Schulversagen. Die Schule wird verschult, sie macht krank, sie wird übermäßig reglementiert. Es wird nach einer *Humanisierung der Schule* gerufen (*Aurin* 1977). Diese wird in einer Gestaltung der Schulwirklichkeit gesehen, die der spezifischen Eigenart des Menschen, den Prozessen seiner Entwicklung und seiner Selbstverwirklichung entspricht (S. 759). Humanisierung der Schule bedeutet „das tägliche Bemühen von Lehrern und Schülern, in der Auseinandersetzung mit sozio-kulturellen Sachverhalten und den Dingen der Natur, die zur Vermittlung von Kenntnissen, Fähigkeiten und Verständnis für das Leben, für das Sich-Behaupten und -Bewahren in ihm notwendig sind, zugleich immer wieder sich selbst zu erfahren und ein Stück von sich selbst zu verwirklichen" (ibid. 769). Humanisierung der Schule bedeutet, „sich mit Schülern, mit ihren Einstellungen, Problemen und Sorgen auseinanderzusetzen, ... sie zu spüren, sie mitzutragen und zu verstehen suchen", heißt konkret helfen, damit sie mit sich und ihren Mitschülern und Lehrern zurechtkommen (S. 770).

Eine menschlichere Schule jenseits eines vorprogrammierten Leistungs- und Funktionssystems, eine Schule, die den Schüler in allen seinen speziellen Bedürfnissen ganz ernstnimmt und eine Brücke zu bauen versucht für einen Weg in ein sinngetragenes Leben, eine Schule, die Lernen und Leben lehrt, in der eine Atmosphäre des vertrauensvollen Miteinander und des Verstehens herrscht, in der man sich geborgen, angenommen fühlt, eine Schule, in die die Schüler wirklich gern gehen, ohne schulmüde zu werden, das kann gerade die Schule für Geistigbehinderte sein — möglicherweise wie keine andere Schule! Weil sie nicht unmittelbar in der gesellschaftlichen Koppelung des Leistungsprinzips mit sozialen Berechtigungen steht, hat sie die Chance, sich Raum zu verschaffen und sich zu behaupten für personale und soziale Dimensionen, die vom Kind und seinen Bedürfnissen, ein integrierter Teil der Welt zu sein, her bestimmt sind. Die Schule für Geistigbehinderte steht vor der Notwendigkeit, sich einer Aufgabenkomplexität zu stellen, die sich auf physische und auf psychische Belange, auf die ganz persönliche und auf die erweiterte soziale Umwelt, auf offenes Spielen und auf zielbestimmtes Lernen, auf kognitive Differenzierung und emotionale Beziehung, auf Handeln und auf Sein-lassen erstreckt. Sie wird damit zu einem Ort des Leben-lehrens und des Mitleben-lassens, des wirklichkeitsnahen Erfahrens und Erlebens. Sie erreicht damit einen höheren Echtheitsgrad im Vergleich zu verfremdenden Künstlichkeit der üblichen „Lernorganisation".

H. v. Hentig (1972) bezeichnet die „entschulte Schule" als *„Erfahrungsschule"*. In ihr ist „Spielraum" für offene und reale, nicht künstlich isolierte Erfahrung, haben die Lehrer und Erzieher die Funktion von Helfern und Vermittlern, wird offene und öffentliche Kommunikation und Kooperation möglich. Indem sie sich auch der offenen Situation stellt, dem Unvorhergesehenen, dem Nicht-planbaren, der Betroffenheit, wird sie zu einer Schule, die *dem Kinde dient,* also keine „beherrschende Rolle" spielt (S. 109 f.).

Eine derart *lebensunmittelbare Schulkonzeption* ist gebunden an ein gesellschaftliches Bezugsfeld, in welchem der geistigbehinderte Mensch allgemein soziale Akzeptanz ohne Leistungs- und Berechtigungsnachweis vorfindet, an eine Gesellschaft, die sich ihm gegenüber in seiner Abhängigkeit menschlich verpflichtet erweist, weil er ihr angehört. Da aber derartige Einstellungen und Verpflichtungen keine Naturprodukte sind sondern Bewußtseinsakte, müssen sich die pädagogischen Bemühungen der Schule für Geistigbehinderte auch nach außen richten, bzw. die *Außenwelt mit hereinholen* in ihren „internen" Raum.

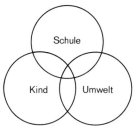

Abb. 7: Einbeziehung der Außenwelt

Als einzelne *Aufgabenbereiche* der Schule für Geistigbehinderte lassen sich in einer *komplexen Konzeption* folgende unterscheiden:
- das Lehren (Erziehen, Unterrichten)
- die pädagogisch-psychologische Diagnostik
- spezielle Therapie (Verhaltenstherapie, Spieltherapie u. a.)
- Freizeit- und Gruppenarbeit
- Elternarbeit als pädagogische Partnerschaft
- Pflege und Gesundheitsfürsorge (ärztl. Begleitung)
- Öffentlichkeitsarbeit.

Nicht alle diese Bereiche sind unmittelbare oder ausschließliche Aufgaben der Schule. Einige beziehen sich auf *Vermittlungs- und Kooperationsdienste,* z. B. auf die Mitwirkung und Einbeziehung außerschulischer Fachleute und Einrichtungen (Ärzte, Psychologen, Kliniken, Soziale Dienste).

Der Schule als einer staatlich geregelten Institution mit Besuchspflicht kommt die besondere Aufgabe zu, das Gesamtwohl dieser Kinder verantwortlich im Auge zu haben und sichern zu helfen.

Entsprechend diesen differenzierten Aufgaben wird die Schule für Geistigbehinderte abweichend vom üblichen Schule-Schema in *personeller Hinsicht* deutliche Unterschiedlichkeiten aufweisen: *Sonderschullehrer* mit der speziellen Ausbildung in Geistigbehindertenpädagogik, *Assistenzlehrer* (Personal für heilpädagogische Unterrichtshilfe, Fachlehrer an Sonderschulen), andere *Fachlehrer, Psychologen, Sozial- und Heilpädagogen, Logopäden, Beschäftigungstherapeuten, Pflegepersonal* u. a. Eine differenzierte Darstellung der verschiedenen Tätigkeitsbereiche und Ausbildungsqualifikationen gibt *Feuser* (1973). Für eine künftig differenziertere pädagogische Arbeit in der Schulklasse erscheint der *gemeinsame Einsatz von zwei Lehrern* (Sonderschullehrer und Assistenzlehrer) im Unterricht notwendig, u. U. in einer flexiblen organisatorischen Kombination mit einer anderen Klasse.

Damit ist auch die *interdisziplinäre Kooperativität* des schulisch organisierten Fördersystems für geistigbehinderte Kinder und Jugendliche angesprochen. Die Vorstellung, ein einzelner Spezialist wie der

Sonderschullehrer als Klassenlehrer sei für die Durchführung aller Fördermaßnahmen in seiner Klasse (Gruppe) allein verantwortlich, gehört ebenso der Vergangenheit an wie der Anspruch eines Einzelspezialisten, sei es ein Arzt, ein Psychologe, ein Sprachtherapeut oder ein anderer, mit den sich stellenden Problemen, bei mehrfach und schwerbehinderten Kindern allein fertig werden zu wollen, zumal wenn es sich nicht um bloße punktuelle Interventionen (Therapien) sondern eine komplexe, Leben erschließende Aufgabe handelt.

Die Schule wird damit zu einem *interdisziplinären Förder- und Hilfesystem* in dem Sinne, daß sie alle speziellen helfenden Dienste, derer die mehrfachbehinderten Kinder und Jugendlichen bedürfen, organisatorisch vermittelt und zwar auch in der Weise, daß ein Spezialist vom anderen lernt, z. B. der Lehrer — aber auch die Eltern — von einer Krankengymnastin, wie bestimmte Bewegungen geübt werden können. *Haring und Bricker* (1976) beschreiben ein solches *interdisziplinäres Gesamt-Fördersystem*, wie es sich in den USA, aber auch in anderen Ländern immer mehr durchsetzt. Dabei werden auch die *Eltern* als integraler Teil jeglicher Interventionsteams miteinbezogen (S. 29).

Es liegt auf der Hand, daß eine unterschiedliche Zusammensetzung der Mitarbeiterschaft innerhalb eines interdisziplinären Gesamtsystems auch zu eigenen Problemen führt. Kooperation ist auf Lernprozesse angewiesen. Es empfiehlt sich das regelmäßige Gespräch miteinander und zwar organisiert auf Stufenebenen (*Kooperative Abteilungen*), so daß sich jeweils ein kleinerer Kreis beruflich unterschiedlicher Zusammensetzung trifft. Derartige *Gruppenbildungen mit informellem, persönlichem Charakter* können auch dazu beitragen, daß die ganze Schule nicht in einem Funktionsapparat erstarrt, in dem Schulmanagement und Routine dominant werden. Es wird auch darauf ankommen, daß bei der Arbeitsteilung, der Aufteilung von Verantwortlichen und Funktionen kein Kompetenzen-Wirrwarr und auch kein Verantwortungsverlust für das Kind eintritt. Es kann kein Zweifel bestehen, daß für jedes Team, für jedes Kind, für jede Gruppe letzte und koordinierende Verantwortlichkeit wirksam sein müssen; denn es geht nicht um spezielle Funktionen am Kind, sondern es geht um das Kind und sein Menschwerden auf dem Wege seiner Sozialisation. „Wer anders als der Erzieher wäre dann berufen, die Verantwortung zu übernehmen für das Kind und für alles, was mit ihm geschieht?" (*Moor* 1965, 14) Im Erziehungssystem der Schule für Geistigbehinderte kommt diese koordinierende Verantwortlichkeit dem Sonderschullehrer zu. Sie wird u. a. auch darauf gerichtet sein, die Zahl und den Tätigkeitsumfang der verschiedenen Mitarbeiter je Kind so gering als nötig zu halten, um Beziehungsprobleme pro Kind möglichst zu reduzieren.

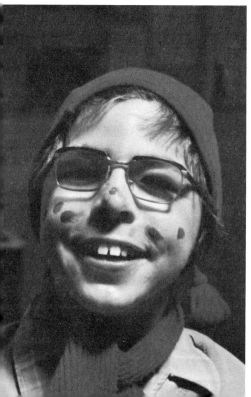

Unterricht mit geistigbehinderten Schülern

Unter Unterricht läßt sich die schulische Veranstaltung des *Lehrens* verstehen, welches darauf *gerichtet* ist, *bestimmte Lernprozesse auszulösen und zu unterstützen*, die für das Kind und seine Sozialisation real wichtig sind. Es geht darum, dem Kind „den Aufbau oder die Veränderung von relativ überdauernden Einstellungen bzw. Haltungen, Fähigkeiten, Erkenntnissen und Kenntnissen zu ermöglichen, und zwar unter Zielvorstellungen, die im Hinblick auf die Adressaten solcher Bemühungen für gültig bzw. für begründbar gehalten werden" (*Klafki* 1977, 12). Die Ergebnisse des Unterrichts sind Ergebnisse von Interaktionen, die ihrerseits bestimmter unterrichtlicher Organisationsbedingungen (Strukturen) bedürfen.

Die *unterrichtliche Ausgangsfrage* lautet für uns: Was sollen geistigbehinderte Kinder lernen? Was soll also in der Schule für Geistigbehinderte gelehrt werden? Die Beantwortung dieser Frage wird in zwei Richtungen erfolgen müssen: Einerseits ist sie von der Entwicklung und ihren Sequenzen abhängig und andererseits von der abschätzbaren und begründbaren personalen und sozialen Relevanz in der gegebenen Kultur. Letztere läßt sich beim geistigbehinderten Kind insbesondere unter dem Begriff der *Handlungskompetenz* fassen. Das geistigbehinderte Kind braucht einen Unterricht, der sich an den individuellen Entwicklungssequenzen orientiert und zugleich personal und sozial bedeutsame Handlungsmöglichkeiten erschließt (vgl. *Mühl* 1979).

In der Unterscheidung von *Entwicklungs- und Handlungsbezogenheit des Unterrichts* bei geistigbehinderten Kindern und Jugendlichen versuchen wir zwei Begriffe einander gegenüberzustellen, die uns geeignet erscheinen, die inhaltliche Spannung zum Ausdruck bringen zu können, von der geplantes Lehren und Lernen dieser Kinder und Jugendlichen bestimmt ist. Dabei sind beide Gesichtspunkte nicht voll voneinander trennbar, und individuell gesehen wird jeweils der eine oder der andere Aspekt stärker im Unterricht zum Tragen kommen. — Daß der Unterricht nicht nur praktische Fertigkeiten (skills) sondern auch Seinsqualitäten (Lebensqualitäten) zu vermitteln hat, sei hier nur kurz ergänzt.

Entwicklungsbezogener Unterricht

Die Entwicklungspsychologie und -physiologie hat bestimmte Abfolgen in der Entwicklung des menschlichen Organismus festgestellt, die sich generalisieren lassen, so daß der individuelle Verlauf an bestimmten

Normwerten gemessen und verglichen werden kann. Wichtig ist, daß eine *Entwicklungssequenz* nicht umkehrbar ist, d. h. daß jeder Entwicklungsschritt durch einen bestimmten vorausgegangenen ermöglicht wird. Diese Sequenzen lassen sich für bestimmte Einzelfunktionen in Entwicklungstabellen markieren (*Gesell*). Unterscheiden lassen sich die Funktionen der Motorik (Groß- und Fein-Motorik), der Wahrnehmung (Optik, Akustik), der Sprache (Kommunikation), der Kognition, der sozialen Anpassung (Selbsthilfe) u. a. Mit Entwicklung sind nicht einfach biologische Reifungsprozesse gemeint sondern Prozesse sozialen Lernens, deren generalisierbare Abfolgen sich — mit hoher Wahrscheinlichkeit — vorausbestimmen lassen. Dadurch gewinnt das Entwicklungskonzept eine direkte Bedeutung für die Planung von Fördermaßnahmen, für die Orientierung an der „Zone der nächsten Entwicklung" (*Wygotski*).

Das *Entwicklungskonzept* gilt gegenwärtig — insbesondere in den USA — als der meistversprechende Ansatz zur systematischen Unterrichtung gerade intensiv geistigbehinderter Kinder (*Haring/Brown* 1976, *Haring/Schiefelbusch* 1976). *Adam* (1977) berichtet über verschiedene curriculare Konstruktionen auf entwicklungspsychologischer Basis in den Vereinigten Staaten, insbesondere über das Magnolia-Curriculum (*Adam* 1978). Die besonderen Vorzüge eines curricularen Ansatzes nach dem Entwicklungskonzept lassen sich wie folgt zusammenstellen:
– systematisches Lehren (Präzisions-Lehren)
– Lernen in kleinsten Schritten
– operationalisiertes und daher kontrollierbares Lernen
– klare Planungsgliederung nach Funktionsbereichen und Sequenzen
– überprüfbare Berücksichtigung des individuellen Entwicklungsstandes
– Vermeiden von Überforderungen
– basales Lernen, Lernen des Lernens
– besonders geeignet für intensiv geistigbehinderte Kinder und Jugendliche.

Ein klares Bild von einem derartigen Unterricht nach dem Entwicklungsmodell erhält man erst, wenn man die ganze differenzierte und *aufwendige Präzisionstechnologie* in Erfahrung bringt, die ein solcher Ansatz erfordert (verschiedenste Check-lists und Kartensysteme), und wie sie beispielsweise ausführlich bei *Haring* und *Schiefelbusch* (1976) dargestellt sind. Sie sind im wesentlichen von Psychologen in *Experimental-Forschungsarbeiten* gewonnen worden und beruhen strikt auf *behavioristischen Prämissen*. Wieweit sich dieser verhaltenspsychologische Präzisionsansatz tatsächlich und auf Dauer in sämtlichen Schulen — nicht nur in besonders präparierten Modellschulen — als *Entwicklungscurriculum* für den gesamten Unterricht umsetzen läßt, bleibt abzuwarten. Ohne Zweifel hat sich dieser Ansatz für spezifische und begrenzte Interventionen bewährt und zwar sowohl für *Korrektur-Interventionen*, z. B. bei schweren Verhaltensproblemen, als auch bei *Konstruktiv-Interventionen* (vgl. *Haring/Brown* 1976, *Wyne/Stuck* 1977). Es kann auch wohl kaum bestritten werden, daß eine unterrichtliche Orientierung am Entwicklungsmodell bei intensiv behinderten Kindern in besonderer Weise — auch in der Frühförderung — angezeigt ist, daß eine an allgemeinen Entwicklungsnormen orientierte Gesamtauflistung aller wichtigen Kernbereiche einschließlich möglicher Lernsysteme (Fertigkeiten) zu einer differenzierteren und gründlicheren, d. h. nichts Wesentliches übersehenden Lehrplanung und Schülerbeurteilung beitragen kann. (Vgl. auch Abschnitt „Verhaltenspsychologische Lehrtechnologien", S. 178 f.)

Es sind jedoch auch *generelle Bedenken* gegenüber einem *ausschließlich* von Entwicklungsnormen bestimmten Curriculum geltend zu machen. Sie ergeben sich u. a. aus den Fragen nach der Begründung der hier praktizierten *Normativität* und nach der individuellen Praktizierbarkeit von Zielen „normalen" Verhaltens bei so unterschiedlich beeinträchtigten Kindern, wie es geistigbehinderte sind. Es kann kein Zweifel bestehen, daß es sich bei dieser *Normativität von Entwicklung* um einen *unabgeklärten Komplex* handelt, der von biologischen und sozial-kulturellen Faktoren abhängig ist. Was ist im übrigen „*normales" Verhalten*: der statistische Mittelwert der unendlichen Verschiedenheit menschlichen Verhaltens — bezogen auf Lebensalter oder auf Intelligenzalter? Es erscheint mehr als fraglich, daß ein geistigbehindertes, d. h. im allgemeinen ein mehrfach behindertes Kind, die gleichen Sequenzen zu durchlaufen hätte wie ein nicht-geistigbehindertes Kind, und daß für seine eigene künftige Lebensbewältigung in der gegebenen Kultur die Entwicklungsnormen eines gesunden Kleinkindes maßgebend sein sollen. Im übrigen kann von einer Stabilität der normativen Entwicklungssequenzen im individuellen Vergleich keine Rede sein. Die Variabilität hängt u. a. von den individuellen sozialen Interaktionen in der gegebenen Kultur ab. Diese Plastizität schließt eine rigide Handhabung normativer Entwicklungstabellen als allein maßgebender Lehrzieltabellen aus. Curriculare Zielsetzungen müssen sich vielmehr und grundsätzlich an individuellen Leistungsmöglichkeiten und Erfordernissen der spezifischen Umwelt orientieren, in der der einzelne geistigbehinderte Mensch mit seinen Kapazitäten zu leben hat und zu leben haben wird, und die es zu realisieren und zu verbessern gilt. *Brooks und Baumeister* (1977) sprechen treffend von „*ecological validity*" der curricularen Inhalte, was man auch in einer Erweiterung übersetzen könnte mit *sozialer und personaler Validität*. Sie erfordert vom Lehrer eine *variable* Lehrzielfindung.

Bedenken gegen eine *rigide Handhabung* des Entwicklungsmodells beziehen sich auch auf das Lehrerverhalten, das davon stark geprägt werden kann. Es kann — wie *Switzki* u. a. 1979 in ihrer prinzipiellen Kritik am normativen Entwicklungsmodell berichten — dazu kommen, daß streng an die vorgeschriebenen Sequenzen gebundene Lehrer individuelle Variationsmöglichkeiten übersehen oder ignorieren, daß sie in einer *Gleichschrittmanier* glauben, den curricular fixierten nächsten Entwicklungsschritt erzwingen zu müssen, daß derartige Curricula *mechanisch* und *simpel* nach der Art von *Kochbüchern* gehandhabt werden. Es sei vielmehr anzustreben, daß sich der Lehrer bei der extremen Variabilität individueller Entwicklungen bei geistiger Behinderung mehr an individuellen Entwicklungsverläufen über eine systematische Beobachtung orientiert und die Schüler jeweils in ihren eigenen Entwicklungsveränderungen über bestimmte Zeitabschnitte hinweg vergleicht.

Damit sind die *Grenzen* eines unterrichtlichen Entwicklungskonzeptes aufgezeigt. Sie liegen letztlich in der Voraus-Fixierung eines lediglich *produktorientierten Lernens*, das dazu führen kann, daß das Kind, aber auch sein Lehrer nicht mehr genügend *Freiräume* für eigenes, kreatives Lernen und Gestalten sehen. Das entwicklungsorientierte Lehrkonzept verliert da seine pädagogische Legitimation, wo das Kind einen spezifisch eigenen Entwicklungsverlauf erkennen läßt, und wo es fähig wird, in offenen Situationen zu handeln. Der Weg dahin ist freilich ein allmählicher Übergang, bei dem zur Unterstützung des Handeln-Lernens das Kind immer wieder streckenweise (kursweise) entwicklungsbezogener Unterrichtsmuster bedarf, um bestimmte Fertigkeiten als Einzelleistungen in einer bestimmten optimalen Sequenz zu erwerben, z. B. im Bereich der Kommunikation, der sozialen Interaktion, aber auch der Voraussetzungen für Lesen und Schreiben (prereading, prewriting, vgl. *Cohen/Gross/Haring*, in: *Haring/Brown* 1976).

Handlungsbezogener Unterricht

Während der entwicklungsbezogene Unterrichtsansatz im besonderen durch die Gebundenheit der Lernziele und Lernprozesse gekennzeichnet ist, zielt der handlungsbezogene Ansatz auf *relativ offenes Agieren in realen Lebenssituationen*. Es geht um den Erwerb von *Handlungskompetenz*.

Handlung ist „die Verwirklichung eines Antriebszieles in der Welt durch die Eigentätigkeit des Subjekts" (*Lersch* 1952, 390), d. h. sie ist eine gerichtete Tätigkeit. *Tomaszewski* (1978) spricht von „Zielverhalten". Zugleich erweist sich die Handlung als eine *Antwort auf eine Situation*, aus der heraus sich eine *Aufgabe* stellt. Man kann auch von einer „Aufgabensituation" reden (*Tomaszewski*, ibid.). Handlung stellt sich also nicht als bloße Reaktion auf einen Reiz dar, sondern als komplexer Akt bezogen auf eine Situation. Der Verlauf der Handlung wird vom *Subjekt* bestimmt, wobei die *Antizipation* eine wesentliche Rolle spielt. Dabei werden Erfahrungen mittels Einsicht (Intelligenz) verwertet. Dieser Vorgang ist nicht auf das Vollbewußtsein angewiesen, verläuft vielmehr weithin in Halbbewußtheit oder Unbewußtheit. In jedem Falle realisiert sich in der Handlung Selbständigkeit, wird diese auch nur spurenhaft erlebt. Zugleich ist es eine Erfahrung innerhalb eines sozialen Feldes und damit eine *soziale Erfahrung*.

Es liegt pädagogisch nahe, Handlungsfähigkeit in diesem Sinne als allgemeines Lehr- oder Erziehungsziel für den Unterricht bei geistigbehinderten Kindern und Jugendlichen zu verwenden (*Mühl* 1979). Gemeint ist eine komplexe Kompetenz, die über funktionale, isolierte Teilleistungen hinaus bzw. mit deren Hilfe den Menschen instandsetzt, auf wechselnde Lebenssituationen adäquate Antworten zu finden, d. h. in der Welt bestehen zu können, sich als Teil eines Ganzen zu erfahren, und zwar gerade dadurch, daß man auch intentional tätig wird.

Wir verwenden damit einen Begriff von Handlung, der über bloßes entwicklungsbiologisch determiniertes und reaktives Tätigsein hinausreicht in den *offenen Raum* subjektiv zu bewältigender Situationen des Alltagslebens mit der Zielrichtung auf *realisierbare Selbständigkeit* in der Lebenswirklichkeit.

Die *Bedeutung eines handlungsbezogenen Unterrichtskonzepts* kann darin gesehen werden, daß es in besonderem Maß
– das Lernen in Sinnganzen (Situationen)
– das Tätigwerden in sozialen Bezügen
– das Erfahren von Sachzusammenhängen
– die Ausbildung von Subjektivität (Selbstbewußtsein)
– lebenspraktische Aufgabenbewältigungen und Orientierungen und
– Einsicht und Kreativität
ermöglicht.

Es ist ein Konzept, das gegenüber dem mehr gebundenen Entwicklungsansatz mehr Offenheit bezüglich der Lernprozesse und Lernergebnisse zu realisieren vermag und damit dem menschlichen Bedürfnis nach freiem Handeln, nach Kreativität und Selbstverwirklichung stärker entgegenkommt. Es bildet als sozial-orientiertes Konzept gewissermaßen den Gegenpol zum letztlich biologisch ansetzenden Entwicklungsmodell. Damit sollen freilich nur Extrempositionen markiert sein. In Wirklichkeit *greifen beide Ansätze ineinander* und zwar in der Weise, daß das Entwicklungsmodell entwicklungsmäßig früher ansetzt und eine für das Erlernen von Handlungskompetenz notwendige Vorbedingung und Unterstützung darstellt. Es kommt daher auch eher für die ersten Lebensjahre und für intensiv behinderte Kinder in Betracht, während das Handlungskonzept voll realisierbar wird bei kognitiv und kommunikativ fortgeschritteneren und selbständigeren geistigbehinderten Kindern und Jugendlichen. Gegenüber dem vollsystematisierbaren Entwicklungsmodell wirkt es strukturell eher vage und allgemein. Eine genaue und fixierende Lernzielbestimmung ist kaum möglich. Das Lernergebnis ist prinzipiell offen. Es kommt eher für Projektunterricht in Betracht. Es erweist sich letztlich als *originär pädagogisch-ganzheitlicher Ansatz* — mit allen Möglichkeiten und Grenzen. Der Unterricht in der Schule für Geistigbehinderte orientiert sich in seinen vielfältigen Formen entweder mehr am Entwicklungs- oder mehr am Handlungsbezugsrahmen. Die verschiedenen Zuordnungen und Überlappungen lassen sich in einer schematischen Polarisierung wie in Abb. 8 verdeutlichen:

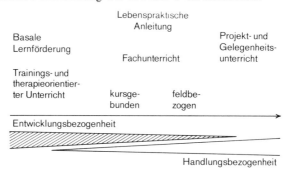

Abb. 8: Entwicklungs- und Handlungsbezogenheit des Unterrichts

Eine didaktische Orientierung kann sich nach dem Grundsatz richten: So viel basale und fundierende Entwicklungsgebundenheit als individuell nötig, und so viel Handlungsoffenheit als sinnvollerweise möglich. Letztere setzte jedoch die Öffnung der Schule in das reale Leben der Gesellschaft voraus, die Einbeziehung des Unterrichts in unmittelbare Handlungszusammenhänge. Das Bild, das jegliche Schule heute bietet, zeigt jedoch sogleich die Grenzen einer konsequenten Realisierung des Handlungsmodells auf. Es ist das Bild eines Lernortes voller Künstlichkeit der Sachbezüge und nur mittelbarer Erfahrungen, ein Unterrichtssystem, das sich angesichts der wachsenden Komplexität der Realität in immer mehr Verbalität und Abstraktion steigert, eine Schule, die Wort und Gegenstand trennt und damit den verbalen Realismus zerstört, indem sie eine Situation schafft, „in der Wörter systematisch und kontinuierlich ‚da' sind, ihre Entsprechungen aber nicht" (*Bruner* 1973, 77). Wenn dies für die allgemeine Schule beklagt wird, so ist eine solche Realitäts- und Handlungsferne erst recht für die Geistigbehindertenschule eigentlich unverantwortbar (vgl. auch *Mühl* 1979). Schon *Han-*

selmann hatte gefordert, daß eine Schulstube, in der Leben gelehrt werden soll, „gleichsam ihre vier Wände niederlegen" müsse, um Denken, ‚Fühlen‘ und Wollen im unmittelbaren Lebenszusammenhang erfahren und erleben zu können (1958, 156). Im Sinne dieser alten heilpädagogischen Einsicht ist das Konzept eines realitätsnahen, erfahrungsbezogenen Unterrichts zu sehen, wie es *Mühl* (1979) vorgelegt hat. Auch *Fischer* (1978) hat die Notwendigkeit eines ganzheitlichen, unmittelbar auf die Lebenswirklichkeit des einzelnen geistigbehinderten Kindes bezogenen Unterrichts herausgestellt, zu dem eine basale, funktionsbezogene Förderung nicht im Widerspruch stehen muß.

Didaktische Konsequenzen

Das *Grundkonzept* eines entwicklungs- und handlungsbezogenen Unterrichts muß in der komplexen Realität des Unterrichts bei geistigbehinderten Kindern so variabel und strukturiert zugleich gehandhabt werden, daß unter Berücksichtigung der individualen Lernvoraussetzungen mit ihrer enormen Varianz pro Klasse für alle Schüler ein Lernzuwachs, eine Verbesserung der Kommunikations- und Handlungskompetenz zu erwarten bzw. zu erzielen ist. Diese tägliche didaktische Aufgabe erfordert vom Lehrer ein hohes Maß an Sicherheit in der Einschätzung der gegebenen individuellen Lernbedingungen sowie an Variabilität, Situationsoffenheit und Souveränität in der Handhabung von Lehrzielen und Lehrinhalten.

Für diese konkrete Realisierung von Unterricht in der Schule für geistigbehinderte Kinder lassen sich folgende *Leitsätze* als *didaktische Konsequenzen* aus dem aufgezeigten Grundkonzept aufstellen:

a) Der Unterricht muß differenziert die Individualitäten der Schüler berücksichtigen (*Individualisierung*).

b) Der Unterricht muß eine aktive Auseinandersetzung mit den Lehrinhalten ermöglichen (*Aktivitätsprinzip*).

c) Der Unterricht muß möglichst ganzheitlich organisiert sein (*Ganzheitsprinzip*) und

d) die entsprechend nötigen Strukturierungshilfen bereitstellen (*Lehrzielstrukturierung*).

e) Durch variierende Wiederholungen soll die Anwendung von Kenntnissen und Fertigkeiten auf ähnliche Lerngegenstände und Situationen vorbereitet und geübt werden (*Übertragung, Anwendung*).

f) Die unterrichtliche Beanspruchung des Schülers muß dem Stand und der Stufenfolge der geistigen Entwicklung entsprechen (*Entwicklungsgemäßheit*).

g) Das kognitive Erfassen im Handeln soll durch begleitendes Sprechen gestützt werden (*Aktionsbegleitendes Sprechen*).

h) Alles Lernen wird im besonderen durch soziale Motivationen gefördert (*Soziales Lernen*).

Zu den einzelnen Orientierungspunkten für die Planung und Analyse von Unterricht in der Schule für Geistigbehinderte wäre folgendes zu bemerken:

Das Individualisierungsprinzip

ist bereits mehrfach in seiner besonderen Bedeutung angesprochen worden. Es verdient im Geistigbehinderten-Unterricht deshalb eine außergewöhnliche Beachtung, weil dieser sich wegen der enormen Unterschiedlichkeiten der individuellen Lernfähigkeiten und wegen der sehr begrenzten Selbst-Lernfähigkeit (incidental learning) der Schüler sich nur in sehr begrenztem Maße generalisierend an die ganze Klasse richten kann, vielmehr die einzelnen Schüler nur dann erreicht, wenn er sie direkt und individuell angemessen anspricht. Er muß *jeden Schüler in seinem Lernen da abholen, wo er sich jeweils befindet*. Übliche Lehrer-Kontrollfragen wie: „Habt ihr das verstanden?" haben bei geistigbehinderten Kindern höchstens karikaturistischen Wert. Es darf keine Stunde, keine Lehreinheit ablaufen, ohne daß sich der Lehrer auch an jedes einzelne Kind seiner Klasse gewandt hat.

Das Aktivitätsprinzip

Der Mensch lernt im wesentlichen durch seine Handlungen, verwirklicht sich in seiner Aktivität. Der Organismus ist dauernd in Aktion, um seine Struktur zu erhalten (*Piaget* 1969, 410). Die durch die geistige Behinderung beeinträchtigte Aktivität bedarf in besonderem Maße der Weckung, Belebung und Steuerung. Ohne Erziehung und Unterricht verfiele gerade der Geistigbehinderte der Stumpfheit.

Aktivität ist die Voraussetzung des Lernens. Sie ist Ausdruck des Verlangens nach Überwindung eines gestörten Gleichgewichts (*Piaget*). Die Lern- und Veränderungsaktivität ist daher vom Wahrnehmen dieser Dissonanz und von Veränderungsreizen abhängig, die durch den Unterricht geschaffen werden müssen. Lernen ist nicht als rein rezeptiv erfolgender Zuwachs an Wissen und Verhaltensregulation zu verstehen, sondern als progressiver Anreiz zur Differenzierung und Strukturierung. Nur durch eigenes Tun wird es möglich, sich die äußere Wirklichkeit einzuverleiben. Versuchen und Probieren wecken das Lerninteresse, verstärken die Lernmotivation. Nur wenn sich der von der Umwelt ausgehende Einfluß in ein eigenes Bedürfnis verwandelt, wird geistige Begegnung und Anpassung möglich.

Der Unterricht bei Geistigbehinderten muß radikal ernstmachen mit dem *Aktivitätsprinzip*. Soll er ein dynamischer sein, so muß er dem Kind unablässig Gelegenheit geben, durch Handeln Erfahrungen zu sammeln. Er darf nichts vorwegnehmen, was das Kind durch seine eigene Aktivität finden könnte. Verbales Lehren, transferierende Belehrungen allein, bloßes Referieren und Demonstrieren können nur zu einer passiven Aufnahme führen, soweit diese bei der nur geringen Generalisierungsfähigkeit des Geistigbehinderten überhaupt möglich ist.

Das Aktivitätsprinzip gilt für alle Stufen der geistigen Entwicklung. Bereits im Stadium des sensomotorischen Lernens sind es Operationen des Reproduzierens, des Wiederkennens und Generalisierens, die die ersten erworbenen Verhaltensweisen hervorbringen. Im Bereich des anschaulichen Denkens sind es intentionale Handlungen, die, durch die Sprache unterstützt, zur weiteren Differenzierung und Koordinierung des Verhaltens beitragen. Für *Piaget* ist das Denken vor allem eine Form des Tuns.

Das Tätigkeitsprinzip deckt sich nicht einfach mit dem Prinzip motorisch-manueller Betätigung, wenn diese auch beim Geistigbehinderten — insbesondere für den elementaren Aufbau sensomotorischer Schemata — eine sehr wichtige Rolle spielt. Aktivität kann auch eine geistige sein. *Aebli* (^{3}1968) nennt sie „verinnerlichte Handlungen", das sind Operationen, die das Kind bereits in seiner Vorstellung vollziehen kann, nachdem die tatsächliche Handlung vorausgegangen ist. Erst wenn das Kind eine vorgeführte Operation, z. B. ein Bild, die Darstellung eines Vorgangs, eine erzählte Geschichte, innerlich nachvollziehen kann, ist Anschauung vorhanden. Anschauung setzt Handlung voraus.

Aktivität in jeder Form läßt das Kind zu einem geistig mitwirkenden werden, so daß es nicht als bloß rezeptiv-gesteuertes der abstumpfenden Passivität verfällt.

Zur Belebung und Steuerung der Aktivität sind psychomotorische Übungen (*Pohl* 1977/78, *Walburg* 1974, *Mießler/Bauer* 1978), der tätige und realitätsnahe Umgang mit didaktisch angemessenen Lehrinhalten (*Walburg* 1978, *Jung/Krenzer/Lotz* 1975) und besondere und geeignete Lernmaterialien erforderlich. Möglichkeiten des Einsatzes von Medien im Unterricht hat *Hofmann* (1975) zusammengestellt. Erfahrungen und Empfehlungen zum Lernen mit dem Overhead-Projektor liegen von *Bauer/Fischer* (1978) vor.

Das Ganzheitsprinzip

des Unterrichts entspricht der hier zugrundegelegten Erfahrungsorientiertheit und Situationsoffenheit. Es betont das Operieren in Sinnganzen, die Einordnung detaillierter Lernziele in reale Zusammenhänge. Nach *Piaget* (1969) haben wir es bei den erworbenen Verhaltensweisen von Anfang an nicht mit einer „Summe von organisierten Elementen" zu tun, sondern viel eher mit einer „gesamtheitlichen und durchstrukturierten Organisation", „die aus einem System von interdependenten Operationen besteht (1969, 411 f.). Damit wird die Eigenstrukturiertheit und Dynamik des geistigen Werdens zum Ausdruck gebracht. Sie ist nach *Piaget* „keine bloße *Ansammlung von Reaktionen*, die durch äußere Stimuli auf mechanische Weise determiniert worden sind" (ibid., 412), wie man es gerade dem Lernen des Geistigbehinderten leicht unterstellen könnte. Geistige Organisation ist vielmehr „ein Zyklus von Operationen, der so gestaltet ist, daß jede der Operationen für die andere notwendig ist" (*Piaget* ibid., 413).

Der Unterricht sollte nach Möglichkeit so gestaltet sein, daß er dem Kinde viel Gelegenheit gibt, in Sinn- und Sachganzen zu handeln. Der Sinn des eigenen Tuns, die einfache Struktur eines Sachverhalts müssen ihm erfahrbar sein. So dürfte es pädagogisch sinnlos sein, es in *irgendwelchen kognitiven Techniken* schematisch zu drillen, ihm bestimmte Verhaltensweisen — mögen sie noch so wünschenswert erscheinen — durch geschicktes „Verstärken" beizubringen, wenn diese sich nicht durch Operationen des *Umstrukturierens in das psychische Gesamtfeld einfügen* lassen (*M. Wertheimer* 1957). Wir stoßen damit noch einmal auf den Begriff des Handelns.

Die Handlung als wirkendes Verhalten des instinktarmen Menschen ist durch ihre Gerichtetheit auf die Welt gekennzeichnet und ist vom Gestaltganzen einer Situation, nicht von einzelnen Reizen bestimmt. Sie ist auch nicht Reaktion eines körperlichen Teilganzen, sondern „Antwort der psychosomatischen Ganzheit" (*Lersch* ibid., 389). Neben den Instinkthandlungen sind vor allem die Erfahrungshandlungen und das einsichtige Handeln von pädagogischer Relevanz.

Der Unterricht auch bei Geistigbehinderten muß erfahrungsgesteuertes und nach Möglichkeit auch *einsichtiges Handeln* ermöglichen, wenn er *Geistiges* bewirken soll. Er muß das Kind in und vor Situationen stellen, in denen es als Ganzheit sinnvoll agieren, das heißt sich handelnd bewähren und Einsichten gewinnen kann. Das erfordert Unterrichtssituationen, die das Kind als Sinnganze oder „Handlungseinheiten" (*Rabenstein* und *Haas* [3]1969) erleben kann. Dazu eignen sich lebensunmittelbare, dem täglichen Erfahrungsbereich des Kindes entnommene Lehr- und Lerneinheiten, wie z. B. *Rabenstein* und *Haas* ([3]1969) für einen elementaren Sachunterricht erprobt und dargestellt haben. Unter „Handlungseinheit" verstehen die Autoren eine Unterrichtseinheit, der ein Handlungsablauf zugrundeliegt, der von Lehrer und Schülern gemeinsam ausgeführt wird und ein Vorhaben mit einem Minimum an Stoff beinhaltet. Vollzogen werden nur solche Tätigkeiten, die unbedingt nötig sind, um die didaktische Absicht zu erreichen. Diese Tätigkeiten aber werden mit großer unterrichtlicher Gründlichkeit ausgeführt. Es werden Gegenstände hergestellt, untersucht, verändert oder verwendet.

Lernpsychologisch gesehen vollzieht sich dabei eine innige Verflechtung des „Lernens durch Handeln und des Lernens durch Beobachten von Vorgängen". Die didaktische Absicht liegt in der „Bildung von Anschauungen, dem Erwerb grundlegender Erfahrungen und Einsichten und in der Gewinnung von Grundbegriffen". Bestimmte Ausschnitte der Umwelt werden als vereinfachte Sachverhalte in ein „Nacheinander von Handlungsschritten umgesetzt". Die meisten Handlungseinheiten verlaufen über den Weg von Versuch und Irrtum. Es handelt sich um gelenkte Selbständigkeit im Sinne eines „Miteinanderhandelns von Lehrer und Kindern". Die Grundlage bildet das Tun, das psychodidaktisch Entscheidende aber ist „das Nachdenken über das Tun, der geistige Akt" (13/14).

Einige der von *Rabenstein* und *Haas* (ibid.) genannten und im einzelnen ausgeführten Handlungseinheiten eignen sich bei entsprechender Vereinfachung auch für den Unterricht bei Geistigbehinderten:
Wir bauen einen Schneemann.
Schneeräumen.
Glatteis.
Wir basteln eine Faschingsmütze.
Der Osterhase bemalt die Ostereier.
Peter wäscht sich.
Zähne putzen, das bringt Nutzen.
Der Regenschirm wird aufgespannt.
Wir basteln ein Adventslicht.
Wir schmücken den Adventskranz.
Wir setzen einen Ableger ein.
Wir geben unseren Blumen zu trinken.
Wir basteln Kastanientiere.
Mutter kocht ein Ei.
Hans läßt Seifenblasen steigen.
Wir basteln ein Windrädchen.

Derartige Themen eröffnen eine Vielfalt von Möglichkeiten, Erfahrungen zu machen und auszuwerten, Einsichten zu gewinnen, Fertigkeiten zu erwerben, produktiv — im allereinfachsten Sinne des Wortes — zu handeln und zu denken.

Die *Normorientierung* des Verhaltens dürfte auch beim Geistigbehinderten am sichersten gelingen, wenn sie innerhalb von Sinnganzheiten erfolgt. Eine Fächerung des Unterrichts kann erst mit der fortschreitenden Differenzierung und Entwicklung des Kindes zum Tragen kommen (*D. Fischer* 1978). Verfehlt wäre es, das Lernen als bloße Funktionsnahrung aufzufassen. Das Kind muß vielmehr auch erfahren, daß es Umwelt durch sein Handeln auch verändern kann.

Lehrziel-Strukturierung

Der Weg zum Erreichen eines bestimmten Lehrzieles verlangt ein weitestgehendes *Klarlegen der Lernroute*, d. h. der einzelnen Schritte auf ein bestimmtes Ziel, eine bestimmte Erfahrung hin, was gleichzeitig das Beiseiteräumen von lernhemmenden, momentan unwichtigen Details bedeutet. Hierzu muß der Lehrer bis ins einzelne die wesentlichen Inhalte und Strukturen eines Begriffes oder einer Handlung, die erfaßt werden sollen, z. B. einer Speise, die zubereitet werden soll, genau aufgliedern und in einzelnen, aufeinander aufbauenden Lehrschritten fassen können, soweit solche Ziele als Orientierungspunkte vorhersehbar sind. Das *Entwicklungsmodell* gibt vor allem für entwicklungsjüngere Kinder den wichtigsten Orientierungsrahmen ab, z. B. für den Einsatz der Handmotorik für eine bestimmte Tätigkeit. Mit fortschreitender Entwicklung und Verselbständigung kommen sachimmanente Gesetzmäßigkeiten beim Lernen zum Tragen, die eine bestimmte Schrittfolge erfordern, um ein Lehrziel, wie z. B. den Umgang mit einem Werkzeug, erreichen zu können.

Die hier angesprochene Lehrziel-Stukturierung bezieht sich freilich nicht nur und unmittelbar auf bloße Abfolgen sondern vor allem darauf, daß sachstrukturelle Zusammenhänge als gesamtheitliche geistige Strukturen lernwirksam werden.

Wenn es darum geht, Lernen als sukzessive und dynamische Erweiterung vorhandener „Schemata", nicht als bloße Reiz-Reaktions-Summationen zu ermöglichen, und wenn beim geistigbehinderten Kind die eigene Fähigkeit der Strukturierung (= Reduktion) der Realität erheblich begrenzt ist, so wird es didaktisch darauf ankommen, unterrichtliche Strukturierung als jeweils geringfügige Veränderung der Lernsituation zu handhaben, um Verwirrung zu vermeiden. Das Neue muß zwar klar diskriminiert werden können, muß sich aber auch auf *Entsprechungen* (Anknüpfungsmöglichkeiten) in den *bereits aufgebauten Lernsystemen* beziehen lassen können. Die Fremdheit darf nicht zu groß sein.

Das bedeutet für den Unterricht bei Geistigbehinderten: Keine zu großen Unterschiedlichkeit und Vielfalt in der Abfolge der Lehrgegenstände! Längeres Verweilen bei einem Lerngegenstand bei gleichzeitigem „Durcharbeiten der Operation" (*Aebli* 1961). *Aebli* nennt diese konkrete, sinnbezogene Übung an einem Lerninhalt auch „operatorische Übung". Nur in behutsamem Fortschreiten kann das Kind die Struktur und Varianz eines Lerngegenstandes erfahren und das Neue dem vorhandenen System einordnen. Dieses Prinzip der kleinsten Schritte läuft letzlich darauf hinaus, daß die Lehrziele individuell adäquat gefaßt werden, d. h. daß mehr *spezifisch* als *global* und *allgemein* geübt und unterrichtet wird. Geschieht dies nicht, so bleibt das Kind dem Dargebotenen gegenüber beziehungslos. Sein Verhalten wird lediglich mechanisiert, d. h. abgerichtet, oder das Kind wird überfordert. In jedem Falle ist das Ergebnis nicht geistige Klarheit, sondern Desorganisiertheit, d. h. Sinn- und Geistlosigkeit.

Die inzwischen von der *Ständigen Konferenz der Kultusminister der Länder in der Bundesrepublik* (1979) erlassenen *Empfehlungen für den Unterricht in der Schule für Geistigbehinderte* bieten als offen angelegter, umfassender Katalog von Lehrzielen eine Fülle von Einzel-Lehrzielen, die allerdings jeweils erst in die eigene Unterrichtsplanung des einzelnen Lehrers umgesetzt und real-inhaltlich gefüllt werden müssen.

Übertragung und Anwendung

Die Lerninhalte sind dann Bildungsinhalte, wenn sie der Lebensorientierung und Lebensbewältigung dienen. Das bedeutet, daß sie sich im Unterricht bei Geistigbehinderten durch unmittelbare *Konkretheit* auszeichnen müssen. Der „Veranschaulichung" durch Medien (Beschreibung, Bilder, Modelle) sind enge Grenzen gesetzt.

Konkretheit ist gegeben durch die Unmittelbarkeit der Begegnung und Auseinandersetzung mit der Wirklichkeit. Es sind beim Geistigbehinderten relativ *mehr konkrete* Einzelkenntnisse und Einzelfertigkeiten zu vermitteln, da seine Generalisierungs- und Übertragungsfähigkeit geringer ist. Daraus kann eine deprivierende Einzelhaftigkeit der pädagogischen Aufgabenstellung resultieren.

Das Haftenbleiben am Einzelnen, am Konkreten, der enge Transferspielraum des Geistigbehinderten läßt die Vermutung aufkommen, als sei ein exemplarisches Vorgehen hier wenig aussichtsreich. In der Tat findet man in vielen Bildungsplänen im allgemeinen nicht exemplarisch ausgewählte Bildungsgüter, sondern nahezu lückenlose Aufstellungen von Tätigkeitsbereichen und Einzelfunktionen, die der Geistigbehinderte für seine Lebensbewältigung zu erlernen hat. *Ziebell* (1966) legte eine besonders umfangreiche und bis ins kleinste detaillierte Aufgabensammlung vor, die von „Umgangsformen" bis „Gemütserziehung" reicht und mehrere hundert Einzelfunktionen als zu erlernende aufweist, wie z. B. „Tür leise öffnen und schließen, Schranktür öffnen und schließen,

Schubfächer öffnen und schließen, Tür mit Riegel, Haken oder Schlüssel öffnen und schließen, Lichtschalter bedienen, Wasserhahn bedienen, Dusche bedienen" und ähnliches.

Die Erklärung für einen solchen didaktischen Konkretismus läge unter anderem darin, daß infolge der eingeschränkten Auffassungfähigkeit der Umfang der in Betracht kommenden Lehrziele so gering ist, daß eine Auswahl nach dem exemplarischen Prinzip nicht mehr möglich erscheint, sondern allein von der unmittelbaren Lebensnotwendigkeit her bestimmt wird. Der Geistigbehinderte brauche keine beispielhaften Lerngegenstände kennen zu lernen, sondern allein diejenigen, welchen er tatsächlich begegnet.

Es wäre selbstverständlich völlig verfehlt, so etwas wie formale Bildung bei Geistigbehinderten zu betreiben. Ihr Lernfeld wird sich sinnvollerweise immer auf konkrete, wirklichkeitsunmittelbare Gegenstände und Tätigkeiten erstrecken müssen. Dabei aber darf nicht übersehen werden, daß menschliches Lernen, wenn es Hilfe sein soll, immer auch auf neue Situationen anwendbar sein muß, damit sich das Erlernte in der Variabilität und in langsam sich erweiternder Komplexität bewähren kann, und daß eine wachsende Unabhängigkeit von der unmittelbaren Instruktion und damit ein zunehmendes *Interesse für eigene neue Anwendungen* eintreten sollte, wenn Lehren kein bloßes Abrichten auf bestimmte Funktionen sein soll. So muß auch der Geistigbehinderte lernen, Ähnlichkeiten auszumachen und Verallgemeinerungen vorzunehmen, zu generalisieren. Er vermag durchaus vom konkreten Gegenstand zu abstrahieren, also Begriffe zu bilden, z. B. verschiedenartige Stühle als „Stühle" und verschiedenartige Blumen als „Blumen" zu begreifen. Er ist fähig zur Reizgeneralisierung; er kann z. B. auf grünes oder rotes Ampellicht entsprechend reagieren, gleichgültig, wie viele verschiedene Ampeln mit verschiedenen Formen und Farben ihm begegnen. Er kann nach der sicheren Einübung des Essens schließlich auch in Restaurants speisen. Er kann im Urlaub mit den Eltern vielfache Gelegenheiten benutzen, erlernte Kenntnisse und Fertigkeiten variabel anzuwenden. Er kann seine Wertschätzungen (Normen), die er sich in seiner gewohnten Umgebung angeeignet hat, in neuen und komplexeren Situationen erproben und damit stabilisieren.

Ein solches Übertragen oder Anwenden setzt voraus, daß das Kind von dem zu vermittelnden *Gegenstand in seiner Grundstruktur*, d. h. in seiner Bedeutung, die er für einen geistigbehinderten Menschen gewinnen kann und soll, *relativ klare Begriffe* hat, und daß es Grundfertigkeiten (basale Fertigkeiten) beherrscht. Ein solches exemplarisches Vorgehen und operatives Vertrautwerden mit einem Lehrinhalt, beispielsweise mit den Blumen im Schulzimmer, führt letztlich auch zu bestimmten Einstellungen, Wertschätzungen gegenüber Blumen, die auch über das

Schulzimmer hinaus auf andere Blumen und andere Dinge übertragen werden können, die als schön empfunden werden, und mit denen man pfleglich umgeht (Blumen im Garten, in der Natur).

Es wird darauf ankommen, daß die ähnlichen Lerngegenstände und Situationen, auf die übertragen werden soll, leicht überschaubar, nicht allzu komplex und allzu verschieden sind, und daß nur behutsam, Stück für Stück ausgliedernd und wieder zusammenführend fortgeschritten wird. Indem das früher Gelernte in veränderten Situationen geübt, d. h. variierend wiederholt wird, werden künftige Anwendungen, auch relativ selbständige, vorbereitet — und damit eigentlich auch mehr Freiheit erschlossen.

Die nötige Anwendungshilfe des Lehrers bezieht sich einerseits darauf, daß er den Kindern immer wieder *neue, passende Gelegenheiten* verschafft, einen Transfer vorzunehmen. Dies bedeutet, daß sich bestimmte Lehrinhalte und Lehrziele im Ablauf des Schullebens in sich *erweiternden Zyklen* wiederholen. Geht es schließlich um *Problem-Löse-Situationen*, so wird er sich dabei helfender Hinweise möglichst enthalten. Andererseits stellt sich das Problem, *außerschulische Situationen* in die Lehrplanung miteinzubeziehen. Hier ist der Lehrer auf die Zusammenarbeit mit den Eltern angewiesen, die er immer wieder auf die Bedeutung und auf die Gelegenheit der anzuwendenden Wiederholung hinweisen wird.

Entwicklungsgemäßheit

Die kognitive Entwicklung bedarf der unterrichtlichen *Förderung sensomotorischer Aktivitäten*. Es ist bereits darauf hingewiesen worden, daß die Entwicklung des Denkens auf das Tätigsein unter Verwendung aller Sinne angewiesen ist, daß sich das Kind die Welt durch sein Tätigsein in ihr aneignet. Diese intellektuelle Entwicklung vollzieht sich in bestimmten *Sequenzen*.

Als elementare Stufe nennt *Piaget* die „*sensomotorische*" und „*praktische*" *Intelligenz*. Sie baut sich über folgende Einzelstadien auf:
1. Betätigung und Übung der ererbten Reflexe,
2. erste erworbene Gewohnheiten,
3. Vorgehensweisen, die dazu dienen, interessante Erscheinungen andauern zu lassen,
4. Anwendung bekannter Mittel auf neuartige Situationen,
5. Entdeckung neuer Mittel durch aktives Ausprobieren,
6. Erfindung neuer Mittel durch geistige Kombination (*Piaget* 1969).

Die Untersuchungen *Piagets* machen deutlich, daß *bereits die ersten erworbenen Verhaltensweisen* durch *Operationen* zustandekommen und zwar durch solche des *Reproduzierens*, des *Wiedererkennens* und des

Generalisierens. Alle Operationen dieser Intelligenzstufe verlaufen *ohne die Mitfunktion der Sprache.* Es handelt sich vielmehr um *vor-begriffliche Erfahrungen*, um *vor-rationales Tun,* bei dem nur aufeinanderfolgende Wahrnehmungen und ebenfalls aufeinanderfolgende wirkliche Bewegungen koordiniert werden. Die Entfernung zwischen Individuum und Objekt muß zeitlich und räumlich sehr gering sein. Es stehen noch keine Vorstellungen zur Verfügung.

Das *geistigbehinderte* Kind verharrt relativ *lange,* man kann sagen, mehr als doppelt so lange wie das normalbegabte Kind, ausschließlich im Bereich *sensomotorischer Verhaltenssysteme.* Die pädagogische Arbeit im Sonderkindergarten hat sich im wesentlichen auf Übungen zur Förderung solcher *vor-verbaler, senso- oder psychomotorischer Fertigkeiten* oder Techniken einzustellen. Dazu sind *spezifische Spiel- und Lernmaterialien* unentbehrlich. Andererseits muß dafür Sorge getragen werden, daß solches *Funktionstraining nicht isoliert* betrieben wird, sondern sich in das Erlebnisfeld des Kindes einfügen läßt, z. B. aus Holz- oder Legobausteinen „für Vaters Auto eine Garage bauen".

Erfahrungsgemäß erstreckt sich der Aufbau der sensomotorischen Verhaltenssysteme und damit die Notwendigkeit ihrer Förderung beim geistigbehinderten Kinde *bis weit in das Schulalter hinein.* Nur *allmählich* tritt diese *zurück* und zwar im Verhältnis zur Entwicklung des *Denkens,* das auf der *sensomotorischen Intelligenz* aufruht. Das *Denken* beginnt nach *Piaget* mit dem *Vorhandensein von Vorstellungen im weitesten Sinn.* Die erste Stufe wird als „*symbolisches*" und „*vor-begriffliches*" Denken bezeichnet (*Piaget* 1964). Das Unterscheidenkönnen von realem Objekt und Symbol zeigt sich u. a. im ersten Erwerb der *Sprache.*

Die nächste Stufe ist das „anschauliche Denken". Es bilden sich Begriffe aus, allerdings noch rein anschaulichen Charakters. *Wellek* spricht von „*anschaulich-vollziehendem Denken*" (A. *Wellek* 1950). Es ist ein eingleisiges Denken. Das Kind kann immer nur eine Tätigkeit ausüben, nicht zwei zugleich. Es folgt unmittelbar dem Ablauf der wirklichen Ereignisse. Sie lassen sich nicht rückläufig verfolgen. Das Denken ist daher *vordergründig, augenblicksgebunden* und stark *egozentrisch.*

Die beiden übrigen Stufen der Intelligenzentwicklung, die *Piaget* „konkrete Denkoperationen" und darauf folgend „formale Denkoperationen" nennt, sind dem Geistigbehinderten kaum zugänglich. Vermerkt sei allerdings, daß das sehr unterschiedliche Verhaltensprofil Geistigbehinderter, vor allem der Hirngeschädigten unter ihnen, auch in die Stufe konkreter Denkoperationen hineinragen kann, wie überhaupt die genannten Stufen nicht scharf voneinander abgrenzbar verstanden werden dürfen.

Mit Hilfe der *Symbolfunktion* kann das Kind zwischen gemeintem

Gegenstand und Zeichen unterscheiden und mit dem Zeichen umgehen, wie wenn es der gemeinte Gegenstand wäre. Dieses *vorbegriffliche Denken* wird unterrichtlich unterstützt durch den tätigen Umgang mit den *Dingen* und ihren *Abbildungen* und *akustischen Zeichen* (Wörtern) (*Hartmann* 1968).

Erst auf der Stufe des anschaulichen Denkens bilden sich aufruhend auf den sensomotorischen und vorbegrifflichen Erfahrungen eigentliche *Begriffe*. Sie sind inhaltlich an die *unmittelbar erlebte Wirklichkeit gebunden*. Der Unterricht hat daher dafür Sorge zu tragen, daß das Kind in *überschaubare Handlungssituationen* gestellt wird, in denen sich *Gegenstands-, Raum-, Zahl- und Zeitbegriffe* bilden können. Spezielle *Lern- und Arbeitsmittel* sind dazu unerläßlich notwendig, ebenso spezielle Trainingsprogramme. Von besonderer Bedeutung für die geistige Entwicklung ist die Förderung der Sprachfunktion als eine Symbolfunktion.

Aktionsbegleitendes Sprechen

Die Sprache steht nicht nur im Dienste der zwischenmenschlichen Kommunikation, sondern auch des Denkens. Von ihrer Förderung hängt wesentlich auch das geistige Werden ab. Da das geistigbehinderte Kind relativ lange Zeit über kein Sprechvermögen verfügt, ist der Laie geneigt, eine Spracherziehung in dieser Zeit für nutzlos anzusehen. Immerhin aber läßt es ein oft überraschend gutes Sprachverständnis erkennen.

Die Sprachpsychologie lehrt, daß sich bereits in der frühen sprachfreien Entwicklungsphase die kognitiven Schemata bilden. Ihr Aufbau beginnt mit den sensomotorischen Kombinationen. Allmählich erlernt das Kind daneben auf dem Wege der sozialen, linguistischen Kommunikation Wörter, mit denen es die Objekte etikettiert. Es entsteht eine „sprachliche Symbolorganisation" (*Oevermann* [2]1969), die sich nach Beendigung der Sprachentwicklung — beim gesunden Kinde etwa nach dem vierten Lebensjahr — mit der operativen Intelligenz, d. h. der außersprachlichen Organisation der Erfahrungen, zusammenschließen muß, damit die Sprache zum Instrument des Denkens wird. Sie soll dem Menschen das Vorwegnehmen (Antizipieren) künftiger Ereignisse ermöglichen.

Oevermann ([2]1969) nennt zwei didaktische Bedingungen, die für diesen Integrationsprozeß besonders wichtig sind: „Es muß in der sozialen Kommunikation ein differenzierter und stabiler *linguistischer Kontext* auf dem Wege der differenzierten syntaktischen Organisation hergestellt werden, und es muß das Handeln des Kindes möglichst intensiv und differenziert begleitend *verbalisiert* werden, damit eine möglichst dichte

Verknüpfung zwischen dem sprachlichen Zeichensystem und der Erfahrung hergestellt wird" (337/338).

Dies bedeutet auf das geistigbehinderte Kind bezogen und mit anderen Worten, daß seine geistige Entwicklung vor allem dadurch gefördert werden kann, daß es möglichst frühzeitig auf dem Wege der sozialen Interaktionen Sprache lernt und zwar in möglichst klaren und gleichen Sprachmustern, mit denen diese begleitet werden, und daß das Kind, soweit es ihm möglich ist, sein Tun gleichzeitig auch sprachlich ausdrückt, sei die Artikulation auch unvollkommen. Beispiele: „Ich rolle den Ball." „Ich setze mich hin." „Der Schnee ist kalt."

Man kann hier auch von einer Wechselwirkung sprechen: Das Tun wird vom Sprechen begleitet, das Sprechen kann aber auch eine regulierende Funktion auf das Handeln ausüben (*Oerter* 1968). Indem das Kind ein Vorhaben verbalisiert, provoziert und stützt es dessen Durchführung. Beispiel: Beim Überqueren der Straße: „Zuerst nach links schauen!"

Josef und *Böckmann* (1969) haben eine Reihe von Aufgaben und Übungen zur Spracherziehung zusammengestellt, von denen einige wichtige hier kurz wiedergegeben seien:
- Bei jeder Tätigkeit mit dem Kinde und zu dem Kinde sprechen!
- Das Kind möglichst auch sehen lassen, worüber gesprochen wird!
- Möglichst die gleichen Wörter für die gleichen Gegenstände verwenden!
- Langsam und deutlich sprechen!
- Das Sprechen in Sätzen zügig anstreben!
- Motorisch-rhythmische Übungen in die Sprechübungen miteinbeziehen!

Mit jedem Namen, den das Kind den Dingen geben kann, mit jedem Begriff, mit jeder Regelhaftigkeit, die es erkannt hat, mit jeder Erfahrung, die es mit seiner Umwelt und mit sich macht und zu verbalisieren vermag, wird ihm die Welt und sein Leben vertrauter und reicher, bildet sich seine Sachlichkeit, bleibt es *nicht einfach hineingebunden* in den Mechanismus des *Getriebenseins und Erleidens*, sondern wird es befähigt, auch vorauszuschauen, zu überlegen, zu planen, zu erproben, sei der Aktionsradius dafür auch noch so minimal.

Soziale Lernmotivationen

Das Lernen hängt zu einem hohen Grad von den sozialpsychologischen Bedingungen ab, unter denen ein Kind lernt. Ihre Bedeutung für das geistigbehinderte Kind hat man früher oftmals unterschätzt.

Empirische Untersuchungen können die hohe Bedeutung der sozialen Bedingungen für die Lernmotivation gerade der geistigbehinderten Kinder belegen. *Skeels* und *Dye* (1939, bei *Gallagher* 1968) hatten eine kleine Gruppe von *noch nicht drei Jahre alten geistigbehinderten* Kindern aus einem allgemeinen Waisenhaus in ein *besonderes* Heim gebracht, wo ihnen sehr *viel Aufmerksamkeit* geschenkt wurde. Dabei stieg ihr *Intelligenzquotient* durchschnittlich *über 27 Punkte*. Die Kontrollgruppe, die im Waisenhaus verblieben war, verzeichnete einen *Verlust* von *26 Punkten* im gleichen Zeitraum. Bedeutsam ist noch die Nachuntersuchung der Versuchsgruppe nach zweieinhalb Jahren. Sie ergab, daß sich die Kinder auch weiter günstig entwickelt hatten und der IQ im Durchschnitt um weitere vier Punkte gestiegen war. Elf von den dreizehn Kindern konnten auf Grund dieser erstaunlichen Fortschritte sogar adoptiert werden.

Kirk (1958, bei *Gallagher* ibid.) ermittelte ähnliche Ergebnisse, und zwar durch den Versuch einer günstiger gestalteten Kindergartenumgebung für geistigbehinderte Kinder. Der durchschnittliche Zuwachs an *Binet*-IQ-Punkten betrug 11,2. Die Nachuntersuchung nach einem Jahr erbrachte eine weitere Steigerung um fünf IQ-Punkte.

Es dürfte gerade für das geistigbehinderte Kind sehr darauf ankommen, in welcher Umgebung es lernt, wie die Gruppenatmosphäre beschaffen ist, wie es um den Erziehungsstil des Lehrers steht. Im wesentlichen ist es seine Einstellung zu den Kindern und zu seiner Aufgabe, die dann auch die sozialen Einstellungen der Mitschüler mitbestimmt. Gegen Unfreundlichkeit, Ungerechtigkeit, Mißachtung und Lieblosigkeit ist das geistigbehinderte Kind wehrlos. Es reagiert mit Verlust der Lernspannung und Lernaktivität. Natürlich haben auch Geistigbehinderte ein Gespür dafür, wie man es mit ihnen meint.

Emotionalität im Unterricht

Unterricht ist intentionales, organisiertes Lehren und bezieht sich daher vom Ansatz und von der Verlaufsplanung stets auch auf Aktivität, Kognition und Fertigkeiten. Diese können derart in den Vordergrund treten, daß das aktive Leisten mit Unterricht und Lernen gleichgesetzt wird, daß damit das Emotionale in den Hintergrund tritt oder zum eigenen „Unterrichtsgegenstand" zu stilisieren versucht wird. Es bedarf keiner näheren Begründung, daß es keine Emotionalitätsfächer gibt.

Die Frage nach einem eigenen Ort der Emotionalität im Unterricht ist an sich überflüssig; denn sie ist immer mitgegeben in jeglicher Unterrichtssituation. Jedes Verhalten wird mitbestimmt von Gefühlen. *Die Trennung von Denken und Fühlen* ist *eine scheinbare*. *Piaget* (1972) betont die konstante Parallele zwischen der Entwicklung des Gefühlslebens und des intellektuellen Lebens: „Jedes Verhalten setzt auch Motive und finale Werte (Wert der Ziele) voraus: ... Gefühlsleben und Intelligenz sind also untrennbar verbunden" (S. 200). Mit der fortschreitenden Differenzierung der sensomotorischen Schemata differenzieren und vervielfachen sich auch die an die Eigenaktivität gebundenen Gefühle (ibid. 201). Die interpersonalen Gefühle beginnen damit, daß die elementaren Gefühle von Freude und Traurigkeit, Erfolg und Mißerfolg usw. entsprechend der Objektivierung von Dingen und Personen empfunden werden (ibid.).

Emotionalität ist also *Bestandteil jeglichen Unterrichts*, wenn sie auch häufig nicht bewußt wird. Die Berücksichtigung, die *implizite Gültigkeit* des Emotionalen im Unterricht, das, was man auch als emotionale Erziehung bezeichnet („Gemütspflege", Sinnerfüllung), kann daher keine eigene, isolierbare Aktion werden, sondern begleitet alle Unterrichtsplanung und Unterrichtsverläufe. Dabei kann es situationsweise Unterschiedlichkeiten hinsichtlich der Verdichtung von Gefühlserlebnissen geben. Beispielsweise kann beim Singen, Spielen oder Feiern die Emotionalität stärker zum Tragen kommen. Kein anderer Heilpädagoge hat die Bedeutung des Angesprochenseins und der Erfüllung (des Gemüts) gerade für das behinderte Kind so umfassend konsequent und differenziert dargestellt wie *P. Moor*. Vor allem ist es die unmittelbare Einbezogenheit der Gefühle des Erziehers, von denen die Entwicklung der Gefühle des Kindes abhängig ist. Jeder Lehrer geistigbehinderter Kinder weiß, wie sehr sein Unterricht, seine Kommunikationsabsicht auf die emotionale Qualität der erlebten Beziehungen angewiesen ist. Darum sollte sich der Erzieher nicht verlieren an das bloße Tätigsein, an Pläne und Ziele, sondern sich immer und überall offenhalten für das, was „nebenbei" zwischen ihm und dem Kind sich emotional ereignet, was einen zu verwandeln vermag, was beide letztlich verbindet, trägt und erfüllt: Freude, Gehaltensein, Liebe, Auftrieb, Zuversicht, Vertrauen, Beglücktsein. Unsere Gefühle sind wahrscheinlich die empfindlichsten Bewußtseinsorgane für komplexe Sachverhalte und Situationen, und zugleich Sinnqualitäten, Inhalt und Ausdruck gelebter Lebensqualität.

Der Lehrer wird bei seinem Planen und Organisieren von Unterricht bedacht sein, Gelegenheiten zu schaffen, in denen sich positive Gefühle einstellen können. Dies gilt grundsätzlich für jeglichen Unterricht, sei er mehr basal funktionsbezogen und trainingsorientiert oder mehr situations- und handlungsbezogen.

Die Gliederung des Unterrichts

Das übliche Fächer-Schema ist auf die Schule für Geistigbehinderte *nicht übertragbar.* Die Planung und der Ablauf eines Schultags muß hier nach Gesichtspunkten ablaufen, die der Lernfähigkeit (Entwicklung) der Schüler und dem realitätsnahen, ganzheitlich organisierten Lehrkonzept entsprechen. Andererseits bedürfen bestimmte Unterrichtseinheiten (*Lehrbereiche*) einer eigenen Struktur, z. B. Rhythmik, Sport, Hauswirtschaft oder Religion, und damit unter Umständen auch eigener Lehrpersonen. Zeitliche Gliederungen werden dann nötig. Ein lediglich nach *Lehrzielbereichen* gegliederter Lehrplan, wie z. B. die Rahmenrichtlinien der Kulturminister-Konferenz von 1979, bedarf einer Umsetzung in praktikable und schulsituatiosbezogene Unterrichtseinheiten.

Bei deren Gliederung wird der Lehrer von den *individuellen Lernbedingungen seiner Schüler* ausgehen, die unterrichtlich im Spannungsbogen zwischen entwicklungs- und funktionsorientierten und handlungs- und situationsorientierten Lernbedürfnissen anzusiedeln sind. Damit die Schule nicht zur bloßen Lernmaschine wird, sollte die *Schulklasse als Ganzheit* in ihrer sozio-emotionalen Bedeutsamkeit und als lebendiger Realitätsausschnitt möglichst erhalten bleiben.

Es lassen sich im wesentlichen *drei Typen von Unterrichtseinheiten* oder Lehrstrukturen unterscheiden und zwar gemäß dem Ablauf der Entwicklung:
- Basale Lernförderung
- Elementar-Unterricht
- Kurs- oder Fachunterricht (vgl. auch *D. Fischer* 1978).

Diese Aufgliederung ist keine durchgängige oder starre. Die einzelnen Unterrichtstypen können und müssen auch ineinandergreifen. In jedem Falle fundieren die vorausgehenden die nachfolgenden Unterrichtsarten.

Die *basale Lernförderung* bezieht sich im wesentlichen auf das erste und grundlegende Anregen, Aktivieren und Üben sensomotorischer Funktionen, insbesondere
- der optischen und akustischen Wahrnehmung (*Kephart* 1977, *Frostig* 1973, *Fröhlich* 1977, *Reinartz* u. a. 1979)
- der Bewegung (*F. Schilling* 1979, *Finnie* 1968)
- der Kommunikation/Sprache (*Wilken* 1979).

Der *Elementar-Unterricht* bildet die zentrale Einheit. Er bezieht sich in einer mehr komplexen, handlungs- und situationsbezogenen Gestaltung auf Lehrziele im Bereich lebenspraktischer Fertigkeiten und Orientierungen, aber auch auf freie Räume für offenes Spielen. Seine Inhalte erstrecken sich auf lebendige, strukturierte Kleinausschnitte der Lebenswirklichkeit. *Mühl* (1979) hat eine ganze Reihe von *Themen* für solche

Vorhaben (Handlungseinheiten) zusammengestellt. Wir greifen einige heraus:
- Wir pflegen unsere Kleidung
- Wir bauen ein Vogelhäuschen
- Wir beobachten das Wetter
- Wir feiern Geburtstag
- Wir besuchen den Bahnhof (S. 122—125).

In den Elementarunterricht hineingebunden — und wenn möglich auch sachlich verbunden — werden Übungen lebenspraktischer Fertigkeiten, wie z. B. des An- und Auskleidens, des Essens, des sozialen Verhaltens, aber auch der sprachlichen Kommunikation (*Walburg* 1971).

Kurs- oder Fachunterricht schließlich wird nötig für Lehrziele und Lehrinhalte, die einen kursmäßigen Ablauf von sachlich aufeinander aufbauenden Teilschritten erforderlich machen. Zu denken ist etwa an
- Leibeserziehung, Schwimmen (*Henke/Stöckmann* 1974, *Diederley* 1977)
- Rhythmik (*Hoellering* 1966, *Tauscher* 1964)
- Musizieren (*Josef* 1974, *Goebel* 1978, *Hirsch-Wernet* 1979)
- Werken, Handarbeit, Bildnerisches Gestalten (*Kaminski/Spellenberg* 1975, *Mahlke* 1979, *Lindsay* 1973)
- Kochen, Hauswirtschaft (*Fischer* u. a. 1979)
- Elementares Lesen, Schreiben, Rechnen (*Pohl* 1979, *Haug/Schmitz* 1977)
- Arbeitstechniken, Berufliche Bildung (*Menning* 1979, *Stuffer* 1975, *Bernhart* 1977)
- Religion (*K. Schilling* 1974, *Kaspar* 1974, *Buchka* 1973, *Deutscher Katechetenverein* 1973, *Katechetisches Amt Bayern* 1973).

Es wird sogleich deutlich, daß Teilinhalte der hier genannten möglichen Kurseinheiten auch in den Elementar-Unterricht einbezogen werden, wenn man etwa an das tägliche, begleitende Singen und Musizieren, an Bewegungsübungen, an Bildnerisches Gestalten oder an die religiöse Erziehung (Gebet) denkt. Auch nicht alles, was mit Kochen zusammenhängt, gehört nur in den Hauswirtschaftsunterricht. Im besonderen dürfte das Prinzip der musischen Erziehung eine durchgängige Bedeutung für jegliche unterrichtliche Interaktion haben, eine Einsicht, die vor allem von der anthroposophischen Heilpädagogik vertreten wird. (Vgl. auch *Upton* 1979). Die drei Unterrichtstypen lassen sich in einem Schema (Abb. 9) zusammenstellen. Es macht in der aufsteigenden Entwicklungsrichtung zugleich die wachsende Komplexität und Differenzierung des Lernfeldes deutlich:

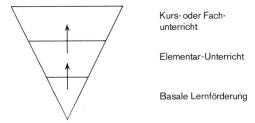

Abb. 9: Entwicklungsbezogene Verlagerung von Unterrichtsstrukturen

Basale Lernförderung intensivbehinderter Kinder als Kommunikationshilfe

Die pädagogische Förderung intensivbehinderter Kinder und Jugendlicher hat in den letzten Jahren konkrete Fortschritte gemacht (*Bundesvereinigung Lebenshilfe* 1978). Zahlreiche Initiativen entwickelten sich zu ermutigenden Modellen, wie z. B. die *Patmos-Schule* in Bethel (*Sigrid Schorsch*). Besondere Beachtung fand der von *Begemann* und *Fröhlich* geleitete Modellversuch mit schwerstkörperbehinderten Kindern in Landstuhl, der allerdings betont unter dem Beurteilungsaspekt der *Körper*behinderung läuft. Wenn man an reale Hilfe denkt, die überall da verfügbar sein soll, wo sie gefragt ist, wird das Interesse darauf gerichtet sein, wieweit sich Ergebnisse aus wissenschaftlich und organisatorisch verdichteten Versuchen in „normale" Dauer-Realität übertragen lassen. Daß eine pädagogisch gezielte Intensivierung der Förderung intensivbehinderter Kinder auch in üblichen klinischen („stationären") Einrichtungen erfolgreich sein kann, zeigte ein Versuch, der mit Studenten der Geistigbehindertenpädagogik der Münchener Universität unter Anleitung von *D. Fischer* im Bezirkskrankenhaus in Regensburg durchgeführt werden konnte.

Es sollen hier nur einige Anmerkungen gemacht werden, u. a. in *methodischer* Hinsicht:

Die Förderung des intensivbehinderten Menschen ist darauf gerichtet, das Verhalten aus der Enge bloßer Körperfunktionabilität herauszulösen und durch Interaktionalität zu erweitern und zu differenzieren. Damit soll dem einzelnen die sozio-kulturelle Welt erschlossen werden, ohne die eine Ich-Findung nicht möglich ist. Es gilt, über die augenfällig dominante oder primäre biotische Binnenorientiertheit hinaus Formen kommunikativer Außenorientierung aufzubauen. Auf sie bleibt der Intensivbehinderte sein Leben lang extrem angewiesen. Diese Abhängigkeit ist nur graduell zu unterscheiden von der sozialen Gebundenheit jeglicher menschlicher Existenz.

Kommunikation kommt durch die Wahrnehmung von Information aus der Umwelt und die Ausbildung von entsprechendem Anpassungsverhalten in Gang. Das didaktische Schlüsselproblem bei der Förderung intensivbehinderter Kinder und Jugendlicher liegt in der entwicklungsadäquaten Lernanregung auf der Basis einer interpersonalen Beziehung (*Thalhammer* 1979). Es geht um das In-Bewegungsetzen des Lernens überhaupt.

Als basal sind jene Lernprozesse und Fähigkeiten (Schemata) anzusprechen, die *Piaget* als sensomotorische Intelligenz der ersten 18 Lebensmonate herausgearbeitet hat. Sie beginnen mit Assimilationen, die aus den Geburtsreflexen (Saugen, Greifen, Augenbewegungen) hervorgehen und über erste erworbene Anpassungsfähigkeiten und Zirkulärreaktionen, Koordinationen von Sehen und Greifen, Interesse an neuen Dingen zu erstem intentionalem Verhalten führen (können).

Die basale Förderung dieser ersten Lernfähigkeiten bei intensivbehinderten Menschen ist im besonderen darauf gerichtet, den Organismus durch passende (wirksame) und kontrollierbare Angebote („Reize") zu assimilativen oder akkomodativen Antworten („Reaktionen") zu bewegen. In diesem Anregen oder Ansprechen sehen wir pädagogisch keine bloßen Stimuli, die etwa auch eine Maschine besorgen könnte, sondern interpersonale Kommunikationsangebote, die Kommunikationsbedürfnissen beim Kinde — seien sie auch noch so spurenhaft erkennbar — entsprechen sollen. Sie bedienen sich — individuell variabel — der verschiedenen Wahrnehmungskanäle:
- des taktilen Spürens (Hauterlebnisse)
- des Schmeckens und Riechens (orale Bedürfnisse)
- des thermalen Fühlens (Behaglichkeit, Geborgenheit)
- des Hörens und
- des Sehens.

Diese *Wahrnehmungsprozesse* und Erfahrungen werden über das *Hantieren* mit verschiedenen Gegenständen (auch dem eigenen Körper) und über das *Bewegen* im Raum erweitert sowie über das *Imitieren* und funktionelle *Spielen* in erste Fertigkeiten umgesetzt.

Die „Antworten" des Kindes sind pädagogisch gesehen keine isolierbaren mechanischen Reaktionen eines geistlosen Lebewesens sondern sinntragende Kleineinheiten eines kommunikativen Prozesses, mag er noch so oft abbrechen und noch so oft neu angesetzt werden müssen.

Der Gesamtprozeß des sensomotorischen In-Kommunikation-tretens bedarf wegen der erheblich behinderten Eigenaktivität der immer wiederholten, individuell passenden *Verstärkung* von außen: der emotional warmen Zuwendung und auch psychophysisch befriedigender (konsumierbarer) Verstärker. *Verhaltensmodifikatorische Methoden* erhalten hier eine besondere Bedeutung (*Bundesvereinigung Lebenshilfe* 1979).

Dabei kann es sich pädagogisch gesehen nicht um lediglich punktuell ansetzende Prozeduren handeln. Vielmehr sollten in der gesamten Umwelt des Kindes lernanregende und bestätigende Bedingungen wirksam sein, im Verhalten aller ihm begegnenden Personen wie auch in der Raumgestaltung und Materialausstattung seiner Lebenswelt.

Spezifische Lernräume mit einem präsenten „passiven Lernangebot" (*D. Fischer* 1976), wie z. B. Räume mit (hygienisch präpariertem) Sand, Wasserbecken oder Plastikbällchen-Bäder, haben sich ebenso bewährt wie eine freundlich-ansprechende Zimmerausstattung mit spezifischen Spiel- und Lerngegenständen, die jederzeit zum Hantieren anregen bzw. Veränderungen wahrnehmen lassen. Die Benutzung *rhythmisch-musikalischer Mittel* und Wege dürfte zu den wichtigsten Kommunikationshilfen gerade für intensivbehinderte Kinder und Jugendliche gehören.

Intensivbehinderte Kinder sind *mehrfachbehinderte Kinder*. Ihre spezielle Förderung wird sich daher im besonderen nach den jeweiligen Wahrnehmungs-, Bewegungs- und Verhaltensstörungen richten. Diesbezügliche spezielle Anregungen enthält u. a. der Berichtsband der *Bundesvereinigung Lebenshilfe* 1978 (*Schröder, Fiedler, Trautwein, Kasztantowicz, Stöckmann*).

Intensivförderung in diesem Sinn kann nicht ausschließlich punktuelle Einzelförderung sein. Das Kommunikationsbedürfnis des Kindes ist stets auch auf die Teilhabe an anderen, an einer *Gruppe* gerichtet, mag es auch nicht oder kaum imstande sein, dies zu äußern. Diese *Gruppenzugehörigkeit* ist nicht nur dann eine pädagogisch adäquate, wenn sich das intensivbehinderte Kind unter ebenfalls so schwer behinderten Kindern aufhält, sondern auch dann, wenn es — wenigstens später — Gelegenheit erhält, in Gruppen mit weniger behinderten Kindern dabei zu sein, miteinbezogen zu sein. Die pädagogische Förderung intensivbehinderter Kinder ist ganz und gar nicht ausschließlich als *Aktion*, als direkte Intervention zu sehen sondern auch und zwar über weite Strecken als *Angebot des Mitseins* im Sinne der „pädagogischen Zurückhaltung", wie sie *P. Moor* verstanden hat. Es kann beim intensivbehinderten Kinde erst recht nicht um bloße Leistungsförderung gehen sondern auch und vor allem um ein *Sein-lassen in der Geborgenheit der Verantwortung des Stärkeren*.

Die Aufgabe der basalen Lernförderung intensivbehinderter Kinder ist nicht eine bloße Angelegenheit einer bestimmten Disziplin sondern eine von den *verschiedenen Mitarbeitergruppen* zu tragende Aufgabe (*Fröhlich* 1979). Ein wichtiger Part kommt dem *Arzt* zu (*Trogisch* 1979). Seine Mitwirkung gilt der Sorge für die gesundheitlichen Bedingungen, für eine angemessene, unterstützende Medikamentierung und für die begleitende Diagnostik und Therapie der motorischen und perzeptorischen Funktionen. — Es erscheint auch ein Hinweis darauf notwendig, daß in Anbetracht der permanenten und hohen Pflegebedürftigkeit auch die Mitwirkung eigener *Pflegepersonen* notwendig ist, was jedoch nicht bedeutet, daß Pflegeaufgaben ausschließlich Angelegenheit des „Pflegepersonals" seien.

Nichtverbale Kommunikationstechniken

Ein didaktisch bisher zu wenig aufgearbeitetes Problemfeld liegt im Bereich der unterrichtlichen Kommunikation *nicht-sprechender Kinder.* Sie sind zwar in der Lage, über Mimik und Gestik Informationen — insbesondere den Beziehungsaspekt betreffend — auszutauschen. Es mangelt ihnen aber in der Regel an Modalitäten zum Austausch von Inhalten („Aussagen"), für die eine natürliche Mimik oder Gestik nicht hinreichen, und die auf eine logische Syntax angewiesen sind, z. B. für eine Information wie: „Auf der Straße fährt ein Auto." Oder: „Die Flasche steht im Schrank."

Die Entwicklung entsprechender *Nicht-Sprech-Kommunikationssysteme* (Non-speech communication systems) befindet sich im Bereich geistiger Behinderungen noch in ihrem Anfangsstadium. Aus den USA wird berichtet, daß dort eine ganze Reihe verschiedener Zeichen-Systeme erprobt wird. *Fristoe* und *Lloyd* (1978) referieren insgesamt 19 solche Systeme, die sich unterscheiden lassen, je nachdem ob es sich um Hand- und Körperzeichen bzw. Gesten oder um andere Zeichen (vgl. Abb. 11) handelt. Sie sind nur zum Teil im besonderen für geistig retardierte Personen entwickelt worden, werden aber auch für diese z. T. in individuellen Abwandlungen und Kombinationen verwendet. Am häufigsten ist das System der *Bliss-Symbole* in Gebrauch (benannt nach *C. K. Bliss*). Es handelt sich um ein nicht-phonetisches sondern verbildlichendes bzw. ideographisches System von Zeichen, die sich relativ leicht erlernen und auch zeichnen lassen (vgl. Abb. 10).

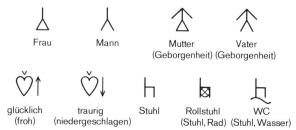

Abb. 10: Bliss-Symbole. Aus: Vanderheiden and Harris-Vanderheiden 1977, 288

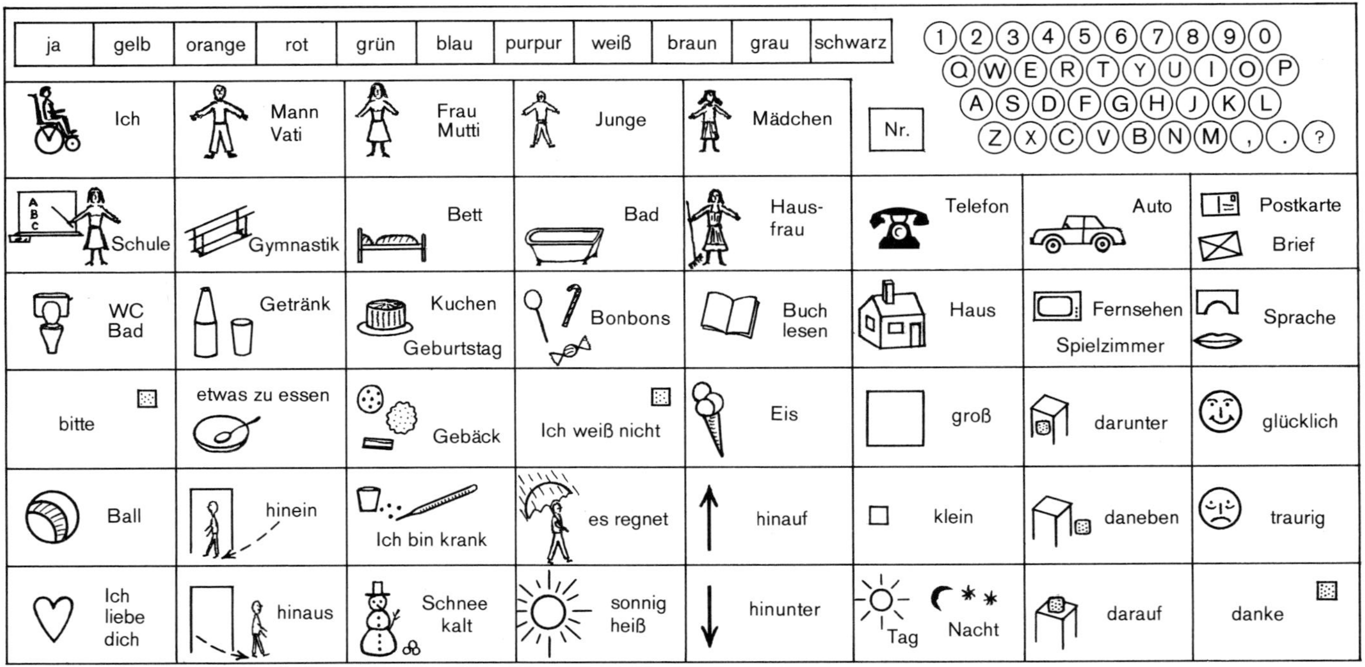

Nichtverbale Kommunikationstechniken 269

ja	gelb	orange	rot	grün	blau	purpur	weiß	braun	grau	schwarz
Ich	Schule	Mann / Vati		Frau / Mutti	Junge		Mädchen		Nr.	
	WC / Bad	Gymnastik	Getränk		Bett		Bad		Hausfrau	Telefon
	bitte	etwas zu essen		Kuchen / Geburtstag		Bonbons		Buch lesen		Haus
				Gebäck		Ich weiß nicht		Eis		
	Ball		hinein		Ich bin krank		es regnet	hinauf		groß
	Ich liebe dich		hinaus		Schnee / kalt		sonnig / heiß	hinunter		klein
									Tag	Nacht
										Postkarte / Brief
										Auto
										Fernsehen / Spielzimmer
										Sprache
										darunter
										glücklich
										daneben
										traurig
										darauf
										danke

Abb. 11: Visuelles Zeichensystem. Aus: Vanderheiden and Harris-Vanderheiden 1977, 283

Die insgesamt etwa 50 Symbole können miteinander kombiniert werden, so daß das Kind sich syntaktisch äußern kann (*Vanderheiden/Harris-Vanderheiden* 1977). Eine Untersuchung von *Song* (1979) an vier geistigbehinderten Jugendlichen zeigte Erfolgsmöglichkeiten, aber auch individuelle Unterschiedlichkeiten hinsichtlich rezeptiver, respondierender und spontaner expressiver Anwendung. Letztere stellt die höchsten Ansprüche. Das *Bliss-Symbol-System* ist somit nicht in jedem Fall geeignet.

Didaktische Voraussetzung für die syntaktische Verwendung visueller Zeichensysteme ist das Erlernen der *Bedeutungen* visueller Zeichen. Dies sollte sehr früh schon angebahnt werden über das Betrachten und Zeigen von Photos, Abbildungen und Zeichnungen meist in Verbindung mit Gesten (vgl. *Hobson/Duncan* 1979). In einem nächsten Schritt werden auch die *Schriftbilder* mitverwendet.

Abb. 12

Sie können sich auch auf *adjektivische Bedeutungen* beziehen, die bereits zeichnerische Abstraktionen darstellen.

Abb. 13

Allmählich lernt das Kind auch relativ *abstrakte* Zeichen deuten:

Abb. 14

Erst in einem weiteren Schritt lernt das Kind, sich auch *expressiv* dieser Zeichen zu bedienen. Man wird sich dabei sehr auf das individuelle Lernfeld und die individuelle Lernfähigkeit des Kindes einstellen müssen.

Es lassen sich auch *apparative Techniken* verwenden und zwar sowohl zum Zeigen einzelner Bedeutungen (Karten) als auch zur syntaktischen Anordnung einer „Aussage". *Fröhlich* (1979) verwendete eine Dreifachscheibe zum Drehen und eine „Ja-Nein-Maschine". *Elder* und *Bergmann* (1978) benutzten in ihrem Lehrprogramm für visuelle Kommunikation mit *Bliss*-symbols ebenfalls eine einfache Apparatur. Es sind sicherlich noch differenziertere Techniken möglich, die eine syntaktisch kombinierende Verwendung von visuellen Zeichen ermöglichen könnten. Gewisse Vorarbeiten in technischer Hinsicht dürften aus den Primaten-Kommunikationsversuchen (in Anschluß an *Yerkes*) vorliegen (*Rumbaugh* 1977, b. *Autrum* 1977). Es handelt sich um einen *Computer*, der in Form einer Klaviatur in Reihen übereinander je 25 visuelle Zeichen (Wörter) aufweist. Die einzelnen Zeichen als Felder sind gleichzeitig Drucktasten. Wird eines gedrückt, so erscheint es oben und bei weiterem Drücken eines anderen Zeichens leuchtet auch dieses auf und erscheint oben hinter dem vorausgegangenen. Die Computer-Technik erlaubt überdies eine Kontrolle der syntaktischen Richtigkeit und auch eine entsprechende Korrektur (nach *Autrum* 1977).

Zweifellos wären auch einfachere technische Gebrauchssysteme konstruierbar. Sie wären für nicht-sprechende Kinder sicherlich eine wichtige zusätzliche Kommunikationshilfe. Darüberhinaus muß angemerkt werden, daß die Verwendung von visuellen Zeichensystemen auch für Kinder angezeigt erscheint, die im Augenblick *noch* nicht sprechen, aber durch visuelle Zeichen zum Sprechen angeregt werden können. Jedenfalls darf eine mögliche Sprechentwicklung nicht behindert werden. Jedes dieser Zeichensysteme darf nur in *Verbindung mit Sprache* erlernt werden.

Insgesamt ließe sich sagen, daß visuelle Zeichensysteme nur als Nothilfen eingeführt werden sollten, wenn das Erlernen natürlicher Kommunikationstechniken auf unüberwindliche Schwierigkeiten stößt, und wenn solche Nothilfen den Bedürfnissen des Kindes entsprechen.

Zum Problem der sogenannten Kulturtechniken

Die bisherige Darstellung der inhaltlichen Lernbedürfnisse geistigbehinderter Kinder läßt erkennen, daß das Gesamtlehrangebot sich eindeutig auf die Förderung sensomotorischer und real-sozialer Fertigkeiten im Sinne eines entwicklungsadäquaten und mehr praktischen Leben-Lernens konzentrieren muß. Da diese komplexe Aufgabe immer wieder in einen — scheinbaren — Widerspruch zu Lehrmöglichkeiten in den Bereichen von Lesen, Schreiben und Rechnen gebracht wird und diese unter Umständen — wie etwa in der Aufbauphase der Schule für

Geistigbehinderte — überbetont werden können, erscheint eine Randbemerkung zu dieser nach wie vor unabgeklärten Diskussion nötig.

Die Frage nach der Rolle der sogenannten *Kulturtechniken* im Unterricht geistigbehinderter Kinder hatte sich zunächst zu einer Art *„Gretchenfrage" der Geistigbehindertenpädagogik* entwickelt. Da empirisch-wissenschaftliche Befunde über den Wert oder Unwert dieser Schultechniken fehlten, wurde die Auseinandersetzung *weithin ideologisch* geführt. Auch Mediziner beteiligten sich an ihr (*Wunderlich* 1970). „Sogenannt" sind diese „Kulturtechniken" deshalb, weil sie fälschlicherweise als „die" Kulturtechniken verabsolutiert werden, als gäbe es nicht auch andere kulturerhaltende Techniken, z. B. auch bei Analphabeten.

In den USA und auch anderswo sind die „academic skills" ebenfalls umstritten. Im Labor gewonnene Forschungsergebnisse hinsichtlich der möglichen Erlernbarkeit werden nicht ohne weiteres als relevant für Klassenzimmer-Methoden angesehen (*Hirshoren/Burton* 1979).

Der angesprochene Komplex enthält ein Bündel von Einzelfragen, Fragen nach der allgemeinen und individuellen Berechtigung des Lesens, Schreibens und Rechnens bei Geistigbehinderten, Fragen nach Möglichkeiten, Methoden und Bedingungen. Es sollen hier einige Leitlinien aufgezeigt werden.

Die unterrichtliche Erfahrung lehrt: Geistigbehinderte vermögen „Lesen, Schreiben und Rechnen" zu erlernen. Diese Feststellung wirft sofort die Frage auf: Was heißt Lesen, Schreiben und Rechnen bei Geistigbehinderten?

„Unter Lesen versteht man die Entnahme der in der Schriftsprache niedergelegten Sinngehalte" (*E. Kern*, Enzyklopäd. Handbuch der Sonderpädagogik, Sp. 790). Zweifellos vermögen Geistigbehinderte Schriftbilder sinnentnehmend zu deuten, also zu lesen; aber ebenso sicher ist, daß dies nicht alle Geistigbehinderten können, und daß sie eine sehr unterschiedliche Lesefertigkeit entwickeln. Genauere Untersuchungen über die Leselernfähigkeit dieser Kinder fehlen allerdings.

Aus der unterrichtlichen Erfahrung lassen sich folgende drei Gruppen geistigbehinderter Kinder hinsichtlich ihrer Leselernfähigkeit unterscheiden:

1. Eine geringe Zahl von Kindern, die keinerlei Schriftbild, auch keinen Buchstaben als Laut, deuten können,

2. eine größere Zahl von Kindern, die bestimmte Namen, Aufschriften und Schilder wiedererkennen und deuten können,

3. eine geringere Zahl von Kindern, die neue Schriftbilder und Texte erlesen können.

Die Unterschiede zwischen diesen Gruppen sind fließend. Wie weit die Leselernpotenz eines Kindes tatsächlich reicht, läßt sich nur nach einer sorgfältigen Beobachtung und Untersuchung sagen. *Kirk* und

Johnson (1964) sind der Auffassung, daß das Intelligenzalter gewisse Hinweise auf die zu erwartende Lesefertigkeit geben kann. Allerdings sind inzwischen bei beiden und anderen Verfassern Korrekturen anzubringen, soweit sie von der Annahme ausgingen, daß Kinder im allgemeinen erst mit sechs Jahren lesen lernen können. Schon Dreijährige verfügen über Leselernvermögen (*Doman-Lückert* 1966, *Kratzmeier* 1967). Daraus allerdings die Schlußfolgerung zu ziehen, alle Kinder mit einem Intelligenzalter von drei Jahren, also auch geistig retardierte, könnten das Lesen erlernen, erscheint bei der andersartigen Lernstruktur dieser Kinder zumindest fraglich. Auf die Unzulänglichkeit von Klassifizierungsversuchen mittels Intelligenzquotienten bei Geistigbehinderten ist im übrigen bereits hingewiesen worden.

Ähnliches ist vom *Schreibenlernen* zu sagen. Geistigbehinderte sind durchaus in der Lage, Schriftbilder zu produzieren, aber nicht alle Geistigbehinderten können dies. Im allgemeinen ist dies ein Nachvollziehen, also ein Abschreiben. Nur ein kleiner Teil der Geistigbehinderten dürfte fähig sein, selbständig und spontan Gemeintes schriftlich zu fixieren, z. b. für Mitteilungen an andere. Bei den von *Wunderlich* (1970) publizierten, geradezu fehlerlos geschriebenen und stilistisch wie grammatikalisch bemerkenswerten Briefen von Down-Kindern wären genauere Angaben über die einzelnen Bedingungen wichtig, unter denen diese Leistungen zustandekamen.

Das *„Rechnen"* als das Operieren mit Mengen und Zahlen bereitet den Geistigbehinderten die größten Schwierigkeiten. Aber auch hier, also im Bereich des „quantitativen Denkens" (*Kirk/Johnson* 1964) oder des Zahlendenkens, kann man eine Stufung der Lernfähigkeit der einzelnen Kinder feststellen. Einige scheinen nicht in der Lage zu sein, quantitative Unterschiede auszumachen, andere können auch nicht einen Zahlbegriff bilden, einzelne wiederum gehen in verblüffender Weise mit Zahlen und Münzen um.

Vetter (1966) hält das Zählen bis 20, die sichere Auffassung von 1, 2 und 3 und das Zufügen von 2 oder gar 3 im Raum bis 10 oder gar 20 als angemessens Lernziel geistigbehinderter Kinder. Der Bildungsplan von Baden-Württemberg geht darüber noch hinaus. Er enthält eine Erweiterung des Zahlenraumes bis 100, die Einführung der schriftlichen Rechendarstellung einschließlich der Symbole für Addition, Subtraktion, Mulitplikation und Division, sicherlich als Spitzenziele für einzelne Kinder gedacht. Auf die Frage, wie viele Geistigbehinderte jemals in sinnvoller Weise derartige Rechenoperationen in ihrem Leben ausüben werden, sei hier nicht näher eingegangen.

Die bisherigen Feststellungen haben folgendes deutlich werden lassen:
a) Die Begriffe Lesen, Schreiben und Rechnen („Kulturtechniken") sind bei Geistigbehinderten nicht eindeutig interpretierbar. Sie können

infolge der unterschiedlichen Lernfähigkeit der Kinder nicht die gleiche Lernzielbedeutung für alle haben. Geistigbehinderte können entsprechend ihren individuellen Fähigkeiten nur bestimmte Lernziele innerhalb des Lese-, Schreib- und Rechen-Lernprogrammes erreichen.

b) Die mit Lesen, Schreiben und Rechnen gemeinten Lernvorgänge und Fertigkeiten lassen sich gemeinhin nicht so weit quantifizieren, daß ein bestimmtes Minimum angegeben werden könnte, das diese Begriffe noch rechtfertigt. Die schulrechtliche Bestimmung, daß ein geistigbehindertes Kind „wenigstens in ganz bescheidenem Umfang" diese „Kulturtechniken" erlernen können müsse, um in der Schule sinnvoll unterrichtet werden zu können, ist daher nicht verifizierbar, erst recht nicht in prognostischer Hinsicht.

Die Beobachtung, daß geistigbehinderte Kinder manchmal mit geradezu verblüffender Geschicklichkeit „lesen, schreiben und rechnen" können, mit diesen Fertigkeiten im allgemeinen aber nur mechanisch in der Schule umgehen können, d. h. diese nicht selbständig in ihrem Alltag anwenden können, wirft die Frage auf, ob solches Können als Bildung anzusprechen ist, oder ob es sich nicht einfach um Dressate handelt, die womöglich für das menschliche Werden unbedeutsam sind und dem Kind lediglich unnötige Mühen, oft Strafen und im ganzen entmutigende Überforderungserlebnisse einbringen.

Nach der Erhebung von *D. Fischer* (1969) bereiten nach übereinstimmender Auffassung der Eltern gerade die Kulturtechniken den geistigbehinderten Kindern in der Schule die größten Schwierigkeiten (19).

Zunächst sei ein kurzer Hinweis darauf angebracht, daß verhaltenspsychologisch gesehen Dressate nicht einfach als Negation bildenden Lernens aufgefaßt werden dürfen. Auf die Berechtigung auch uneinsichtigen Lernens ist bereits hingewiesen worden. Gerade Geistigbehinderte werden vieles lernen müssen, was sie zunächst oder nie „einsehen" oder transferieren können.

Der Vorwurf, daß das Erlernen der sogenannten Kulturtechniken etwas rein Mechanisches, Dressurhaftes sei, und daß diese im späteren Leben wertlos seien, wird mit dem Argument zu entkräften versucht, es unterstütze die Gesamtentwicklung des Kindes. Im Sinne der „formalen Bildung" würden die kognitive Leistungsfähigkeit, die soziale Anpassung und die charakterliche Reifung mitgefördert, heißt es.

Hierzu ist nach dem gegenwärtigen Stand der Lernpsychologie zu sagen, daß die Erwartung einer generellen Leistungssteigerung durch spezifische Übungen eine Täuschung darstellt. Die Spezifität des Transfers ist ausreichend belegt (*Klauer* 1967). Des weiteren ist es bei der geringen Übertragungsfähigkeit des Geistigbehinderten unwahrscheinlich, daß recht viele äquivalente kognitive Funktionen durch das Üben der Kulturtechniken mitgeübt werden können. Es muß allerdings darauf hingewiesen werden, daß für genauere Aussagen spezielle Transfer-Untersuchungen an geistigbehinderten Kindern nötig wären.

Man kann also auch nicht rundweg ausschließen, daß spezielle Übungen im Bereich von Schriftsprache und Zahl die Entwicklung bestimmter kognitiver Fähigkeiten mitfördern. Wir verweisen auf die Untersuchung von *Klauer* (1969).

Generell kann man sagen, daß das Einüben der „Kulturtechniken" nur dann von bildender Wirkung sein kann, also didaktisch-psychologisch sinnvoll ist, wenn diese Lernvorgänge der Lernfähigkeit des einzelnen Schülers entsprechen, er also nicht überfordert wird und dabei wirkliche Erfolge erzielt und damit neue Lernmotivationen erhält.

Nur unter diesen lernpsychologischen Bedingungen sind die Argumente von Interesse, die *für die Berechtigung* der sogenannten Kulturtechniken im Lehr- und Lernplan der Schule für Geistigbehinderte, d. h. für eigene Kurse für ausgewählte kognitiv leistungsfähigere Schüler vorgebracht werden können:

a) In *sozial-rehabilitativer* Hinsicht: Das Vermögen zu lesen, zu schreiben und zu rechnen erleichtere die soziale Eingliederung des Geistigbehinderten. *Vetter* (1966) weist u. a. auf diese Bedeutung der „Kulturtechniken" hin. Sie gelinge leichter, wenn der Geistigbehinderte kein Analphabet sei und damit den durchschnittlichen Erwartungsnormen entsprechen könne. „Kenntnisse und Fertigkeiten in den Kulturtechniken stellen Hauptziele dar, weil sie gegenüber der engeren und weiteren Öffentlichkeit am besten darstellbar sind" (*Vetter* ibid., 51). Unter Umständen könnten solche Ziele gar im Sinne der „Normalisierung" gewertet werden.

Es ist bereits darauf hingewiesen worden, daß sich insbesondere die Eltern diesem Anpassungszwang ausgesetzt sehen. Da auch sie von den allgemeinen Erwartungsnormen bis zu einem gewissen Grad abhängig sind, ist es für sie und damit für ihr Verhältnis und ihre Einstellung zum Kind nicht unbedeutend, ob es diesen Normen entspricht oder nicht. Dabei dürfte es von sekundärer Bedeutung sein, ob diese Erwartungsvorstellungen menschlich berechtigt sind oder nicht. Was hilft es dem Betroffenen, wenn die Intoleranz der anderen lediglich als unmenschlich deklariert und analysiert wird, ohne daß sie sich ändert! Wie viele Menschen können sich schon innerlich freimachen vom Sozialisationsdruck, ohne psychischen Schaden zu nehmen!

Auf jeden Fall kommt dem genannten sozialpsychologischen Argument nur temporäre und mittelbare Bedeutung zu, und die Gefahr, die in ihm für das Kind liegt, muß sehr ernst genommen werden. Ihr erliegen viele Eltern. *Bach* (1969) weist wiederholt und mit allem Nachdruck auf die Wertlosigkeit bloßen Bildungsabglanzes hin, der das Ergebnis der übersteigerten Prestigewünsche der Eltern sein kann. Sie können die

Schule und das Kind unter einen erheblichen Druck setzen und damit die gesamte Bildungsarbeit verfälschen. Er kann beispielsweise bis zum Schreibdrill mittels Prügel und zur Diffamierung der Schule und des Lehrers führen, die den Kindern zu wenig beibrächten.

b) In *charakterologischer* Hinsicht läßt sich aus der Verfügbarkeit über Schrift und Zahl eine Steigerung des Eigenmachtgefühls ableiten. *Lersch* (1965) weist darauf hin, daß der Mensch mit der Verfügbarkeit der Sprache auch Verfügungsmacht über die Dinge erhält, sie dadurch in den Griff bekommt (*Lersch* ²1965). Die sprachliche Fixierung der wechselnden Erscheinungen ermöglicht es dem Menschen, sich abzuheben vom bloßen Getriebensein in der Flucht der Erscheinungen.

Dies gilt offensichtlich für das gesprochene wie für das geschriebene Wort. Von Eingeborenen wird berichtet, daß sie sich dadurch Macht über bedrohliche Dinge und Wesen verschaffen, daß sie sie in Form von Symbolen fixieren, z. B. auf einen Baum. Mit einem Analogieschluß kann man für den Geistigbehinderten, der sich weithin in einer Welt voller fremder Dinge und Wesen vorfindet, folgern, daß sein Eigenmachtgefühl eine Steigerung erfahren dürfte, wenn er in der Lage ist, die Dinge, ihre Bilder und Namen ebenfalls zu fixieren, beziehungsweise sie in ihren Wortfixierungen zu entschlüsseln.

Es ist eine bekannte Erfahrung, daß sich die Eindrücke und Gedanken klarer fassen und ordnen lassen, wenn man sie schriftlich fixiert, um sie auch optisch überschauen zu können. Umgekehrt ist auch die Beklommenheit bekannt, die einen befällt, wenn man in einer ausländischen Stadt die Zeichen und Wörter, die einen umgeben, nicht entschlüsseln kann. Man kann annehmen, daß die Lebensorientierung des Geistigbehinderten mit jedem Wort, das er fixieren und entschlüsseln kann, klarer und sein Weltbild reicher wird.

c) In *sprachlicher* Hinsicht ist in der Unterrichtspraxis zu beobachten, daß der Lese- und Schreibunterricht einen fördernden Einfluß auf die Sprechentwicklung ausübt. Geistigbehinderte mit einem angepaßten und intensiven Lese- und Schreibunterricht sprechen vermutlich besser. Diese Wirkung dürfte mit der gründlichen und vielseitigen Auseinandersetzung und Beschäftigung mit jedem einzelnen Laut und Wort zu erklären sein. Die optische und handmotorische Funktion unterstützt offenbar die mnestische und motorische Funktion des Sprechens.

d) In *kommunikativer* Hinsicht wird dem Geistigbehinderten mit der Lese- und Schreibfertigkeit die Möglichkeit gegeben, mit anderen in schriftlichen Kontakt zu treten. Er kann dann beispielsweise einen Kartengruß entgegennehmen oder sich einem Verwandten oder Freund auf dem gleichen Wege mitteilen, mag er dazu auch der Hilfe bedürfen. Dieses schriftliche In-Beziehung-treten kann für ihn ein Weg aus seiner Isolierung heraus sein.

Es sei nochmals betont, daß die genannten Lebens- und Bildungshilfen nur dann tatsächlich möglich und nur so weit realisierbar sind, als das Erlernen des „Lesens, Schreibens und Rechnens" den wirklichen Lernfähigkeiten des Kindes entspricht. Die Kinder müssen so weit fortgeschritten sein, daß sie „willig und ohne Überanstrengung mit einiger Aussicht auf Erfolg und in sinnvollem Umfang" diese Techniken erlernen können (*Bach* 1969, 42). Vor einer Überforderung ist mit aller Deutlichkeit zu warnen. Diese Gefahr stellt sich aus mehreren Gründen leicht ein, nicht zuletzt deshalb, weil diese Techniken eine praktikable Beschäftigung des Kindes darstellen, sofern einem pädagogisch nichts Besseres einfällt. Die Gefahr kann auch aus dem Selbstrechtfertigungsbemühen der Sonderschule erwachsen, wenn sie also den Versuch unternimmt, den Sinn und Wert ihrer Arbeit nach außen hin durch „echt schulische" und möglichst bemerkenswerte Leistungen plausibel zu machen.

Unter Umständen könnte dann aber auch von einer Unterforderung die Rede sein und zwar bei jenen Geistigbehinderten, die zur oberen Leistungsgruppe gehören und u. U. fähig wären, den Leistungsanforderungen der Unterstufe der Schule für Lernbehinderte zu genügen (*Bernart* 1970). Nach Untersuchungsbefunden, von denen u. a. *Hirshoren* und *Burton* (1979) aus den USA berichten, beziehen sich die erfolgreich und experimentell durchgeführten Versuche zum Erlernen von „academic skills" auf geistigbehinderte Personen bis zu einem unteren IQ von ca. 40. Die Autoren betonen jedoch ausdrücklich, daß selbst bei einer experimentell nachweisbaren Erlernbarkeit die Realisierung unter schulischen Bedingungen nicht eo ipso zu rechtfertigen sei.

Für das unterrichtliche Vorgehen im Lesen, Schreiben und quantitativen Operieren erscheinen folgende Leitgedanken wichtig:

a) Das Erlernen des Lesens, Schreibens und quantitativen Operierens erfolgt in *Stufen*. Dem Lesen und Schreiben des ersten Buchstabens oder Wortes wie auch der einfachsten quantitativen Operation gehen Vorstufen und Vorübungen voraus. Sie gelten dem Sammeln und Ordnen von Erfahrungen, dem Erarbeiten elementarer quantitativer und qualitativer Begriffe (groß/klein, hell/dunkel, süß/sauer, viel/wenig), dem Erkennen und Darstellen von Beziehungen und Abfolgen (Vater *und* Mutter; über — unter — zwischen, wenn — dann; zuerst — dann — dann), Bilder „lesen", vergleichen, ordnen, Üben der Groß- und Feinmotorik, Nachbilden einfachster Formen in verschiedenen Materialien. Einen „naiv-ganzheitlichen" Lese-Lehrgang mit geistigbehinderten Kindern hat *Haug* (1977) erprobt. *Hublow* und *Wohlgehagen* (1978) zeigen die entwicklungs- und kommunikationspsychologischen Bedingungen auf, die auch bei geistigbehinderten Kindern ein Lesenlernen als Anpassungs- und Austauschprozeß ermöglichen.

b) Die erhebliche Unterschiedlichkeit der Lernfähigkeit bedingt ein unterschiedliches *Lerntempo*, so daß nicht generell festgelegt werden kann, in welchem Schuljahr ein Kind so weit fortgeschritten ist, daß es mit den „Kulturtechniken" beginnen kann. Während *Vetter* (1966) die Mittelstufe für den Beginn empfiehlt, verweist *Bach* (1969) diesen Unterricht in die Oberstufe. Es liegt lernpsychologisch gesehen genügend Grund dafür vor, daß sich eine Verfrühung, aber auch eine Verspätung lernnachteilig auswirken kann. Es gibt nachweislich — in geringer Zahl — Geistigbehinderte, die schon in der Unterstufe besagte kognitive Techniken bis zu einem gewissen Grad erlernen können, ohne daß man ihnen deshalb ihre „echte" geistige Behinderung absprechen müßte; denn sie wären nicht in der Lage, dem Bildungsweg der Lernbehindertenschule zu folgen. Sie sind vielfach nach vergeblichem Besuch dieser Schule in die Geistigbehindertenschule überwiesen worden. Daß auch späteres Erlernen des Lesens möglich ist, zeigt der Versuch von *Kobi* (1973).

c) Soweit das Umgehen mit Schriftzeichen und Zahlen nicht bloßes mechanisches Andrillen sein soll, läßt sich als *Lernziele* nicht von vornherein ein bestimmter, allgemein verbindlicher Katalog von Wörtern (Namen, Aufschriften) und Zahlenräumen festlegen. Er könnte im übrigen auch dazu angetan sein, bestimmte Kinder zu überfordern und andere zu unterfordern. *Bach* (1969) gibt für die Kinder der Oberstufe als Lernziel an, daß sie „nach Möglichkeit ihren *Namen und ihre Adresse gut lesbar und sauber ‚abzumalen'* und danach auch auswendig ‚aufzumalen', einige häufig vorkommende und praktisch wichtige Wortbilder zu erkennen lernen und in der Beurteilung des Wertes der gängigen *Geldsorten geübt* werden" (gesperrt gedruckt bei *Bach* ibid., 42). Andere Autoren (*Vetter* 1966 und *Bernart* 1970) gehen darüber hinaus. Daß Rechnen auch im Zahlenraum 100—1000 möglich und sinnvoll sein kann, zeigt ein von *Rehbein* (1979) durchgeführtes Programm mit jugendlichen Geistigbehinderten.

d) Der Erwerb von Fertigkeiten im Lesen, Schreiben und quantitativen Operieren spielt sich in hochkomplexen Lernprozessen ab. Diese erfordern eine wohlüberlegte, psychologisch angemessene *Lehrweise*. Ihre Bedeutsamkeit für den Lernerfolg erstreckt sich auf die Stoffauswahl wie auf die methodischen Mittel und Wege, z. B. die Verwendung von Handzeichen beim Lesen. *G. Schmitz* (1977) berichtet von einem erfolgreichen Versuch, über die Arbeit mit den „*Dickschen Rechenrollen*" bei geistigbehinderten Kindern einen Zahlbegriff im Sinne *Piagets* zu entwickeln.

Da das Erlernen dieser Techniken sich in ihrer wirklichen Bedeutsamkeit für die Kommunikation, d. h. für eine bessere Lebensorientierung und Lebensbewältigung des Kindes erweisen, d. h. ein sinnvolles sein soll, muß es sich stofflich-inhaltlich in enger Beziehung zum Sachunterricht vollziehen. Es soll vermieden werden, daß aus formal-methodischen Gründen künstliche, imaginäre „Sach"-bezüge an das Kind herangetreten werden, die dazu führen könnten, daß das Kind verwirrt wird. Andererseits muß die Abfolge der einzelnen Lernschritte einem didaktisch-methodisch differenzierten Lehrgang folgen.

Die Verantwortung für die Gestaltung dieses Unterrichts in den genannten elementaren Kulturtechniken im Sinne einer angemessenen Kombination beider didaktischer Prinzipien muß daher beim Sonderschullehrer liegen. Assistenzlehrer können ihn bei der Durchführung von Übungen unterstützen.

Wohin es führen kann, wenn elementare lernpsychologische und didaktische Einsichten fehlen, zeigt folgender Auszug aus einem unbefangenen Bericht: „In der vergangenen Woche rechneten wir z. B. bis fünf mit plus und minus und es ging ganz gut. Da dachte ich dann am nächsten Tag, ich könnte diese Rechnereien langsam bis zehn (bis zehn sitzt der Zahlbegriff) erweitern — aber es war unmöglich. Obwohl jedes Kind die Anfangs- und Endsumme laut vorzählte, war es auch dem letzten Kind noch unmöglich, die gleiche Aufgabe ohne jeweiliges Zählen zu lösen."

e) Im Erlernen der sogenannten Kulturtechniken kann nicht das Hauptziel der Schule für Geistigbehinderte gesehen werden, da sie im späteren Leben eine eindeutig untergeordnete Rolle spielen, und da für das Kind das Erlernen anderer Fertigkeiten für die spätere Lebensbewältigung wichtiger ist. Da der für das Erlernen von Lesen, Schreiben und Rechnen notwendige Zeitaufwand relativ groß ist, muß mit aller Sorgfalt und Verantwortung geprüft werden, ob und wieweit dieser wirklich zu rechtfertigen ist gegenüber einem Verlust an Unterrichtszeit für lebenspraktisch dienlichere Lehrziele.

Zur Lernorganisation der Schule

Schulen für Geistigbehinderte können sich wie jede andere Schulart am zielstrebigsten entfalten, wenn sie *selbständige Schulen mit eigener Leitung* sind. Die Angliederung von Sonderklassen für geistigbehinderte Kinder an Lernbehindertenschulen erfolgte in der Regel als erste Notmaßnahme. Selbständigkeit ist hier verstanden im Sinne einer in sich geschlossenen, den pädagogischen Eigenbedürfnissen entsprechenden, gegenüber anderen Schulen gleichberechtigten Organisationsbasis.

Vom bloßen Angehängtsein zu unterscheiden wäre eine *Eingliederung* in ein additives, sozialpädagogisch *kooperatives Schulsystem*. Die *Empfehlungen des Deutschen Bildungsrates* (1973) sehen einen Verbund mit einer allgemeinen Schule (Grundschule) in Form eines *kooperativen Schulzentrums* vor. Daß eine unmittelbar gemeinsame Unterrichtung geistigbehinderter und nicht-behinderter Kinder pädagogisch nicht zu vertreten ist, belegt u. a. der *Montessori*-Schulversuch in München. Er weist, was im allgemeinen nicht bekannt ist, neben einer integrativen Schule eine eigene Schule für Geistigbehinderte — und auch eine eigene Schule für lernbehinderte und verhaltensgestörte Kinder auf. Man kann den Verbund dieser drei Schulgattungen — zwei davon sind Sonderschulen — als ein „kooperatives Schulzentrum" ansehen.

Wie eine übers Knie gebrochene schulische Integration in die üblichen Regelschulen sich ins Gegenteil einer Berücksichtigung der besonderen Bedürfnisse geistigbehinderter Kinder verkehren kann, zeigt sich gegenwärtig an amerikanischen Schulen. In der Zeitschrift „mental retardation" (Nr. 6/1979) zeigt *Childs* auf, wie durch die Praxis von „mainstreaming" ein drastischer Wandel im Curriculum für geistigbehinderte Schüler eingetreten sei. Nicht die besonderen Lernbedürfnisse dieser Kinder seien unterrichtlich bestimmend sondern das übliche Schulpensum. Bisherige Untersuchungen ließen erkennen, daß ca. 90 % des Schulalltags dieser integriert beschulten Kinder mit einer geistigen Behinderung (bis IQ 40) mit Kulturtechniken (academic skills) verbracht würden! „Nicht lebenspraktische Fertigkeiten für ein unabhängiges Leben, sondern Lesen, Schreiben und Rechnen! Bloßes und simples Normalklassen-Curriculum!" (S. 306) *Childs* betont ausdrücklich, daß er schulische Integration (mainstreaming) an sich mit ganzem Herzen unterstütze, aber nicht zustimmen könne, wenn dabei geistigbehinderte Kinder nicht das lernen können, was ihren besonderen Lebensbedürfnissen entspricht.

In der gleichen Zeitschrift geht auch *Warren* der Frage nach, was falsch sei an „mainstreaming", und beklagt dabei, daß die integrativen Schulplazierungen geistigbehinderter Kinder zu überstürzt vorgenommen worden seien, daß man nicht vor solchen Entscheidungen entsprechende empirische Untersuchungen abgewartet habe, meint aber, daß man doch noch weitere Erfahrungsdaten sammeln sollte, um besser beurteilen zu können, welche Details in der Praxis effektiv seien.

Die Form der *Tagesschule* mit täglich siebenstündigem Betrieb von Montag bis Freitag wird in besonderer Weise gerade den Erfordernissen einer Geistigbehindertenschule im Sinne einer Schule zur Lebenshilfe gerecht: Erziehungs- und Unterrichtsaufgaben können gesamtheitlich aufeinander abgestimmt werden, das Lernfeld wird weiter und vielgestaltiger, es schließt so wichtige Lerninhalte wie die der Alltagshygiene, des Verhaltens beim Essen, bei der Mittagsruhe, in der Freizeit, bei gemeinsamer Arbeit ein; schließlich bringt die Tagesschule den Eltern die so dringend nötige Entlastung, und der hohe Aufwand an Zeit und Kraft für den Transport zur und von der Schule wird rentabler.

Mancherorts lassen die schulrechtlichen Bestimmungen gegenwärtig nur die fiskalisch getrennte Errichtung von Schule und Tagesstätte zu. In diesen Fällen wird es darauf ankommen, durch eine möglichst enge Zusammenarbeit einheitlich zu planen und sich gegenseitig zu unterstützen. Regelmäßige gemeinsame Konferenzen sind dazu nötig.

Die *Gliederung der Schülerschaft* in Klassen oder Gruppen richtet sich nach mehreren Gesichtspunkten, die im Einzelfall gegeneinander abgewogen werden müssen. Zu nennen sind insbesondere das individuelle Lernvermögen eines Kindes, sein soziales Verhalten und sein Lebensalter (*Bach* 1969). Je größer die Zahl der Schüler einer Schule, desto größer sind die Möglichkeiten der Differenzierung und damit der Bildung lernhomogener Gruppen. Das Differenzierungsprinzip wird jedoch überzogen, wenn unübersichtliche Mammutschulen entstehen, die die Binnenkontakte verdünnen und Eltern und Schülern zu weite und beschwerliche Schulwege zumuten.

Nur dem Grad und der Art der Bildungsbehinderung entsprechende *kleine Klassen* sind geeignet, das Selbsttun und Mittun des Kindes im wünschenswerten Maße zu aktivieren. In den Empfehlungen zur Ordnung von Erziehung und Unterricht an Sonderschulen für Geistigbehinderte der Bundesvereinigung „Lebenshilfe" wird eine durchschnittliche Schülerzahl von sechs Kindern pro Klasse angegeben. In den Richtlinien des Landes Baden-Württemberg sind Richtzahlen genannt, die gleichzeitig Minimalfrequenzen bedeuten, und zwar für die Unterstufe sechs, für die Mittel- und Oberstufe acht und für die Werkstufe zehn Kinder beziehungsweise Jugendliche.

Für die Einteilung in *Schulstufen* — Unter-, Mittel-, Ober- und Werkstufe oder Abschlußstufe — gibt es keine genauen Markierungseinheiten. Mit ihnen werden lediglich Schwerpunkte für die Unterrichtsplanung gesetzt und Lernfelder abgesteckt, die der ungefähren Sequenz der Lernstufen Geistigbehinderter entsprechen. Bedingt durch die Unregelhaftigkeit ihrer Entwicklung und die große Streuung ihrer Begabungsstrukturen sind nur vage Charakterisierungen der einzelnen Schul- und Lernstufen möglich; sie greifen jeweils weit ineinander. In der einführenden Unterstufe steht nach *Bach* (1969) das „spielende Lernen" im Vordergrund, in der Mittelstufe das „mitschaffende Lernen", in der Oberstufe das „werkgerichtete Lernen".

Die *Werkstufe* entspricht im Rahmen der zwölfjährigen Schulpflicht dem Abschnitt des Berufsschulbesuchs. Sie ist vornehmlich der Ort „planmäßiger Arbeitserziehung in der Schulwerkstatt" (Richtlinien Baden-Württemberg), gewissermaßen das Bindeglied zwischen Oberstufe und Werkstatt für Behinderte. Dabei behält der Gesamtbildungsauftrag seine volle Gültigkeit; der jugendliche Geistigbehinderte wird noch nicht in spezieller Weise in den Dienst der Produktion gestellt. Allerdings werden mit dem Erlernen von arbeitsartigem Verhalten (Arbeitstechniken und Arbeitshaltungen) schwerpunktmäßig die Voraussetzungen für eine spätere Arbeitsanleitung im Sinne der Produktion geschaffen. Hand in Hand damit geht das Erlernen von Motiven und Fertigkeiten zur Gestaltung einer sinnvollen *Freizeit*.

Stuffer (1975) hat in einer empirischen Untersuchung die pädagogische Notwendigkeit einer der Schule für Geistigbehinderte zugeordneten *Werkstufe* begründet und ein entsprechendes Konzept vorgelegt.

Von zentraler Bedeutung für die gesamte Lernorganisation sind die *Lehrenden*. Ein grundlegendes Erfordernis ist ihre behindertenpädagogische *Ausbildung*, gleichgültig, ob sie über einen Lehrerstatus im herkömmlichen Sinne verfügen oder nicht. Wichtig ist dabei die spezielle Ausrichtung der Ausbildung auf die Arbeit mit geistigbehinderten Menschen unter genügender Berücksichtigung des schulischen Lehrens und Lernens.

Vom *Sonderschullehrer* wird ein sonderpädagogisches Hochschulstudium verlangt, das ihn instandsetzt, seinem speziellen und komplexen Aufgaben mit wissenschaftlichen Begründungen gerecht zu werden. Er muß insbesondere Unterricht und jegliche Lernprozesse den besonderen Situationen, Fähigkeiten und Grenzen des geistigbehinderten Schülers entsprechend organisieren und reflektieren können (*Deutscher Bildungsrat* 1973).

Neben den Sonderschullehrern werden auch *Sozialpädagogen* oder *Heilpädagogen* mit der Führung einer Gruppe oder Klasse betraut. In den einzelnen Bundesländern sind für diesen Personenkreis verschiedene Berufsbezichnungen geprägt worden: Heilpädagogische Assistenten an Sonderschulen, Personal für heilpädagogische Unterrichtshilfe, Fachlehrer an Sonderschulen. Man könnte auch von Assistenzlehrern an Sonderschulen reden. Gemäß den schulrechtlichen Bestimmungen in mehreren Ländern kann nur einem „Lehrer" die pädagogisch verantwortliche Leitung einer Schulklasse übertragen werden. Demnach können die oben genannten Lehrpersonen nur in Mitarbeit neben dem Sonderschullehrer tätig werden. Da aber einem Lehrer auch zwei oder drei Klassen als ein Klassenverband übertragen werden können, bietet sich die Möglichkeit, solche Klassen für bestimmte Aufgaben den genannten Mitarbeitern („Sonderpädagogen", „Heilpädagogen") in kooperativer Teilverantwortlichkeit anzuvertrauen (Klassenführung). Auf die Dauer wird sich ein Zwei-Lehrer-System, bestehend aus Sonderschullehrer plus Assistenzlehrer für jede Schulklasse, als notwendig erweisen, wenn all die hier genannten erzieherischen und didaktischen Prinzipien wirklich zum Tragen kommen sollen.

Fachlehrer (technische Lehrer, Handarbeits- und Hauswirtschaftslehrerinnen, Rhythmiklehrerinnen) werden für einen stundenweisen Unterricht nur so weit in Betracht kommen, als an die Umstellungsfähigkeit der Kinder keine zu hohen Anforderungen gestellt werden. Vor allem in den unteren Schulstufen sollten so wenig als nötig weitere Lehrpersonen verwendet werden. Soweit erforderlich werden für spezielle therapeutische Aufgaben auch Krankengymnastinnen, Beschäftigungstherapeutinnen und Heilpädagogen eingesetzt.

Nur in enger Fühlungnahme miteinander und in gemeinsamer Planung, gesichert durch regelmäßige Besprechungen, wird es möglich sein, die schwierigen Aufgaben dieser Arbeit zu erfüllen. Dazu empfiehlt es sich, die Gesamtmitarbeiterschaft aufzugliedern und in *kooperativen Abteilungen* zu organisieren. Diese können sich auf die verschiedenen Schulstufen einschließlich der *Intensiv-Abteilung* beziehen. Ein Koordinator (Sonderschullehrer) sorgt pro Abteilung für regelmäßige Zusammenkünfte und eine pädagogische Abstimmung der verschiedenen Arbeitsansätze. Auftretende Probleme können hier ebenso besprochen werden wie Fragen der Zusammenarbeit mit den *Eltern*. Derartige Abteilungsteams auf der Basis relativ vertrauten Kooperierens können erfahrungsgemäß zu einem lebendigen Instrument der Schule werden.

Einzelheiten zu weiteren Bereichen der Schul- und Unterrichtsorganisation bietet die Übersicht von *Höss* (1979) sowie die Empfehlungen des *Pädagogischen Ausschusses* der *Bundesvereinigung Lebenshilfe für geistig Behinderte* (1973).

Pädagogische Aufgaben bei geistigbehinderten Heranwachsenden

Geistigbehinderte bleiben nicht „ewig Kinder". Als heranwachsende stellen sie ihre Eltern und Erzieher vor neue, oft noch schwierigere Aufgaben (*Breitenmoser* 1964). Sie resultieren aus den körperlichen Veränderungen und der damit verbundenen Diskrepanz zwischen somatischer und psychischer Entwicklung. Als Sechzehn- oder Achtzehnjährige spielen sie daheim mit Puppen oder Autos, werden aber ansonsten mit „Sie" angeredet und von Kindern, mit denen sie spielen wollen, als „Große" abgelehnt.

Auf die auffallende Unregelmäßigkeit der pubertären Vorgänge ist bereits hingewiesen worden. Die geschlechtliche Entwicklung verläuft im allgemeinen verlangsamt und oft nicht bis zur vollen Reife. Das Geschlechtliche spielt zwar im Leben des Geistigbehinderten eine geringere Rolle als beim gesunden Heranwachsenden, wie *M. Egg* (1966) feststellt, aber deshalb sind die Erziehungsaufgaben nicht einfacher, zumal die anderen Menschen wenig Rücksicht auf die besondere Situation der Geistigbehinderten nehmen und sie selbst kaum in der Lage sind, die neuen, bisher nicht gekannten Motivationen und Verhaltensweisen zu akzeptieren und zu steuern. Die Gefahr des sexuellen Mißbrauchs durch andere besteht ebenso wie die der Mißdeutung und Unterdrückung sexueller Bedürfnisse.

Die Diskussion um die *Sexualität geistigbehinderter Menschen* wird nach wie vor kontrovers geführt, wenn sie überhaupt stattfindet. Allzu kurzschlüssig werden diejenigen, die auf Grund der sexuellen Selbststeuerungsschwäche und prinzipiellen Abhängigkeit dieser Personen mehr den Gesichtspunkt des Schutzes und der Bewahrung vor auswegslosen sexuellen Problemen hervorheben, der Prüderie, Verklemmtheit und sexuellen Unduldsamkeit geziehen, während auf der anderen Seite diejenigen, die für den Sinn menschlicher Sexualität in der Begegnung der Geschlechter eintreten, in den Geruch der sexuellen Abenteuerei und der bloßen, verantwortungslosen Illusion geraten. Das so dringend nötige Gespräch über das, was als Sexualität geistigbehinderter Menschen zu schützen und zu akzeptieren ist, wird permanent und penetrant durch ideologische Empfindlichkeiten und Verdächtigungen gestört, so daß im allgemeinen aneinander vorbeigeredet wird; und dieses Reden ist im Grunde ein Reden über andere, die sich selber zu ihren Bedürfnissen und Problemen nur unzulänglich oder gar nicht äußern können. Die Hauptschwierigkeiten werden durch pauschalisierte Urteile hervorgeru-

Pädagogische Aufgabe bei geistigbehinderten Heranwachsenden 285

fen, die alle gesicherten Einsichten über Entwicklungsabhängigkeit, Individualisierung und Differenzierung des Verhaltens geistigbehinderter Menschen zu ignorieren scheinen.

Auf Grund des inzwischen vorliegenden Materials (*Bach* 1971, *Stöckmann* 1979, *Huber/Katz* 1975, *de la Cruz/LaVeck* 1975, *Sporken* 1974, *Bundesvereinigung Lebenshilfe* 1976, *Schröder* 1977) lassen sich im Sinne einer Versachlichung des Themas folgende kurzgefaßte Aussagen machen:

1. Die Geschlechtlichkeit des geistigbehinderten Menschen ist prinzipiell von einer konstitutiven Bedeutung für die Persönlichkeit und ihre interpersonalen Beziehungen. Sie beansprucht daher eine in die Gesamterziehung einbezogene Pflege und Beachtung, insbesondere eine Erziehung der Emotionalität (*Sandre/Raute* 1972).

2. Eine Geschlechtserziehung beginnt nicht erst in der Pubertät im Sinne von Maßnahmen zum Gebrauch oder zur Unterdrückung des Sexualtriebes sondern wird in der Kindheit fundiert und zwar durch eine Gewöhnung als soziale Anpassung an gängige Normen im Bereich des Geschlechtlichen, z. B. durch Erziehung zum Schamverhalten (nicht Prüderie), zu einer gewissen Zurückhaltung gegenüber Fremden (*Huber* 1975).

3. Die grundsätzliche Akzeptanz der sexuellen Selbstbefriedigung sollte gekoppelt sein mit der Gewöhnung an einen privaten Raum bzw. dem Vermeiden der Anwesenheit anderer.

4. Durch geschlechtliche Koedukation sollen Mädchen und Jungen einander besser kennenlernen. Die begleitende Erziehung sollte für sinnvolle Begegnungen in Freizeit und Spiel Sorge tragen. Die dabei entstehenden Freundschaften sind zunächst als personale Bereicherungen zu werten und vielfach nicht genital intendiert.

5. Geistigbehinderte Personen sind im allgemeinen auf ein lebenslanges Geleit in der geschlechtlichen Begegnung angewiesen. Dritte Personen (Erzieher) haben kein Recht, genitale Kontakte anzuregen, wenn diese vom Behinderten weder gewußt noch gesucht werden (*Huber* ibid.).

6. Ehen geistigbehinderter Personen bleiben ein Problem, eine „äußerst heikle Sache" (*Sporken* 1974), und bedürfen eines „intensiven Geleits", das nicht beliebig abgebrochen werden darf, um die zwei Menschen wieder auseinanderzureißen.

7. Sexuelle Auffälligkeiten treten bei geistigbehinderten Menschen nicht häufiger auf als bei nicht-behinderten.

8. Zur Verhütung von Schwangerschaften ist für die Anwendung von empfängnisverhütenden Mitteln Sorge zu tragen. Die Durchführung von Sterilisationen ist umstritten.

9. Die Entwicklung der Geschlechtlichkeit vollzieht sich bei geistigbe-

hinderten Personen individuell derart unterschiedlich, daß hilfreiche Aussagen im konkreten Fall nur unter Berücksichtigung der individuellen Situation möglich sind.

10. Der heranwachsende, jugendliche geistigbehinderte Mensch soll diejenigen Informationen (Aufklärung) zum Geschlechtsbereich erhalten, die er individuell braucht, und wie er sie für seinen Alltag umsetzen kann. Verallgemeinerungen können ihn überfordern. Insbesondere bedürfen genitale Prozesse wie das Ersterlebnis des Eintretens von Menstruation oder Pollution einer vorbereitenden bzw. begleitenden informativen Hilfe.

Eine *seelische Reifungsveränderung* in Richtung auf eine stärkere Ich-Behauptung ist auch bei Gesitigbehinderten zu beobachten. Sie lassen sich nicht mehr alles vorschreiben, setzen sich selber bestimmte Ziele und möchten manches bewußt allein tun, möchten auch öfters allein sein. Eine solche ansatzweise Entwicklung zur Selbständigkeit kann und soll auch gefördert werden, soweit die Befriedigung derartiger Bedürfnisse den Jugendlichen nicht in Gefahr bringt. Auf diese Weise kann er instandgesetzt werden, sich „seine Welt" aufzubauen, Freizeit sinnvoll zu gestalten. Über diesen Spielraum kann er aber nur verfügen, wenn dieser ein von der Erziehungsautorität geschützter ist, d. h. wenn der Heranwachsende bereit ist, sich ihr in Vertrauen unterzuordnen, sobald sein Denk- und Handlungsvermögen der gegebenen Situation nicht gewachsen ist. Auch dieses Gehorchenkönnen ist auf eine Grundlegung schon in der frühen Kindheit angewiesen. Taktvolles erzieherisches Verhalten erfordert auch seine Empfindlichkeit gegenüber abfälligen Äußerungen und Kränkungen, seien es Worte oder Schläge.

Mit der fortschreitenden seelisch-geistigen Entwicklung erlebt auch der Geistigbehinderte, daß er „kein Kind mehr" ist. Er erwartet daher auch, daß man ihn wie einen „Erwachsenen" behandelt, d. h. daß man ihm mit Umgangsformen, z. B. der Höflichkeit, begegnet, die unter Erwachsenen üblich sind, daß man auch seinen persönlichen Geschmack hinsichtlich Kleidung und Frisur gelten läßt. Wo dagegen sein Bedürfnis nach Selbständigkeit, Geltung und Anerkennung ihm Gefahr von seiten der anderen einbringt, z. B. auf der Straße, wird er lernen müssen, solchen konkreten Gefahrenstellen aus dem Weg zu gehen und Unfreundlichkeiten und Zurückweisungen hinzunehmen und ertragen. Er muß den Mut finden lernen, sich nicht zu wehren und zu streiten (*M. Egg* 1966): er wäre immer der Unterlegene. Bei solchen Gelegenheiten wird ihm seine Andersartigkeit irgendwie bewußt, erlebt er die Unterschiedlichkeit seiner Welt und der der anderen. Er muß auf den bisherigen sozialen Schutz des Kind-Schemas verzichten. Er muß die Erfahrung machen, daß er nicht so ist wie die anderen, und wie er möglicherweise sein möchte.

Er spürt sicherlich auch, daß er nicht ganz selbständig ist und werden kann. Gelegentlich gelingt es ihm, sich auszudrücken, wie schmerzlich es für ihn ist, immer wieder auf andere angewiesen zu sein, z. B. oft allzu stark von den Eltern abhängig zu sein, die ihn am liebsten — ohne daß sie sich dessen bewußt würden — immer nur als Kind umsorgen möchten. Auf diese Weise kann das Erwachsenwerden auch verhindert werden.

Auf der anderen Seite kann er auch beglückend und immer sicherer seine Identitätsstärkung erfahren, wenn er Gelegenheit erhält, sich selbst zu bewähren, etwas selbständig durchzuführen, mitzusprechen, auch seine eigene Entscheidung zu fällen, die dann respektiert wird, also nicht nur der Abhängige zu sein. Es sind bisher sicherlich noch nicht alle Möglichkeiten im pädagogischen und sozialen Bereich ausgeschöpft worden, bei geistigbehinderten Erwachsenen in größerer Zahl das Optimum ihrer Entwicklung, ihrer personalen und sozialen Identität zu erreichen.

Daß beispielsweise die Lernkapazität dieser Menschen relativ hoch ist, zeigen u. a. wissenschaftliche Untersuchungen, wie sie von *Gunzburg* (1974) berichtet werden. Sie lassen sich dahingehend zusammenfassen, daß
- es eine Weiterentwicklung der intellektuellen Funktionen auch nach dem 16. Lebensjahr gibt
- der Gipfel der intellektuellen Leistungsfähigkeit zwischen 20 und 34 Jahren erreicht wird
- die Fähigkeit, sich mit intellektuellen Problemen zu befassen, sich deutlich nach dem 16. Lebensjahr verbessert
- bei jungen Erwachsenen in deren sozialer Entwicklung noch größere Fortschritte als in deren intellektueller Entwicklung zu erzielen sind (vgl. *Speck* 1978).

Das Erlernen und Ausüben einer angemessenen Berufsarbeit gehört zum Grundbedürfnis auch des geistigbehinderten Menschen. Sie ermöglicht ihm ein sinnvolles Entfalten seiner Aktivität, das Erleben von Leistung und Nützlichsein und damit einer Stärkung seines Selbst- und Lebensgefühls und schließlich das Mittun als Teilhaben an einem größeren Ganzen, dem man sich zugehörig fühlen darf.

Bei aller Betonung der Ausbildung für Arbeit und Beruf bleibt es die Aufgabe auch der Berufsbildung, dem Geistigbehinderten als ganzem Menschen auf dem Wege seines Werdens weiterzuhelfen, nicht also ihn ausschließlich und von vornherein für eine bestimmte Beschäftigung in einer Werkstatt für Behinderte oder in der freien Wirtschaft abzurichten. Die Gefahr ist groß, weil er leichter manipulierbar ist und zu monotoner Arbeitsweise neigt. Abstumpfende Eintönigkeit und Einseitigkeit aber dürfte seine durch jahrelanges Bemühen angeregte und aufgebaute Lernaktivität zum Erliegen bringen (vgl. *Speck* 1974, *Bach* u. a. 1975, *Stuffer* 1975, *Bernhart* 1977) . Das Gleiche gilt für die aktive Gestaltung der Freizeit in Familie und Heim, die gelernt und immer wieder in variablen, ansprechenden Formen gepflegt werden muß (*Krenzer* 1974, 1975, 1976, *Zielniok/Schmidt-Thimme* 1978). In München ist im *Theodor-Heckel-Bildungswerk* eine eigene Freizeit- und Erwachsenen-Bildungsstätte für Geistigbehinderte entstanden. Wer das Verhaltensbild von geistigbehinderten Erwachsenen aus früheren Epochen kennt, ist überrascht, wie differenziert sich diese weiterentwickeln können, wenn sie die entsprechenden Anregungen und Betätigungs- und Begegnungsmöglichkeiten erhalten, d. h. wie sehr sie bislang vernachlässigt worden sind.

Nur wenn der Geistigbehinderte ein *Lernender werden darf und bleiben kann*, wird es ihm möglich, auf seine Art ein tüchtiger, guter und glücklicher Mensch zu werden. In der Lernmobilität sehen wir die Chance der Lebensfülle auch des geistigbehinderten Menschen. Nur ist sie im Gegensatz zum gesunden Leben so schwach, daß sie von außen, von den anderen immer wieder angeregt und erhalten werden muß: durch Erziehung, durch neues Lernen, durch die Vermittlung belebender Erfahrungen und Erwartungen.

Literatur

AAMD (Amer. Ass. Ment. Defic., Ed.): International Research Seminar on Vocational Rehabilitation of the Mentally Retarded, Washington D.C. 1972
Adam, H.: Curriculumkonstruktion für Geistigbehinderte. Untersuchung zur Theorie und Praxis in den USA unter besonderer Berücksichtigung des Normalisierungsprinzips. Marburg 1977
Adam, H.: Arbeitsplan für den Unterricht mit Geistigbehinderten. Limburg 1978
Adler, J.: Pädagogische Hilfen für Kinder mit einem Hirntrauma. Berlin 1975
Adriaans, P., Duker, P.: Die Behandlung von Verhaltensstörungen bei Geistigbehinderten. Bern/Stuttgart 1975
Aebli, H.: Psychologische Didaktik. Stuttgart ³1968
— Grundformen des Lehrens. Stuttgart ⁵1968
Anderson, R. M., Greer, J. G. (Eds.): Educating the Severely and Profoundly Retarded. Baltimore/London/Tokyo 1976
Argyle, M.: Soziale Interaktion. Köln 1972
Aschaffenburg, G.: Grenzen der Heilpädagogik, in: *E. Lesch* (Hrsg.), Bericht über den fünften Kongreß für Heilpädagogik in Köln, München 1931
Asperger, H.: Heilpädagogik, Einführung in die Psychopathologie des Kindes für Ärzte, Lehrer, Psychologen, Richter und Fürsorgerinnen. Wien/New York, ⁵1968
Atzesberger, M.: Sprachaufbauhilfe bei Geistigbehinderten. Berlin ³1975, ⁴1978
Aurin, K.: Zur Rehabilitation geistig behinderter Jugendlicher. Die Rehabilitation, 1964, 103—110, 182—188
Aurin, K.: Was heißt „Humanisierung der Schule"? Zeitschr. f. Pädagogik 1977, 23, 757—772
Autrum, H.: Sprechen, Sprache und Verstehen. Vortr. v. d. Bayer. Akademie der Wissenschaften. München 1977
Bach, H.: Idee und Gestalt einer Sonderschule für geistig behinderte Kinder, in: Handbücherei der Lebenshilfe, Bd. VI, Marburg 1966, 9—19
— Geistigbehindertenpädagogik, Berlin 1967, ⁸1977
— Sexuelle Erziehung bei Geistigbehinderten. Berlin 1971
— Lesereife und Lesenlernen bei Geistigbehinderten. Sonderpädagogik 1971, 1, 149—156
— (Hrsg.): Früherziehungsprogramme für geistigbehinderte und entwicklungsverzögerte Säuglinge und Kleinkinder. Berlin 1974
— Geistigbehinderte unter pädagogischem Aspekt. In: *Bach/Kanter/Kauter/Munz:* Sonderpädagogik 3. Stuttgart 1974
— *(Hrsg.):* Pädagogik der Geistigbehinderten, Bd. 5, Hdb. d. Sonderpädagogik. Berlin 1979
— *(Hrsg.):* Familien mit geistigbehinderten Kindern. Berlin 1979
Bach, H., Baumann, J., Beck, R.: Berufsausbildung Geistigbehinderter. Mainz 1975
Baier, H. (Hrsg.): Beiträge zur Behindertenpädagogik in Forschung und Lehre. Rheinstetten 1976

Balzer, B. u. Rolli, S.: Sozialtherapie mit Eltern Behinderter. Weinheim u. Basel 1975
Bandura, A.: Sozial-kognitive Lerntheorie. Stuttgart 1979
Bank-Mikkelsen, N. E.: Das Normalisierungsprinzip. Zur Fortbildung 1972, H. 2, 24—30
— Misconceptions of the Principle of Normalisation. Vortragsmanuskript f. d. 4. Intern. Congr. der IASSMD. Washington 1976
Barker, P.: Grundlagen der Kinderpsychiatrie. Ravensburg 1973
Barksdale, M. W.: Social Problems of Mentally Retarded Children, in: Mental Hygiene, New York 1961, 45, 509—512
Bauer, E.: Versuch einer Psychologie der Schwerstbehinderten. Heilp. Werkblätter, 1969, 134—143
Bauer, I. u. Fischer, D.: Neues Leben mit Geistigbehinderten. Wir Lernen mit dem Overhead-Projektor. Würzburg 1978
Baun, M.: Beeinträchtigungen der Sprache bei Geistigbehinderten. Sonderpädagogik 1978, 8, 15—23
Beck, W.: Grundzüge der Sozialpsychologie. München ³1960
Becker, R. und Autorenkollektiv: Früherziehung geschädigter Kinder. Berlin 1978
Begab, M. J. u. Richardson, S. A. (Eds.): The Mentally Retarded and Society. A Social Science Perspective. Baltimore/London/Tokyo 1975
Begemann, E.: Die Erziehung der sozio-kulturell benachteiligten Schüler. Zur erziehungswissenschaftlichen Grundlegung der „Hilfsschulpädagogik". Berlin/Darmstadt/Dortmund 1970
— Behinderte — eine humane Chance unserer Gesellschaft. Berlin 1973
Begemann, E./Fröhlich, A. D. u. Penner, H.: Förderung von schwerstkörperbehinderten Kindern in der Primarstufe. Zwischenbericht. Mainz 1979
Benda, Cl. E.: Die Oligophrenien, in: Psychiatrie der Gegenwart, Bd. II. Berlin-Göttingen-Heidelberg 1960, 869—934
Berg, J. M.: Aetiological Aspects of Mental Subnormality: Pathological Faktors. In: Clarke/Clarke ³1974, 82—117
Bernart, E.: Schulbildung für geistig Behinderte. Berlin 1970
Bernhart, P.: Pädagogische Förderung in der Werkstatt für Behinderte. Ein Beitrag zur Praxis der Arbeit mit geistigbehinderten Erwachsenen. München/Basel 1977
Bertalanffy, L. von: Aber vom Menschen wissen wir nichts. Düsseldorf/Wien 1970
Beschel, E.: Der Eigencharakter der Hilfsschule. Weinheim 1960
— Bibliographie zur Praxis und Theorie der Erziehung geistig Behinderter. Hamburg (Selbstverlag) 1979
Blatt, B.: Fegefeuer. In: Kugel/Wolfensberger (Hrsg.) 1974, 17—23
Bleidick, U.: Sonderschule für geistig Behinderte, in: Enzykl. Hdb. d. Sonderpädagogik, 1965 ff., Sp. 1095—1097
— Das behinderte Kind in anthropologischer Sicht, in: *Heckel, Jensen, Schaaf* (Hrsg.) , Das behinderte Kind in Schule und Gesellschaft, Hamburg 1967
— Sonderpädagogik, in: Enzyklopäd. Handb. d. Sonderpädagogik, Berlin 1968, 3191—3226
— u. a.: Einführung in die Behindertenpädagogik, Bd. I—III. Stuttgart/Berlin/Köln/Mainz 1977
— Pädagogik der Behinderten. Berlin ³1978
— u. *Rüttgardt, S. E.* (Hrsg.): Lehrer für Behinderte. Stuttgart/Berlin/Köln/Mainz 1978

Bochinger, R. (Hrsg.): Hilfe für das geistig behinderte Kind. Stuttgart 1967
Bollnow, O. F.: Krise und neuer Anfang. Heidelberg 1966
Bondy, C.: Neue Testuntersuchungen an minderbegabten Kindern. Lebenshilfe, 1964, 113—115
Bondy, C., Cohen, R., Eggert, D., Lüer, G.: Die Testbatterie für geistig behinderte Kinder. Weinheim/Berlin/Basel 1969
Bopp, L.: Allgemeine Heilpädagogik. Freiburg 1930
Bos, F. van den: Neues Spielmaterial für behinderte Kinder. Heidelberg 1968
Bosch, G.: Psychopathologie der kindlichen Hirnschädigung. Fortschr. Neurol., 22, 1954, 425
Boswell, D. M. u. Wingrove, J. M. (Eds.): The Handicapped Person in the Community. London 1974
Bowlby, J.: Bindung. München 1975
Bracken, H. v.: Entwicklungsgestörte Jugendliche. München 1965
— (Hrsg.): Erziehung und Unterricht behinderter Kinder. Frankfurt/M. 1968
— Vorurteile gegen behinderte Kinder, ihre Familien und Schulen. Berlin 1976
Breitenmoser, A.: Sexuelle Fragen und „Lieben lernen". Lebenshilfe, 1964, 122
Brezinka, W.: Erziehung als Lebenshilfe. Wien 1961
— Der erziehungsbedürftige Mensch und die Institutionen, in: *Brezinka, W.* (Hrsg.), Weltweite Erziehung, Freiburg/Basel/Wien 1961
— Grundbegriffe der Erziehungswissenschaft. München 1974
Brock, H.: Beitrag zur Psychologie der Eltern imbeziller Kinder. Ztschr. f. Kinderpsychiatrie, 1954
— Erfahrungen mit der nichtverbalen Intelligenztestreihe von Snijders-Oomen bei der Beurteilung des Entwicklungsstandes geistig behinderter Kinder. Praxis der Kinderpsychologie und Kinderpsychiatrie, 1964, 255—257
Brooks, P. u. Baumeister, A.: A Plea for Consideration of Ecological Validity in the Experimental Psychology of Mental Retardation. Amer. Journ. Ment. Deficiency 1977, 81, 407—416
Bruder, H.: Soziale Beziehungen geistig behinderter Jugendlicher in der Gruppe. Lebenshilfe, 1969, 90—96
Brunner, J.: Relevanz der Erziehung. Ravensburg 1973
Buber, M.: Urdistanz und Beziehung. Heidelberg 1951
— Reden über Erziehung. Heidelberg 1956
— Ich und Du. Heidelberg 1958
Buchka, M.: Religiöse Unterweisung in der Schule für Geistigbehinderte. Berlin 1973
— Pädagogische Erfahrungen mit der „Testbatterie für geistig behinderte Kinder". Sonderpädagogik 1973, 3, 74—83
Buck, P. S.: Was sie uns schenken — Was wir den geistig Behinderten schulden. Lebenshilfe, 1966, 169—173
Bückel, F.: Das Reversal-Shift-Paradigma bei geistigbehinderten Kindern. Heilpädag. Forschung, 1977, 7, H. 1, S. 208—219
— Gedächtnis und Lernen beim geistig behinderten Kind. Eine heilpädagogisch-psychologische Untersuchung zum Free-Recall-Paradigma. Weinheim/Basel 1978
Budde, K. R. (Hrsg.): Handbuch der Schule und Bildungsstätte für geistig Behinderte. Bd. I und II. Staufen/Br. 1977
Bundesverband für spastisch Gelähmte und andere Körperbehinderte, Düsseldorf e. V., Fröhlich, A. D. (Hrsg.): Dokumentation zur Situation Schwerstbehinderter. Staufen/Br. 1978
Bundesvereinigung Lebenshilfe für geistig Behinderte (Hrsg.): Frühe Hilfen —

wirksamste Hilfen. Marburg/L. 1975
— Geistige Behinderung, Partnerschaft, Sexualität. Marburg/L. 1976
— Hilfen für schwer geistig Behinderte. Eingliederung statt Isolation. Marburg/L. 1978
— Verhaltenstherapien im Rahmen der Gesamtförderung geistig Behinderter. Marburg/L. 1979
Burkhardt, G.: Förderungsanleitung zur Rehabilitation schwerschwachsinniger Jugendlicher. Berlin 1977
Busemann, A.: Psychologie der Intelligenzdefekte. München 1959
Buytendijk, F. I. I.: Prolegomena einer anthropologischen Physiologie. Salzburg 1967
Caldwell, B., and Guze, S. A.: A study of adjustment of parents and siblings of institutionalized and non-institutionalized retarded children. Amer. J. Ment. Def., 1960, 845—861
Carr, J.: The Effect of the Severely Subnormal on their Families. In: Clarke/ Clarke (Eds.) 1974, 807—839
— Young Children with Down's Syndrome. London/Boston 1975, deutsch: Down-Syndrom in früher Kindheit. München/Basel 1978
Carroll, J. B.: Psycholinguistics in the Study of Mental Retardation. In: Schiefelbusch/Copeland/Smith (Eds.): Language and Mental Retardation. New York 1967
Clarke A. M. u. Clarke A. D. B. (Eds.): Mental Deficiency. The Changing Outlook. Londen ³1974
Childs, R. E.: A Drastic Change in Curriculum for the Educable Mentally Retarded Child. Ment. Retardation 1979, Vol. 17, 299—301, 306
Clarke, A. D. B. u. Lewis, M. M. (Eds.): Learning, Speech and Thought in the Mentally Retarded. London 1972
Clemens, E.: Eltern- und Umweltreaktionen auf die Geburt eines geistigbehinderten Kindes. In: *H. Bach* (Hrsg.): Familie mit geistigbehinderten Kindern. Berlin 1979
Collatz, J. u. Flatz, G. (Hrsg.): Geistige Entwicklungsstörungen. Genetische und Umweltfaktoren als Ursachen und als Grundlagen von Diagnostik, Therapie und Prävention. Bern/Stuttgart/Wien 1976
Combs, A. W./Avila, D. L. u. Purkey, W. W.: Die helfenden Berufe. Stuttgart 1975
Comenius, J. A.: Große Didaktik. Berlin 1957
Correll, W.: Lernstörungen beim Schulkind. Donauwörth 1962
— Pädagogische Verhaltenspsychologie, München/Basel ³1969
— Lernpsychologie, Donauwörth ⁶1968
Corte, E. u. Corwinus, L.: Entwicklungsgehemmte Kinder in Vorbereitungsklasse und Sonder-Kindergarten. Leipzig 1926
Couvèe, H.: Die sonderschulische Betreuung der geistig Behinderten in den Niederlanden. Ztschr. f. Heilpäd., 1965, 511—515
Cruz, F. de la u. LaVeck, G. D. (Hrsg.): Geistig Retardierte und ihre Sexualität. München 1975
Debrunner, A.: Entwicklungspsychologie des geistig behinderten Kindes. Heilpädagogik (VHN) 43, 1974, 46—59
Decroly, O. et Monchamps, E.: L'initation à l'activité intellectuelle et motrice par les jeux éducatifs. Neuchâtel 1932
Delfgaauw, B.: Geschichte als Fortschritt. Köln 1965
Derbolav, J.: Problem und Aufgabe einer pädagogischen Anthropologie, in: *H. Roth* u. *J. Derbolav* (Hrsg.), Psychologie und Pädagogik, Heidelberg 1959

Descoeudres, A.: Die Erziehung der anormalen Kinder. Zürich 1921
Deutscher Bildungsrat (Hrsg.): Empfehlungen zur pädagogischen Förderung behinderter und von Behinderung bedrohter Kinder und Jugendlicher. Bonn-Bad Godesberg 1973
Deutscher Katecheten-Verein (Hrsg.): Hilfen für die religiöse Unterweisung geistigbehinderter Kinder. München 1973
Diederley, H.: Schwimmen mit geistigbehinderten Kindern und Jugendlichen. Rheinstetten [2]1977
Dierlamm, Th.: Rechtliche Grundlagen der Sonderschule für geistig Behinderte. Ztschr. f. Heilpäd., 1966, 160—163
Dirlich-Wilhelm, H., Pohl, P. u. *Butollo, W. B.:* Motivation und Lernleistung bei geistigbehinderten Kindern. Zeitschr. f. Kinder- und Jugendpsychiatrie, 1977, 5, 103—114
Dittmann, W.: Die Häufigkeit des Auftretens von Kindern und Jugendlichen mit Down-Syndrom in Sonderschulen für geistig Behinderte. Praxis d. Kinderpsychol. u. Kinderpsychiatrie, 1974, 23, 144—149
Dörrie, K.: Solidarität der Behinderten. Lebenshilfe, 1965, 113—117
Doll, E. A.: The Measurement of Social Competence. Educational Publishers, Inc. USA 1953
Doman, G. u. *Lückert, H.-R.:* Wie kleine Kinder lesen lernen. Freiburg 1966
Down, J. L. H.: Beobachtungen zu einer ethnischen Klassifizierung von Schwachsinnigen. Dortmund 1968
Dreitzel, H. P.: Die gesellschaftlichen Leiden und das Leiden an der Gesellschaft. Stuttgart 1968
Dreyer, M.: Überlegungen zur psychologisch-pädagogischen Diagnostik hinsichtlich ihrer didaktisch-methodischen und prognostischen Bedeutung für die schulische Förderung geistig Behinderter. Praxis d. Kinderpsychologie und Kinderpsychiatrie, 1968, 289—305
— Das geistig behinderte Kind und der Bildungsbegriff in den Schulgesetzen. Praxis der Kinderpsychologie u. Kinderpsychiatrie, 1969, 71—74
Dührssen, A.: Heim- und Pflegekinder in ihrer Entwicklung. Göttingen 1958
Dunn, L. M.: Kleine Heime für geistig Behinderte mit spezieller Aufgabenstellung. In: *Kugel/Wolfensberger* (Hrsg.) 1974, 59—71
Dybwad, G.: Erfahrungen in der Beratung der Eltern geistig behinderter Kinder in den USA. Handbücherei der Lebenshilfe, Bd. V, Marburg 1965
— Care for the severely retarded in the USA. In: Intern. Soc. for Rehab. of the Disabled (Hrsg.): Proceedings of 3. Intern. Seminar on Special Education, New York 1966
Egenberger, R.: Die Bildungsfähigkeit abnormer Kinder, in: *E. Lesch* (Hrsg.), Bericht über den dritten Kongreß für Heilpädagogik, Berlin 1927
— Heilpädagogik. Berlin 1958
— Die Güte der Hilfsschulorganisationen. Die Hilfsschule 1913, 6, 97—104
— Die Bildungsfähigkeit abnormer Kinder. In: Bericht über den dritten Kongreß für Heilpädagogik 1926 in München, hrsg. v. *E. Lesch.* Berlin 1927
Egg, M.: Ein Kind ist anders. Zürich [3]1963
— Andere Kinder — andere Erziehung. Zürich 1965
— Andere Menschen — anderer Lebensweg. Zürich 1966
Egg-Benes, M.: Die heilpädagogische Hilfsschule der Stadt Zürich. Zürich o. J. (1953)
— Das geistesschwache Kind daheim und in der Schule. Zürich 1956
Eggert, D.: Ein Beitrag zur Sozial- und Familienstatistik von geistig behinderten Kindern, in: *K. W. Zimmermann* (Hrsg.), Neue Ergebnisse der Heil-

und Sonderschulpädagogik, Bonn 1969
— Die Testbatterie für geistigbehinderte Kinder. Lebenshilfe, 1969, 75—78
— Tests für Geistigbehinderte Weinheim/Basel 1970
— Zur Bewährung der Testbatterie für geistigbehinderte Kinder (TBGB) in der Schulpraxis. Zeitschr. f. Heilpädagogik, 1974, 25, 75—91
— Psychodiagnostik. In: Pädagogik der Geistigbehinderten, hrsg. v. *H. Bach.* 1979, 392—417

Eggert, D.,u. Betche, D.: Untersuchungen zur psychometrischen Eignung einer Kurzform der Vineland Social Maturity Scale für geistig behinderte Kinder. Praxis d. Kinderpsychologie u. Kinderpsychiatrie, 1969, 81—86

Ehrhardt, H.: Euthanasie und Vernichtung „lebensunwerten" Lebens. Stuttgart 1965

Eichler, L.-L. (Hrsg.): Einführung in die heilpädagogische Arbeit mit geistig schwer und schwerst behinderten Kindern unter Anlehnung an die ungarische heilpädagogische Arbeit (nach Dr. *G. Bárczi*). Berlin 1967

Eigler, G.: Bildsamkeit und Lernen. Weinheim/Berlin 1967

Elder, P. S. u. *Bergmann, J. S.:* Visual Symbol Communication Instruction with Nonverbal, Multiply-Handicapped Individuals. Ment. Retardation 1978, 16, 107—112

Eller, M.: Seelsorge in der Sonderschule, in: *R. Bochinger* (Hrsg.), Hilfe für das geistig behinderte Kind, Stuttgart 1967
— Die Sonderschule für geistig behinderte Kinder, in: *K. Brem* (Hrsg.), Pädagogische Psychologie der Bildungsinstitutionen, Bd. II, München/Basel 1968

Engelmann, W.: Ein vergleichendes Untersuchungsverfahren bei geistig behinderten Kindern. Praxis d. Kinderpsychologie u. Kinderpsychiatrie, 1966, 23—27

Erlinghagen, K.: Vom Bildungsideal zur Lebensordnung. Freiburg/Basel/Wien 1960

Eßbach, S.: Bildung und Erziehung förderungsfähiger schwachsinniger (imbeziller) Kinder. Die Sonderschule, 1967, 2. Beiheft, 3—27
— Erfahrungen aus der Arbeit mit Eltern schulbildungsunfähiger förderungsfähiger hirngeschädigter Kinder. Die Sonderschule, 1969, 78—82

Eyman, R. K. u. *Miller, C.:* A Demographic Overview of Severe and Profound Mental Retardation. In: Meyers (Ed.), 1978, IX—XI

Faber, W.: Das Dialogische Prinzip Martin Bubers und das erzieherische Verhältnis. Ratingen 1962

Fabian, Ch.: Sind geistig erheblich Behinderte zu produktiver Arbeit fähig? Die Sonderschule, 1963, 145

Fäth, J.: Die soziale Herkunft von Schülern einer Sonderschule für Geistigbehinderte in einem Landkreis Unterfrankens. Unveröff. Examensarbeit am Institut f. Sonderpädagogik. München 1979

Farber, B.: Effects of a severely mentally retarded child on family integration. Monogr. Soc. Res. Child Develm., 1959, 24, 2.

Fawcus, M. u. *Fawcus, R.:* Disorders of Communication. In: *Clarke/Clarke* [3]1974, 592—627

Ferber, Ch. v.: Der geistig behinderte Jugendliche in der Gesellschaft von heute. In: *Thimm, W.* (Hrsg.) 1972, 118—129

Feuser, G.: Erziehung und Unterricht geistig behinderter Kinder. Ztschr. f. Heilpäd., 1970, 1—17
— Aufgabenbereiche, Einsatz und Ausbildung von Mitarbeitern an Schulen für Geistigbehinderte (Sonderschulen). In: Verband Deutscher Sonderschu-

len (Hrsg.): Beiheft 10 der Zeitschr. f. Heilpädagogik 1973, 7—29
— Die Beschulung von Kindern mit Autismus-Syndrom in einer Schule für Geistigbehinderte (Sonderschule). Praxis der Kinderpsychologie und Kinderpsychiatrie 1976, 25, 57—67
— Zur Realisation des Auftrags der Förderung aller geistig Behinderten in Kindergarten und Schule. In: Bundesvereinigung Lebenshilfe (Hrsg.): Hilfen für schwer geistig Behinderte. Marburg/L. 1978, 68—76
— Grundlagen zur Pädagogik autistischer Kinder zum gesellschaftswissenschaftlich-erziehungswissenschaftlichen Verständnis des „Frühkindlichen Autismus". Weinheim/Basel 1979

Finkel, K.: Förderung der Kreativität bei Geistigbehinderten. Weinheim/Basel 1978

Finnie, N.: Hilfe für das cerebral gelähmte Kind. Ravensburg 1968

Fischer, D.: Innerfamiliäre Belastungen durch das außerschulische Verhalten geistig behinderter Kinder. München 1969 (unveröff. Examensarbeit d. Staatsinstituts f. d. Ausbildung d. Lehrer an Sonderschulen)
— Die Förderung Intensiv-Geistigbehinderter — eine schulpädagogische Aufgabe. In: Beiträge zur Behindertenpädagogik in Forschung und Lehre, hrsg. v. *H. Baier,* 1976, 62—100
— Neues Lernen mit Geistigbehinderten. Eine methodische Grundlegung. Würzburg 1978
—, *Mehl, M./Schebler, R.* u. *Vollmuth, I.:* Neues Lernen mit Geistigbehinderten. Wir lernen in der Küche. Würzburg 1979
— u. *Speck-Kafkoulas, B.:* Ein Elementar-Bogen zur Leistungs- und Verhaltenseinschätzung in der Schulvorbereitenden Einrichtung bzw. im Sonderkindergarten, Würzburg 1978

Fischer, G.: Eltern abnormaler Kinder. Praxis d. Kinderpsychologie u. Kinderpsychiatrie, 1960, 12—14

Fischer, J.: Pädagogik bei geistig behinderten Kindern und Jugendlichen, in: *H. Jussen,* (Hrsg.), Handbuch d. Heilpäd. in Schule u. Jugendhilfe, München 1967

Florin, I. u. *Tunner, W.:* Behandlung kindlicher Verhaltensstörungen. München 1970

Fristoe, M. u. *Lloyd, L.:* A Survey of the Use of Non-Speech Systems with the Severely Communication Impaired. Ment. Retardation 1978, 16, 99—103

Fröhlich, A. (Hrsg.): Wahrnehmungsstörungen und Wahrnehmungstraining bei Körperbehinderten. Rheinstetten 1977

Fröhlich, A.: Nichtverbale Kommunikation mit mehrfach behinderten Kindern, insbesondere Kindern mit Cerebral-Parese. In: *Begemann* u. a. 1979, 177—183
— Interdisziplinäre Zusammenarbeit in der Hilfe für geistig Schwerstbehinderte. Basale Stimulation — Ein interdisziplinärer Ansatz zur Förderung Schwerstbehinderter. Zur Orientierung 1979, 370—377

Fromm, E.: Die Furcht vor der Freiheit. Frankfurt/M. 1968

Frostig, M.: Bewegungs-Erziehung. Neue Wege der Heilpädagogik. München ^{2}1975
— u. *Miller, A.:* Wahrnehmungstraining, Dortmund 1972

Fuchs, A.: Die unterrichtliche und erziehliche Versorgung der im Elternhaus verbleibenden schwer schwachsinnigen Schulkinder. Die Hilfsschule, 1917

Gagné, R. M.: Die Bedingungen des menschlichen Lernens. Hannover 1969

Gastager, S.: Schwachsinn und Gesellschaft. Fallstudien aus sozialpsychologischer Sicht. Wien/München 1973

Gallagher, J. J.: Änderungen der verbalen und non-verbalen Fähigkeiten hirngeschädigter geistig behinderter Kinder nach Entzug besonderer Anregung, in: *H. Strasser* (Hrsg.), Fortschritte der Heilpäd., Bd. 1, Berlin 1968, 60—80
Gebsattel, V. E. v.: Not und Hilfe. Kolmar o. J.
— Prolegomena einer Medizinischen Anthropologie. Berlin/Göttingen/Heidelberg 1954
Geisler, E.: Medizinische Erfahrungen an geistig behinderten Kindern und ihre Anwendung in der sozialen und pädagogischen Arbeit. Ztschr. f. Heilpäd., 1962, 57—66
Geisler, E., u. *Förster, C.:* Über Entwicklungsstörungen der Motorik bei cerebralgeschädigten Kindern und deren Bedeutung für die Diagnostik und Praxis. Münch. Med. Wschr., 102, 1960, 2391
Georgens, J. D. u. *Deinhart, H. M.:* Die Heilpädagogik mit besonderer Berücksichtigung der Idiotie und der Idiotenanstalten. Leipzig, Bd. I 1861, Bd. II 1863
Gesell, A.: Säugling und Kleinkind in der Kultur der Gegenwart. Bad Neuheim 1967
— Das Kind von 5—10. Bad Nauheim ^{5}1964
Getman, G. N.: Intelligente Kinder durch Erziehung, hrsg. v. *H.-R. Lückert.* Freiburg i. B. 1967
Gibson, D.: Down's Syndrome. The Psychology of Mongolism. London/New York/Melbourne 1978
Giehr, E.: Erfahrungen mit dem Entwicklungstest. Lebenshilfe, 1962, H. 4
— Das geistig behinderte Kind als Mitglied einer Gruppe. Lebenshilfe, 1967, 128—136
Glathe-Seifert, B.: Rhythmik für Kinder. Wolfenbüttel o. J.
Goddard, H. H.: Die Kalikak-Familie. Eine Studie über die Vererbung des Schwachsinns, deutsch Langensalza 1914
Goebel, A.: Instrumentales Illustrieren von Erzählungen im Musikunterricht der Schule für Geistigbehinderte, Heilpädagogik (VHN) 1977, 46, 49—56
— Rhythmische Erziehung bei Geistigbehinderten. Heilpädagogik (VHN) 1978, 47, 133—137
— Methodisch-didaktische Überlegungen zum Musikunterricht in der Schule für Geistigbehinderte, Heilpädagogik (VHN) 1978, 47, 310—318
Göllnitz, G.: Über die Förderung hirngeschädigter Kinder durch eine gezielte rhythmisch-psychomotorische Gymnastik und Heilerziehung. Ztschr. f. Heilpäd., 1963, 111—125
— Neuropsychiatrie des Kindes- und Jugendalters. Stuttgart ^{2}1973
—, *Lenz, H.* u. *Winterling, D.:* Beiträge zur Psychodiagnostik des Sonderschulkindes. München/Basel 1957
Görres, S.: Leben mit einem behinderten Kind. Zürich/Köln 1974
Goffman, E.: Stigma. Über Techniken der Bewältigung beschädigter Identität. Frankfurt/M. ^{8}1974
Goldstein, H.: Social Learning Curriculum. Columbus/Ohio 1974
Goodenough, F.: The feeble-minded child in home, school and community. Exceptional children, 1956, 230
Gottwald, P. u. *Redlin, W.:* Verhaltenstherapie bei geistigbehinderten Kindern. Göttingen 1972
Grampp, G.: Einige Ergebnisse der Prüfung von Faktoren der Kreativität bei Geistigbehinderten. Zeitschr. f. Heilpädagogik, 1975, 26, 89—102
Grond, J. (Hrsg.): Früherziehung behinderter Kinder. Luzern 1977

Grossmann, H. I. (Ed.): Manual on Terminology and Classification in Mental Retardation 1973 Revision, AAMD Washington 1973
Großmann, G. u. Schmitz, W.: Sonderpädagogik verhaltensgestörter hirngeschädigter Kinder. Berlin 1966
Gruhle, H. W.: Die Erziehbarkeit der Schwachsinnigen. Ztschr. f. Heilpäd., 1952, 45—46
Guardini, R.: Welt und Person. Würzburg ^{4}1955
Günther, W.: Über die Pubertät der geistig Behinderten. Lebenshilfe, 1964, 116—121
Gunzburg, H. C.: Social Competence and Mental Handicap. London ^{2}1973
— Further Education for the Mentally Handicapped. In: *Clarke/Clarke* (Eds.) ^{3}1974, 669—707
Guyer, W.: Wie wir lernen. Erlenbach/Zürich/Stuttgart ^{3}1960
Handbücherei der Lebenshilfe für das geistig behinderte Kind. Marburg:
  Bd. I: Zur Methodik und Praxis der Bildungsarbeit in Tageseinrichtungen für geistig behinderte Kinder. 1962
  Bd. II: Nun sind sie erwachsen. 1962
  Bd. III: Die Beschützende Werkstatt für geistig Behinderte. 1963
  Bd. IV: Frühe Hilfe für das geistig behinderte Kind. 1964
  Bd. V: Elternhaus und Einrichtungen für geistig Behinderte als Erziehungseinheit. 1965
  Bd. VI: Schulische Förderung der geistig behinderten Kinder. 1966
Hanselmann, H.: Einführung in die Heilpädagogik. Zürich ^{5} 1958
— Vom Sinn des Leidens. Zürich 1934
Hänsel, D.: Die „physiologische Erziehung" der Schwachsinnigen (Edouard Séguin 1812—1880). Freiburg/Br. 1974
Hagemeister, U.: Geistigbehindertenpädagogik. In: *Bleidick, U. u. a.:* Einführung in die Behindertenpädagogik, Bd. II. Stuttgart 1977, 52—73
Hahn, M.: Untersuchungen zur Abhängigkeit geistigbehinderter und körperbehinderter Menschen. Diss. Tübingen (FB Sozial- und Verhaltenswiss., Pädagogik) 1978
Harbauer, H.: Erziehungsfehler bei geistig Behinderten in der Sicht des Arztes. Lebenshilfe, 1956, 59—64
— Vorbeugung, Früherfassung und Behandlungsvorschläge bei kindlichem Schwachsinn. Informationsschrift 22 der Bundesvereinigung Lebenshilfe für geistige Behinderte, Marburg 1967
— Geistig Behinderte. Ein Ratgeber für Eltern, Erzieher und Ärzte, Stuttgart 1971
— Oligophrenien und Demenzzustände. In: *Harbauer/Lempp/Nissen/Strunk* (Hrsg.) 1971, 167—208
—/*Lempp, R./Nissen, G./Strunk, P.:* Lehrbuch der speziellen Kinder- und Jugendpsychiatrie. Berlin/Heidelberg/New York 1971
— u. *Schmidt, M.:* Medizinische Aspekte. In: Pädagogik der Geistigbehinderten, hrsg. v. *H. Bach*, 1979, 447—486
Haring, N. G.: The New Curriculum Design in Special Education. In: *Iriarte, A. U.* (Ed.), 1972, 27—47
— u. *Brown, L. J.* (Eds.): Teaching the Severely Handicapped, Vol. I. New York/San Francisco/London 1976
— u. *Bricker, D.:* Overview of Comprehensive Services for the Severely/Profoundly Handicapped. In: *Haring/Brown* (Eds.) Vol. I, 1976, 17—32
— u. *Schiefelbusch, R. L.* (Ed.): Teaching Special Children. New York 1976
Hartley, E. L., u. Hartley, R. E.: Die Grundlagen der Sozialpsychologie, dtsch. Berlin 1955

Hartmann, N.: Die Bedeutung der Sprache für geistig Behinderte. Die Sprachheilarbeit, 1968, 149—154
Hartschen, W.: Erziehungs- und Bildungsplan für die Sonderschule Solingen. Lebenshilfe, 1962, H. II 25—30, H. III 20—30
Haug, C. u. *Schmitz, G.:* Lesen und Rechnen mit geistig behinderten Kindern. Wien/München 1977
Haywood, H. C.: What Happened to Mild and Moderate Mental Retardation? Amer. Journ. Ment. Defic. 1979, 83, 429—431
Heber, R.: Geistige Retardation. Begriff und Klassifikation, in *F. Weinert* (Hrsg.), Pädagog. Psychologie, Köln/Berlin 1967
Heckel, H., u. *Seipp, P.:* Schulrechtskunde. Berlin 1960
Heckel, H.: Einführung in das Erziehungs- und Schulrecht. Darmstadt 1977
Heckhausen, H.: Förderung der Lernmotivierung und der intellektuellen Tüchtigkeiten, in: *H. Roth* (Hrsg.), Begabung und Lernen, Stuttgart 1969
Heer, F.: Sprung über den Schatten. Freiburg 1959
Hegl, S.: Probleme der geistig Behinderten. Heilpäd. Werkbl. 1969, 2—5
Heinemann, H.: Ausmaß, Struktur und sozialer Bezug von Gesprächen in der Mittelstufe geistig behinderter Kinder. Sonderpädagogik 1975, 5, 84—91
Heinemann, P.: Grundriß einer Pädagogik der nonverbalen Kommunikation. Kastellaun 1976
Heinen, B.: Die Früherfassung geistig behinderter Kinder aus sozialer, religiös-ethischer und juristischer Sicht, in: Handbücherei d. Lebenshilfe, Bd. IV, Marburg 1964
— Die personale Würde des geistig Behinderten als Grundlage seiner Eingliederung. Lebenshilfe, 1965, 169—175
— Achtung vor dem Leben. Lebenshilfe, 1966, 113—122
Hengstenberg, H.-E.: Zur Anthropologie des geistig und körperlich behinderten Kindes und Jugendlichen, in: Hilfe für d. behinderte Kind, Kongreßbericht 1964, hrsg. v. Bundesausschuß f. gesundheitl. Volksbelehrung e. V., Stuttgart 1966, 11—26
Henke, M. u. *Stöckmann, F.:* Leibeserziehung mit geistig behinderten Kindern und Jugendlichen. Neuburgweiler 1974
Hentig, H. v.: Cuernavaca oder: Alternativen zur Schule? Stuttgart/München 1972
Hermann, E.: Die Grundformen des pädagogischen Verstehens. München 1959
Hermelin, R.: Die Erziehung geistig behinderter Kinder in England — ein Entwicklungsbericht. Zeitschr. f. Heilpädagogik, 1975, 26, 614—624
Herzka, H.: Spielsachen für das gesunde und behinderte Kind. Basel/Stuttgart 1964
Hetzer, H.: Zur Diagnostik der geistigen Behinderung. Lebenshilfe, 1963, 136—138
— Das Spiel geistig behinderter Kinder. Lebenshilfe, 1967, 1—8
— Spielpflege bei geistig zurückgebliebenen Kindern als heilpädagogische Aufgabe, in: *H. v. Bracken,* (Hrsg.), Erziehung und Unterricht behinderter Kinder, Frankfurt/M. 1968, 213—234
— u. *Giehr, E.:* Ambulante Erziehungshilfe für geistig behinderte Kinder. Informationsschrift Nr. 19 der Bundesvereinigung Lebenshilfe, Marburg
Hill, F.: Behinderte Kinder — vernachlässigte Kinder? Göttingen 1971
Hillebrand, M. J.: Psychologie des Lernens und Lehrens. Bern/Stuttgart ²1958
Hirsch-Wernet, K.: Bereich der Musik. In: Pädagogik der Geistigbehinderten, hrsg. v. *H. Bach* 1979, 304—309

Hirshoren, A. u. *Burton, T. A.:* Teaching Academic Skills to Trainable Mentally Retarded Children: A Study in Tautology. Ment. Retardation 1979, 17, 177—179

Hobson, P. A. u. *Duncan, P.:* Sign Learning and Profoundly Retarded People. Ment. Retardation 1979, 17, 33—37

Höck, M.: Die Hilfsschule im national-sozialistischen Staat. Berlin 1979

Höllenriegel, K.: Die schulische Förderung der Ausdruckskraft geistig behinderter Kinder. Gesundheitsfürsorge, 1965, 125—128

Hoellering, A.: Zur Theorie und Praxis der rhythmischen Erziehung. Berlin 1966

Höss, H.: Die Sonderschule für geistig behinderte Kinder. Lebenshilfe, 28—34, 86—94

— Leibeserziehung, in: Handbücherei d. Lebenshilfe, Bd. VI, Marburg 1966

— Musische Erziehung, in: Handbücherei der Lebenshilfe, Bd. VI, Marburg 1966

— Primar- und Sekundarbereich I. In: Handbuch der Sonderpädagogik, Bd. 5, hrsg. von *H. Bach,* Berlin 1979, 88—113

Hofmann, H.: Zum Problem des Schwachsinns in den USA. Ztschr. f. Heilpäd., 1965, 227—236

Hofmann, Th.: Medien für geistig behinderte Kinder und Jugendliche. Rheinstetten 1975

— (Hrsg.): Beiträge zur Geistigbehindertenpädagogik. Rheinstetten 1979

u. a.: Mein Bilderlesebuch. Ein Arbeitsbuch für geistig behinderte Kinder. Düsseldorf 1969

— Anregungen zum Einsatz des Bilderlesebuches in der Geistigbehindertenschule. Düsseldorf 1969

Hofmann, W.: Zum Problem der heilpädagogischen Betreuung schwachsinniger Kinder. Ztschr. f. Heilpäd. 1959, 248—250

Hofstätter, P. R.: Gruppendynamik. Hamburg 1957

Homburger, A.: Vorlesungen über Psychopathologie des Kindesalters. Berlin 1926

Huber, N. u. *Katz, G.:* Geschlechtserziehung bei geistig Behinderten. Freiburg/Br. 1975

— u. *Striebel, M.* (Hrsg.): Aggression und Hyperaktivität bei Geistigbehinderten. Freiburg 1978

Hublow, C. u. *Wohlgehagen, E.:* Lesenlernen mit Geistigbehinderten. Zeitschr. f. Heilpädagogik 1978, 29, 23—28

Hünnekens, H. u. *Kiphard, E.:* Psychomotorische Übungsbehandlung. Lebenshilfe, 1965, 10—14

— Bewegung heilt. Gütersloh 1967

Hunt, N.: The World of Nigel Hunt. The Diary of a Mongoloid Youth, Beaconsfield, Bucks, England 1967, deutsch:

— Die Welt des Nigel Hunt. Tagebuch eines mongoloiden Jungen. München/Basel ^{2}1976

Hutt, M. L. u. *Gibby, R. G.:* The Mentally Retarded Child. Development, Education and Treatment. Boston/London/Sydney ^{3}1976

International League of Societies for the Mentally Handicapped (Ed.): 7th World Congress of the ILSMH on Mental Handicap 1978, Vienna, Austria, Vol. I and II. Wien 1978

Inhelder, B.: The Diagnosis of Reasoning in the Mentally Retarded. New York 1968

Innerhofer, P.: Das Münchner Trainingsmodell. Beobachtung, Interaktionsanalyse, Verhaltensänderung. Berlin/Heidelberg/New York 1977
Iriarte, A. U. (Ed.): Curriculum and Methods für the Mentally Handicapped. New York 1972
Itard, J.: Victor, das Wildkind vom Aveyron. Zürich u. Stuttgart 1965
Jantzen, W.: Geistigbehinderte Menschen und gesellschaftliche Integration. Bern 1979
— Grundriß einer allgemeinen Psychopathologie und Psychotherapie. Köln 1979
Japan League for the Mentally Retarded (Ed.): Education, Medical Care and Welfare for the Mentally Retarded in Japan. Tokyo 1977
Jensen, J.: Lebensrecht und Lebenssinn der Schwachen. Evang. Heilerziehungs-, Heil- und Pflegeanstalten, Hamburg o. J.
Johnson, V. M. u. *Werner, R. A.:* A Step-by-Step Learning Guide for Retarded Infants and Children. Syracuse, N. Y. 1975
Jordan, Th. E.: The Mentally Retarded. Columbus, Ohio ^{2}1966
Jorswieck, E.: Zum Stand der psychologischen Theoriebildung der geistigen Behinderung. Praxis d. Kinderpsychologie u. Kinderpsychiatrie, 1969, 172—178
Josef, K.: Musik als Hilfe in der Erziehung geistig Behinderter. Berlin 1967, ^{3}1974
— Lernen und Lernhilfen bei geistig Behinderten. Berlin 1968, ^{3}1974
— Gezieltes Training in frühester Kindheit macht unsere Kinder intelligenter. Lebenshilfe, 1968, 124—127
— u. *Böckmann, G.:* Spracherziehungshilfen bei geistig behinderten und sprachentwicklungsgestörten Kindern. Berlin 1969, ^{4}1978
Josef, K. u. *Josef, K.:* Früherziehung bei geistig behinderten und entwicklungsverzögerten Kindern. Berlin 1971, ^{2}1975
Jung, E., Krenzer, R. u. *Lotz, I.:* Handbuch der Unterrichtspraxis mit Geistigbehinderten. Methodische und didaktische Wege. Frankfurt/M. 1976
Kaminski, H. u. *Spellenberg, A.:* Bildnerei als Lernhilfe mit Geistigbehinderten. Fellbach-Oeffingen 1975
—, *Kast, W.* u. *Spellenberg, A. D.:* Das Leben Geistigbehinderter im Heim. Stuttgart 1978
Kaiser, E. u. *Brozowić:* Die Eingliederung Geistesschwacher in die Arbeitswelt, Lenzburg 1964
Kane, J. F.: Neue Ansätze zur Regelung der therapeutischen Maßnahmen bei geistig Behinderten. In: Bundesvereinigung Lebenshilfe (Hrsg.) 1979, 55—63
—, u. *Kane, G.:* Geistig schwer Behinderte lernen lebenspraktische Fertigkeiten. Bern/Stuttgart/Wien 1976
Kanner, L.: A History of the Care and Study of the Mentally Retarded. Springfield/Ill. 1964
Kanter, G.: Eltern beobachten ihr Kind. Lebenshilfe, 1963, 12—18
— Lernbehinderungen, Lernbehinderte, deren Erziehung und Rehabilitation. In: Sonderpädagogik 3. Bd. 34 der Gutachten und Studien der Bildungskommission. Stuttgart 1974
— u. *Lautemann, T.:* Das Prinzip der kleinsten Schritte. Lebenshilfe, 1964, 125—130
Karrer, R. (Ed.): Developmental Psychophysiology of Mental Retardation. Concepts and Studies. Springfield, Ill. (USA) 1976
Kaspar, F. (Hrsg.): Religionsunterricht an Sonderschulen. Konzeptionen und

Modelle für die Praxis. München/Lahr 1974
- Anstalten. In: Pädagogik der Geistigbehinderten, hrsg. v. *H. Bach*, 1979, 132—137
Kasztantowicz, U.: Erziehen und Heilen. Donauwörth 1966
Katechetisches Amt Bayern (Hrsg.): Lehrplan für den Religionsunterricht an Schulen für Geistigbehinderte. Nürnberg 1973
Kauffman, J. M. u. *Payne, J. S.* (Eds.): Mental Retardation. Introduction and Personal Perspectives. Columbus/Ohio 1975
Keller, M.: Die Einstellung zu geistig Behinderten in Geel. München 1969 (unveröffentl. Examensarbeit d. Staatsinstitutes f. d. Ausbildung d. Lehrer an Sonderschulen)
Kephart, N. C.: Das lernbehinderte Kind im Unterricht. München/Basel 1977
Keupp, H. u. *Zaumseil, M.* (Hrsg.): Die gesellschaftliche Organisierung psychischen Leidens. Frankfurt/M. 1978
Keupp, H.: Gemeindepsychologie als Widerstandsanalyse des professionellen Selbstverständnisses, in: *Keupp, H./Zaumseil, M.* (Hrsg.) 1978
Kienert, U.: Das Bauen bei geistig behinderten Kindern. Ztschr. f. Heilpäd., 1970, 17—29
Kiernan, C. C.: Behaviour Modification. In: *Clarke/Clarke* (Hrsg.), ³1974, 729—803
Kilian, H.: „Der in die Ecke gestellte Mensch". Der „Dumme im Märchen". Zeitschr. f. Heilpädagogik 1967, 18, 354—359
Kiphard, E. J.: Psychomotorische Übungsbehandlung beim geistig behinderten Kind, in: Handbücherei d. Lebenshilfe, Bd. VI, Marburg 1966
Kiphard, E., u. *Huppertz, H.:* Übungsanregungen für die elementare Leibeserziehung. Lebenshilfe, 1969, 131—136
Kirk, S. A.: Lehrbuch der Sondererziehung. Forschungsergebnisse und ihre Anwendung in der Praxis. Berlin-Charlottenburg 1971
Kirk, S. A., u. *Johnson, O.:* Die Erziehung des zurückgebliebenen Kindes. München/Basel 1964
Kirsch, R.: Aspekte der äußeren Differenzierung in der Schule für Geistigbehinderte. Zeitschr. f. Heilpädagogik 1979, 30, 478—489
Kläger, M.: Jane C. Symbolisches Denken in Bildern und Sprache. Das Werk eines Mädchens mit Down-Syndrom in LeFil d'Ariane. München/Basel 1978
Klafki, W.: Organisation und Interaktion in pädagogischen Feldern — Thesen und Argumentationsansätze zum Thema und zur Terminologie. Zeitschr. f. Päd., 13. Beih. 1977, 11—37
Klappenecker, K.: Interdisziplinäre Zusammenarbeit — Anregungen für ein schwieriges Kapitel der Diakonischen Behindertenhilfe. Zur Orientierung 1979, 452—465
Klauer, K. J.: Über den Begriff der Sonderschule. Ztschr. f. Heilpäd., 1974, 261—280
- Lernbehindertenpädagogik. Berlin 1966
- Über den Effekt eines Schulreifetrainings für die Behandlung der Intelligenzschwäche, in: *F. Weinert* (Hrsg.), Pädagog. Psychologie, Köln/Berlin 1967
- Lernen und Intelligenz. Weinheim 1969
- Revision des Erziehungsbegriffes. Düsseldorf 1973
Klein, F.: Die Konzeption einer Schule für geistig Behinderte nach dem Bayerischen Sonderschulgesetz. Ztschr. f. Heilpäd., 19, 1968, 481—490
- Grundsätze für das Lernen mit Geistigbehinderten. Sonderpädagogik 1973,

3, 119—125
— Die häusliche Früherziehung des entwicklungsbehinderten Kindes. Bad Heilbrunn/Obb. 1979
Klevinghaus, J.: Der geistig behinderte Mensch in der heutigen Gesellschaft. Sozialpädagogik, 1964, 98—101
— Die Anstalt als Lebenshilfe, in: H. v. *Bracken* (Hrsg.), Einziehung und Unterricht behinderter Kinder, Frankfurt/M. 1968, 238—246
— Hilfen zum Leben. Zur Geschichte der Sorge für Behinderte. Bielefeld 1972
Klink, J.-G.: (Hrsg.): Zur Geschichte der Sonderschule. Bad Heilbrunn 1966
Kling, E.: Leistungs- und Beobachtungsheft für die fundamentale Erziehung bei Geistigbehinderten, anderweitig Behinderten und bei nicht behinderten Kleinkindern. Berlin-Charlottenburg 1973
Klöpfer, S.: Kommunikation im Unterricht geistigbehinderter Schüler. Bielefeld 1978
Kobi, E. E.: Grundfragen der Heilpädagogik und der Heilerziehung. Bern/ Stuttgart 1972
König, K.: Der Mongolismus. Stuttgart 1959
Köttgen, U.: Aufgaben des Arztes bei der Früherfassung geistig behinderter Kinder. Lebenshilfe, 1962, I, 10—12
Kolbe, F.: Anstalt und Heim als Stätten der Lebenshilfe für geistig Behinderte, in: Handbücherei der Lebenshilfe, Bd. V, Marburg 1965
Kolkmann, U.: Vorfragen zu einem Religionsunterricht bei geistig Behinderten. Ztschr. f. Heilpäd., 1970, 21, 29—38
Koller, J.: Intelligenz und Leseleistung bei Geistesschwachen leichten und mittleren Grades. Heilpäd. Werkbl., 1969, 129—133
Kooij, R. van der: A Study of the play behavior of retarded children. Int. Journal of Rehabilitation Research. 1978, 1, 329—342
Kramer, J.: Wesen, Häufigkeit, Ursachen und Erscheinungsformen der geistigen Behinderung (1). Heilpädagogik (VHN) 1975, 44, 290—301
— Wesen, Häufigkeit, Ursachen und Erscheinungsformen der geistigen Behinderung (2). Heilpädagogik (VHN) 1976, 45, 270—283
Krampf, A.: Hilfsschule im neuen Staat. Leipzig 1936
Krappmann, L.: Soziologische Dimensionen der Identität, Strukturelle Bedingungen für die Teilnahme an Interaktionsprozessen. Stuttgart ^{5}1978
Kratzmeier, H.: Kleinkindlesen. Schule und Psychologie, 7/1967
Krebs, H.: Zahlen und Gedanken zur Umweltproblematik des geistig behinderten Kindes, in: Heilpäd. Forschung, Bd. I, Marburg 1965, 216—230
— Umweltprobleme des geistig behinderten Kindes. Gesundheitsfürsorge, 15 (1965), 1
— Verhaltensbeobachtung bei geistig Behinderten, in: Heilpäd. Forschung, Bd. I, 1968, 325—352
Krenzer, R.: Spiele mit behinderten Kindern. Heidelberg 1971
— Feste und Feiern mit Behinderten. Staufen/Br. 1974
— Spiele mit behinderten Kindern. Staufen/Br. ^{4}1975
— Freizeiterziehung in der Schule für Geistigbehinderte. Zeitschr. f. Heilpädagogik, 1976, 27, 295—303
— u. *Rogge, R.:* Methodik der religiösen Erziehung Geistigbehinderter. Lahr/ München 1978
Kugel, R. B. u. *Wolfensberger, W.* (Hrsg.): Geistig Behinderte — Eingliederung oder Bewahrung. Stuttgart 1974
Kuhlen, V.: Verhaltenstherapie im Kindesalter. München 1972, ^{4}1974
Kuntz, J. B., Carrier, I. K., Hollis, I. H.: A Nonvocal System für Teaching

Retarded Children to Read and Write. In: *Meyers, C. E.* (Ed.), 1978
Kushlick, A. u. *Blunden, R.:* The Epidemiology of Mental Subnormality. In: *Clarke/Clarke* (Eds.) 1974, 31—81
Lange-Cosack, H. u. *Tepfer, G.:* Das Hirntrauma im Kindes- und Jugendalter. Berlin/Heidelberg/New York 1973
Langeveld, M. J.: Kind und Jugendlicher in anthropologischer Sicht. Heidelberg ⁵1965
Lempp, R.: Frühkindliche Hirnschädigung und Neurose. Berlin/Stuttgart 1964
Lennig, P.: Werkstatt und Elternhaus, in: Handbücherei d. Lebenshilfe, Bd. V, Marburg 1965
Lent, J. R. u. *McLean, B. M.:* The Trainable Retarded: The Technology of Teaching. In: *Haring/Schiefelbusch* (Eds.) 1978, 197—231
Leontjew, A. N.: Probleme der Entwicklung des Psychischen. Berlin 1975
Lersch, Ph.: Aufbau der Person. München ⁵1952
— Der Mensch als soziales Wesen. München ²1965
Lesemann, G.: Lebendige Krücken. Berlin ²1963
Levinson, A., u. *Sagi, A.:* Das geistig behinderte Kind. Freiburg/Br. 1967
Lewin, K.: Eine dynamische Theorie des Schwachsinnigen, in: *F. Weinert* (Hrsg.), Pädagog. Psychologie, Köln/Berlin 1967, 390—411
Lewis, E. O.: Types of Mental Deficiency and their Social Significance. Journ. Ment. Sci. 1933, 79, 298—304
Liebmann, A.: Untersuchung und Behandlung geistig zurückgebliebener Kinder. München/Basel ³1970
Liefland, W. A. van: Die Erziehung des imbezillen Kindes in der Schule für motorisch Bildbare in den Niederlanden, in: *H. v. Bracken* (Hrsg.), Erziehung u. Unterricht behinderter Kinder, Frankfurt/M. 1968
Liepmann, M. C.: Geistig behinderte Kinder und Jugendliche. Eine epidemiologische, klinische und sozialpsychologische Studie in Mannheim. Bern/Stuttgart/Wien 1979
Liljeroth, I. u. *Niméus, B.:* Praktische Bildung für geistig Behinderte. Weinheim/Basel 1973
Lindsay, Z.: Bildnerisches Gestalten mit behinderten Kindern. München 1973
Löwisch, D.-J.: Pädagogisches Heilen. München 1969
Lück, U.: Der Behinderte — ein reduzierter Mensch? Sonderpädagogik 1979, 9, 9—17
Lückert, H.-R.: Konfliktpsychologie. München/Basel 1957
— (Hrsg.): Handbuch der Erziehungsberatung. München/Basel 1964
— Der Mensch, das konfliktträchtige Wesen. München/Basel 1964
— Die basale Begabungs- und Bildungsförderung, in: *H.-R. Lückert* (Hrsg.), Begabungsforschung und Bildungsförderung als Gegenwartsaufgabe, München/Basel 1969, 225—279
Lüer, G., Cohen, R. u. *Nauck, W.:* Eine Kurzform der „Vineland Social Maturity Scale" für minderbegabte Kinder. Praxis d. Kinderpsychologie u. Kinderpsychiatrie, 1966, 101—105
Luhmann, N./Schorr, K. E.: Das Technologiedefizit der Erziehung und die Pädagogik. Z. f. Pädagogik 1979, 25, 345—365
Luria, A. R. (Ed.): The Mentally Retarded Child. Washington 1963 (russ. 1960)
Lutz, J.: Kinderpsychiatrie. Zürich/Stuttgart 1961
Luyten, N. A.: Die anthropologische Bedeutung des Lernens. Heilpäd. Werkbl. 1968, 183—194
— Vom Sinn des Leidens in dieser Welt, in: Die Eingliederung des behinderten

Menschen in die Kulturgemeinschaft, Freiburg/Schw. 1959
— Person, Persönlichkeit und Würde des Menschen, in: Methode und Weltanschauung in Erziehung, Heilerziehung und Unterricht, Freiburg/Schw. 1959
Lyle, J. G.: The Effect of an Institution Environment upon the Verbal Development of Institutionalised Children. Journ. Ment. Defic. Res. 1960, 4, 1—23
Maatsch, E.: Wohin mit den Schwerschwachsinnigen? Heilpäd. Blätter (Ztschr. f. Heilpäd.), 1950, 23—26
Mahlke, W.: Bereich der haptisch-visuellen Kommunikation/Betätigung — Gestaltung. In: Pädagogik der Geistigbehinderten, hrsg. v. *H. Bach* 1979, 291—303
Maier, E.: Die schulärztliche Betreuung des geistig behinderten Kindes, in: Handbücherei d. Lebenshilfe, Bd. VI, Marburg 1966
Mannoni, M.: Das zurückgebliebene Kind und seine Mutter. Eine psychoanalytische Studie. Olten/Freiburg 1972
Maslow, A. H.: Psychologie des Seins. Ein Entwurf. München 1973
McKnight, J.: Professionelle Dienstleistung und entmündigende Hilfe. In: *I. Illich* u. a.: Entmündigung durch Experten. Zur Kritik der Dienstleistungsberufe. *Reinbek* 1979, 37—56
Meinertz, F.: Heilpädagogik, Bd. Heilbrunn 1962
— u. *Kausen, R.:* Heilpädagogik. Bad Heilbrunn ^{4}1975
Menning, H.: Bereich der Arbeit. In: Pädagogik der Geistigbehinderten, hrsg. v. *H. Bach* 1979, 328—334
Mertes, J. P.: Einsatz der Logischen Blöcke in der Schule für Geistigbehinderte. Sonderpädagogik 1977, 7, 25—36
Meyer, D.: Erforschung und Therapie der Oligophrenien in der ersten Hälfte des 19. Jahrhunderts. Berlin 1973
Meyer, H.: Zur Psychologie der Geistigbehinderten. Berlin 1977
— Basisförderung bei geistigbehinderten Kindern. Dortmund 1978
— Elternarbeit in Geistigbehinderteneinrichtungen. Ein Erziehungskursus mit Kursusheft für Eltern und Erzieher geistigbehinderter Kinder. Berlin 1978
Meyers, C. E. (Ed.): Quality of Life in Severely and Profoundly Mentally Retarded People: Research Foundations for Improvement. Washington D. C. (AAMD) 1978
Michaelis, C. T.: Communication with the Severely and Profoundly Handicapped. A Psycholinguistic Approach. Ment. Retardation, 1978, 16, 346—349
Mießler, M. u. *Bauer, I.:* Neues Lernen mit Geistigbehinderten. Wir lernen denken. Würzburg 1978
Ministerium für Gesundheitswesen der DDR (Hrsg.): Bildungs- und Erziehungsprogramm für Rehabilitationspädagogische Fördereinrichtungen des Gesundheits- und Sozialwesens der DDR. Berlin 1977
Minski, L. u. *Shepperd, M. J.:* Non-communicating Children. London/Boston 1970
Mittermaier, R.: Lebenshilfe in der Beschützenden Werkstatt, in: Handbücherei d. Lebenshilfe, Bd. III, Marburg 1963
— Das behinderte Kind im Kreise gesunder Geschwister. Lebenshilfe, 1969, 57—63
Mittler, P. J.: Language and Communication. In: *Clarke/Clarke* (Ed.): Mental Deficiency. ^{3}1974, 527—591
— (Ed.): Research to Practice in Mental Retardation. Vol. I—III. Baltimore/London/Tokyo 1977
Möckel, A.: Die besondere Grund- und Hauptschule. Rheinstetten 1976

Montalta, E.: Grundlagen und systematische Ansätze zu einer Theorie der Heilerziehung (Heilpädagogik), in: *Jussen* (Hrsg.), Handb. d. Heilpädagogik, München 1967
Montessori, M.: Selbsttätige Erziehung im frühen Kindesalter. 1913
— Kinder sind anders. Stuttgart 1952
— Sinnvolle Lebensgestaltung trotz schwerster Behinderung. Pro Informis, 1956/57, 65—77
Moor, P.: Heilpädagogische Psychologie. Bern/Stuttgart, Bd. I ²1969, Bd. II 1958
— Notwendigkeit und Möglichkeiten der Erziehung und Bildung geistig behinderter Kinder. Lebenshilfe, 1964, 57—65
— Heilpädagogik. Bern/Stuttgart 1965
— Die Verantwortung im heilpädagogischen Helfen. Zürich 1936
Morgenstern, M., Löw Beer, H., Morgenstern, F.: Heilpädagogische Praxis. München/Basel 1968, ²1974
Moser, A.: Die langfristige Entwicklung Oligophrener. Berlin/Heidelberg/New York 1971
Mühl, H.: Notwendigkeit und Möglichkeit der Erziehung geistig behinderter Kinder. Bonn/Bad Godesberg 1969
— Handlungsbezogener Unterricht mit Geistigbehinderten. Bonn-Bad Godesberg 1979
Müller, A. M. K.: Wende der Wahrnehmung. Erwägungen zur Grundlagenkrise in Physik, Medizin, Pädagogik und Theologie. München 1978
Müller, M.: Die Förderung schwerst geistig behinderter Kinder — Stand der Forschung. Heilpädagogik (VHN) 1979, 48, 320—329
—/*Kane, J. F. u. Kane, G.:* Psychodiagnostische Verfahren zur Einschätzung der Fertigkeiten und Verwaltensweisen geistig schwer- und schwerstbehinderter Kinder. Heilpädagogik VHN 1978, 47, 318—336
Müller-Wiedemann, H./Vierl, K./Goelzer, G. u. V./Pietzner, C.: Beiträge zur heilpädagogischen Methodik. Heilpädagogik aus anthroposophischer Menschenkunde, Bd. 2. Stuttgart 1974
Mutters, T.: Lebenshilfe für geistig Behinderte, in: Enzyklopäd. Handb. d. Sonderpäd., 1965, 1102—1108
— Beschützende Werkstätten für geistige Behinderte. Unsere Jugend, 1959, 13—20
— Lebenshilfe für das geistig behinderte Kind. Informationsschrift der „Lebenshilfe" Nr. 10, Marburg 1963
— Die Idee einer gemeinsamen Hilfe kam zum Durchbruch. Lebenshilfe, 1968, 174—178
Nauck, W.: Entsprechen nicht-schulische Betreuungsstätten für nicht sonderschulfähige, aber praktisch bildbare Kinder deren gesetzlich zugesichertem Bildungsanspruch und ihrer erwiesenen Bildbarkeit? Ztschr. f. Heilpäd., 1963, 256—261
— Erziehungsschwierigkeiten bei geistig behinderten Kindern. — Das Beratungsgespräch mit Eltern geistig behinderter Kinder, in: Beiträge zur Erziehung und Bildung geistig behinderter Kinder, Schriften des Deutschen Paritätischen Wohlfahrtsverbandes e. V. Nr. 30, Bd. I, 1963
Neikes, J. L.: Die sozialpsychiatrische Behandlung oligophrener Kinder. Praxis d. Kinderpsychologie u. Kinderpsychiatrie, 1966, 40—45
— Verhaltensbeobachtung und Entwicklungsanalyse als Schlüssel zur Erfassung und Grundlage zur Bildung geistig behinderter Kinder. Praxis d. Kinderpsychologie u. Kinderpsychiatrie, 1967, 62—66

Nihira, K.: Development of Adaptive Behavior in the Mentally Retarded. In: P. *Mittler* (Ed.): Research to Practice in Mental Retardation, Baltimore/London/Tokyo 1977, Vol. II, 157—168
— */Forster, R./Shellhaas, M.* u. *Leland, H.:* AAMD Adaptive Behavior Scale. 1975 Revision. Washington, D. C. 1975
Nirje, B.: Das Normalisierungsprinzip und seine Auswirkungen in der fürsorgerischen Betreuung. In: *Kugel/Wolfensberger* (Hrsg.): 1974, 33—46
Nissen, G.: Der kindliche Autismus. In: *Harbauer, H., Lempp, R., Nissen, G., Strunk, P.:* Lehrbuch der speziellen Kinder- und Jugendpsychiatrie. Berlin/Heidelberg/New York 1971, 303—314
— Psychopathologie des Kindesalters. Darmstadt 1977
Obholzer, R.: Sonderschule für geistig Behinderte. Heilpäd. Werkbl., 1968, 294—302
Oerter, R.: Moderne Entwicklungspsychologie. Donauwörth 1968
Opitz, J. M.: Schwachsinn, genetische Ursachen, in: Enzykl. Hdb. d. Sonderpäd., Berlin 1968, 3056—3065
Osmers, G.: Erziehung und Unterricht geistig Behinderter. Ztschr. f. Heilpäd., 1966, 17, 176—186
Oy, C. M. v. und *Sagi, A.:* Lehrbuch der heilpädagogischen Übungsbehandlung. Hilfe für das geistig behinderte Kind. Ravensburg 1975
Pechstein, J.: Umweltabhängigkeit der frühkindlichen zentralnervösen Entwicklung. Stuttgart 1974
Pekny, L.: Fingermalen als diagnostisches und therapeutisches Hilfsmittel in der Heilpädagogik. Luzern 1963
— Fingermalen beim geistig behinderten Kind. Lebenshilfe, 1965
Penrose, L. S. u. *Smith, G. F.:* Down's anomaly. London 1966
Peter, A.: Anregungen für die Hauserziehung geistig behinderter Kinder. Berlin-Char. 1973
Pfeffer, Ch.: Bewegung — aller Erziehung Anfang. Zürich 1958
Philipps, E.: Bildungsfähigkeit und Bildungsunfähigkeit, in: Enzyklopäd. Handb. d. Sonderpäd., 1965, Sp. 377—379
Piaget, J.: Psychologie der Intelligenz, Zürich ²1946
— Das Erwachen der Intelligenz beim Kinde. Stuttgart 1969
— Theorien und Methoden der modernen Erziehung. Wien/München/Zürich 1972
— Lebendige Entwicklung. Zeitschr. f. Pädagogik 1974, 20, 1—6
— Gesammelte Werke Bd. 2: Der Aufbau der Wirklichkeit beim Kinde. Bd. 10: Entwicklung des Erkennens III Stuttgart 1975
Plessner, H.: Der Mensch als Lebewesen. In: Philosophische Anthropologie heute, hrsg. v. *Roček/Schatz.* München ²1974, 51—64
Pohl, R. (Hrsg.): Handbücherei für die Unterrichtsplanung und Unterrichtsgestaltung an der Schule für Geistigbehinderte (Sonderschule) Dortmund 1977/1978
— Bereich des Kognitiven. In: Pädagogik der Geistigbehinderten, hrsg. v. *H. Bach,* 1979, 247—260
Popper, K. R.: Die offene Gesellschaft und ihre Feinde, 2. München ⁴1975
Premerstein, R. v.: Johann Jakob Guggenbühl und der Abendberg. Lebenshilfe, 1964, 66—68
— Heilpädagogische Praxis im 19. Jahrhundert. Lebenshilfe, 1965, 78—81
Probst, W.: Zur Psychologie des Musikerlebens beim geistig behinderten Kind. Ztschr. f. Heilpäd., 1970, 21, 38—47
Rabenstein, R., u. *Haas, R.:* Erfolgreicher Unterricht durch Handlungseinhei-

ten. Bad Heilbrunn/Obb. ³1969
Rauh, H.: Lernpsychologie. In: Pädagogik der Geistigbehinderten, hrsg. v. *H. Bach,* 1979, 354—391
Raynes, N. V. u. *King, R. D.:* Residential Care for the Mentally Retarded. In: *Boswell/Wingrove* (Eds.) 1974, 299—306
Rehbein, H.: Rechnen mit Geistigbehinderten im Zahlenraum 100 bis 1000, Zeitschr. f. Heilpädagogik 1979, 30, 441—450
Reichenbach, P.: Die Erziehung des mongoloiden Kindes. Heidelberg 1961
Reinartz, A.: Aufgabe und Struktur der Sonderschule für Geistigbehinderte. Ztschr. f. Heilpäd., 1968, 19, 250—257
Reinartz, A., Reinartz, E. u. *Reiser, H.* (Hrsg.): Wahrnehmungsförderung behinderter und schulschwacher Kinder. Berlin 1979
Remplein, H.: Die seelische Entwicklung des Menschen im Kindes- und Jugendalter. München/Basel ¹⁶1969
Remschmidt, H. u. *Schmidt, M.* (Hrsg.): Multiaxiales Klassifikationsschema für psychische Erkrankungen im Kindes- und Jugendalter nach *Rutter, Shaffer* und *Sturge.* Bern/Stuttgart/Wien 1977
Rethault, E.: L'éducation d'un enfant mongolien. Paris 1963
Rett, A.: Mongolismus. Biologische, erzieherische und soziale Aspekte. Bern/Stuttgart/Wien 1977
— Das hirngeschädigte Kind. Ärztliche, erzieherische und soziale Probleme. Wien/München o. J.
Robins, F. u. *J.:* Pädagogische Rhythmik für geistig und körperlich behinderte Kinder. Rapperswil/Schweiz 1968
Robinson, N. M. u. *Robinson, H. B.:* The Mentally Retarded Child. A Psychological Approach. New York ²1976
Rössel, F.: Zur Phänomenologie und Psychologie des Helfens, in: *E. Lesch* (Hrsg.), Bericht üb. d. dritten Kongreß für Heilpädagogik in München, Berlin 1927, 97—105
Rogers, C. R.: Entwicklung der Persönlichkeit. Stuttgart 1976
Roos, Ph.: Psychologische Beratung mit Eltern retardierter Kinder. In: *v. Brakken* (Hrsg.), Erziehung und Unterricht behinderter Kinder, Frankfurt/M. 1968
— Parents and Families of the Mentally Retarded. In: *Kauffman/Payne* (Eds.) 1975, 336—386
Rosen, M., Clark, R. C. u. *Kiritz, M. S.* (Eds.): The History of Mental Retardation. Collected Papers, Vol. 1 and 2. Baltimore/London/Tokyo 1976
Ross, A. O.: Das Sonderkind. Stuttgart 1967
Roth, H.: Pädagogische Psychologie des Lernens und Lehrens. Hannover/Berlin/Darmstadt ⁶1962
— Das Problem der Bildsamkeit und die Erziehungsfähigkeit in der psychologischen Forschung, in: *H. Hetzer* (Hrsg.), Handbuch der Psychologie, 10. Bd., 1959
— Pädagogische Anthropologie, Bd. I: Bildsamkeit und Bestimmung. Hannover 1966
— (Hrsg.): Begabung und Lernen. Stuttgart 1969
Russig-Kallfass, S.: Steigerung der Lern- und Leistungsfähigkeit beim geistig behinderten Kind durch Umgang mit Konstruktionsmaterial. Sonderpädagogik 1974, 4, 105—112
Rutter, M.: Bindung und Trennung in der frühen Kindheit. München 1978
— Tizard, J. u. *Whitmore, K.* (Eds.): Education, Health and Behavior. London 1970

—, *Tizard, J., Yule, W., Graham, P.* u. *Whitmore, K.:* Epidemiologie in der Kinderpsychiatrie — die Isle of Wight Studien 1964—1974. Z. f. Kinder- und Jugendpsychiatrie, 1977, 5, 238—279
Sagitz, W.: Beitrag zur Frage der schulischen und beruflichen Betreuung geistesschwacher Kinder. Praxis d. Kinderpsychologie u. Kinderpsychiatrie, 1967, 306—309
Sander, A.: Die statistische Erfassung von Behinderten in der Bundesrepublik Deutschland. In: Deutscher Bildungsrat (Hrsg.): Sonderpädagogik 1. Stuttgart 1973, 13—109
Sander, F.: Über Sinnerfüllung optischer Komplexe bei Schwachsinnigen, in: Bericht über den 4. Kongreß f. Heilpäd., Berlin 1929, 62—63
Sandre, F. u. *Raute, H.:* Das geistig behinderte Kind. Sexualität und Gefühlswelt in seiner Erziehung. Zürich/Köln 1972
Sarason, S. B.: The psychology of the exceptional child. In Woods Schools, Helping parents understand the exceptional child. Langhorne, Pa. (Woods Schools) 1952
Sborowitz, A. (Hrsg.): Der leidende Mensch. Darmstadt 1965
Schamberger, R.: Frühtherapie bei geistig behinderten Säuglingen und Kleinkindern. Untersuchungen bei Kindern mit Down-Syndrom. Weinheim/ Basel 1978
Schiefelbusch, R. L.: Language of the Mentally Retarded. Baltimore, Md. 1972
Schiefele, H.: Motivation im Unterricht. München 1963
— Lernmotivation und Motivlernen. München ²1978
Schilling, F.: Motodiagnostik des Kindesalters. Empirische Untersuchungen an hirngeschädigten und normalen Kindern. Berlin 1973
— Bereich der Motorik. In: Pädagogik der Geistigbehinderten, hrsg. v. *H. Bach* 1979, 310—327
Schilling, K.: Religionsunterricht bei Geistigbehinderten. Theoretische Grundlegung. Limburg 1974
— Unterrichtsentwürfe für den Religionsunterricht an der Sonderschule G Limburg 1974
Schlaich, L.: Über die wissenschaftliche Erforschung des Schwachsinns. Sozialpädagogik, 1961, 179—181
— Rehabilitation und Menschenwürde des Behinderten. Die Innere Mission, 1966
— Erziehung und Bildung geistig Behinderter durch Eltern und Erzieher. Neuburgweier 1974
Schmid, F.: Das Mongolismus-Syndrom. Münsterdorf 1976
Schmidbauer, W.: Die hilflosen Helfer. Über die seelische Problematik der helfenden Berufe. Reinbek 1977
Schmidt, T.: Betreuungsstätten für schwachsinnige Kinder in Berlin. Ztschr. f. Heilpäd., 1959, 10, 436—441
Schmidt-Thimme, D.: Chancen für Ihr geistig behindertes Kind. Heidelberg 1970
Schmitz, E.: Kotherapeuten in der Verhaltenstherapie. Weinheim/Basel 1976
— Elternprogramm für behinderte Kinder. München/Basel 1976
Schneider, F. (Hrsg.): Benachteiligte Kinder. Freiburg/Br. 1953
Schneider, H.: Sprachaufbauhilfe bei geistig behinderten Kindern. Lebenshilfe, 1968, 132—137, 1969, 9—14, 70—74
Schniske, P.: Auffälligkeiten in den Sozialbezügen einer Schulklasse für geistig Behinderte. München 1969 (unveröffentlichte Examensarbeit d. Staatsinstituts f. d. Ausbildung d. Lehrer an Sonderschulen)

Scholz-Ehrsam, E.: Zur Psychopathologie des schwachsinnigen Kindes. Berlin 1962
Schomburg, E.: Der Bildungsanspruch des geistig behinderten Kindes, in: *H. v. Bracken* (Hrsg.), Erziehung u. Unterricht behinderter Kinder, Frankfurt/M. 1968, 197—201
— Häusliche Erziehung bei geistig Behinderten, in: Enzyklopäd. Handbuch. d. Sonderpäd., Berlin 1965 ff., 1097—1101
— Die Sonderschulen in der Bundesrepublik Deutschland. Berlin/Neuwied 1963
— Der geistig Behinderte in der Leistungsgesellschaft. Sozialpädagogik, 1964, 118—121
Schröder, S.: Die Sonderschule G als pädagogische Einrichtung für *alle* Geistigbehinderten. Zur Fortbildung 1976, 53—64
— Beschützte Ehe bei Geistigbehinderten. In: *Kluge/Sparty* (Hrsg.): Können, dürfen, sollen Behinderte heiraten? Bonn-Bad Godesberg 1977
Schulze, A.: Zur heilpädagogisch-psychologischen Erziehung und Unterrichtung eines geistig behinderten, mehrfachgeschädigten Kindes. Lebenshilfe, 1965, 43—47
— Sprachausbildung und Hörsprecherziehung bei Geistigbehinderten. Bonn-Bad Godesberg 1972
Seebandt, G.: Die Psychomotorik des schwachsinnigen Kindes und ihre Bedeutung für die heilpädagogische Arbeit im Rahmen der Lebenshilfe für das geistig behinderte Kind. Praxis d. Kinderpsychologie u. Kinderpsychiatrie, 1964, 56—63
Seeboth, F.-H.: Kreativitätsförderung bei Geistigbehinderten. Bonn-Bad Godesberg 1973
Seguin, E.: Origin of Treatment and Training of Idiots (1864). In: The History of Mental Retardation. Ed. b. *Rosen* et al. 1976, Vol. 1, 151—159
Sengelmann, H. M.: Sorgen für geistige Behinderte. Mit einer originalgetreuen Wiedergabe von „Idiotophilus" 1885. Hamburg 1975
Sinson, J. C.: Down's infants: an interdisciplinary approach involving parents. Int. Journal of Rehabilitation Research, 1978, 1, 59—70
Skeels, H. M. u. *Dye, H. B.:* A Study of the Effects of Different Stimulation. In: Proc. Amer. Assoc. Ment. Defic. 1939, 114—136
Skodak, M.: Adult Status of Individual who Experienced Early Intervention. 1. Congr. Intern. Assoc. for the Scientific Study of Ment. Deficiency, Montpellier 1967, 11—18
Snyder, L. K., Lovitt, Th. C. u. *Smith, J. O.:* Language Training for the Severely Retarded: Five Years of Behavior Analysis Research. Exceptional Children, 1975, 42, 7—16
Sondersorge, R.: Geistig behindert — mehrfach behindert. Lebenshilfe, 1967, 140—144
Sondersorge, R. u. *Barth, H.:* Die Erfassung geistig behinderter Kinder in einem Landkreis. Lebenshilfe 1963, 2, 55—62
Specht, F.: Erfahrungen mit der Vineland Social Maturity Scale in der Kinderpsychiatrie. Praxis d. Kinderpsychologie u. Kinderpsychiatrie, 1963, 204—207
Speck, O.: Schulen für nicht-hilfsschulfähige schwachbildbare Kinder in Bayern. Ztschr. f. Heilpäd., 1964, 351—356
— Soziotäre Komponenten der Sondererziehung. Ztschr. f. Heilpäd., 1969, 338—347
— Bildung, Bildbarkeit und Lernen des geistigbehinderten Menschen. Heilpädagogik (VHN) 1973, 42, 137—144

— u. *Thalhammer, M.:* die Rahabilitation der Geistigbehinderten. München/Basel 1974, ²1977
— Soziale und personale Integration. Grundgedanken zur Erziehung des geistigbehinderten Menschen. Lebenshilfe 1975, 14, 18—24
— Zum Thema „Heirat Geistigbehinderter". Begriffsverwirrung — Mißverständnisse. Jugendwohl 1977 a, 58, 35—38
— u. a.: Frühförderung entwicklungsgefährdeter Kinder. München/Basel 1977 b
— Pädagogische Aufgabenstellung. In: *G. Kanter* u. *O. Speck* (Hrsg.) Pädagogik der Lernbehinderten, Handb. d. Sonderpädagogik. Bd. IV. Berlin 1977 c, 90—100
— Kinder mit Intensivformen geistiger Behinderung. Tendenzen zu ihrer Förderung im internationalen Überblick. Heilpädagogik (VHN), 1978, 47, 6—14
— Erziehung zur Partnerschaft. In: Intern. League of Societies for the Mentally Handicapped (Ed.) Vol. 2, 1978, 269—278
— Behinderung: Besondere Erziehungsbedürfnisse und allgemeine Leistungsprobleme. In: Österr. Ges. f. Heilpädagogik (Hrsg.): Neue Impulse in der Heilpädagogik. Wien/München 1978, 66—78
— Erwachsenenbildung bei Geistigbehinderten. Zur Orientierung 1978, 323—333
— Verhaltensstörungen, Psychopathologie und Erziehung. Berlin 1979 a
— Geschichte. In: Pädagogik der Geistigbehinderten, hrsg. v. *H. Bach*, 1979 b
— Verstehen, Vertrauen und Erfüllung — überholte Begriffe in der Erziehung geistigbehinderter Kinder? Jugendwohl 1979 c, 60, 252—258
— Das pädagogische Gesamtkonzept der Förderung geistigbehinderter Kinder. In: Verhaltenstherapien im Rahmen der Gesamtförderung geistig Behinderter, hrsg. v. d. Bundesvereinigung Lebenshilfe. Marburg 1979 d, 14—20
— Wissenschaftstheoretische Grundlagen und ihre Bedeutung für das Miteinander von Natur- und Geisteswissenschaften. In: Infans Cerobropathicus, hrsg. v. *A. Rett*, 1980 (im Druck)
Spitz, R.: Die Entstehung der ersten Objektbeziehungen. Stuttgart 1957
Sporken, P. (Hrsg.): Geistig Behinderte, Erotik und Sexualität. Düsseldorf 1974
— Eltern und ihr geistig behindertes Kind. Das Bejahungsproblem. Düsseldorf 1975
Spradlin, J. E. u. *Spradlin, R. R.:* Developing Necessary Skills for Entry into Classroom Teaching Arrangement. In: *Haring/Schiefelbusch* (Ed.) 1976, 232—267
Sprau-Kuhlen, V.: Verhaltenstherapeutische Methoden. In: Pädagogik der Geistigbehinderten, hrsg. v. *H. Bach*, 1979, 163—173
Spreen, O.: Geistige Behinderung. Berlin/Heidelberg/New York 1978
Spreng, H.: Schwerstbehinderte Kinder — eine Herausforderung für die Schule. München/Basel 1979
Ständige Konferenz der Kultusminister der Länder in der Bundesrepublik (Hrsg.): Gutachten zur Ordnung des Sonderschulwesens 1960
— Empfehlungen zur Ordnung des Sonderschulwesens 1972
— Empfehlungen für den Unterricht in der Schule für Geistigbehinderte (Sonderschule), Bonn 1979, Neuwied 1980
Stockhausen, K.-H.: Geistigbehinderte erwachsene Menschen in Heimen. München 1975, Uni. Diss. FB 11

Stöckmann, F.: Über die Ernährung und Ernährungserziehung geistig behinderter Kinder. Praxis d. Kinderpsychologie u. Kinderpsychiatrie 1964, 125—130
— Wandel der Familienbelastung unter besonderer Berücksichtigung der Entwicklung behinderter Kinder. Praxis d. Kinderpsychologie u. Kinderpsychiatrie 1967, 309—312
— Geschlechtserziehung bei geistig behinderten Kindern und Jugendlichen. Praxis d. Kinderpsychologie u. Kinderpsychiatrie, 1969, 277—281
— Das geistig behinderte Kind im Heim. Berlin-Charlottenburg 1973
— Bereich des Sexuellen. In: Pädagogik der Geistigbehinderten, hrsg. v. *H. Bach* 1979, 268—275
Störmer, G.: Soziale Erziehung, in: Handbücherei d. Lebenshilfe, Bd. VI, Marburg 1966
Stötzner, H. E.: Schulen für schwachbefähigte Kinder (1864), in: *J.-G. Klink* (Hrsg.): Zur Geschichte der Sonderschule, Bad Heilbrunn 1966
Stoppenbrink, F.: Beitrag zur unterrichtlichen Führung des geistig behinderten Kindes. Ztschr. f. Heilpäd., 1966, 17, 187—190
Stoppenbrink-Buchholz, F.: Sonderkindergarten für Geistesschwache, in: Enzyklopäd. Handb. d. Sonderpäd. 1965 ff., Berlin, 3187—3191
Strasser, H., Sievert, G., Munk, K.: Das körperbehinderte Kind. Berlin 1968.
Straßmeier, W.: Dimensionen charakterlicher Einschätzung von geistig behinderten Kindern. München 1969 (unveröffentl. Examensarbeit d. Staatsinstituts f. d. Ausbildung d. Lehrer an Sonderschulen)
— Frühförderprogramm für behinderte und entwicklungsverzögerte Kinder. Diss. FB 11, Uni München 1979
Stuffer, G.: Arbeit und Berufsbildung Geistigbehinderter. Diss. FB 11, Uni. München 1975
Stutte, H.: Das geistig behinderte Kind im modernen Wohlfahrtsstaat. Unsere Jugend, 1960, 434—439
— Die sogenannte medizinische Erziehbarkeit im JWG. Recht der Jugend, 1965
Switzki, H., Rotatori, A. F., Miller, T. u. Freagon, S.: The Developmental Model and its Implications for Assessment and Instruction für the Severely/Profoundly Handicapped. Ment. Retardation 1979, 17, 167—169
Tauscher, H. (Hrsg.): Die rhythmisch-musikalische Erziehung in der Heilpädagogik. Berlin 1964
Taylor, A. M., Thurlow, M. L. u. Turnure, J. E.: Vocabulary Development of Educable Retarded Children. Exceptional Children, 1977, 43, 444—450
Thalhammer, M.: Geistige Behinderung. In: *Speck, O./Thalhammer, M.:* Die Rehabilitation der Geistigbehinderten. München/Basel 1974, ^{2}1977
— Informationsprobleme als belastende Bedingung für Interaktionsprozesse mit intelligenzbehinderten Menschen. Zur Anthropologie der Distanz. In: Beiträge zur Behindertenpädagogik in Forschung und Lehre, hrsg. von *H. Baier*, 1976, 189—230
— Konstrukte und Fragmente zur Erziehungswirklichkeit schwer körperlich und geistig behinderter Kinder. Vortragsmanuskript Würzburg 1979
Thannhäuser, A.: Zur Situation geistigbehinderter Erwachsener aus der Sicht ihrer Mütter. Bern/Stuttgart/Wien 1976
Theile, R.: Förderung geistigbehinderter Kinder. Psychomotorische Übungsbehandlung und rhythmische Erziehung. Berlin ^{2}1976
Teilhard de Chardin, P.: Die Zukunft des Menschen. Olten/Freiburg (Br.) 1963

Theiner, Ch., Künne, E. u. *Becker, K.-P.:* Zur Theorie und Praxis der Erziehung und Bildung Geschädigter in sozialistischen Ländern. Berlin 1977
Thimm, W. (Hrsg.): Soziologie der Behinderten. Materialien. Neuburgweiler/Karlsruhe 1972
— Mit Behinderten leben. Freiburg/Br. 1977
Thomae, H.: Beobachtung und Beurteilung von Kindern und Jugendlichen. Basel 1964
— Entwicklungspsychologie. In: Pädagogik der Geistigbehinderten, hrsg. v. *H. Bach*, 1979, 343—353
Thomae, I.: Der Sonderkindergarten — seine Aufgaben und Arbeitsweise. Lebenshilfe, 1964, 10—19
— Zusammenarbeit mit den Eltern — Elternschule, in: Handbücherei der Lebenshilfe, Bd. IV, Marburg 1964
— Hort und Sonderkindergarten für geistig Behinderte, in: Enzyklopäd. Handb. d. Sonderpäd., Berlin 1965 ff., 1101—1102
— „Risiko-Kinder". Zürich/Köln 1976
— Früh- und Elementarbereich. In: Pädagogik der Geistigbehinderten, hrsg. v. *H. Bach*, 1979, 75—87
Thomas, D.: The Social Psychology of Childhood Disability. London 1978. Deutsch: Sozialpsychologie des behinderten Kindes. München/Basel 1980
Thompson, T. u. *Grabowski, J.* (Hrsg.): Verhaltensmodifikation bei Geistigbehinderten. München 1976
Tizard, J. and *Grad, J. C.:* The Mentally Handicapped and their Families. Oxford Univ. Press 1961
Tizard, J. (Ed.): Mental Retardation: Concepts of Education and Research. London 1974
Tomaszewski, T.: Tätigkeit und Bewußtsein. Beiträge zur Einführung in die polnische Tätigkeitspsychologie. Weinheim/Basel 1978
Tornow, K.: Bildungsunfähige Hilfsschulkinder: Was wird aus ihnen? Deutsche Sonderschule, 1941, 24—35
Townsend, P.: The Disabled in Society. In: *D. M. Bosswell* a. *J. M. Wingrove* (Ed.) The Handicapped Person in the Community. London 1974, 22—35
Trogisch, J. u. *Trogisch, U.:* „Sind Förderungsunfähige ‚nur' Pflegefälle?" Zeitschr. f. ärztl. Fortb. 1977, 71, 720—722
Trogisch, J.: Ärztliche Aufgaben bei der Rehabilitation geistig Schwerstbehinderter. Zur Orientierung 1979, 378—388
Tsujimura, Y.: The History and Present Status of Services for the Mentally Retarded in Japan. 2nd Asian Conference on Mental Retardation 1976
Upton, G. (Ed.): Physical and Creative Activities for the Mentally Handicapped. London/New York/Melbourne 1979
Vanderheiden, G. C. u. *Harris-Vanderheiden, D.:* Developing Effective Modes for Response and Expression in Nonvocal Severely Handicapped Children. In: *P. Mittler* (Ed.) 1977, Vol. II, 279—289
Van Es, J. C.: Gezinnen met zwakzinnige Kinderen. Assen 1959
Verband der evang. Einrichtungen für geistig und seelisch Behinderte (Hrsg.): Trainingsprogramme für geistig Behinderte, Stuttgart o. J.
Vetter, K.-F.: Arbeitslehre an Schulen für Geistigbehinderte. Sonderpädagogik 1976, 6, 152—160
Vetter, Th.: Ambulante Betreuung geistig behinderter Kinder. Praxis der Kinderpsychologie u. Kinderpsychiatrie, 1963, 296—298
— Das geistig behinderte Kind, seine Bildung und Erziehung. Villingen 1966

Villiger, K. u. *Mathis, A.:* Zur Sprache Mongoloider. Heilpädagogik (VHN) 1972, 41, 131—138
Villinger, W.: Die Grenzen der Erziehbarkeit und ihre Erweiterung. In: Bericht über den vierten Kongreß für Heilpädagogik 1928 in Leipzig, hrsg. v. E. Lesch. Berlin 1929
Vliegenthart, W. E.: Anders-sein und Mitmachen-wollen. Ein Spannungsfeld in der Erziehung behinderter Kinder, in: *H. v. Bracken* (Hrsg.), Erziehung und Unterricht behinderter Kinder, Frankfurt/M. 1968, 18—33
Vliegenthart, W. E. u. *Dunk, G. C. van den:* Die Problematik von Eltern geistig behinderter Kinder, in Heilpäd. Forschung, Bd. I, Marburg 1968, 353—380
Voigt, W.: Einsparungsmöglichkeiten in Heilerziehungsanstalten. Die Deutsche Sonderschule, 1934, 64—66
Wagner, A. u. *Bätcke, K.:* Beiträge zur Schule für Geistigbehinderte. Bern/ Stuttgart/Wien 1976
Walburg, W.-R.: Lebenspraktische Erziehung Geistigbehinderter. Berlin 1971, ²1974
— Schule für geistig Behinderte. Realisationsbeispiele. Limburg 1978
Warren, S. A.: What is Wrong with Mainstreaming? A Comment on Drastic Change. Ment. Retardation 1979, Vol. 17, 301—303
Wasna, M.: Leistungswetteifer bei imbezillen Kindern. Lebenshilfe, 1965, 180—186
Watzlawick, P.; Beavin, J. H. u. *Jackson, D. D.:* Menschliche Kommunikation. Formen, Störungen, Paradoxien. Bern/Stuttgart/Wien ⁴1974
Wegener, H.: Bildungsunfähige in die Sonderschule? Ztschr. f. Heilpäd., 1962, 13, 213—217
— Rehabilitation der Schwachbegabten. München/Basel 1963
— Der Sozialisationsprozeß bei intellektuellahabilitation der Schwachbegabten. München/Basel 1963
— Der Sozialisationsprozeß bei intellektuell Minderbegabten, in: *H. v. Bracken* (Hrsg.), Erziehung und Unterricht behinderter Kinder, Frankfurt/M. 1968, 510—528
— Die Minderbegabten und ihre sonderpädagogische Förderung, in: *H. Roth* (Hrsg.), Begabung und Lernen, Stuttgart ²1969
Weise, T.: Betrachtung über geistesschwache Kinder (1820), in: *J.-G. Klink* (Hrsg.), Zur Geschichte der Sonderschule, Bad Heilbrunn 1966
Weizsäcker, C. F. v.: Der Garten des Menschlichen. München/Wien ²1977
Wellek, A.: Die Polarität im Aufbau des Charakters. Bern ³1966
Wendeler, J.: Psychologische Analysen geistiger Behinderung. Weinheim/Basel 1976
Wertheimer, M.: Produktives Denken, Frankfurt/M. ²1964
Wewetzer, K. H.: Das hirngeschädigte Kind, Stuttgart 1959
White, O. R. a. *Liberty, K. A.:* Behavioral Assessment and Precise Educational Measurement. In: *Haring/Schiefelbusch* (Ed.) 1976, 31—71
Wiese, L. v.: Der Mensch als Mitmensch. Bern 1964
Wilken, E.: Sprachförderung bei Kindern mit Down-Syndrom. Berlin ³1979
Williams, H. M., Connor, F. P., Brewer, J.: Das geistig behinderte Kind in der Sonderschule. Bern 1966
Wing, L.: Das autistische Kind. Ravensburg 1973
Winnefeld, F.: Psychologische Analyse des pädagogischen Lernvorgangs, in: *F. Weinert* (Hrsg.), Päd. Psychologie, Köln/Berlin 1967
Wunderlich, Chr.: Das mongoloide Kind, Möglichkeiten der Erkennung und Betreuung. Stuttgart 1970, ²1977

Wurst, F.: Sprachentwicklungsstörungen und ihre Behandlung. Wien 1973
Wurzbacher, G. (Hrsg.): Der Mensch als personales und soziales Wesen. Stuttgart ²1968
Wyne, M. D. a. Stuck, G. B.: Results of an Intensive Developmental Curriculum with Moderately and Severely Retarded Children. Int. Journal Rehabilitation Research 1977, 1, 51—57
Wygotski, L. S.: Zur Orientierung auf die „Zone der nächsten Entwicklung". In: Psychol. Studientexte, Vorschulerziehung, Berlin 1974, 48—51
Zellweger, H.: Mongolismus — Down's Syndrom, in: *Heilmeyer/Schoen/Prader* (Hrsg.) Ergebnisse der inneren Medizin und Kinderheilkunde, 22. Bd., Berlin/Heidelberg/New York 1965, 268—363
Ziebell, H.: Grundsätze zur Aufstellung von Bildungsplänen für Heilpädagogische Tagesschulen. Ztschr. f. Heilpäd., 1966, 17, 163—176
Zielniok, W. u. Schmidt-Thimme, D. (Hrsg.): Gestaltete Freizeit mit geistig Behinderten. Rheinstetten 1978
Zigler, E.: Developmental versus Difference Theories of Mental Retardation and the Problem of Motivation. Amer. Journ. Ment. Deficiency 1969, 73, 539—556
— Cognitive-Developmental and Personality Factors in Behavior. In: *Kauffman, James M./Payne, J. S.*, 1975, 360—387
— National Crisis in Mental Retardation Research. Amer. Journ. Ment. Defic. 1978, 83, 1—8
Zindel, H.: Probleme der schulischen Bildung und Erziehung der Geistesschwachen. Bern u. Stuttgart 1965
Züblin, W.: Das schwierige Kind. Einführung in die Kinderpsychiatrie. Stuttgart ³1972
Zuckrigl, H. u. A./Helbling, H.: Rhythmik hilft behinderten Kindern. München/Basel ²1980

Sachregister

Abhängigkeit 115 f., 162, 184, 202, 217, 265, 287
Abwehrmechanismen 196 f.
Adaptive Behavior Scale 155
adaptives Verhalten 39 f.
affektive Neigung 105
Affektkontrolle 89
Aggressionen (gegen das Kind) 197, 201
Akkomodation 171
aktionsbegleitendes Sprechen 259
Aktivität 58, 69, 100, 103, 111, 137, 172
Aktivitätsprinzip 250
Aneignung der Wirklichkeit 170, 172
Angesprochensein 137, 173
Angst 92
Anpassung 74, 122 f., 153
Anpassungsleistungen 177
Ansprechbarkeit 112
Antriebe 100 f., 103
Arzt 201, 167
ärztliche Dienste 221
— Informationen 149
— Kontrolle 209
— Schweigepflicht 149
Assimilation 171
Assistenzlehrer 279, 282
Auftretenshäufigkeit 44 f.
Autismus 96
— und Kommunikation 84
Autoaggression 86, 96, 116, 117

basale Lernförderung 263 f., 265 f.
basales Lernen 174
Behaviorismus 163, 176
Beratung 199
Berufsarbeit 287
Berufsbildung 287
Betroffenheit 167
Bewegungsförderung 207
Bezugsperson 182
Bildbarkeit 20, 113 f.
Bildsamkeit 108 ff., 110
Bildungsanspruch 114
Bildungsunfähigkeit 20 f., 108, 113 f., 153, 229

Bliss-Symbole 268
Bundesvereinigung Lebenshilfe 21
Curriculum 178 f., 244
Defekt- u. Differenz-Theorien 56
Defensivität 92
Diagnostik 146, 222
diagnostische Modelle 148
dialogische Beziehung 185
didaktische Konsequenzen 249 ff.
didaktische Niveaustufungen 234
didaktische Strukturierung 172
Dienstleistungsgesellschaft 121, 216
Dienstleistungssystem 125
Distanz, soziale 184, 195
Down-Syndrom 55, 61 f., 77, 107, 116, 157, 159
Dressate 274
dynamische Theorie (Lewin) 67 f., 93 f.

Ehe (b. geistiger Behinderung) 285
Eingliederung, soziale 118, 121 ff., 166, 220
Einsicht 168
Lernen durch Einsicht 169 f., 252
Einstellungen 72, 104, 126, 192, 195
Elementar-Unterricht 263 f.
Eltern 131, 135, 151, 163, 178, 192 ff., 221, 238, 275
— Einstellungen 196
— Schuldgefühle 193, 205
Elternarbeit 202
Elterntraining 203
Emotionalität 285
— im Unterricht 261 f.
emotionale Beziehungen 183
— Komponente 132
— Störungen 95
Empathie 184
Entweder-Oder-Struktur 68, 94
Entwicklung 54
— körperliche 66
— und Lernen 97 ff.
— Unregelhaftigkeit 62
Entwicklungsansatz
— defektorientiert 55
— interaktional-strukturell 57

— psychodynamisch 91 f.
Entwicklungsbeschränkung 55
Entwicklungsdiagnostik 148
Entwicklungsgemäßheit d. Unterrichts 257
Entwicklungskonzept 244 ff.
Entwicklungsnormen 245
Entwicklungstabellen 244
Entwicklungsverlangsamung 59 f.
epidemiologische Befunde 42 ff.
Erethismus 95
Erfahrung 86, 99, 166 f.
— soziale 222, 247
Erfahrungsschule 235
Erfolgsbestätigung 174, 176
Erholungskuren 211
Erwachsenwerden 286 f.
Erzieher 147, 182, 185, 262
Erziehung 110, 112, 136, 145, 162, 167
Erziehungsbedürfnisse, besondere 162
Erziehungsbedürftigkeit 108 ff., 182
Erziehungsgrundsätze 203 f.
Erziehungssystem 218 f.
Erziehungsziele 112
erzieherisches Verhältnis 181 ff.
Euthanasie 117
Experten 217

Fachlehrer 283
Familie 127
— Erziehung i. d. Familie 192 ff., 204, 214
Fehlziele 130
Fernsehen 208
förderpflegebedürftig 231
Freizeit 288
Freude 101, 137
Früherziehung 205
Frühförderung, pädagogische 221 f.
Frühkindheitsstufen 205
Funktionstraining 173, 175

Ganzheit, seelische 94, 163
ganzheitliches Lernen 167
Ganzheitsprinzip (im Unterricht) 252
Gebärden 82
Geborgenheit 125
Geel 126
Gefühle 262
geistige Behinderungen 31 ff.
— Niveaustufen 234 f.
Gemeinde 126

Gemütsbildung 133 f., 209 f., 262
Geschlechtlichkeit 284
Geschlechtserziehung 285
Geschwister 198 f., 209
Gesellschaft 116, 120, 127, 193, 215, 216, 218, 220, 236
Gespräch (mit den Eltern) 199 f.
Gesundheitspflege 209
Gewissensbildung 106
Gewohnheiten 94, 104, 122, 143, 205 f.
Gliederung des Unterrichts 263
Gruppe 73, 124, 127, 148 f., 155, 209, 225, 267
— Kleingruppe 73, 127

Halt 115, 134
Haltungen 104 ff., 143 f.
— des Erziehers 189
Handeln 167, 171
Handlung 246
Handlungskompetenz 243
handlungsorientiertes Lernen 170, 172
Hausbetreuung 225
Haus-Früherziehungshilfe 221
Hausunterricht 232
Heilpädagogen 282
Heilpädagogischer Lebenskreis 23
Heimerziehung 215, 230
Heimunterbringung 46, 71 f., 77, 204 f., 210, 212 ff., 214
Helfen 115 f.
helfende Berufe 120 f.
Helfer, freiwillige 203
Helfer-Syndrom
Hilfe 114, 117 f., 217
Heranwachsende Geistigbehinderte 284 ff.
Hilfsschulen 17
Hilfsschulsonderklassen 25 f.
Hirnanomalien 96
Hirnentwicklung 222
Hirnschädigungen 56, 157, 159
Hörschäden 160
Hospitalismus 71
Humanisierung der Schule 235

Ich-Behauptung 286
Ich-Du-Beziehung 185 ff.
Ich-Identität 123
Identität 53, 88 f., 116, 144, 217, 187
Idiotenanstalten 17
Individualisierung 145, 250
Institutionen der Hilfe 216 ff.

Integration 164, 226
— personale 164 f.
— schulische 280
— soziale 165 f., 215
Integrationshilfe 165
Integrationsprozeß 162
Intellektualisierung 197
intellektuelle Leistungsfähigkeit 151
Intelligenz 37 f., 194
Intelligenzquotient 38 f., 49, 154, 233
Intelligenztests 151 f., 233
Intensiv-Abteilungen, pädagogische 230
Intensivformen geistiger Behinderung 234, 265
Interdisziplinarität 219, 237
Interaktionsförderung 172
Interaktionshilfe 162
Isolierung 116, 208, 276

Kindergarten 222 f.
Klassifizierung 31 ff., 151, 233
— AAMD-Klassifikation 40
Kleinkindhaftigkeit 69
Körperbehinderung 158
Kognitives Anderssein 35
Kommunikation 72, 75 ff., 122, 140, 235, 165 f.
— non-verbale Kommunikation 82 ff., 268 ff.
Kommunikation und Erziehung 85 f., 183
Kooperation 149, 163
— interdisziplinäre 200, 221, 237
Kooperative Abteilungen 238, 283
kooperatives Schulsystem 279
Korrektur-Interventionen 255
Kulturtechniken 25, 227, 271 ff.
Kurs- und Fachunterricht 264

Lebenserfülltheit 129
Lebensfertigkeiten 138 f.
Lebenshaltungen 143 f.
Lebensordnungen 127 f.
Lebensorientierung 140 f.
Lebensrecht 108
lebensunwertes Leben 111, 117
Lebenszutrauen 137 f.
Lehren 243
Lehrer 131, 133, 153, 172, 180, 188, 262, 282
Lehrerverhalten 181
Lehrtechniken 175 ff.
— technologien 178

Lehrziele 144, 160, 163
Lehrziel-Strukturierung 254
Leid, Leiden 109, 117, 119
Leistungsprinzip 236
Leistungstests, spezielle 157
Lernbehindertenschule 232 f.
Lernbehinderung 38, 41, 48, 152, 232
Lernen 98 ff., 176
— einsichtiges 169
— mechanisches 169
— produktorientiertes 246
Lernfähigkeit 220, 222, 229, 277
Lernorganisation 279 ff.
Lernräume, spezielle 267
Lerntheorien 172
— elementaristische 97 f.
— komplexe 98 f.
— sozial-kognitive 99, 171
Lernverhalten 34, 82, 93
Lesen lernen 272 f.

medizinischer Aspekt 36 f.
Mehrfachbehinderung 46 f., 158
Menschenwürde 110
Minusvariante 64
Modell-Lernen 105, 172, 176
Motivationen 100
Motorik 157 f.
motorische Störungen 158
Mutter-Kind-Bindung 92

Nachahmung 74, 102, 172
Nationalsozialismus 19
Neotenie 55
neurotische Bedingtheit 159
Normalisation 212 f., 275
Normen 166, 217, 275
Normenerfahrungen 144
Normenproblematik 148

offene Situation 236, 247
offene soziale Hilfen 212, 214
Organisation der Hilfe 217
organischer Defekt 58, 112

PAC-Methode (Gunzburg) 156
Partnerschaft 202 f.
pädagogische Aufgabenstellung 51, 130 f.
— Diagnostik 145 ff., 147
— Planung 162
pädagogischer Aspekt 47 ff.
— Handlungsansatz 162 ff.
Person 53, 91, 109, 184

Personalität 109
Persönlichkeit 164
— Entwicklung der P. 90 ff.
— Störungen der P. 91, 156
Persönlichkeitseigentümlichkeiten 160 f.
Persönlichkeitstheorie (Lewin) 93
Pflege 232
pflegebedürftig 23, 72
Pflegebedürftigkeit 116, 234
Pflegefamilien 126
Pflegepersonal 230, 268
Physiologische Erziehung 16
physische Lernbedingungen 149 f.
Präzisionslehren 244
professionelle Helfer 202
Profildiagnostik 152
Projektion 197
psychoanalytische Studien 71, 196
Psychologen 147
psychologischer Aspekt 37
psycho-physische Abweichung 52
Psychose 96
Pupertät 66, 284

Rechnen lernen 273
Religion 210, 264
Richtziele 129
Rolle, soziale 75
Rollenspiel (soziol.) 68 f.
Rollenverhalten 88 ff.

Sammelklassen 18, 22
Schreiben lernen 273
Schulbefreiung 21
Schule 114, 227, 235, 248
Schule f. Geistigbehinderte 226 f., 236 f.
Schulfähigkeit 113, 227
— unfähigkeit 229
— aufnahme 225 f., 229
— klasse 263, 281
— pflicht 228
— recht 24
— stufen 281
Schwachsinnigenanstalten 16 f.
schwerstbehinderte Kinder 113 f.
Sehschädigungen 160
Selbst 73, 164
Selbsterziehung der Erzieher 191
Selbständigkeit 103, 115, 247
Selbstkonzept 53, 93
Selektion 219, 229
Sensomotorik 139, 174, 251, 257

Sexualität 284 f.
Sinnorientierung 168
Situation 146, 150, 247
Situationsabhängigkeit 68, 93
Sonderfamilie 198
Sonderkindergarten 222 f.
Sonderschule 24
— und Kindergarten 225
Sonderschullehrer 147, 230 f., 238, 282
Soziabilität 154
Sozialarbeiter 151
sozial brauchbar 18, 130
Sozialdarwinismus 36
soziale Deprivation 41
Sozialeinrichtungen 24
soziale Integration 121 ff.
soziale Interaktion 71 ff.
Sozialentwicklung 153 f.
soziales Lernen 72, 244
soziale Systeme 166
Sozialisation 220, 238, 243
Sozialisationsdruck 122, 275
Sozialpädagogen 225, 282
Sozialpädagogik 230
sozialpsychologische Befunde 71 f.
Sozialquotient 154
Sozialschicht 41 ff., 193
Sozialverhalten 74
Soziogenese 117 f.
soziologischer Aspekt 41 f.
Sozietät 52, 71, 120, 122, 126, 130, 165
Spezialisten 200, 238
Spiel, Spielen 69, 171, 207, 263
Sprache 73, 76 f., 152, 158 f., 259, 276
Spracherziehung 260
Sprachentwicklung 79
sprachliche Diskrimination 78
— Generalisierung 79
Sprachstörungen 159
Sprachverständnis 79, 81, 160
Sprechfertigkeit 80 f., 259, 276
Standardabweichungen 38 f., 48 f., 233
Sterblichkeitsraten 46
Stereotypien 84, 96, 177
Sterilisation 19, 285
Stigmatisierung 32, 52
Stottern 159
strukturales Konzept 163 f.
Strukturierung im Unterricht 254
Strukturwandel der Hilfsschule 22
Sublimierung 197

Systeme, psychologisch 68, 94
Systeme der Hilfe 120
— Schulsystem 230
— soziale Systeme 166, 216 ff.

Tagesschule 280
Tätigkeit 170
Tätigkeitsprinzip 251
Team-teaching 84
Testbatterie TBGB 113, 152 f., 233

Üben, Übung 173 ff., 206, 255
— heilpädagogische Übungsbehandlung 175
Überforderung 206, 277
Übertragung (Transfer) 255 f.
Umwelt 58, 116, 140, 150, 165, 195
Unterforderung 206, 277
Unterricht 243 ff.
— entwicklungsbezogener 243 ff.
— handlungsbezogener 246 ff.
Unterrichtsgliederung 263
Unterrichtstechnologie 178 f., 244

Verantwortung 120, 205, 218
— pädagogische 162, 186, 188, 238, 267
Verbreitungshäufigkeit 44 f.

Vererbung 19
Verhaltensmodifikation 175 f., 266
verhaltenspsychologische Lehrtechnologie 178 ff.
Verhaltensstörungen 156, 177, 204
Verhaltenstherapie 98
verhaltenstherapeutische Methoden 177 f.
Verleugnung 196
Verreglementierung 217
Verstärkung 97 ff., 102, 176
Verstehen 184
Vertrauen 181, 188
Verwöhnung 197, 206
Victor, Wildkind 15 f.
Vineland Social Maturity Scale 153

Wahrnehmungsprozesse 266
Wahrnehmungsübungen 263
Werkstatt für Behinderte 287
Werkstufe 281 f.
Werthaltungen, Erlernen von 104
Wertkonzept 143 f.

Zeichensysteme 268 f.
Zugehörigkeit 123
Zukunftserwartungen der Eltern 195
Zutrauen 137

Behindertenhilfe durch Erziehung, Unterricht und Therapie
EINE BUCHREIHE HERAUSGEGEBEN VON PROF. DR. OTTO SPECK, MÜNCHEN

1 Otto Speck
Frühförderung entwicklungsgefährdeter Kinder
Der pädagogische Beitrag zu einer interdisziplinären Aufgabe. Unter Mitarbeit von D. Axmann, A. Brandl, R. Kessler, K. Korte, H.-M. Weinmann · 193 Seiten, Kt. DM 24,80

2 Peter Lory
Bewegungsgehemmte Kinder im Wasser
Ein pädagogisches Übungsbuch · 98 Seiten, 118 Abb., Kt. DM 24,80

3 Werner Scholz
Verhaltensprobleme in der Schulklasse
Verhaltensmodifikatorisch-pädagogische Modelle für Lehrer an Grund-, Haupt- und Sonderschulen · 141 Seiten, 28 Abb., Kt. DM 19,80

4 Peter Bernhart
Pädagogische Förderung in der Werkstatt für Behinderte
Ein Beitrag zur Praxis der Arbeit mit geistigbehinderten Erwachsenen · 135 Seiten, 3 Abb., Kt. DM 19,80

5 Janet Carr
Down-Syndrom in früher Kindheit
Entwicklung, Erziehung und Familiensituation · 159 Seiten, 5 Abb., 44 Tab., Kt. DM 19,80

6 Heinz Neukäter / Herbert Goetze
Hyperaktives Verhalten im Unterricht
110 Seiten, 15 Abb., 17 Tab., Kt. DM 15,80

7 Renate Limberg
Kreativität bei Lernbehinderten
79 Seiten, 6 Tab., Kt. DM 15,80

8 Otto Speck / P. Gottwald / N. Havers / P. Innerhofer (Hrsg.)
Schulische Integration lern- und verhaltensgestörter Kinder
Bericht über ein Forschungsprogramm · 197 Seiten, 8 Abb., 15 Tab., Kt. DM 14,80

9 Hans Spreng
Schwerstbehinderte Kinder — eine Herausforderung für die Schule
Mit einem Anhang über die Definition der Schulfähigkeit in den Schulgesetzen und Richtlinien der Bundesländer · 1979, 142 Seiten, Kt. DM 26,80

10 Otto Speck (Hrsg.)
Pädagogische Modelle für Kinder mit Verhaltensstörungen
Berichte aus dem Ausland von Jan-Erik Johansson, Kristen D. Juul und Helmut Wegler. Herbst 1979. 139 Seiten, Kt. DM 26,80

11 Karl Pelkofer
Lehren und Lernen bei Kindern mit Hörproblemen
Integration von Hörerziehung, Sprachausbau und Medieneinsatz im Schwerhörigenunterricht. Frühjahr 1980, 168 Seiten, 21 Abb., Kt. DM 28,80

Ernst Reinhardt Verlag München Basel